Die unheilige Allianz der I.G. Farben

Einer der ungewöhnlichsten und erschreckendsten Berichte über das Dritte Reich ist zugleich eine der außergewöhnlichsten Firmengeschichten aller Zeiten: Die unheilige Allianz zwischen den Nazis und der I.G. Farben, Deutschlands Chemiekartell.

Als Hitler an die Macht kam, war Deutschlands einziger nennenswerter Rohstoff die Kohle. Der Aufbau einer Militärmacht zur Durchsetzung seiner Außenpolitik war nicht möglich, solange er auf die Ölquellen und Gummiplantagen seiner Gegner angewiesen war. Darum mußte Deutschland autark werden. Das Ergebnis war eine ›Vernunftehe‹ zwischen der I.G. Farben – von den Rassengesetzen als jüdischer Konzern abgestempelt – und den Nazis.

Als Gummi- und Kunststofflieferant folgte die I.G. der Wehrmacht, um sich die Chemieindustrien der überrannten Länder einzuverleiben. Den entscheidenden Schritt vollzog die I.G. aber, als sie sich dem Sklavenarbeitsprogramm der Nazis anschloß. Durch den Bau einer gigantischen Fabrik mit den kostenlosen Arbeitskräften des naheliegenden Konzentrationslagers Auschwitz sicherte sich die I.G. einen einmaligen Platz in der Wirtschaftsgeschichte. Zum ersten Mal wurde der Mensch zum industriellen Rohstoff degradiert. Wenn keine verwertbare Arbeitskraft mehr aus den Häftlingen herauszupressen war, wurden sie in die Gaskammern gekarrt, wo die SS sie für das Recycling in die deutsche Kriegswirtschaft aufbereitete – Goldplomben für die Reichsbank, Haare für Matratzen und Fett zur Seifenherstellung.

Nach Kriegsende standen die Konzernherren der I.G. in Nürnberg vor Gericht. Die Anklage lautete auf Massenmord, Sklavenhaltung und Ausplünderung.

Joseph Borkin leitete von 1938 bis 1946 die Patent- und Kartellabteilung der Anti-Trust-Behörde des amerikanischen Justizministeriums. Er war verantwortlich für die Ermittlungen gegen die amerikanischen Tochtergesellschaften der I.G.

Joseph Borkin

Die unheilige Allianz der I.G. Farben

Eine Interessengemeinschaft im Dritten Reich

Aus dem Amerikanischen von Bernhard Schulte

Büchergilde Gutenberg

Die amerikanische Ausgabe erschien unter dem Titel »The Crime and Punishment of I. G. Farben« 1978 bei The Free Press

Lizenzausgabe für die Büchergilde Gutenberg, Frankfurt am Main, Olten, Wien, mit freundlicher Genehmigung des Campus Verlages GmbH, Frankfurt/Main

Printed in Germany 1986
ISBN 3 7632 3260 5

Inhalt

Einleitung

»Ohne die I. G. mit ihren riesigen Produktionsstätten, ihrer weitreichenden Forschung und vielfältigen technischen Erfahrung sowie ihrer umfassenden Konzentration wirtschaftlicher Macht wäre Deutschland im September 1939 nicht in der Lage gewesen, seinen Angriffskrieg zu beginnen.« Zu diesem Ergebnis kam eine Gruppe ziviler und militärischer Experten, die General Eisenhower am Ende des Zweiten Weltkrieges damit beauftragt hatte, den Beitrag der I. G. zum Kriegsaufwand der Nazis zu untersuchen. Ihre Schlußfolgerung mag übertrieben klingen, aber alle Dokumente beweisen ihre Richtigkeit.

Die I. G. war ein wahrhaft gigantisches Unternehmen. Mit ihrem weitläufigen Besitz – einschließlich der verschleierten Beteiligungen – ihrem überlegenen technischen Wissen und einem wahren Schatz an Patenten kontrollierte sie weltweit das Chemie-Geschäft. Um ihre wirtschaftliche Führungsstellung zu untermauern, schuf die I. G. ein Labyrinth von Kartellen, denen internationale Großfirmen wie Kuhlmann (Frankreich), ICI (Großbritannien), Montecatini (Italien), Aussiger Verein (Tschechoslowakei), Boruta (Polen), Mitsui (Japan) und die amerikanischen Firmen Standard Oil, Du Pont und Dow Chemicals angehörten.

Die I. G. war jedoch mehr als ein Wirtschaftsimperium. Durch das Können ihrer Wissenschaftler und Ingenieure sicherte sie Deutschland jene Unabhängigkeit von Rohstofflieferungen, die es ihm ermöglichte, Machtpolitik zu betreiben. Aus ihren Fabriken und Laboratorien kamen jene strategisch wichtigen Grundstoffe wie Öl, Nitrate, Gummi und Webgarne, die es in natürlicher Form in Deutschland nicht gab. Neben diesen Stoffen produzierte die I. G. noch Impfstoffe, Medikamente wie Sulfonamide, Salvarsan, Aspirin, Atabrin, sowie Giftgase und Raketentreibstoffe.

Nur wenige Universitäten können eine vergleichbare Anzahl von Nobel-Preisträgern vorweisen: Paul Ehrlich für die Entdeckung des Salvarsans, Fritz Haber für die Entwicklung der Ammoniaksynthese, Carl Bosch für die Synthese von Salpeter und Mineralöl, Gerhard Domagk für die Entwicklung der Sulfonamide.

Gustav Stresemann, Außenminister und späterer Kanzler der Weimarer Republik, sagte einmal: »Ohne die I. G. und die Kohle könnte ich keine Außenpolitik machen.« Den größten Dienst erwies die I. G. jedoch den Nazis. Mit Hilfe der I. G. und der Kohle hätte Hitler beinahe die Welt erobert.

Hitler kannte sehr genau die Schwächen, die zum deutschen Zusammenbruch im ersten Weltkrieg geführt hatten. Die Niederlage hatte ihn gelehrt, daß die britische Blockade nur deshalb zur entscheidenden Waffe wurde, weil Deutschland im eigenen Land nicht über die strategisch wichtigen Rohstoffe verfügte, die es zur Führung eines modernen Krieges benötigte. Bei den Vorbereitungen zum II. Weltkrieg schwor er, diesen Fehler der Natur durch Wissenschaft und Technik zu korrigieren.

Das Ergebnis war eine Vernunftehe zwischen Hitler und der I. G. Hitler verabscheute die I. G. wegen ihrer internationalen Verflechtungen und der ungewöhnlich hohen Zahl jüdischer Direktoren und Wissenschaftler. Carl Bosch, oberster Kopf der I. G. als Hitler an die Macht kam, war der entschiedenste Nazi-Gegner unter den deutschen Industriellen. Im Lichte der nachfolgenden Ereignisse erscheint es wie Ironie, daß die I. G. in den frühen Tagen des Dritten Reiches von den Rassengesetzen der Nazis als »Nichtarisch« abgestempelt wurde. Doch Hitler brauchte Wissen und Können der I. G., und die I. G. brauchte Hitlers Unterstützung. Hitlers Hauptauftrag an die I. G. lautete: die Befreiung der deutschen Außenpolitik von den Fesseln, die sie an die Ölquellen und Kautschukplantagen ihrer Feinde banden. Die Geschichte des schrecklichsten und technisch aufwendigsten Krieges der Weltgeschichte beschreibt, wie gut sie diesen Auftrag ausführte.

Fünfeinhalb Jahre lang wurden Hitlers Panzer, Flugzeuge und Lastwagen mit den Kraftstoffen der I. G. angetrieben und mit ihrem Gummi bereift. Ihre Erfolge hatten die I. G. unersetzlich gemacht.

Doch unersetzlich zu sein genügte nicht. Im weiteren Verlauf des Krieges wurde die Verbindung zwischen der I. G. und Hitler immer enger. Mit Hilfe der Wehrmacht und der Nazi-Bürokratie plünderte die I. G. die Chemieindustrien der besiegten Länder (Österreich, Tschechoslowakei, Polen, Norwegen und Frankreich). Darüber hinaus hatte sie Pläne, England, die Vereinigten Staaten und die Sowjetunion auf gleiche Weise unter ihre Kontrolle zu bringen.

Doch damit sollte der moralische Abstieg der I. G. noch nicht beendet sein. Schon bald beteiligte sie sich an einem groß angelegten Programm der Nazis, Millionen von Menschen aus den besiegten Ländern als Zwangsarbeiter in die deutsche Kriegsproduktion einzugliedern. Doch Sklaverei war nur ein Schritt auf dem Weg der Entmenschlichung von Sieger und Besiegten. Die I. G. fand sich in der Rolle eines industriellen Fausts, unfähig und nicht gewillt, sich aus dem Pakt mit Hitler zu lösen, den sie zum Zweck der Aufrüstung der Nazis eingegangen war. Ihre Vollendung erfuhr diese Partnerschaft in Auschwitz, wo im Einklang mit der »Endlösung der Judenfrage« – Hitlers Plan zur Ausrottung eines ganzen Volkes – vier Millionen Menschen vernichtet wurden. Angezogen von einem fast unbegrenzten Reservoir an Arbeitssklaven, wählte die I. G. Auschwitz zum Standort für eine gigantische Anlage zur Produktion synthetischen Gummis und Öls. Diese Anlage war so riesig, daß sie den gleichen Energieverbrauch hatte wie ganz Berlin. Mehr als 25000 Zwangsarbeiter starben während der Bauarbeiten.

Nach den schrecklichen Vorkommnissen bei der »I. G. Auschwitz« war es sicher, daß nach Deutschlands Niederlage alle Beteiligten zur Rechenschaft gezogen würden. Beim Militärtribunal der Vereinigten Staaten in Nürnberg wurde eine Anklageschrift eingereicht, in der vierundzwanzig der höchsten Verantwortlichen der I. G. Farben der Teilnahme an Kriegsverbrechen bezichtigt wurden.

In der Einleitung zu seiner Darlegung der Anklage faßte General Telford Taylor, oberster Ankläger bei den Nürnberger Prozessen, die Grundlagen des Vorgehens der Anklagevertretung zusammen:

> »Die schwerwiegenden Beschuldigungen in dieser Anklage sind dem Gericht weder leichtfertig noch unüberlegt vorgelegt worden. In dieser Schrift werden die Angeklagten bezichtigt, entscheidend und verantwortlich an der Heimsuchung der Menschheit durch den schrecklichsten Krieg der Geschichte beteiligt gewesen zu sein. Man wirft ihnen Sklaverei, Plünderung und Massenmord vor. Wer diese fürchterlichen Beschuldigungen unterschreibt, sollte weder leichtsinnig noch aus Rachsucht, oder ohne das Wissen um die Verantwortung, die er sich aufbürdet, handeln. Es gibt in diesem Fall keinen Grund zur Freude, aber es gibt auch keinen Haß.«

Als die Angeklagten ihre Plätze auf der Anklagebank des Nürnberger Justizpalastes einnahmen, erinnerte die Szenerie trotz der schwerwiegenden Anklage mehr an ein Antikartell-Verfahren als an einen Prozeß wegen Sklaverei und Massenmord. Die dreiundzwanzig Angeklagten (Max Brüggemann war wegen Krankheit entschuldigt) gehörten nicht zu Hitlers braun- und schwarzuniformiertem Gesindel, sondern zur industriellen Elite Deutschlands. Sie verkörperten eine für ein privates Unternehmen einmalige Kombination von wissenschaftlicher Begabung und Geschäftstüchtigkeit. Diese Leute hatten die I. G. auf ihren Spitzenplatz in Wirtschaft und Technik geführt. Sie saßen in den Direktorien der angesehensten Firmen des In- und Auslandes, wo sie mit Ehrfurcht und Bewunderung betrachtet wurden. Als ihre Regierung sie rief, übernahmen sie öffentliche Ämter im Geiste eines Dienstes am Volk. Wie ihre Kollegen in anderen Teilen der Welt gehörten sie zu den führenden Mäzenen der Kunst, Wohlfahrt und Religion.

Wie es dazu kam, daß diese Leute schließlich in Nürnberg als die »Chemiker des Teufels« wegen unvergleichlicher Grausamkeiten vor Gericht gestellt wurden, ist eine einprägsame Lektion für die Menschheit.

Bis zum Jahr 1856 stammten alle Stoffe, die man zum Färben von Textilien, zum Anstreichen und in der Malerei benutzte, aus natürlichen Quellen wie Insekten, Rinden, Blumen, Beeren, tierischen Organen und Eiern. Im Jahr 1856 fand der 18jährige Chemiestudent am Royal College in London, William Henry Perkins, während er auf der Suche nach synthetischem Chinin mit Steinkohlenteer experimentierte, etwas viel Wertvolleres. Statt des gesuchten Chinins füllte eine leuchtend violette Substanz sein Reagenzglas. Mit dem Erscheinen der ersten Anilinfarbe war eine neue Industrie geboren.

Obwohl er seine Entdeckung rein zufällig gemacht hatte, gründete er eine Fabrik zur kommerziellen Nutzung seines neuen Wissens. Doch Perkins erlitt das Schicksal aller Propheten. Seine eigenen Landsleute erkannten weder die wissenschaftliche Bedeutung noch die industrielle Verwertbarkeit seiner Entdeckung. Die Deutschen jedoch sahen die große Zukunft der synthetischen Farbstoffe voraus. Wissenschaftlich gebildete Geschäftsleute aus Deutschland ließen sich für einige Zeit in England nieder, um die neue Technik zu erlernen und ihr Wissen nach Deutschland mitzunehmen.

Was sie mit der Beute aus ihrem geistigen Diebstahl vollbrachten, war ein industrielles Wunder. Mit der deutschen Begabung, aus Dreck Geld zu machen, begannen sie mit der Verwandlung des Steinkohlenteers, bis dahin nur kostspieliger Abfall der Stahlproduktion, in ein immens wertvolles Produkt. Sie machten aus ihm den Rohstoff für eine neue und aufregende Farbenindustrie.

Zu Beginn des 20. Jahrhunderts hielten sechs deutsche Firmen die Spitzenplätze bei der Herstellung und Verbreitung von synthetischen Farbstoffen. In Deutschland wie auch im Ausland waren diese Firmen als die »Großen Sechs« bekannt. Drei davon waren sehr große Unternehmen:

BASF (Badische Anilin und Soda-Fabrik, Ludwigshafen)
Bayer (Farbenfabriken vorm. Friedrich Bayer & Co., Leverkusen)
Hoechst (Farbwerke vorm. Meister Lucius und Brüning, Höchst am Main)

Dicht darauf folgten drei kleinere Unternehmen:

Agfa (Aktiengesellschaft für Anilinfabrikate, Berlin)
Cassella (Leopold Cassella & Co., Frankfurt)
Kalle (Kalle & Co., Biebrich)

Doch Deutschlands Monopolstellung trieb die deutschen Hersteller zu erbitterten Kämpfen um größere Anteile an den lukrativen in- und ausländischen Märkten. Preisbruch, Verschleppung von Patentverfahren, Begünstigung und Bestechung – kurz: alle bekannten Formen unlauteren Wettbewerbs – waren an der Tagesordnung. Ertragsverluste und verlangsamtes Wachstum waren die Folgen und die Spitzen der Industrie begannen nach Abhilfe zu suchen. Carl Duisberg, Generaldirektor bei Bayer und eine der dominierenden Persönlichkeiten der Farbenindustrie, blieb es vorbehalten, den ersten Schritt in Richtung einer Lösung zu unternehmen.

Durch sein Können und seine Ausbildung war Duisberg wie geschaffen für diese Rolle. Er war ein ausgezeichneter und anerkannter Chemiker – ausgewiesen durch eine lange Reihe wertvoller Patente. Der Erfolg seines Unternehmens und das weltweite Vertriebsnetz für Bayer-Produkte waren Ausdruck seiner Fähigkeiten als Geschäftsmann. Duisbergs Persönlichkeit war zugleich beherrschend und flexibel. Er war ein herrschsüchtiger Preuße, der in seiner Umgebung keinen Widerspruch duldete. Als glühender Anhänger der großdeutschen Idee war er zutiefst von Deutschlands Mission in der Welt überzeugt. Sowohl in der Politik als auch im Geschäftsleben huldigte er dem »Führerprinzip« und gebrauchte diesen Ausdruck, lange bevor man von Hitler je gehört hatte. Gleichzeitig war er aber auch ein einzigartiger Opportunist, der sich bei der Durchführung seiner Projekte nie von Prinzipien abhängig machte. Er vollzog im Kaiserreich, in der Weimarer Republik und unter den Nazis immer die jeweils erforderliche Anpassung –, und der Erfolg blieb ihm treu.

Im Jahr 1903 unternahm Duisberg eine Reise in die Vereinigten Staaten, um in Rensselaer, New York, den Grundstein für eine neue Fabrik zu legen, die eine begrenzte Anzahl von Farbstoffen und Arzneimitteln herstellen sollte. Er war nicht glücklich mit diesem Projekt, denn es ließ sich nicht mit dem Grundsatz der Chemieindustrie verbinden, zum Schutz des deutschen Monopols keine Fabriken im Ausland zu errichten. Durch diese Politik wollte man verhindern, daß die ausländische Konkurrenz Fachkräfte abwarb oder sich Produktionsgeheimnisse erschlich. Unglücklicherweise verlangte die Umgehung eines neuen amerikanischen Zollgesetzes, von dem Duisberg glaubte, daß es sich direkt gegen Bayer richtete, die Einrichtung der Fabrik in Rensselaer. Schon deshalb wurden dort nur einige Farbstoffe und Aspirin hergestellt.

Die Reise brachte jedoch einen unerwarteten Gewinn. Duisbergs schlechte Laune verflog schlagartig angesichts der riesigen amerikanischen Konzernzusammenschlüsse, die trotz des »Sherman-Antitrust Gesetzes« aus dem Jahr 1890 kräftig florierten. John D. Rockefellers Standard Oil Konzern erregte seine besondere Aufmerksamkeit. Zurück in Deutschland, begann er damit, seine Kollegen von der Notwendigkeit eines Zusammenschlusses nach Art der Standard Oil zu überzeugen.

Duisbergs Hauptziel, die Beendigung der kostspieligen Konkurrenzkämpfe, fand die volle Unterstützung seiner Kollegen bei den »Großen Sechs«. Einer Aufgabe ihrer Eigenständigkeit, wie sie eine Organisation nach dem Muster der Standard Oil verlangt hätte, wollten sie jedoch nicht zustimmen. Duisbergs Einsatz war aber nicht ganz umsonst. Bayer, BASF und Agfa gründeten eine Interessengemeinschaft, eine lose Form der Zusammenarbeit, wie sie in anderen Industriezweigen schon bestand. Kurz darauf gründeten auch Hoechst, Cassella und Kalle eine Interessengemeinschaft nach diesem Vorbild. Aufgabe dieser Interessengemeinschaften war es, durch ein System zur Aufteilung der Erträge den Konkurrenzkampf zu entschärfen. Die einzelnen Mitglieder behielten sich ihre Eigenständigkeit und damit direkte Kontrolle über ihre Geschäftspolitik vor. Nicht ohne Bedeutung war es, daß die Richtlinien der Interessengemeinschaften nur die Farbstoffe erfaßten. Die einzelnen Gesellschaften hatten volle Selbständigkeit bei der Erforschung und Verwertung aller anderen Produkte.

Diese besondere Regelung war nicht ohne geschichtliche und industrielle Bedeutung. Die Farbstoffe blieben zwar die größte Einnahmequelle der Chemieindustrie, aber die größeren Firmen entwickelten bereits Produkte für andere sehr einträgliche Geschäftszweige. Das Geschäftsvolumen dieser Nebenprodukte erreichte sehr bald das der Farbstoffe. Agfa wurde zum größten europäischen Hersteller photographischer Erzeugnisse. Ihr Markenzeichen, den Agfa-Schriftzug, fand man in Photogeschäften rund um die Welt. Bayer und Hoechst bauten sehr ertragreiche pharmazeutische Abteilungen auf, die zu den größten ihrer Art gehörten und deren Produkte weltweite Verbreitung fanden. Hoechst unterstützte die Arbeit Paul Ehrlichs, die zur Entdeckung des Salvarsans führte, des Mittels gegen Syphilis. Ewiger Ruhm und ein Nobelpreis für Paul Ehrlich und ein Monopol auf ein sehr einträgliches pharmazeutisches Produkt für Hoechst waren der Lohn. Hoechst entwickelte auch das Novocain, ein Schmerzmittel, dem Chirurgen und Zahnärzte auf der ganzen Welt vertrauen. Diese Produkte sicherten Hoechst weltweite Anerkennung.

Bayer betrieb seine pharmazeutischen Entwicklungen in noch größerem Rahmen. In seinen Laboratorien entstand Aspirin, der Welt bekanntestes »Hausmittel« gegen Schmerzen und Fieber. Bayer war auch für die Einführung des Heroins verantwortlich, das als Mittel gegen Morphiumabhängigkeit und als Hustenmittel mit besonders guter Wirkung bei Kindern verkauft wurde. Später dann, während der Vorbereitungen zum Zweiten Weltkrieg, entwikkelte Bayer Methadon als synthetischen Ersatz für Morphium. Anfangs wurde das Mittel Dolophin genannt, zu Ehren von Adolf Hitler. Heute benutzt man Methadon zur Behandlung von Heroinabhängigen. Auch die Sulfonamide und die Malaria-Droge Atabrin entstammen den Reagenzgläsern der Bayer Laboratorien. Es dürfte kein Krankenhaus und keine Apotheke geben, in der man nicht einige Bayer-Produkte findet.

Die BASF jedoch muß man als die risikofreudigste unter den I. G.-Gesellschaften bezeichnen. Im Gegensatz zu Bayer, Hoechst und Agfa waren ihre Nebenprodukte nicht für die Masse der Endverbraucher bestimmt, und der Name BASF war deshalb auch der breiten Öffentlichkeit lange nicht vertraut. In den Firmenleitungen und wissenschaftlichen Gesellschaften der ganzen Welt war ihr Name ein Begriff und rief Bewunderung und Anerkennung hervor.

Der besondere Charakter des Unternehmens BASF wurde in den Pionierzeiten der Farbstoffchemie geprägt. Die ersten Farben, die diese neue Industrie produzierte, waren Rot und Gelb, deren Herstellung man schon sehr früh beherrschte. Die Entwicklung synthetischer Blautöne erwies sich jedoch als ungleich schwieriger. Deshalb war man noch auf einige Zeit von China abhängig, dem traditionellen Lieferanten natürlichen Indigos. Den Entdecker eines annehmbaren synthetischen Ersatzes erwartete eine gesicherte Zukunft. Die Rolle der BASF in diesem Rennen wurde zur Legende.

Heinrich von Brunck, Vorsitzender des Verwaltungsrates der BASF und selbst ein Farbstoffchemiker von außergewöhnlichem Können und großem

Einfallsreichtum, überzeugte die Direktoren der BASF von der Notwendigkeit eines groß angelegten Projekts zur Suche nach synthetischem Indigo. Schon bald hatte Brunck den größten Teil des Kapitals der BASF in diesem Projekt gebunden. Einige der Direktoren verlangten den Abbruch des Unternehmens, da die immensen Investitionen die Struktur des Konzerns gefährdeten. Glücklicherweise erreichten die Techniker der BASF ihr Ziel, bevor dieser interne Disput zum offenen Konflikt wurde. Aus den Kesseln der BASF floß wunderschönes synthetisches Blau. Von Brunck war rehabilitiert und die Erträge des Unternehmens schnellten in die Höhe. Dieser Erfolg der BASF bedeutete das Ende der traditionellen Farbenherstellung und sicherte dem Unternehmen die Führungsposition in der Chemieindustrie. Hervorragende Technologie und Mut zum geschäftlichen Risiko wurden kennzeichnend für die Geschäftspolitik der BASF.

Die Bereitschaft der BASF zum geschäftlichen Risiko zeigte sich erneut bei einem weiteren bemerkenswerten Projekt, das dem Indigo-Durchbruch folgte. Diesmal war es die Suche nach synthetischen Nitraten, um Deutschland von den Lieferungen aus Chile unabhängig zu machen. Für die BASF stellte dieses Projekt ein noch größeres Risiko dar als die Suche nach Indigo. Von Brunck, bestärkt durch den Erfolg des vorherigen Durchbruchs, gab das Zeichen zur Großoffensive.

Während des späten 19. Jahrhunderts mehrten sich unter prominenten Wissenschaftlern die Stimmen, die vor einer Ernährungskrise warnten. Eine explosionsartig wachsende Weltbevölkerung stand einer ungleich langsamer wachsenden Nahrungsproduktion gegenüber. Der Geist des Thomas Malthus spukte durch die Welt. Abhilfe versprach nur der verstärkte Einsatz von Düngemitteln. Doch die ungleiche Verteilung der natürlichen Ressourcen gefährdete diese Lösung. Chile hielt das Monopol bei der Versorgung der Welt mit natürlichen Nitraten, den effizientesten Düngemitteln. Wie alle Monopolisten verlangte es, was der Markt hergab. Hinzu kam, daß einige der besorgten Wissenschaftler, unter ihnen der bekannte Sir William Crookes, befürchteten, daß Chiles Reserven sehr bald erschöpft seien. Die Vision einer hungernden Weltbevölkerung unterstrich die Möglichkeit eines großen geschäftlichen Erfolges für einen zukünftigen Produzenten synthetischer Nitrate.

Es gab noch einen weiteren Anreiz, das Monopol Chiles zu brechen. Nitrate waren ein grundlegender Bestandteil aller Sprengstoffe einschließlich des Schießpulvers. Wenn man nicht davon ausgeht, daß der militärische Verstand nie über den letzten Krieg hinausgeht, bleibt es unklar, warum der deutsche Generalstab sich von Chiles Monopol auf einen strategisch wichtigen Rohstoff nicht beunruhigen ließ. Auch die Sprengstoffindustrie ließ sich von Chiles Monopol nicht zur Suche nach einer synthetischen Alternative anspornen. Aus rein wirtschaftlicher Sicht war es vernünftiger, aus Chile zu importieren, als sich auf kostspielige und unsichere Forschungsprojekte einzulassen. In Friedenszeiten waren Sprengstoffe keine gute Einnahmequelle.

Die bevorstehende Ernährungskrise war eine andere Sache. Die Bauern in aller Welt verkörperten einen riesigen Markt für Düngemittel. Der zu erwartende Ruhm und die möglichen finanziellen Gewinne trieben eine große Zahl von wissenschaftlichen Instituten und privaten Unternehmen in eine Jagd nach synthetischen Nitraten.

Eines der rührigsten Unternehmen war die BASF. Sie ließ nicht nur ihre begabten Wissenschaftler und Techniker an diesem Projekt arbeiten, sondern vergab auch großzügige Forschungsstipendien an unabhängige Wissenschaftler.

Im Jahr 1909 trug das »Projekt Stickstoff« der BASF seine Früchte. Fritz Haber, einem von der BASF unterstützten Wissenschaftler, gelang der entscheidende Durchbruch. Durch den Einsatz von Hochdruck und extremen Temperaturen verband er Stickstoff und Wasserstoff zu Ammoniak. Die Bindung des Stickstoffs wurde zu einem Meilenstein der Chemie und brachte Haber die Anerkennung der internationalen Wissenschaft.

Bevor man Habers Entdeckung wirtschaftlich nutzen konnte, mußte noch ein weiterer Schritt erfolgen: Die BASF mußte aus Habers Laborverfahren einen industriellen Prozeß machen. Von Brunck delegierte diese Aufgabe an seinen Schützling Carl Bosch, einen vielversprechenden 34jährigen Ingenieur, der als einer der ersten die Probleme, die Habers Arbeit beinhaltete, verstanden hatte. Brunck war der festen Überzeugung, daß Bosch die notwendigen technischen Fähigkeiten besaß. Die Direktoren der BASF aber hielten die von ihm vorgeschlagenen Investitionen in eine noch unerforschte Technologie für fragwürdig. Die Verantwortung für ein solches Unternehmen in die Hände eines noch ungeprüften 34jährigen zu legen, wäre nicht gerade eine weise Entscheidung. Doch Brunck ließ sich nicht beirren. Er verglich das Unternehmen mit dem Indigo-Projekt. Die Direktoren gaben nach, und das Projekt wurde in Angriff genommen.

Boschs Aufgabe bestand aus Planung und Ausführung einer Anlage, die den extremen Belastungen, die Habers Verfahren mit sich brachte, standhalten konnte. Um diese elementaren Kräfte unter Kontrolle zu halten, brauchte man Katalysatoren zur Beschleunigung der Reaktionen und Legierungen, die auch unter diesen extremen Bedingungen standhielten.

Bosch wählte Oppau in der Nähe von Ludwigshafen als Standort für die neue Anlage. Da Bruncks Gesundheitszustand sich verschlechterte und die Unterstützung bei den anderen Direktoren nur sehr gering war, arbeitete Bosch mit doppeltem Einsatz. Die technischen Schwierigkeiten und der finanzielle Einsatz wuchsen und die Direktoren wurden immer unruhiger. Bruncks Tod Ende des Jahres 1912 verschlechterte Boschs Situation noch zusätzlich. Doch im Herbst 1913 erreichte er vorzeitig sein Ziel. Die Anlage in Oppau begann mit der Massenproduktion von Ammoniak. Bosch fand weltweite Anerkennung für seine Leistung und die Wissenschaft ehrte ihn, indem sie dem Verfahren den Namen »Haber-Bosch Verfahren« gab. Für einen Ingenieur war dies eine ungewöhnliche Anerkennung durch die Vertreter der reinen Wissenschaft. Zwanzig Jahre später bekam er für seine Leistung dann den Nobelpreis. Er war der erste Ingenieur, dem diese Auszeichnung verliehen wurde.

Für die BASF schienen sich die Investitionen gelohnt zu haben und Bosch wurde zu einem der Stars in der Unternehmenshierarchie. Er wurde in den Verwaltungsrat gewählt – mit den deutlichen Merkmalen des zukünftigen Firmenchefs.

Kapitel 1 Der Erste Weltkrieg

Anfang Juli 1914, weniger als einen Monat vor Ausbruch des Krieges, produzierte die Fabrik in Oppau vierzig Tonnen synthetischen Ammoniak pro Tag, der hauptsächlich als Grundstoff in der Düngerherstellung verwandt wurde. Bosch war es jedoch nicht entgangen, daß die Oppauer Produktion auch militärischen Nutzen haben konnte. Schon einige Zeit lang hatte er versuchsweise in seinem Labor Salpeter hergestellt; den wichtigsten Grundstoff der Schießpulverherstellung. Da er dafür von offizieller Seite kein Interesse erfuhr, sah er keinen Grund für größere finanzielle Aufwendungen zur industriellen Umsetzung seiner Laborergebnisse. Er legte seine Ergebnisse zur Seite, um gegebenenfalls darauf zurückzugreifen.

Generalstab und Kriegsministerium kümmerten sich wenig um das Salpeter-Problem. Als am 1. August 1914 der Krieg ausbrach, zogen sie den größten Teil der Oppauer Belegschaft zum Kriegsdienst heran und die Fabrik mußte schließen. Der Tag des bitteren Erwachens sollte schon sechs Wochen später anbrechen. Die Schließung der Oppauer Anlage war keineswegs das Ergebnis der Hirnlosigkeit der militärischen Führung, sie entsprang vielmehr der grundlegenden Strategie, die der Generalstab schon im Krieg von 1871 befolgt hatte, und die jetzt in ausgearbeiteter Form wieder für den anstehenden Krieg gegen England, Rußland und Frankreich verwendet werden sollte. Diese von Graf Alfred von Schlieffen verfeinerte Strategie war die Bibel des deutschen Generalstabs geworden.

Das Ziel des Schlieffen-Planes war ein schneller Sieg. Dies sollte durch einen massiven Einfall des größten Teils der deutschen Wehrmacht nach Frankreich erreicht werden, während eine kleine Streitmacht Rußland in Schach hielt. Wenn Frankreich dann besiegt wäre, könnte Rußland dem Angriff der gesamten deutschen Kriegsmaschinerie nicht lange widerstehen. Das isolierte England könnte nur noch um einen Frieden bitten.

Nach Schlieffens Plan kam ein langer Krieg für Deutschland überhaupt nicht in Frage. Er vertrat die Ansicht, daß das politische und wirtschaftliche Gleichgewicht moderner Staaten zu anfällig sei, um über längere Zeit den Beanspruchungen der Kriegsproduktion standzuhalten. Die unvermeidliche soziale Unruhe in der Heimat hätte katastrophale Auswirkungen auf die Kampfmoral an der Front. Schlieffen interessierte sich nicht für die Produktionskapazitäten der Industrie. Alles, was er von der Zivilbevölkerung verlangte, waren Ruhe und Ordnung und die Vermeidung von Einmischungen in militärische Angelegenheiten. Das Problem der Beschaffung von Rohstoffen gehörte in den Bereich langfristiger industrieller Planung und war somit nur eine Ablenkung von den Anstrengungen für einen schnellen Sieg. In einem kurzen Krieg hatte die Industrie keine Bedeutung, in einem langen Krieg war sie ein Hindernis. Der Plan, den Schlieffen dem Generalstab vorlegte, enthielt eine Vielzahl ähnlich unflexibler Ansichten. Weder er noch der Generalstab begriffen die Notwendigkeit einer industriellen Mobilisierung im Falle eines Erschöpfungskrieges. Sie übersahen, daß industrielle Überlegenheit der Schlüssel zum Sieg war. Ihre Kurzsichtigkeit hatte tödliche Konsequenzen.

Es blieb einem Industriellen überlassen, den Kriegsplan des Generalstabs in Frage zu stellen (vgl. dazu Kessler 1928, 184ff.). Schon eine Woche nach Kriegsbeginn wurde Walther von Rathenau – damals Chef der AEG – bei General Erich von Falkenhayn vorstellig, um diesem eine schlechte Nachricht zu überbringen. Er vertrat die Ansicht, daß die militärische Führung einen gigantischen Fehler begangen hatte, der zur Niederlage führen würde, wenn man ihn nicht sofort korrigierte. Rathenau war nicht irgendein Industrieller. Er war der Direktor von mehr als hundert in- und ausländischen Firmen und ein anerkannter Intellektueller, dessen Bücher in akademischen und diplomatischen Kreisen ernsthaft gelesen wurden. Gleiche Bedeutung kam seiner politischen Betätigung zu – sieben Jahre später wurde er deutscher Außenminister. Es ist wahrscheinlich, daß der Kriegsminister selbst schon Zweifel an der Euphorie seiner militärischen Kollegen gehegt hatte, denn obwohl er viel beschäftigt war, nahm er sich die Zeit, um Rathenau zu Ende anzuhören.

Nach Rathenaus Ansicht war der Generalstab so sehr auf einen kurzen Krieg fixiert, daß er keine Nachschubpläne für einen langen Krieg erstellt und der Rolle der Industrie keine Beachtung geschenkt hatte. Rathenau führte die mangelnden Vorbereitungen für einen kontinuierlichen Nachschub industrieller Rohstoffe an, der selbst die Schießpulver- und Rüstungsindustrie betraf. Deutschlands schwierige Position im Krieg wurde durch seine natürliche Rohstoffarmut verschlechtert. Eine große Zahl wichtiger Rohstoffe wie Nitrate, Öl, Gummi und verschiedene Metalle konnten nur aus dem Ausland bezogen werden. Ohne diese Importe war Deutschlands Kriegsproduktion sehr anfällig. Sollten diese Rohstoffe für längere Zeit ausfallen, würden einige wichtige Produktionszweige zum Stillstand kommen.

Für Rathenau erschien es unglaublich, daß dem Generalstab diese Schwäche Deutschlands entgangen war. Der Feind jedenfalls hatte sie erkannt und seine Strategie konzentrierte sich auf diese sichtbare Achillesferse. Die britische Flotte arbeitete an der Aushungerung Deutschlands. Falls der Generalstab die Bedeutung der britischen Blockade nicht erfaßte, war sie der Industrie um so bewußter. Schon zu jenem Zeitpunkt spürte sie die Auswirkungen der Unterbrechung der wichtigsten Seewege. Die ersten Rohstoffverknappungen würden sich sehr bald einstellen. Rathenau argumentierte, daß der Generalstab dem Feind in die Hände gespielt hatte, als er die Industrie von den Kriegsvorbereitungen ausschloß.

Rathenau wollte jedoch nicht den Propheten des Untergangs spielen. Er war mit ganz spezifischen Vorschlägen ausgerüstet, wie man die Ergebnisse der von ihm angeprangerten militärischen Kurzsichtigkeit korrigieren sollte. Er entwickelte ein System von Kontrollen zur Rationierung und Verteilung strategisch wichtiger Rohstoffe, deren Import von der britischen Blockade verhindert wurde. Mit der gleichen Vehemenz entwickelte Rathenau auch ein Programm zur Erforschung und Herstellung synthetischer Alternativen zu den begrenzten natürlichen Rohstoffen.

General Falkenhayn, ein Offizier von hervorragender Intelligenz, ließ sich von Rathenaus Vortrag überzeugen. Er besaß genügend Autorität, um Rathenaus Vorschlag in die Tat umzusetzen. Er befahl die Einrichtung einer Kriegsrohstoffbehörde innerhalb des Kriegsministeriums und machte Rathenau zu deren Leiter:

Innerhalb kürzester Zeit hatte Rathenau diese Behörde mit einer Gruppe ausgesuchter Wissenschaftler und Industrieller besetzt. Die erste Aufgabe der neuen Behörde war eine genaue Erfassung der Rohstoffsituation. Sie unternahm eine Untersuchung von neunhundert Unternehmen der Kriegsindustrie und kam zu einem niederschmetternden Ergebnis. Wie Rathenau befürchtet hatte, besaß die deutsche Industrie nur noch Vorräte für weniger als sechs Monate. Die stark geschrumpften Nitratvorräte gefährdeten vor allem die Schießpulverherstellung. Solange die britische Flotte die Seewege kontrollierte, bestand wenig Aussicht auf Nachschub aus Chile. Sollte der Krieg noch ein halbes Jahr andauern, mußte man mit einer gefährlichen Munitionskrise rechnen. Eine Armee ohne Schießpulver, das gäbe eine militärische Katastrophe unvorstellbaren Ausmaßes. Um diesem Problem beizukommen, wurde Fritz Haber vom Kaiser-Wilhelm-Institut für physikalische Chemie und Elektrochemie zum Leiter der Chemie-Abteilung der neuen Behörde ernannt. Der Erfinder des synthetischen Ammoniaks brachte eine große Zahl von Nobel-Preisträgern und anderer wissenschaftlicher Größen mit sich in die Abteilung, die bald »Büro Haber« genannt wurde.

Die rasche Vergrößerung des »Büro Haber« bewies die Vorrangstellung, die Rathenau der Nitratbeschaffung einräumte. Er warnte die Militärs im Kriegsministerium, daß die britische Blockade jegliche Lieferung aus Chile unterband. Die Vorräte waren bedenklich gering und jede größere Offensive würde die Schießpulverversorgung auf ein kritisches Minimum bringen. Die Bürokraten des Kriegsministeriums blieben ungerührt von Rathenaus Drängen nach schneller Abhilfe, da sie immer noch unter dem Einfluß von Schlieffens Kriegsphilosophie standen und vom Erfolg seines sogenannten Planes überzeugt waren. Obwohl Rathenau ein hervorragender Geschäftsmann und von General Falkenhayn persönlich berufen worden war, lehnten die preußischen Offiziere ihn als Juden und Zivilisten ab. Als er sie von der zu erwartenden negativen Auswirkung der Nitratkrise auf die deutsche Strategie unterrichtete, antworteten sie in einer scharfen Note, sich aus rein militärischen Angelegenheiten gefälligst herauszuhalten (Holdermann 1954, 136).

Ihre Ignoranz sollte bald bestraft werden. In der historischen Schlacht an der Marne, während der zweiten Septemberwoche 1914, wurde die deutsche Hoffnung auf einen schnellen Sieg durch einen unterwarteten Gegenangriff der Franzosen zerstört und der Schlieffen-Plan in den Schützengräben begraben, in die sich die Kontrahenten nun zurückzogen. Angesichts des gefürchteten Zermürbungskrieges konnte die Militärbürokratie Rathenaus Vorschläge nicht mehr zurückweisen. Die Schlacht hatte mehr Schießpulver verbraucht, als man erwartet hatte, und selbst der uneinsichtigste Offizier im Kriegsministerium erkannte jetzt die Bedeutung der britischen Blockade. Durch die Munitionskrise wurde Rathenaus Einfluß deutlich gestärkt. Die Nitratbeschaffung erhielt oberste Priorität unter den Aktivitäten des Kriegsministeriums. Der »Krieg der Chemiker« hatte begonnen. Rathenau und Haber überzeugten das Kriegsministerium von der Wichtigkeit eines Treffens mit Bosch. An diesem Punkt war die Zeit Deutschlands unmittelbarer Gegner. Sofort nach seiner Ankunft in Berlin wurde Bosch zu einem Treffen mit Militärs geladen, das sich mit der Munitionskrise befaßte. Bosch war bestürzt über ihre Unwissenheit. Einige wußten nicht einmal von Deutschlands Abhängigkeit von den chilenischen Lieferungen. Bosch erklärte ihnen, daß die Herstellung synthetischen Ammoniaks nach dem Haber-Bosch Verfahren nur einen Teil des Problems löste.

Bevor man Ammoniak in der Schießpulverherstellung einsetzen konnte, mußte man es erst in Salpetersäure umwandeln. Obwohl dieser Prozeß im Labor keinerlei Probleme aufwarf, würde seine Umsetzung in industrielle Dimensionen einen gigantischen Aufwand erfordern. Vor allem anderen müßte das gesamte Oppauer Personal aus der Armee entlassen werden und eine Garantie vorliegen, daß schwere Maschinen, Baumaterialien und technische Ausrüstungsgegenstände, die in ganz Deutschland nur noch begrenzt vorhanden waren, uneingeschränkt zur Verfügung stünden. Um seine Aktionäre zu schützen, verlangte Bosch die staatliche Subventionierung des Projekts. Unter dem Einfluß Habers und Rathenaus stimmte das Kriegsministerium allen Bedingungen Boschs zu.

Bosch kehrte nach Oppau zurück und begann mit einem Großeinsatz zur Ankurbelung des neuen Projekts. Dieses Unternehmen kann als Prototyp des »Manhattan Projekts«* angesehen werden: eine uneingeschränkte Koopera-

* Deckname des Projekts zur Entwicklung der Hiroshima Bombe (Anm. d. Übers.).

tion von Staat und Industrie, um ohne Rücksicht auf Kosten und Materialaufwand ein spezielles Rüstungsproblem zu lösen, von dem der Ausgang eines Krieges abhängen kann. Obwohl ausreichende Munitionsreserven keine Garantie für einen Sieg darstellten, wußte jeder, daß der endgültige Erfolg sehr wohl von Boschs Geschicklichkeit abhängen könnte. Wohl selten lastete die militärische Zukunft einer Großmacht mehr auf den Schultern eines Zivilisten. Würde Bosch sein Ziel nicht erreichen, müßte Deutschland innerhalb eines halben Jahres alle Kampfhandlungen einstellen.

Während Bosch mit seiner Arbeit begann, verschärfte sich die Munitionskrise. Angesichts der Gefahr, bald eine Armee ohne Munition zu befehligen, begann das Kriegsministerium mit der Durchsuchung Deutschlands und der besetzten Gebiete nach Nitratvorräten. Selbst kleinste Düngemittelvorräte wurden enteignet. Der Engpaß wurde vorübergehend gemildert, als man im Hafen des besetzten Antwerpen 100000 Tonnen Chile-Salpeter entdeckte. Doch wie sich Fritz Haber später erinnerte, hatte die Lieferung aus Belgien einen so geringen Effekt, daß im Herbst 1914 jedem Experten die Notwendigkeit klar war, den Krieg im Frühjahr 1915 zu beenden. Durch die Nitratkrise wurde in Frage gestellt, ob der Krieg überhaupt weitergeführt werden sollte. Nachdem sie mit ihrem uneingeschränkten Vertrauen in den Schlieffen-Plan nicht gut gefahren war, war die militärische Führung nicht bereit, ihr ganzes Vertrauen in Bosch zu setzen. Die Vernunft verlangte die Erforschung zusätzlicher Lösungen. Da sie militärisch geschult waren, suchten die deutschen Kriegsherren eine militärische Lösung. Sie entwickelten einen Plan zur Durchbrechung der britischen Blockade, um die Verbindung zwischen Chile und den deutschen Munitionsfabriken wiederherzustellen. Die mit der Durchführung des Unternehmens betraute Admiralität entwarf einen Plan, der dem Einsatz entsprach, der auf dem Spiel stand. Ziel des Unternehmens war die Besetzung der Falkland Inseln, einer unbefestigten Bekohlungsstation der britischen Marine am Südende Amerikas. Diese Inseln waren der südlichste Pfeiler der britischen Blockade. Von dort überwachte die britische Marine den Handel zwischen der Westküste Südamerikas und Europa.

Die Durchführung der Operation lag bei Admiral Graf Spee, der mit einem starken Marinegeschwader im Indischen Ozean operierte. Etwa zu der Zeit, da Bosch nach Oppau zurückkehrte, um seine »Schlacht um das Schießpulver« zu schlagen, wurde Spee auf den südamerikanischen Schauplatz beordert.

Der deutsche Generalstab hatte keineswegs die Kurzsichtigkeit gepachtet. Als die britische Admiralität von Spees Anwesenheit in den Gewässern vor Chile erfuhr, nahm sie an, daß er den Handel zwischen Ostasien und Europa stören sollte. Die Admiralität vermutete sogar einen Anschlag auf den Panama-Kanal. Die Briten ahnten nicht, daß Spees Operation im Zusammenhang mit der deutschen Munitionskrise stand – es gibt zumindest keine Anzeichen, daß sie diese Möglichkeit in Erwägung zogen. Sie schickten eine vollkommen unangemessene Einheit in die Auseinandersetzung mit Spee. Die Admiralität ahnte so wenig Spees Intention, daß sie die Bitte des britischen Kommandanten nach Verstärkung rundweg ablehnte. Sie sollte diese Haltung bald bedauern. Am 1. November trafen die beiden Flottenverbände aufeinander. Die überlegenen deutschen Verbände machten kurzen Prozeß mit den britischen Schiffen. Die Schiffe, die nicht versenkt wurden, gelangten durch die Magellan-Straße zu ihrer Basis auf den Falkland Inseln. Nachdem der britischen Admiralität jetzt klar war, daß Spee eine Invasion der Falkland Inseln beabsichtigte, begann sie, ohne jedoch den Grund seiner Operation durchschaut zu haben, mit der Vorbereitung der Verteidigung. Sie befahl die Versenkung eines alten Schlachtschiffes über den Schlickbänken von Port Arthur, um es als Artillerieplattform zu benutzen. Zusätzlich schickten sie eine starke Marineeinheit, um die deutschen Schiffe abzufangen. Als der deutsche Flottenverband sich näherte, entdeckten Beobachter schwer bewaffnete Landungstruppen an Bord der deutschen Schiffe. Bevor die Invasion jedoch beginnen konnte, traf der britische Flottenverband ein. Diesmal war die Stärke der britischen Verbände unüberwindbar. Bis auf eine Ausnahme wurden alle deutschen Schiffe versenkt und Spee selbst kam auch um. Nicht ein einziges britisches Schiff wurde zerstört.

Nach der Niederlage bei den Falkland Inseln verschärfte sich Deutschlands Munitionskrise. Überraschenderweise haben die Briten niemals die volle Bedeutung der Aktion Spees begriffen. Selbst Winston Churchill, der während der Schlacht bei den Falkland Inseln Erster Lord der Admiralität war, schrieb in seiner umfassenden Geschichte des Ersten Weltkrieges *The World Crisis* (Bd. 1, S. 474): »Wir kennen die Gründe für Spees Unternehmung nicht und wissen auch nicht was er im Falle eines Erfolges vorgehabt hätte. Wahrscheinlich wollte er diese unbefestigte Nachschubbasis zerstören, um seine eigene Position in südamerikanischen Gewässern zu stärken.«

Deutschlands Schlacht um das Schießpulver fand jedoch nicht nur in den Gewässern um die Südspitze Amerikas statt. Die zweite Phase spielte sich in den Laboratorien von Oppau ab. Bosch war Deutschlands allerletzte Hoffnung.

Falkenhayn, der Feldmarschall von Moltke als Chef der obersten Heeresleitung ablöste, wußte, daß die Zeit gegen die Wehrmacht arbeitete. Bevor man keinen regelmäßigen Munitionsnachschub garantieren konnte, war jede größere Offensive unmöglich, und so blieb die Westfront unbeweglich. In der Zwischenzeit mußte man nach anderen Möglichkeiten suchen, um die Front in Bewegung zu bringen. Falkenhayn übertrug diese Aufgabe dem Major Max Bauer, einem talentierten jungen Offizier.

Bauer war der Verbindungsmann der Wehrmacht zur deutschen Schwerindustrie.

Bauer besprach seine Aufgabe mit Mitgliedern des »Büro Haber«. Diese eindrucksvolle Gruppe bestand neben Haber aus den Nobelpreisträgern Walther Nernst, Emil Fischer und Richard Willstätter. Bauer erfuhr von ihnen, daß die deutsche Farbenindustrie Abfallprodukte wie Brom, Chlor und andere giftige

Chemikalien herstellte, die man mit geringem Aufwand in Massenvernichtungsmittel verwandeln konnte (Bauer 1921, 67).

Obwohl die Haager Konvention, die auch Deutschland unterzeichnet hatte, die Verwendung von Giftgasen verbot, waren die Aussichten auf einen Erfolg durch den Einsatz von Chemikalien zu verlockend, als daß man sich von der Konvention hätte zurückhalten lassen. Allein die Tatsache, daß Giftgase verboten waren, sicherte Deutschland ein Überraschungsmoment.

Bauer und Nernst besuchten Duisberg, den anerkannten Sprecher der Farbenindustrie, der sofort erkannte, daß die Kriegführung mit Giftgasen die Wiederbelebung der brachliegenden Chemieindustrie zur Folge haben würde. Als deutscher Patriot erkannte Duisberg außerdem die möglicherweise kriegsentscheidende Bedeutung der neuen Waffe. Dementsprechend setzte er nicht nur Bayers volle Kapazität ein, sondern beteiligte sich selbst an den Experimenten. Im Frühjahr 1915 schrieb er einen Brief an Major Bauer in dem er die Wirkung des Phosgens beschrieb:

»Wie unangenehm es wirkt, ersehen Sie am besten daraus, daß ich fast 8 Tage zu Bett gelegen habe, weil ich nur einige Male dieses scheußliche Zeug eingeatmet habe . . . Wenn man nun stundenlang den Gegner mit diesem giftigsten aller gasförmigen Produkte behandelt, so werden meiner Meinung nach die Gegner, wenn sie nicht, was wahrscheinlich der Fall, sofort ausreißen, nachträglich krank werden und fiebrige Bronchitis bekommen.« (Brief v. 3. 3. 15; BA Koblenz)

Das erste Gas, das von der deutschen Armee eingesetzt wurde, war ein Chlorkohlenoxyd aus den Bayer-Laboratorien mit der Tarnbezeichnung »T-Mischung«. Die Armee beschloß, es Ende Januar gegen russische Truppen einzusetzen. Doch die neue Waffe versagte kläglich. Die Kälte des russischen Winters ließ das Gas gefrieren und in den Schnee sinken.

Fritz Haber, dessen Büro im Kriegsministerium direkt an den Giftgasversuchen beteiligt war, sah Chlor als effizientere Waffe an, und glaubte auch, daß der Frühling eine bessere Zeit für ihren Einsatz sei. Chlor gab es in den Farbenfabriken im Überfluß. Hinzu kam, daß Haber von den erfolgreichen Versuchen der BASF wußte, Chlor in Metallbehältern zu lagern, die auf dem Schlachtfeld erhebliche Vorteile gegenüber den herkömmlichen Glasbehältern aufwiesen. In Zusammenarbeit mit den I. G. Gesellschaften begannen Habers Leute im Kaiser-Wilhelm-Institut mit der Aufbereitung des Chlors für seinen militärischen Einsatz. Dieses Projekt war eines der am besten gehüteten militärischen Geheimnisse Deutschlands. Eine Explosion im Kaiser-Wilhelm-Institut, die Habers Assistenten tötete, der mit Phosgen experimentiert hatte, hätte beinahe die Geheimhaltung zunichte gemacht. Doch schnelle und erfolgreiche Unterdrükkung der Berichterstattung über den Vorfall verhinderte die Enthüllung des Geheimnisses.

Der Test des Chlorgases sollte im April 1915 an der Westfront stattfinden. Haber war sicher, daß der Angriff vernichtende Folgen haben würde, und empfahl der Heeresleitung die Bereitstellung großer Truppenreserven, um die Gelegenheit zu nutzen. Die Heeresleitung weigerte sich jedoch, in dem Vorhaben mehr als ein Experiment zu sehen, und beorderte nur eine Kompanie zur Unterstützung des Unternehmens.

In der dritten Aprilwoche kamen Haber und seine kleine Mannschaft von Soldaten und Technikern an einem Abschnitt der Westfront in der Nähe von Ypres in Belgien an. Fünftausend Metallzylinder mit Chlorgas wurden in der vordersten Reihe der Schützengräben in Stellung gebracht. Nach einigen Verzögerungen wegen ungünstiger Windverhältnisse befahl Haber am Nachmittag des 22. April die Öffnung der Metallzylinder (Goran 1967, 68). Der Bericht des britischen Feldmarschalls Sir J. D. P. French beschreibt die folgenden Ergebnisse:

»Nach einem heftigen Beschuß griff der Feind die französische Division an und benutzte dabei zum erstenmal Giftgas. Flugzeuge berichteten, daß gegen 17 Uhr dichte gelbe Schwaden aus den deutschen Schützengräben zwischen Langemarck und Bixschoote aufstiegen. Die Wirkung dieser Gase beraubte die gesamte französische Division ihrer Kampfkraft. Die Szenerie spottete jeder Beschreibung. Anfangs konnte man nicht erkennen, was geschehen war, da der Rauch und die Gase alles verhüllten; hunderte von Männern lagen sterbend oder betäubt auf dem Feld. Innerhalb einer Stunde mußte die gesamte Stellung geräumt und etwa fünfzig Kanonen zurückgelassen werden.« (Zit. in Lefebure 1921, 27)

Die Wirkung des Gasangriffes von Ypres war wahrhaft verheerend. Noch vor dem Abend lagen 15000 Männer auf dem Schlachtfeld, ein Drittel davon tot (Goran 1967, 68). Eine riesige Lücke von nahezu zehn Kilometern war in die Linien der Alliierten gerissen worden. Nichts stand mehr zwischen den Deutschen und den ungeschützten französischen Kanalhäfen direkt gegenüber von England.

Doch die Unfähigkeit der deutschen Heeresleitung, den Erfolg ihrer neuen Waffe vorauszusehen, ersparte den Alliierten die Vernichtung. Haber war darüber sehr verbittert. Wie er später schrieb, hätten die Deutschen den Krieg gewonnen, wenn sie seinem Rat gefolgt wären und anstelle des Experiments von Ypres einen großangelegten Angriff gestartet hätten (zit. in Goran 1967, 69).

Nach dem Angriff von Ypres bereitete Haber einen Gasangriff an der Ostfront vor. Seine Frau Clara bat ihn, das Projekt abzubrechen. Er lehnte ihre Bitte ab mit der Erklärung, daß es seine Pflicht als Patriot sei, alles in seiner Macht Stehende zu tun, um Deutschland zu helfen. In der Nacht seiner Abreise an die Ostfront beging Clara Haber Selbstmord.

Nach dem Angriff von Ypres wurde der Einsatz von Giftgasen ein entscheidender Bestandteil der deutschen Kriegstechnik. Die Farbenindustrie und das Kaiser-Wilhelm-Institut fungierten als chemische Kampftruppe, wie ein englischer Fachmann für chemische Kriegsführung bemerkte:

»Deutschland benötigte keinen umständlichen Verwaltungsapparat für die Bereitstellung neuer Kriegschemikalien, die halbindustrielle Arbeit zur Entwicklung neuer Herstellungsverfahren oder die eigentliche Herstellung genehmigter Substanzen. Indem es sich auf die deutschen Chemiefirmen verließ, konnte es auf solche umfassenden Verwaltungsapparate verzichten, deren Einrichtung die Anstrengungen der alliierten Länder behinderte . . . Es bestand kein Grund zur Einrichtung einer neuen Behörde, da in den deutschen Chemiefirmen schon eine schlagkräftige Organisation vorhanden war.« (Lefebure 1921, 85 u. 144)

Die Chemieunternehmen arbeiteten eng zusammen, um die Forderungen der Armee erfüllen zu können. Wenn die deutsche Führung ein neues Gift anforderte, wurde einem Bericht der Alliierten zufolge »in Berlin eine Konferenz einberufen, um zu bestimmen in welcher Weise die Produktion aufzuteilen sei, damit die Kapazitäten der einzelnen Firmen optimal genutzt würden« (ebd.). Da die Herstellung eines Giftgases in verschiedenen Stufen verlief, wurde jeweils die am besten geeignete Firma mit der Durchführung eines einzelnen Produktionsabschnittes betraut. Die unmittelbare Beteiligung des Militärs war offensichtlich. Große Gruppen von Soldaten kamen ständig in den einzelnen Firmen an, wo man Schulen eingerichtet hatte, in denen sie in der Verwendung von Giftgasen ausgebildet wurden. Das Endergebnis war eine sehr erfolgreiche Zusammenarbeit industrieller, wissenschaftlicher und militärischer Kräfte.

Giftgase waren jedoch nicht die kriegsentscheidende Waffe, nach der Deutschland gesucht hatte. Nach dem Experiment von Ypres war das wichtige Überraschungsmoment nicht mehr gegeben und selbst der Einsatz neuer, wirkungsvollerer Gase traf den Feind nicht mehr unvorbereitet. Als sich abzeichnete, daß der gefürchtete Zermürbungskrieg Wirklichkeit würde, wurde Boschs Erfolg immer dringender. In Anbetracht der schwindenden Munitionsreserven wartete der Generalsstab immer ungeduldiger auf eine Nachricht von ihm.

Im Mai lieferte Bosch seine Erfolgsmeldung ab. Oppau konnte mit der Massenproduktion synthetischer Nitrate beginnen. Die Kanonen der Wehrmacht würden nie mehr von Chiles Lieferungen abhängig sein. In ganz Deutschland wurde Bosch als Held gefeiert. Für Deutschland bedeutete Boschs Erfolg die mögliche Rettung, für die BASF wurde er zu einer Goldgrube. Bosch forderte sofort eine Unterstützung der Regierung für eine Erweiterung der Nitratkapazität der BASF. Hierbei erhielt er die unerwartete, aber willkommene Unterstützung eines jungen Leutnants aus dem Kriegsrohstoff-Büro des Kriegsministeriums, Hermann Schmitz, der den imponierenden Titel eines Generalbevollmächtigten für die chemische Produktion trug. Mit Hilfe dieses jungen Mannes überzeugte Bosch die Regierung von der Notwendigkeit der Errichtung einer riesigen Haber-Bosch Anlage in Leuna in Mitteldeutschland.

Schmitz' Geschicklichkeit bei der Überwindung aller bürokratischen Hindernisse hinterließ auf Bosch einen bleibenden Eindruck. In dieser Zeit entstand zwischen den beiden Männern jene Beziehung, die Schmitz' Karriere bei der I. G. einleitete. Die neue Anlage in Leuna und die alte Anlage in Oppau produzierten schon bald mehr Nitrate, als vorher von Chile bezogen worden waren.

Deutschland sollte nie mehr unter einer Verknappung dieses Rohstoffes leiden. Der finanzielle Erfolg der BASF war hoch genug, um während des gesamten Krieges eine 25%ige Gewinnausschüttung an die Anteilseigner zu rechtfertigen.

Auch alle anderen Chemieunternehmen profitierten vom »Krieg der Chemiker«. Am 24. Juli 1915 schrieb Duisberg an Bauer, um ihm den Aufschwung seines Unternehmens durch die Kriegsproduktion zu verdeutlichen:

»Sähen Sie jetzt einmal, wie es hier in Leverkusen aussieht, wie die ganze Fabrik umgekrempelt und umorganisiert ist, wie wir fast nichts mehr als Kriegslieferungen ausführen . . ., so würden Sie als der Vater und Anstifter dieser Fabrikationen Ihre helle Freude haben.« (BA Koblenz)

Die Einführung von Giftgasen in die Kriegsführung durch die Deutschen erschütterte die Grundlagen der militärischen Strategie der Alliierten. Deutschlands Monopol auf dem Chemiesektor hatte ihm einen nicht zu ermessenden strategischen Vorteil verschafft. Bei dieser neuen Art der Kriegsführung mit Hilfe der Chemie war jedes Land ohne Farbenindustrie gegenüber seinen Feinden im Nachteil. Für die Alliierten war dies ein unerträglicher Zustand. Sie entfalteten fieberhafte Aktivitäten, um die entstandene Lücke zu schließen.

Obwohl die Vereinigten Staaten noch neutral waren, ermunterte das Wehrbeschaffungsamt die Industrie zur Aufnahme der Farbstoffproduktion. Die positivste Reaktion kam von Du Pont, Amerikas größtem Chemieunternehmen und wichtigstem Munitionslieferanten der U.S.-Streitkräfte. Du Pont schloß einen Vertrag mit einem britischen Farbstoffhersteller, um technische Informationen auszutauschen und Patente gemeinsam zu nutzen. Außerdem betrieb Du Pont die Abwerbung von Morris Poucher, einem Direktor der amerikanischen Vertriebsorganisation der BASF. Pouchers Wechsel zu Du Pont erregte Boschs Unwillen. Er betrachtete Pouchers Verhalten als Verrat und DuPonts Vorgehen als unlauteres Geschäftsgebaren. Daß Poucher gebürtiger Amerikaner war, interessierte Bosch dabei nicht. Als weiterer Anreiz für amerikanische Unternehmen, sich auf dem neuen Gebiet zu versuchen, wurde im Sommer 1916 ein Schutzzoll eingeführt.

Carl Duisberg betrachtete mit wachsender Unruhe und Sorge um die geschäftliche Zukunft die Zunahme ausländischer Konkurrenz, die durch die militärischen Notwendigkeiten gefördert wurde. Er schlug den deutschen Farbenherstellern vor, sich zu einer einzigen Interessengemeinschaft zusammenzuschließen und so ihre Position gegenüber der ausländischen Konkurrenz nach dem Krieg zu stärken.[1] Diese Vereinbarung sollte der gemeinsamen Nutzung von Patenten und der Aufteilung der Erträge dienen. Sie sollte außerdem zu einer engeren Zusammenarbeit zwischen den Konzernen führen, ohne deren Unabhängigkeit zu berühren. In der Tat wäre sie eine Institutionalisierung der Zusammenarbeit während des Giftgas-Projekts.

Anfangs wurden Duisbergs Vorschläge sehr reserviert aufgenommen. Der Widerstand verschwand jedoch sehr schnell angesichts eines unerwarteten Ereignisses, ähnlich wie seinerzeit das Geschehen an der Marne.

In der Schlacht an der Somme im Juli 1916 wurden die Deutschen von der

Stärke und teilweisen Überlegenheit der Briten überrascht. Mit Verwunderung registrierten sie die Fähigkeit der Briten, trotz hoher Verluste weiterzukämpfen. Den deutschen Chemiekonzernen dämmerte die Erkenntnis, daß ein deutscher Sieg nicht unbedingt feststand. Die möglichen Konsequenzen für die Nachkriegszeit waren offensichtlich. Im August bildeten die wichtigsten deutschen Chemieunternehmen, angeführt von den großen Drei Bayer, BASF und Hoechst und fünf weiteren Unternehmen (Kalle, Cassella, Agfa, Ter Meer und Griesheim) die »Interessengemeinschaft der deutschen Teerfarbenindustrie«. Dieser Zusammenschluß wurde bald nur noch kurz I. G. genannt. (Einige Jahre später wurde in einem Gerichtsbeschluß der I. G. Farben das alleinige Recht zur Führung der Firmenbezeichnung I. G. zugesprochen.)

Die Schlacht an der Somme war für General Falkenhayn auch eine persönliche Katastrophe. Am 28. August wurde er seiner Funktionen enthoben. Feldmarschall von Hindenburg wurde sein Nachfolger. Dessen Stellvertreter wurde Erich von Ludendorff. Diese Veränderung wurde von den deutschen Industriellen begrüßt, die schon lange mit Falkenhayn unzufrieden gewesen waren, weil er sich einer Ausweitung der Rüstungsproduktion widersetzt hatte. Wie auch Bauer war Ludendorff ein bewährter alter Freund der Industrie.

Drei Tage nach seinem Dienstantritt als neuer Oberbefehlshaber verkündete Hindenburg ein neues Rüstungsprogramm, das starke Produktionserweiterungen erforderte – die Munitionsproduktion sollte verdoppelt und die Herstellung von Kanonen und Maschinengewehren auf das Dreifache gesteigert werden (Feldman 1966, 152). Das Programm verlangte auch eine deutliche Steigerung der Giftgasproduktion. Alle wirtschaftlichen Überlegungen sollten hinter diesem Programm zurückstehen. Für Gustav Krupp und Carl Duisberg hätte das Programm nicht besser aussehen können, wenn sie es selbst entworfen hätten.

Am 9. September wurden Krupp und Duisberg eine große Ehre zuteil. Bauer arrangierte für sie ein Treffen mit Hindenburg und Ludendorff im Zug der Obersten Heeresleitung, um die neue Lage der Rüstungsproduktion zu besprechen. Die beiden Industriellen nutzten die Gelegenheit, um sich über den Arbeitskräftemangel zu beklagen. Wenn dieser Engpaß nicht beseitigt würde, könne man Hindenburgs Programm nicht erfüllen. Hindenburgs Reaktion fiel zu Duisbergs vollster Zufriedenheit aus. Am nächsten Tag schrieb er einen überschwenglichen Dankesbrief an Bauer.

»Der neunte im neunten Monat 1926 war ein ereignisvoller Tag in meinem Leben, den ich sobald nicht vergessen werde. Es war ähnlich wie damals nach der Marneschlacht im Spätherbst 1914 . . . Auch damals war es Munitionsmangel, in weit bedrohlicherer Form wie heute, der uns zusammenführte und . . . auch praktisch in die Speichen des Kriegsrades eingreifen ließ.« (10. 9. 1916. BA Koblenz)

Auf Betreiben der Obersten Heeresleitung fand eine Woche später ein Treffen zwischen dem Kriegsminister und neununddreißig wichtigen Industriellen statt, auf dem diese ihre Beschwerden über das Arbeitskräfteproblem vortragen konnten. Max Bauer, der bei diesem Treffen die Oberste Heeresleitung vertrat, gab in seiner Begrüßungsrede zu verstehen, daß den Forderungen der Industrie Rechnung getragen werden sollte (vgl. Feldman 1966, 164).

Duisberg beklagte erneut den Arbeitskräftemangel. Steigende Löhne gefährdeten die Rüstungsproduktion, die schon bedenklich niedrige Raten erreicht hätte. Er schlug der Obersten Heeresleitung vor, »das belgische Arbeitskräftereservoir zu öffnen«. Er wußte, daß frühere Versuche fehlgeschlagen waren, belgische Arbeiter für die deutsche Industrie anzuwerben. Die Belgier lehnten es ab, für ihre Unterdrücker zu arbeiten. Dessenungeachtet versicherte Bauer, daß man Duisbergs Vorschlag befolgen wolle. Schon zwei Monate später begann die deutsche Armee mit der Verschleppung belgischer Arbeiter in deutsche Fabriken. Diese Entscheidung und die damit verbundene Brutalität schockierte die belgische Nation.

In einem erschütternden Bericht beschrieb der Prälat der belgischen Katholiken Kardinal Mercier der Welt das Vorgehen der Deutschen:

»Gruppen von Soldaten dringen mit Gewalt in die friedlichen Wohnungen ein und entführen Jugendliche, Ehemänner und Väter. Mit ihren Bajonetten versperren sie die Türen, durch die zurückgelassene Frauen und Mütter den Verschleppten ein Lebewohl nachschicken wollen. Sie treiben ihre Gefangenen zu Gruppen von zehn und zwanzig zusammen und pferchen sie in Waggons. Sobald der Zug gefüllt ist, erteilt der kommandierende Offizier die knappe Order zur Abfahrt. Auf diese Weise werden tausende von Belgiern zu Sklaven degradiert.« (Halsey 1919, 372)

Neutrale Journalisten gaben ähnliche Berichte ab – sie berichteten von Männern, die mit dem Bajonett in Waggons getrieben wurden, und von Frauen, die sich auf die Gleise warfen, um die Züge an der Abfahrt zu hindern, und die von deutschen Soldaten weggezerrt wurden.

Die Belgier baten die Regierung der Vereinigten Staaten um Unterstützung gegen die Aktionen der Deutschen. Nachdem sie die Einzelheiten des deutschen Zwangsarbeiterprogramms untersucht hatte, schickte die amerikanische Regierung eine formelle Note an den Reichskanzler.

»Die Regierung der Vereinigten Staaten mußte mit großer Bestürzung von den Plänen der deutschen Regierung erfahren, einen Teil der belgischen Zivilbevölkerung zur Zwangsarbeit nach Deutschland zu verschleppen. Wir müssen gegen dieses Vorgehen zwar in freundschaftlichem Geist aber mit aller Bestimmtheit protestieren, da es gegen alle Regeln verstößt, die von zivilisierten Nationen seit langem anerkannt und befolgt werden, wenn es um die Behandlung von Zivilisten während eines Krieges geht.« (Zit. ebd., 371)

Die Deutschen ignorierten die amerikanische Protestnote. Der deutsche Gouverneur in Belgien behauptete, daß die Deportation eher ein Segen als ein Fluch sei und die deutsche Presse hieb in die selbe Kerbe. Die »Kölner Volkszeitung« behauptete, die Deportation sei von wahrhafter Humanität geleitet, denn tausende körperlich gesunder Arbeiter würden von den Folgen der Arbeitslosigkeit bewahrt (zit. ebd., 371f.).

Bis Mitte November 1916 hatten die deutschen Besatzer 40000 Männer gefangengenommen und in deutsche Fabriken und Bergwerke verschleppt. Jeden

Tag kamen 2000 dazu. Suchtrupps machten Razzien in Häusern, Theatern und auf den Märkten. Insgesamt wurden 60000 deportiert.

Das Zwangsarbeitsprogramm erwies sich jedoch als unproduktiv. Die verschleppten Belgier weigerten sich trotz Versprechungen und Drohungen zu arbeiten. Die starke Anteilnahme der Weltöffentlichkeit verbot strengere Disziplinierungsmaßnahmen; das Projekt wurde abgebrochen und die Belgier nach Hause zurückverfrachtet.

Während des Herbstes 1916 setzte Duisberg seine Aktivitäten für die I.G. Gesellschaften an der »Heimatfront« fort. Die Inflation, jene Krankheit der Wirtschaft, die auf dem Boden des Krieges besonders schnell gedeiht, hatte ein für die Rüstungsproduktion gefährliches Ausmaß angenommen und Anfang 1917 schon Krisenformat erreicht. Die Unruhe unter den Arbeitern wuchs und drückte sich in »übertriebenen« Lohnforderungen und einer Reihe von Streiks aus. Als Sprecher der Industrie verlangte Duisberg einen Lohnstopp und ein Streikverbot als Mittel gegen die Inflation. Gleichzeitig kämpfte er gegen alle Versuche der Regierung, Preise und Profite einzufrieren. Die Inflation beschleunigte sich weiter.

An diesem Punkt trat eine neue Behörde auf den Plan, um ihren Einfluß geltend zu machen und gegen die inflationären Exzesse vorzugehen. Das Kriegsamt war einige Monate vorher auf Anregung Bauers und mit der Unterstützung Ludendorffs eingerichtet worden, um dem relativ unabhängigen Kriegsministerium die Bearbeitung wirtschaftlicher Angelegenheiten zu entziehen. Die Leitung dieses einflußreichen Amtes übertrug man General Wilhelm Gröner, der vor dem Krieg mit Bauer und Ludendorff im Generalstab gedient hatte und daher als unbedenklich galt. Man hatte sich getäuscht. Gröner hatte anfänglich bei Auseinandersetzungen zwischen der Industrie und den Arbeitnehmern eine neutrale Linie vertreten wollen. Das sich anbahnende Finanzdebakel zwang ihn zu einer Änderung seiner Haltung. Seine Antwort auf eine Bitte der Stahlindustrie um einen Lohnstopp deutete diese neue Haltung an. Seine Antwort fiel nicht so aus wie die Industrie es von einem deutschen General gewohnt war. Er hätte beobachtet, so Gröner, daß die Industrie in unerhörter Weise Profiten nachjage. Und dann führte er zwei ärgerniserregende Beispiele für das Gebaren einiger Geschäftsleute an: einmal hätte das Kriegsamt verhindern müssen, daß ein Unternehmen einen Gewinn von 35 Millionen eingeheimst hätte; und er hätte von einem Unternehmer gehört, der vier bei ihm beschäftigte Frauen in einer Baracke in einem völlig verlausten Bett schlafen ließ (vgl. Feldman 1966, 359).

Man vermutete hinter seiner neuen Haltung den Einfluß eines seiner Mitarbeiter, dem Hauptmann Richard Merton. Dieser war Jude und galt als Liberaler. Merton war keineswegs ein Radikaler oder ein akademischer Reformdenker. Im zivilen Leben leitete er die »Metallgesellschaft«, ein führendes deutsches Unternehmen und die größte Metallhandelsgesellschaft der Welt mit Filialen in allen größeren Staaten.

Hauptmann Mertons Ansichten über die Lohn-Profit-Preis-Spirale hatten Gröner stark beeindruckt und er bat ihn um eine schriftliche Niederlegung seiner Gedanken. Das Ergebnis war ein Memorandum zur Notwendigkeit staatlicher Regulierung von Gewinnen und Löhnen: In seiner Schrift stellte Merton fest, daß die wachsende Macht der Arbeiter und die Kurzsichtigkeit der Unternehmer in der Rüstungsindustrie gemeinsam die Preissteigerungen bewirkten. Verträge, die den Lieferanten erlaubten, die Preise erst nach der Lieferung festzusetzen, verleiteten diese dazu, Kosten anzuhäufen, statt sich steigenden Rohstoffpreisen und Lohnforderungen entgegenzusetzen. Der Staat als endgültiger Käufer »kann unter den gegenwärtigen Umständen nur den Preisen zustimmen, die von ihm gefordert werden.« Mertons Feststellung, daß die Gewinne schon hoch genug seien, um eine Lohnerhöhung ohne eine gleichzeitige Preiserhöhung abfangen zu können, mußte den Widerstand der Industrie hervorrufen. Merton entwickelte aus seinen Vorstellungen drei praktische Vorschläge. Preise sollten bei Vertragsabschluß festgesetzt werden, nicht erst nach der Lieferung. Gewinne aus Rüstungsaufträgen sollten höher besteuert werden. Schließlich sollte der Reichskanzler ermächtigt werden, die Fabriken unkooperativer Unternehmer zu übernehmen und in festgefahrenen Lohnverhandlungen zu intervenieren. Gröner akzeptierte Mertons Vorschläge und schickte seine Schrift an Reichskanzler Georg Michaelis. Als Duisberg vom Inhalt des Merton-Memorandums erfuhr und feststellte, daß höchste Regierungskreise die Verwirklichung seiner Vorschläge beabsichtigten, wurde er aktiv. In seiner Eigenschaft als Sprecher der I. G. Gesellschaften veranstaltete er im Düsseldorfer Industrie-Club ein Treffen mit einer kleinen Gruppe einflußreicher Industrieller. In der Einladung schon schlug er Alarm mit dem Hinweis, daß Maßnahmen zur Begrenzung der Gewinne gegen die Unternehmer geplant seien und daß Eile geboten sei, dagegen vorzugehen. Duisberg garantierte die Unterstützung Max Bauers, des alten Verbündeten der Industrie, der als Vertreter der Obersten Heeresleitung an dem Treffen teilnehmen würde (vgl. Feldman 1966, 398).

Zur gleichen Zeit wurde in der Industrie und in der Obersten Heeresleitung die Forderung nach Gröners Versetzung lauter. Ende Juli beschloß Ludendorff, sich des unbequemen Generals zu entledigen. Wenige Tage nach diesem Entschluß, aber vierzehn Tage bevor Gröner selbst davon erfuhr, versicherte Duisberg seinen Kollegen aus der Stahlindustrie, daß Gröner sehr bald aus dem Kriegsamt an die Front versetzt würde. Gröner behauptete später, daß Duisberg und Bauer gemeinsam gegen ihn intrigiert hätten, um seine Versetzung zu erwirken. Duisberg wies alle Anschuldigungen zurück. Der Historiker Gerald Feldman, der die entsprechenden Dokumente studierte, kam jedoch später zu der Feststellung: »In Anbetracht der vorhandenen Beweise . . . ist es unmöglich zu glauben, daß Duisberg nicht gelogen hat.« (ebd.)

Gröner stellte einen offiziellen Antrag auf Weiterbeschäftigung Mertons in seinem Stab, aber Ludendorff lehnte dieses Ansinnen ab mit der Bemerkung, diese Ehe müsse geschieden werden. Merton sollte in ein besonders gefährdetes Kampfgebiet an der Westfront versetzt werden.

Im Gegensatz zu Gröner hatte der junge Industrielle jedoch die Machenschaften Bauers und Duisbergs durchschaut. Er hatte sein eigenes System von Informationen und Beziehungen aufgebaut. Einer seiner Freunde, Major Kurt von Schleicher (letzter Kanzler vor Hitlers Machtübernahme) hatte ihn vor Gröners bevorstehender Versetzung gewarnt. Durch Schleichers Intervention wurde Merton nicht an die Westfront versetzt, sondern er bekam einen Auftrag zur Untersuchung von »Bestechung in der Industrie der besetzten Gebiete«.

Inflation und Arbeitskräftemangel waren nicht die einzigen Probleme, mit denen Deutschland zu kämpfen hatte. Die Technisierung des Krieges überstieg alles bisher Dagewesene. Die riesigen Flotten von Schiffen, Lastwagen und Flugzeugen verbrauchten fast alle flüssigen Treibstoffe, die Deutschland zur Verfügung hatte. Durch den Übertritt Rumäniens auf die Seite der Alliierten verschlechterte sich die Versorgung Deutschlands erheblich. Deutschland war gezwungen, Truppen von der Westfront abzuziehen, um einen Angriff auf die rumänischen Ölfelder durchzuführen. Obwohl die Deutschen die Rumänen sehr schnell überrannten, konnten die alliierten Truppen vorher noch die Bohrtürme und Raffinerien sprengen. Ohne das rumänische Öl sank der deutsche Treibstoffnachschub auf ein Minimum.

Man unternahm vielfältige Versuche, einen synthetischen Ersatz für Rohöl zu finden. Eine der meistversprechenden Methoden war die Herstellung synthetischen Benzins durch Hydrierung, einem Verfahren das dem Haber-Bosch-Verfahren ähnelt. Friedrich Bergius hatte dieses Verfahren schon 1909 entwickelt. Bergius machte seine ersten Erfahrungen mit der Hochdruck-Chemie als Assistent Fritz Habers während der Suche nach synthetischem Ammoniak. Im Labor erbrachte der Bergius-Prozeß vielversprechende Ergebnisse und er begann deshalb 1916 mit Versuchen zur industriellen Nutzung seines Verfahrens. Er hatte jedoch bis zum Ende des Krieges sein Ziel noch nicht erreicht. Ihm fehlte ein genialer Ingenieur wie Bosch, um seine Labormethode auf industrielles Format zu bringen.

Ein weiterer Rohstoff, der immer schlechter zu bekommen war, war Gummi. Die britische Marine hatte Kautschuk ganz oben auf die Liste der Blokkadematerialien gesetzt und Deutschland wurde zu ungewöhnlichen Maßnahmen zur Umgehung der Blockade gezwungen. Zweimal gelang es dem berühmten U-Boot »Deutschland« 1916 Kautschuk aus amerikanischen Häfen herauszuschmuggeln. Im Austausch lieferte es Salvarsan, Novocain und I.G.-Farbstoffe (vgl. *New York Times*, 10. 7. u. 15. 8. 1916).

Deutschland wurde nach jedem wiederverwendbaren Gummirest durchsucht. Die Verknappung wurde so akut, daß selbst Taue und Holz als Bereifung ausprobiert wurden.

Bayer und BASF verstärkten ihre Bemühungen auf der Suche nach synthetischem Kautschuk. Sie entwickelten schließlich eine Substanz, die zwar zu hart war, um sie zu Reifen zu verarbeiten, die aber in U-Boot Batterien und anderen Elektroartikeln verwendet werden konnte. Im Verlauf des Krieges stellte allein Bayer 2500 Tonnen dieses harten synthetischen Gummis her. Einen Weg zur Herstellung eines Stoffes, den man für die dringend benötigten Reifen verwenden konnte, fand man nicht.

Im April 1917 traten die Vereinigten Staaten in den Krieg gegen Deutschland ein. Walter Nernst war zu dieser Zeit in den Vereinigten Staaten. Er wurde für kurze Zeit interniert, bevor er nach Deutschland zurückkehren konnte. Nach seiner Rückkehr suchte er Bosch auf. Er beschrieb ihm die gewaltigen Rohstoffreserven und die riesigen Produktionskapazitäten, auf die der neue Feind zurückgreifen konnte. Von besonderem Interesse für Deutschland war die Tatsache, daß die Vereinigten Staaten der Welt größter Produzent von Erdöl waren. Bosch, der sich seit der Nitratkrise mit synthetischen Lösungen für Deutschlands Rohstoffprobleme befaßt hatte, wurde durch Nernsts Besuch sehr beunruhigt. Für ihn stand fest, daß mit dem Eintritt Amerikas in den Krieg der Treibstoffnachschub für die Alliierten kein Problem mehr war. Für Deutschland zeichnete sich dagegen kein Ausweg ab. Bosch verfiel in eine tiefe Depression, ein Zustand, der ihn regelmäßig nach Krisen und Enttäuschungen befiel.

Die britische Blockade erwies sich als der entscheidende Schachzug zur Beendigung des Krieges. Die Rohstoffverknappung in Verbindung mit einer Hungersnot brach den deutschen Willen zum Widerstand. Mitte des Jahres 1918 wußten die deutschen Generale, daß eine Fortführung des Krieges unsinnig war und daß die Niederlage nur wenige Wochen auf sich warten lassen würde. Ludendorff bat Duisberg und andere Industrielle, dem Kaiser diese Nachricht zu überbringen. Alle lehnten ab. Duisberg hatte schon mit der Umstellung auf die veränderten Umstände begonnen (vgl. Manchester 1968, 310).

Die deutsche Kapitulation zeichnete sich ab, als am 11. Nov. 1918 ein Waffenstillstand geschlossen wurde. Ohne Verzögerung begann die deutsche Regierung mit der Vorbereitung einer Konferenz, die zu einem formellen Friedensvertrag führen sollte. Mit der Durchführung der nötigen Vorarbeiten wurde Johann von Bernstorff beauftragt, der während seiner Zeit als deutscher Botschafter in Washington freundschaftliche Beziehungen zu Präsident Wilson aufgebaut hatte. Wenig später wurde Duisberg gebeten, als Vertreter der Chemieindustrie an den Vorverhandlungen teilzunehmen. Duisberg war sich jedoch nicht sicher, ob die Alliierten und die revolutionären Arbeiter ihm seinen Wechsel ins demokratische Lager abnehmen würden und schlug daher Bosch vor (vgl. Holdermann 1954, 155f.).

Bosch übernahm die Aufgabe. Sein Auftrag war die Rettung der I. G.-Gesellschaften. Deutschland mochte den Krieg verloren haben – die I. G. hatte nicht vor, den Frieden zu verlieren. Wenige Wochen später mußte Duisberg das Land verlassen. Eine Notiz in der *New York Times* vom 24. Dezember 1918 berichtete von seiner Abreise: »Es wird berichtet, daß Dr. Carl Duisberg aus Leverkusen,

Absender:
(In Druckschrift)

Postkarte

Bitte
frei-
machen

Hessendienst

Postfach 3147

6200 Wiesbaden 1

Absender:
(In Druckschrift)

Postkarte

Bitte
frei-
machen

Hessendienst

Postfach 3147

6200 Wiesbaden 1

An

Hessendienst

Ich bin an Informationen über Hessen interessiert und bitte, mir Informationsmaterial der Landesregierung künftig über ein Versandsystem kostenlos zuzusenden.

Unterschrift
(Bitte die Absenderangabe in Druckschrift auf der Rückseite nicht vergessen).

An

Hessendienst

Ich bin an Informationen über Hessen interessiert und bitte, mir Informationsmaterial der Landesregierung künftig über ein Versandsystem kostenlos zuzusenden.

Unterschrift
(Bitte die Absenderangabe in Druckschrift auf der Rückseite nicht vergessen).

Führer der deutschen Anilinfarben-Industrie, in die Schweiz geflüchtet ist. Duisberg galt allgemein als Verbindungsmann zwischen General Ludendorff und der Industrie. Er war einer der engagiertesten Vertreter des großdeutschen Gedankens.«

Etwa zur gleichen Zeit flüchtete Fritz Haber ebenfalls in die Schweiz. Auf ihn hatte sich die Empörung der internationalen Wissenschaft über den Gaskrieg konzentriert. Die Befürchtungen der Männer wie Duisberg und Haber waren nicht unbegründet. Innerhalb weniger Wochen nach dem Waffenstillstand besetzten alliierte Truppen das Rheinland. Kaum hatten sich die Besatzungstruppen niedergelassen, begannen die neuen chemischen Kampftruppen der Alliierten mit der Untersuchung der geheimen Produktionsmethoden der Farbenindustrie in den Fabriken, die der Herstellung von Giftgasen, Sprengstoffen und Nitraten gedient hatten. Die I. G.-Gesellschaften widersetzten sich diesem Ansinnen mit der Begründung, daß eine Offenlegung ihrer Produktionsverfahren ihre wirtschaftliche Position nach dem Krieg gefährden würde.

Im Gegensatz zu den Franzosen waren Briten und Amerikaner bemüht, die I. G.-Verantwortlichen nicht über Gebühr zu reizen. Nur Verfahren, die der Herstellung von Kampfstoffen dienten, sollten offengelegt werden. »Nach dieser Zusicherung konnten wir in einer mehr oder weniger höflichen Atmosphäre miteinander verkehren«, berichtete ein amerikanischer Offizier (Noriss 1919, 817f.).

In Übereinstimmung mit dieser Vereinbarung gab die Alliierte Friedenskommission ihren Untersuchungsbeamten die Anweisung, die Untersuchungen auf Kampfstoffe zu beschränken. Die Beamten sandten daraufhin der I. G. eine Order auf Offenlegung der Produktionsverfahren zur Herstellung von Giftgas, Gasmasken und Munition. Widerstand gegen diese Order hätte die Schließung und Demontage der entsprechenden Fabriken zur Folge.

Da sie durch die Richtlinien der Kommission gebunden waren, bestanden die Beamten nicht auf einer Offenlegung der Farbstoffproduktionsverfahren. Die Untersuchung der Giftgasherstellung brachte enttäuschende Ergebnisse. Die Wissenschaftler der Vereinigten Staaten berichteten, daß sie nichts über Giftgas erfahren hätten, was der Wissenschaft nicht schon bekannt gewesen wäre. Sie stellten fest, daß die Deutschen einfach nur mit sehr viel Geschick und Einfallsreichtum solche Stoffe verwendeten, die bei der Farbstoffherstellung abfielen. Die Vorteile der Deutschen resultierten aus ihrer Vormachtstellung in der zivilen Farbenindustrie, nicht aus der Erfindung neuer Gifte.

Die Haber-Bosch Anlage in Oppau stellte hier eine Ausnahme dar. Die Untersuchungsbeamten stellten bald fest, daß es sich bei dieser Anlage um eine bahnbrechende technische Leistung handelte, ohne die Deutschland nicht bis zum Zeitpunkt des Waffenstillstands hätte kämpfen können. Sie erfuhren, daß die Oppauer Anlage im letzten Jahr des Krieges 90000 Tonnen synthetischer Nitrate produziert hatte (das entsprach einem Fünftel des chilenischen Salpeters, der in der gleichen Zeit von der restlichen Welt verbraucht worden war).

Als die französischen Mitglieder der Untersuchungskommission die Inbetriebnahme der Anlage verlangten, damit sie ihre Arbeitsweise beobachten könnten, widersetzte sich Bosch mit allen Mitteln. Alle Versuche, ihn zu überreden, und selbst Drohungen schlugen fehl. Die aufgebrachten Franzosen richteten eine Petition an die Alliierte Kommission, um diese zu Zwangsmaßnahmen gegen Bosch zu bewegen. Zum Entsetzen der Franzosen entschied die Kommission zu Boschs Gunsten, mit der Begründung, es handle sich um eine rein wirtschaftliche Angelegenheit ohne militärische Bedeutung (vgl. McConnell 1919, 839).

Major Victor Lefebure, der führende britische Sachverständige auf dem Gebiet der chemischen Kriegführung war ein leidenschaftlicher Gegner dieser Entscheidung wie schon der früheren Anweisung, keine Untersuchung der »zivilen« Farbenfabriken durchzuführen. In seinem Buch *The Riddle of the Rhine* (Das Rätsel des Rheins) legte er später seine Ansichten nieder. Er kam zu der Schlußfolgerung: »Nur die Franzosen erkannten die strategische Bedeutung dieser Fabriken.«

Im April 1919 traf die deutsche Delegation in Versailles ein. Bosch und die anderen Mitglieder wurden im »Hôtel des Réservoir« hinter Stacheldraht in Schutzhaft genommen. Bosch, der offiziell als Chemiefachmann teilnahm, war zu dieser Konferenz geschickt worden, um die Interessen der I. G.-Gesellschaften zu schützen. Die schärfsten Forderungen gegen die I. G.-Gesellschaften kamen von den Franzosen, die die totale Demontage der Rüstungsfabriken forderten, auch der Farben- und Nitratfabriken. Marschall Foch gab zu verstehen, daß man über diesen Punkt nicht zu verhandeln gedenke. Das einzige erfolgversprechende Argument, das Bosch gegen diese Forderung einbringen konnte, war die Feststellung, daß die Alliierten ein starkes Deutschland als Bollwerk gegen den russischen Kommunismus brauchten.

Auch die amerikanische Delegation verfolgte ein eigennütziges Ziel. Es war kein Geheimnis, daß Du Pont mit der Unterstützung des amerikanischen Wehrbeschaffungsamtes und der vom Kongreß bestellten Chemical Foundation eine Rückgabe der beschlagnahmten deutschen Patente und Beteiligungen verhindern wollte. Die wertvollsten Patente und Beteiligungen gehörten den I. G.-Gesellschaften. Um der amerikanischen Forderung entgegenzuwirken formulierte Bosch seine Gegenargumente in einem Papier, das der deutschen Delegation als Verhandlungsgrundlage diente.[2] Bosch ging davon aus, daß internationales Recht und gängige Moral die Rückgabe des beschlagnahmten Besitzes samt der Patente an ihre vorherigen Eigentümer verlangten. Bosch gab sich allerdings mit der alleinigen Rückgabe nicht zufrieden. Er forderte eine Verlängerung der Laufzeit der beschlagnahmten Patente, um die Zeit der Konfiszierung auszugleichen.

In einem weiteren Diskussionspapier beschäftigte sich Bosch mit dem zu erwartenden Vorschlag der Alliierten zur Trennung von Ost- und Westufer des Rheins.[3] Diese Maßnahme hätte den I. G.-Gesellschaften große Probleme beschert, vor allem der BASF, deren Produktionsstätten sich auf dem Westufer befanden. Besonders die Franzosen beharrten auf der Forderung nach einer Übernahme des Westufers oder wenigstens der Errichtung einer »unabhängigen« Rheinland-Republik. Die Annexion des Elsaß durch die Deutschen im Jahre 1871 war ein historisches Beispiel, das die deutschen Vertreter jetzt das Schlimmste befürchten ließ.

Als Vertreter der besiegten Seite mußte die deutsche Delegation abwarten, welche Bedingungen ihr die siegreichen Alliierten stellen würden. Für Bosch war es eine angsterfüllte Wartezeit. Am 7. Mai unterbreiteten die Alliierten der deutschen Delegation ihre Bedingungen für einen Friedensvertrag.Bosch reagierte sofort mit der Feststellung, daß sie in jeder Hinsicht unannehmbar seien. Er sprach für sich selbst, für die Farbenindustrie und für Deutschland.

Die Vertragsklauseln mit den sogenannten »Strafbestimmungen« waren besonders scharf gehalten. Die deutsche Delegation mußte mit Bestürzung zur Kenntnis nehmen, daß der Kaiser vor ein internationales Gericht gestellt werden sollte. Die Anklage lautete auf »schwerste Verletzung der internationalen Moral und der Heiligkeit der Verträge.« (Art. 227 des Versailler Vertrags) Andere Personen, die wegen einer »gegen die Gesetze und Gebräuche des Krieges verstoßenden Handlung angeklagt sind«, sollten vor Militärgerichte gestellt werden (Art. 228). Jene I. G.-Angestellten, die sich mit der Giftgasherstellung befaßt hatten, mußte angesichts dieser Klauseln ein unangenehmes Gefühl beschleichen. Für die Alliierten waren I. G. und Giftgas zwei Namen für die gleiche Sache. Trotzdem erschien der Gedanke an einen Kriegsverbrecherprozeß gegen prominente Wissenschaftler und Industrielle unmöglich.

Bosch war zudem von den Alliierten Plänen bitter enttäuscht, die sich mit den beschlagnahmten Fabriken und Patenten befaßten. Für die BASF und die anderen I. G.-Gesellschaften waren diese Pläne ein harter Schlag. Beschlagnahmter Besitz und einbehaltene Patente sollten ihren deutschen Besitzern nicht zurückgegeben werden (Art. 306). Wenn es noch einen Ausweg aus dieser Misere gab, so würde er sich nicht in Versailles auftun. Weiteres Kopfzerbrechen bereitete den I. G.-Gesellschaften die Tatsache, daß auch Farbstoffe als Reparationszahlungen geliefert werden sollten (Anlage VI). Diese Klausel sollte noch schlimme politische Folgen haben. Die Ängste um das Rheinland erwiesen sich dagegen als verfrüht. Die entsprechende Vertragsklausel verlangte nur eine Entmilitarisierung, nicht eine Annexion; das Westufer sollte deutsch bleiben (vgl. Art. 428–432).

Alle Befürchtungen wurden von einer noch größeren Gefahr überschattet. Sie bestand für die I. G.-Gesellschaften in den Klauseln, die sich mit der Entwaffnung Deutschlands befaßten. Die Alliierten verlangten, daß bis auf einige Ausnahmen, die der Erhaltung der inneren Sicherheit dienten, alle Fabriken geschlossen würden, die der »Herstellung, Vorbereitung, Lagerung oder zur Konstruktion von Waffen, Munition oder irgendwelchem Kriegsmaterial« gedient hatten (Art. 168). Die militärischen Führer Englands und Frankreichs, auch Feldmarschall Foch und Feldmarschall Sir Henry Wilson, ließen keinen Zweifel daran, daß damit die Demontage der I. G.-Anlagen gemeint war, die Giftgas und Nitrate erzeugt hatten. Würde man hier keine Änderung herbeiführen können, wäre dies das Ende der deutschen Chemieindustrie.

Am 29. Mai 1919 unterbreitete die deutsche Delegation dem Präsidenten der Friedenskonferenz ein Papier mit Gegenvorschlägen. Darin beklagte sie sich über den Zeitdruck, der ihr eine erschöpfende Behandlung aller Fragen unmöglich gemacht hätte. Man wiederholte den Wunsch nach mündlichen Verhandlungen mit dem Hinweis, ein solches in der Geschichte wohl einmaliges Vertragswerk ließe sich unmöglich durch den Austausch schriftlicher Noten aushandeln (vgl. Luckau 1941, 305).

Der deutsche Wunsch nach mündlichen Verhandlungen wurde nicht beachtet. Am 16. Juni wurden den Deutschen die endgültigen Forderungen der Alliierten vorgelegt. Der ursprüngliche Text war nur geringfügig geändert worden. Man benutzte sogar dasselbe Dokument und trug die Abänderungen mit roter Tinte von Hand ein.

Die deutsche Regierung unternahm eine Reihe von Versuchen, die härteren Vertragsklauseln zu entschärfen. An einem Punkt dieser Unternehmung war man sogar bereit, den Krieg wieder aufzunehmen. Dies war jedoch eine kurzlebige Überlegung. Am 28. Juni 1919 wurde der Friedensvertrag unterzeichnet.

Der Vertrag enthielt zwar immer noch die Klauseln, welche die Existenz der I. G.-Gesellschaften bedrohten, es blieb aber noch eine Runde von diplomatischen Verhandlungen, in denen diese Klauseln gemildert werden konnten. Experten von beiden Seiten sollten noch einmal in Versailles zusammentreffen, um jene Punkte des Vertrages zu klären, die einer besonderen Interpretation bedurften.

Zwischen den Verhandlungsrunden fuhr Bosch nach Ludwigshafen zu einer Sitzung des Verwaltungsrats der BASF, wo er erwartungsgemäß zum Generaldirektor gewählt wurde. Bosch und Duisberg waren jetzt die beiden mächtigsten Figuren der deutschen Chemieindustrie. Direkt nach seiner Wahl fuhr Bosch zurück nach Versailles, um seine Bemühungen um eine Lockerung der französischen Haltung fortzusetzen. Die Franzosen zeigten sich jedoch unnachgiebig. Nach einer schwierigen Sitzung erklärte Bosch seinem Freund Baron von Lersner, dem neuen Leiter der deutschen Delegation, das Diktat von Versailles verlangte die Übergabe der deutschen Chemieindustrie. Mit der Sicherheit eines Mannes, der über ein wichtiges Geheimnis verfügt, setzte er jedoch hinzu, daß die deutsche Chemieindustrie trotzdem niemals zerstört werde. Seine unter den gegebenen Umständen ungewöhnliche Sicherheit baue auf einer »Trumpfkarte« auf, die er im richtigen Moment spielen wolle. Er ließ sich nicht weiter über die Sache aus, deutete aber an, daß der richtige Zeitpunkt jetzt gekommen sei (Holdermann 1954, 167f.).

Wie sich dann herausstellte, hieß die »Trumpfkarte« Joseph Frossard. Dieser französische Beamte war gerade mit der Verwaltung der konfiszierten I. G.-

Anlagen in Frankreich beauftragt worden, die zu einer staatlichen Gesellschaft zusammengefaßt worden waren (Compagnie Nationale des Matières Colorantes et des Produits Chemiques). Wenn ein Beamter in dieser strategischen Position Boschs Trumpfkarte war, dann mußte er über Möglichkeiten verfügen, die bedrohten I. G.-Firmen vor ihrem Ende zu bewahren.

Frossard war eine zwielichtige Figur, über die es selbst heute nur wenig konkrete Information gibt. Einige Jahre lang hatte er in der russischen Textilindustrie gearbeitet, die zu jener Zeit vom deutschen Farbstoffkartell kontrolliert wurde. Während des Krieges war er in der französischen Behörde für chemische Kampfstoffe beschäftigt, wo er die Ausweitung der Produktion von Senfgas forcierte. Nach dem Krieg war Frossard nach Ludwigshafen beordert worden, um dort die besetzten Produktionsstätten der BASF zu kontrollieren. In Versailles tauchte er dann als Sachverständiger für Farbstoffe und Chemieprodukte auf.[4]

Auf nie enthüllte Weise arrangierte Bosch ein heimliches Treffen mit Frossard. Bei diesem Treffen erläuterte Bosch seine Pläne zur Entkräftung der französischen Forderung nach der Demontage der I. G.-Fabriken. Grundlage seines Planes war ein Abkommen zwischen der französischen Regierung und der I. G. zur gemeinsamen Ausbeutung des französischen Farbstoffmarktes. Die deutschen Firmen würden ihre sorgsam gehüteten Produktionsgeheimnisse zur Verfügung stellen, ohne die, wie Frossard wußte, die Franzosen Schwierigkeiten beim Betrieb der konfiszierten Fabriken hatten. Nur die Verzweiflung konnte Bosch zu diesem Vorschlag getrieben haben. Als Gegenleistung würde die I. G. die Hälfte der vor dem Krieg gehaltenen Anteile an den französischen Produktionsstätten zurückerhalten und – was von weiterreichender Bedeutung war – die deutschen Fabriken würden erhalten bleiben. Wie Bosch vorausgesehen hatte, stimmte Frossard diesem Plan zu.

Boschs nächster Schritt galt dem französischen Militär und seiner Forderung nach Zerstörung der I. G.-Anlagen. Er bat Frossard um die Vermittlung eines Gespräches mit einem maßgebenden Vertreter der Militärs. Frossard versprach, ein Gespräch mit General Patard zu arrangieren. Boschs Vertrauen in Frossard erwies sich als gerechtfertigt. Innerhalb weniger Tage wurde er von General Patard nach Paris eingeladen. Dadurch wurde Bosch einer der ersten Deutschen, die sich nach dem Krieg wieder frei in Paris bewegen durften. Obwohl Patard über die Produktionsanlagen und über Boschs wissenschaftliche Reputation und seine technischen Erfolge genau informiert war, verliefen die Verhandlungen anfangs sehr zähflüssig. Die beiden Männer tauschten verbitterte Worte. Patard bestand auf der Zerstörung der Fabriken von Oppau und Leuna, da sie militärische Bedeutung besäßen. Bosch hielt dagegen, daß angesichts drohender Hungersnöte in vielen vom Krieg zerstörten Gebieten diese Fabriken dringend zur Produktion von Düngemitteln benötigt würden. Der General ließ sich schließlich von Boschs umfassendem Intellekt beeindrucken und änderte seine starre Haltung. Wenn die Anlagen zur Nitratherstellung von solcher

Wichtigkeit für die Landwirtschaft seien, sollte auch Frankreich solche Fabriken besitzen. Patard entwickelte sehr genaue Vorstellungen. Die BASF sollte der französischen Regierung beim Bau der Fabriken helfen, die notwendigen Ausrüstungen zur Verfügung stellen, alle Produktionsgeheimnisse offenlegen und ausgebildetes Personal zur Schulung der französischen Arbeitskräfte bereitstellen, um nach besten Kräften die Entwicklung einer erfolgreichen französischen Stickstoffindustrie zu fördern. Als Gegenleistung würden die Franzosen auf ihre Forderung nach der Demontage der deutschen Farbstoff- und Nitratfabriken verzichten. Bosch wußte, daß die Preisgabe des Haber-Bosch-Monopols in Deutschland auf heftige Kritik stoßen würde. Trotzdem stimmte er Patards Bedingungen zu. Für ihn ging es um viel mehr, standen doch seine Schöpfungen Oppau und Leuna auf dem Spiel, oder gar die Zukunft der Gesamten I. G. Am Ende der Verhandlungen einigte man sich auf den November als Zeitpunkt für Gespräche über ein formelles Abkommen.

Bevor Bosch aus Versailles abreiste, hatte er noch etwas Wichtiges zu erledigen. Hermann Schmitz, der dynamische junge Mann aus dem Rohstoffamt des Kriegsministeriums, der ihm bei der Sicherung der Regierungsunterstützung zum Bau von Leuna behilflich gewesen war, befand sich im Auftrag des Wirtschaftsministeriums als Sachverständiger für Nitrate und Düngemittel in Versailles (vgl. Luckau 1941, 190). Bosch arrangierte seine Einstellung als Finanzdirektor und Chef der Auslandsabteilung der BASF.

In seiner ersten Begeisterung über diesen Schritt nach oben in der Wirtschaftshierarchie konnte Schmitz nicht ahnen, was die Zukunft ihm noch bringen sollte.

Im Herbst 1919, etwa zur gleichen Zeit, als Bosch seine Verhandlungen mit General Patard abschloß, beschäftigte sich die Weltöffentlichkeit zum erstenmal in größerem Maße mit dem Problem der Kriegsverbrechen. Den Anstoß zu dieser Diskussion bot die Vergabe des Nobelpreises für die Chemie an Fritz Haber für sein Verfahren zur Ammoniaksynthese. Die internationale Wissenschaft war schockiert. Das führende englische wissenschaftliche Magazin *Nature* gab einen typischen Kommentar: »Es bleibt unvergessen, daß es Geheimrat Haber war, der vor der Schlacht von Ypres am Kaiser-Wilhelm-Institut für die Förderung der Wissenschaften jene Versuche mit Giftgas unternahm, die ein Kapitel der Kriegführung einleiteten, in dem auf ewig die Schande der Deutschen niedergeschrieben wurde.« (Zit. in Goran 1967, 83) Die französischen Wissenschaftler waren besonders aufgebracht über diese Preisvergabe. Zwei französische Preisträger erklärten, daß sie ihre Preise ablehnen würden, falls Haber mit ihnen geehrt werden sollte.

In einem Leitartikel vom 27. Januar 1920 unterstützte die *New York Times* die Haltung der französischen Wissenschaftler: »Obwohl Fritz Haber neben seiner Arbeit mit Giftgasen noch andere wissenschaftliche Erfolge vorzuweisen hat, und die Schweden wahrscheinlich keine böse Absicht verfolgten, muß man den französischen Wissenschaftlern zustimmen, die es ablehnten, in dieser Gesellschaft geehrt zu werden. Man fragt sich, warum der Nobelpreis für Literatur nicht an den Mann fiel, der General Ludendorffs tägliche Berichte verfaßte.«

Unter dem Eindruck des weltweiten Protests versuchte die schwedische Regierung die Ansicht zu entkräften, daß Haber den Preis für seinen Beitrag zur Eskalation der Kriegsgreuel bekommen sollte. Auf Anordnung aus Schweden schrieb Dag Hammarskjöld, der zu dieser Zeit Erster Legationssekretär der Schweden in Washington war, einen Brief an die *New York Times* (28. 1. 1920), in dem er zu verstehen gab, daß »der Bericht, auf den sich die Zuerkennung des Preises gründete, besagte, daß die Haber-Methode zur Herstellung von Ammoniak billiger sei als alle anderen bekannten Methoden, daß die Herstellung billigen Stickstoffdüngers von weltweiter Bedeutung für die Ausweitung der Nahrungsproduktion und somit Habers Erfindung von größtem Wert für die gesamte Menschheit sei. . . . Ammoniak muß, bevor man daraus Sprengstoffe oder Giftgase herstellen kann, zu Salpetersäure verarbeitet werden. In der Tat wurden die Haber-Anlagen in Deutschland zum Zweck der Düngerproduktion errichtet«.

Einige Tage später wurde Habers Rolle im Gaskrieg eine offizielle Angelegenheit. In einer seiner umstrittensten Klauseln forderte der Vertrag von Versailles einen Prozeß gegen alle Personen, denen Verstöße gegen die Regeln des Krieges vorgeworfen werden. Am 3. Februar erhielt Baron von Lersner von den Alliierten eine Liste mit 900 Namen von Personen, die als Kriegsverbrecher angeklagt werden sollten. Die Liste enthielt Namen von Politikern und Militärs, allen voran der Kaiser, Hindenburg, Ludendorff, Bernstorff und die Prinzen von Hohenzollern. Fritz Haber stand auch auf der Liste – die einzige Person aus dem weiteren Einflußbereich der I. G., die als Kriegsverbrecher angeklagt wurde.

Eine Verfolgung dieses Ausmaßes erwieß sich als undurchführbar. Einige der Personen ließen sich nicht identifizieren, anderen waren unauffindbar. Schreibfehler vergrößerten das Durcheinander. Der Kaiser befand sich in Holland, das die Auslieferung verweigerte. In Anbetracht dieser Schwierigkeiten legten die Alliierten am 7. Mai 1920 eine drastisch verkürzte Liste vor, auf der fast alle prominenten Namen fehlten.

Die Zahl der Angeklagten war von 900 auf 45 geschrumpft. Die Liste enthielt jetzt hauptsächlich Namen von Randfiguren wie U-Boot-Kommandanten und Gefängniswärtern. Habers Name war auch von der Liste verschwunden. Die deutsche Regierung erklärte ihre Bereitschaft zur Durchführung eines Verfahrens gegen die übriggebliebenen Angeklagten vor einem Gericht in Leipzig.

Die Prozesse fanden Ende Mai 1921 statt. Von den sechs Angeklagten auf der britischen Liste wurden fünf zu geringen Strafen verurteilt. Aus der Liste von sechs Angeklagten, die die Franzosen und Belgier benannt hatten, wurde nur einer, dem man die Erschießung eines Kriegsgefangenen nachweisen konnte, für schuldig befunden und zu zwei Jahren Gefängnis verurteilt.

Die Unsinnigkeit dieser Verfahren wurde offensichtlich. Eine Kommission von Rechtsexperten der Alliierten befand einstimmig, daß eine große Zahl derer, die hätten verurteilt werden müssen, freigesprochen wurde, und daß die Strafen allgemein nicht angemessen waren. Sie schlugen die Übergabe der noch nicht verhandelten Fälle an die Alliierten vor. Ihr Bericht wurde von den Alliierten entgegengenommen und verschwand in einer Schublade. Fast ein halbes Jahrhundert später klagte Albert Speer, einer der in Nürnberg verurteilten Kriegsverbrecher, daß die gescheiterten Prozesse nach dem Ersten Weltkrieg Auswirkungen auf die Durchführung von Kriegsverbrechen während des Zweiten Weltkrieges gehabt hätten.

Im September 1921 tauchte das Gespenst des Gaskrieges noch einmal in den Medien der Alliierten Staaten auf. Am 21. September wurde bei einer der schlimmsten industriellen Katastrophen der Weltgeschichte die Anlage in Oppau total zerstört. 600 Arbeiter fanden den Tod und mehr als 2000 wurden schwer verletzt. Es verbreiteten sich Gerüchte, wonach die BASF mit einer schrecklichen neuen chemischen Waffe experimentiert hätte. In einem Leitartikel vom 31. 10. 1921 spekulierte die *New York Times:*

»Drei Jahre nach dem Waffenstillstand wurde die berüchtigte Anlage von Oppau durch die Explosion eines geheimnisvollen Stoffes in Stücke gerissen und 3000 Menschen sind tot, verwundet oder vermißt. Professor Haber und die anderen Wissenschaftler wissen nicht, wie es geschehen konnte, können es nicht erklären. Es mag nie zur vollen Zufriedenheit ehrbarer Wissenschaftler erklärt werden, aber wenn man sich vor Augen hält, daß es in Deutschland noch immer eine Gruppe unverbesserlicher und reaktionärer Militaristen gibt, die nach einem neuen Krieg trachten, um ihre verhängnisvolle Macht wiederzuerlangen, und daß diese gefährlichen Reaktionäre die Entdeckung tödlicher Gase von gewaltiger Wirkung durch ihre Chemiker begrüßen würden, ist es nicht unvorstellbar, daß die Katastrophe von Oppau durch heimliche Experimente dieser Chemiker ausgelöst wurde.«

Ein amerikanischer Reporter befragte Haber nach den möglichen Ursachen der Explosion. Haber antwortete, daß weder die Nitrate noch der verwendete Hochdruck eine Explosion dieses Ausmaßes bewirken könnten und deshalb die Explosion nicht bei der Produktion von Nitraten nach dem Haber-Bosch-Verfahren geschehen sein konnte. Haber fügte geheimnisvoll hinzu, daß eine Untersuchung neue und schreckliche Kräfte ans Licht bringen könnte *(New York Times* v. 25. 9. 1921).

Es war klar, daß ungeachtet der Ursachen der Explosion die BASF gigantische finanzielle Verluste hinnehmen müßten, falls die Anlage nicht auf dem schnellsten Weg repariert würde. Die Ingenieure der BASF erklärten, daß die Rekonstruktion der Anlage mindestens ein Jahr dauern würde. Bosch übertrug die Aufgabe des Wiederaufbaus auf Carl Krauch, den er für seinen begabtesten Schützling hielt. Krauch sollte keine Kosten scheuen.

Die Rekrutierung einer großen Anzahl von Arbeitskräften bildete das schwierigste Problem. Man benötigte mindestens 10000 Bauarbeiter, von denen der größte Teil ausgebildete Handwerker sein mußten, sowie Aufsichtskräfte. Die Aufgabe schien unlösbar. Krauch ging jedoch mit Elan und Einfallsreichtum zur Sache. Er schloß Verträge mit Unternehmen aus ganz Deutschland, die ihre gesamte eigene Produktion unterbrechen sollten, um vollständige Bautrupps samt deren Aufsichtspersonal nach Oppau zu schicken. Diese Methode war kostspielig, erbrachte aber einen spektakulären Erfolg.[5]

Es gelang Krauch innerhalb kürzester Zeit, die notwendigen Arbeitskräfte zu beschaffen. Oppau wurde in nur drei Monaten wiederaufgebaut. Am Tag, nachdem Oppau seinen Betrieb wieder aufnahm, belohnte Bosch Krauch durch Berufung in die Geschäftsführung der BASF.

Das Triumvirat, das die I. G. durch die kommenden wichtigen Jahre führen sollte – Bosch, Schmitz und Krauch –, war jetzt an der Spitze der BASF, bereit, seine Rolle zu spielen.

Kapitel 2 Deutschland nach dem Ersten Weltkrieg und Boschs große Pläne

Die Bestimmung des Vertrags von Versailles, nach der die Alliierten allen beschlagnahmten deutschen Besitz behalten durften, war natürlich ein harter Schlag für die I. G.-Gesellschaften. Sie waren allerdings sicher, daß die beschlagnahmten Patente und Fabriken nicht benutzt werden konnten, um eine ernsthafte Konkurrenz auf dem Markt der Nachkriegszeit aufzubauen. Das ausländische Personal der Fabriken hatte keine der wichtigen technischen Informationen erhalten. Die Auslandspatente waren vorsätzlich vage formuliert, so daß nur Techniker mit der nötigen Erfahrung mit ihnen arbeiten konnten.

Die Franzosen hatten dieses Problem umgangen, indem sie eine Partnerschaft mit den Deutschen eingingen – eine Möglichkeit, die durch das Abkommen zwischen Bosch und Frossard eröffnet wurde. Die Amerikaner dagegen versuchten ohne Hilfe der Deutschen eine eigene Farbenindustrie aufzubauen. Das amerikanische Wehrbeschaffungsamt war der festen Überzeugung, daß eine unabhängige amerikanische Farbenindustrie eine Notwendigkeit für die Verteidigung des Landes war. Die Firma Du Pont, auf die die Militärs die größten Hoffnungen setzten, investierte gewaltige Summen in erfolglose Versuche zur Herstellung von Farbstoffen nach den Angaben der konfiszierten deutschen Patente. Sie mußte jedoch feststellen, daß » . . . kein normaler Chemiker mit diesen Patenten arbeiten kann. Sie wurden für Deutsche geschrieben, die ihr Leben in der Farbenindustrie verbracht haben.«[6]

Schließlich entschloß man sich zu einer Kontaktaufnahme mit Carl Bosch, von dem man wußte, daß er internationaler Zusammenarbeit offener gegenüberstand als die anderen I. G.-Direktoren. Man wollte mit ihm über ein mögliches Abkommen für ein Gemeinschaftsunternehmen zwischen I. G. und Du Pont verhandeln. Im November 1919 traf sich ein Direktor von Du Pont mit Bosch in Paris. Bosch war völlig uninteressiert. Er lehnte den amerikanischen Vorschlag ab, mit der Begründung, er könne keine Entscheidung treffen ohne die einstimmige Unterstützung der anderen I. G.-Gesellschaften.[7] Offensichtlich war Du Pont nicht in der guten Verhandlungsposition, die die Franzosen seinerzeit hatten: die Farbstoff-Fabriken in Deutschland waren nicht mehr durch die Abrüstungsklauseln des Vertrags von Versailles gefährdet. Vielleicht lag es auch daran, daß Du Pont keinen Frossard als Verhandlungsführer hatte.

Da Du Pont nicht auf dem Wege eines Abkommens an die notwendigen technischen Informationen herankam, griff es zu direkteren Methoden. Gegen Ende des Jahres 1920 gelang es dem Du Pont-Beauftragten Dr. E. C. Kunze, vier Chemiker von Bayer abzuwerben. Jeder von ihnen erhielt einen Fünfjahresvertrag, mit einem jährlichen Einkommen von 25000 Dollar – im Vergleich zum durchschnittlichen Einkommen eines deutschen Chemikers war das eine riesige Summe. Dr. Kunze schmuggelte die Chemiker und einen Koffer mit technischen Informationen aus Deutschland heraus. Der Koffer wurde jedoch von den holländischen Behörden beschlagnahmt, als man zufällig von seinem Inhalt erfuhr, und gegen die vier Chemiker wurde auf Antrag des Kölner Staatsanwaltes ein Haftbefehl wegen Industriespionage erlassen (*New York Times*, 21. 2. 1921, 15).

Die deutsche Presse behandelte den Vorfall wie einen Skandal. Die Zeitungen führten Überschriften wie: *»Vier Verräter«*, *»Ein amerikanischer Anschlag auf die deutsche Farbenindustrie«* und *»Die Macht des Dollars«*. Zwei der Chemiker konnten in die Vereinigten Staaten entkommen. Auf Grund des Haftbefehles wurden sie auf Ellis Island inhaftiert, doch Du Pont konnte ihre Freilassung erwirken (ebd.). Max Engelmann und Heinrich Jordan, die beiden anderen Chemiker, hatten größere Schwierigkeiten. Meade schrieb an Irénée du Pont:

> »Es ist dem Unternehmen Bayer recht eindrucksvoll gelungen der deutschen Regierung seinen Willen aufzuzwingen. Das beweist die Tatsache, daß Dr. Jordan in Holland festgehalten wird und, wie ich annehme, auf Grund des Auslieferungsabkommens nach Köln zurückgeschickt wird. Dr. Engelmann . . . erhält keinen Paß zur Ausreise nach Amerika, weil die deutsche Regierung eine Verordnung erlassen hat, daß Chemiker keine Pässe erhalten.«[8]

Du Pont hatte nicht die Absicht, seinen Import deutscher Farbstofftechnologie verhindern zu lassen. Er bat die amerikanische Armee zu Hilfe. Im Mai 1921 erschien der Washingtoner Anwalt Clement Lincoln Bouvé im Hauptquartier der amerikanischen Besatzungsstreitkräfte in Koblenz. Bouvé war Offizier der amerikanischen Besatzungsstreitkräfte gewesen und arbeitete jetzt für eine prominente Kanzlei in Washington, zu der auch Robert Lansing gehörte, der unter Präsident Woodrow Wilson Außenminister war. Bouvé hatte einen ungewöhnlichen Auftrag bei dem ihm der Befehlshaber der amerikanischen Streitkräfte in Deutschland, Generalmajor Henry T. Allen, unterstützte, indem er ihm Hauptmann H. E. Osann, den Chef der militärischen Geheimpolizei der Besatzungsstreitkräfte, und eine Kompanie Soldaten zur Verfügung stellte. Sie sollten Engelmann und Jordan und dessen Frau aus dem unbesetzten Teil Deutschlands in den amerikanischen Sektor bringen. Obwohl die Chemiker unter polizeilicher Überwachung standen, gelang Bouvé und Osann das Unternehmen. Am 5. Juli kamen die Chemiker mit dem Armeetransporter »Somme« in Hoboken, New Yersey, an.[9] Wenige Tage später arbeiteten sie bereits in den Du Pont Laboratorien in Wilmington, Delaware. Du Pont konnte jetzt ernsthaft mit der I. G. konkurrieren.

Im Herbst 1922 wurde es für die Deutschen immer schwieriger, den Reparationsauflagen des Vertrages von Versailles, die vorwiegend die Lieferung von Rohstoffen und Fertigprodukten der deutschen Industrie verlangten, nachzukommen. Die Franzosen waren nicht bereit, ihre Quoten zu senken. Sie hatten die harten Forderungen Bismarcks nach dem preußisch-französischen Krieg nicht vergessen. « Wir werden ihnen nur ihre Augen lassen, damit sie weinen können«, hatte der »Eiserne Kanzler« geprotzt. Die Franzosen hatten nicht geweint. In einem Anflug von Nationalstolz hatten sie die fünf Billionen Francs bezahlt, die Bismarck als Wiedergutmachung verlangt hatte. Diesen Schmerz hatten die Franzosen nie überwunden.

Aus diesem Grund war zu erwarten, daß die Franzosen nicht gewillt waren, deutsche Zahlungsschwierigkeiten zu tolerieren. Im September 1922 richteten die Franzosen eine Beschwerde an die Alliierte Kommission, in der sie die Deutschen bezichtigten, die Lieferung von Brettern und Telegraphenmasten zu verzögern. Nach einer Untersuchung und einer mündlichen Verhandlung gab die Kommission der französischen Klage statt und befahl die Wiederaufnahme der vertraglich festgelegten Lieferungen. Die Deutschen widersetzten sich der Order, da sie entweder nicht liefern konnten oder es nicht wollten.

Einige Monate verzichteten die Franzosen auf direkte Aktionen. Am 10. Januar jedoch zog Präsident Harding die amerikanischen Besatzungstruppen aus dem Rheinland ab, und die Franzosen nutzten die Gunst der Stunde und besetzten die geräumten Gebiete im Rheinland und im Ruhrgebiet. Diese Aktion markierte den Beginn des »Ruhr-Krieges«. Die deutsche Regierung proklamierte eine Politik des passiven Widerstandes, und sämtliche Fabriken an Rhein und Ruhr stoppten ihre Produktion.

Mitte Mai 1923 standen die Fabriken der BASF bereits vier Monate still. Ihren Lieferverpflichtungen für Farbstoffe und Stickstoffdünger, die als Reparationszahlungen verlangt wurden, konnten sie daher nicht nachkommen. Am 22. Mai erhielt Bosch von einem Informanten die Mitteilung, daß die französische Armee am nächsten Tag die BASF-Anlagen besetzen würde und die Direktoren der BASF unter der Anklage der Verhinderung von Reparationszahlungen verhaftet werden sollten (Holdermann 1954, 187). Bosch gab sofort Anweisungen zur Demontage der Haber-Bosch-Anlage und ihrer Verlegung nach Leuna im unbesetzten Teil Deutschlands. Innerhalb von Stunden wurde die riesige Anlage auf Flößen über den Rhein transportiert. Zur gleichen Zeit flohen die Direktoren nach Heidelberg, wo sie mit falschen Namen untertauchten.

Boschs Informationen erwiesen sich als richtig. Zum zweitenmal seit Kriegsende besetzten französische Truppen die BASF Fabriken in Oppau und Ludwigshafen. Die Beschäftigten verweigerten auf Boschs Anweisung die Zusammenarbeit mit den Besatzern.

Als die Presse Bosch über die Besetzung der Ludwigshafener Farbstoff-Fabrik befragte, antwortete er mit Verbitterung und Arroganz, die Franzosen könnten vielleicht Ziegelsteine herstellen, aber niemals Farbstoffe (*New York Times*, 8. 10. 1923, 3).

Ein französisches Militärgericht in Landau verurteilte alle leitenden Angestellten der BASF in Abwesenheit zu einer Strafe von 150 Millionen Reichsmark und zu verschieden langen Gefängnisstrafen. August von Knieriem, der in seiner Eigenschaft als Rechtsberater der BASF die Anweisung zur Arbeitsverweigerung unterzeichnet hatte, erhielt zehn Jahre. Carl Bosch, Hermann Schmitz und die anderen Direktoren wurden zu jeweils acht Jahren verurteilt (vgl. *Frankfurter Zeitung* v. 12. 8. 1923). Somit waren alle Direktoren der BASF flüchtig vor der französischen Besatzungsmacht.

Bis zum Sommer 1923 hatten sich die Zustände in Deutschland zu einem Chaos entwickelt. Die Inflation beschleunigte sich seit dem Krieg und erreichte bald katastrophale Ausmaße. Die Reichsmark hatte nur noch den fünfmilliardsten Teil ihres Wertes von 1918 und die Welt gewöhnte sich an die Bilder deutscher Arbeiter, die ihre Löhne im Schubkarren nach Hause fuhren. Im August ergriff der neue Reichskanzler, Gustav Stresemann, Maßnahmen zur Überwindung der Finanzkrise. Er ging davon aus, daß Deutschland seine Differenzen mit den Alliierten klären müsse, bevor es seine internen Schwierigkeiten überwinden konnte. Ende September verkündete er die Beendigung des passiven Widerstands und die Wiederaufnahme der Reparationszahlungen. Kurze Zeit später nahmen die I. G.-Fabriken im Rheinland ihre Produktion wieder auf. Im November schließlich gelang es dem Präsidenten der Reichsbank, Hjalmar Schacht, die Mark zu stabilisieren; ein Erfolg der ihm erste öffentliche Beachtung einbrachte.

Die Schließung der I. G.-Anlagen während des Ruhr-Krieges gab den ausländischen Farbstoffproduzenten ihre große Chance. In Abwesenheit der deutschen Konkurrenz erhöhten die amerikanischen Hersteller ihren Marktanteil in den Vereinigten Staaten auf fünfundneunzig Prozent. Den stärksten Auftrieb erhielt Du Pont, das vom Know-how der deutschen Chemiker profitierte, die es der I. G. abgeworben hatte. Du Pont erhielt außerdem aktive Unterstützung durch die Armee. Auch die Franzosen profitierten von den Produktionseinstellungen. Seit 1921 hatten die I. G.-Gesellschaften der Compagnie Nationale ihre Produktionsgeheimnisse und ihr technisches Wissen über die Farbstoffproduktion zur Verfügung gestellt, wofür sie entsprechend ihres Partnerschaftsabkommens auf fünfundvierzig Jahre mit fünfzig Prozent am Profit des Unternehmens beteiligt wurden.[10] 1923 übernahm der französische Konzern Kuhlmann die Compagnie Nationale. Kurz darauf kündigte er das Abkommen, das Bosch und Frossard geschlossen hatten, mit der Begründung, daß die I. G. während der Produktionseinstellungen ihren vertraglichen Auflagen zur Lieferung von Farbstoffen nicht nachgekommen sei (Holdermann 1954, 188). Damit waren die Deutschen wieder einmal aus dem französischen Markt verdrängt. Die Geschäftsleitung der I. G. war schockiert und behauptete, die einseitige Lösung des Vertrags sei rechtswidrig. Die Franzosen besaßen jetzt das technische Wissen der I. G., ohne daß die I. G. eine entsprechende Gegenleistung erhielt. Wegen der komplizierten politischen Lage unternahm Bosch jedoch keine Gegenmaßnahmen.

Die wachsende ausländische Konkurrenz während des Jahres 1923 überzeugte Duisberg von der Notwendigkeit einer Neuorganisation der Auslandsaktivitäten der I. G.-Gesellschaften. Er schlug vor, die ausländischen Verkaufsagenturen der I. G.-Gesellschaften zu einer einzigen Organisation zusammenzuschließen (ebd., 192).

Unabhängig von Duisberg hatte auch Bosch über Möglichkeiten zur Konsolidierung der I. G.-Gesellschaften nachgedacht. Seine Überlegungen waren jedoch weitreichender und seine Pläne bewiesen größeren Einfallsreichtum. Er sah die unbegrenzten Möglichkeiten der neuen Hochdruck-Technologie, an deren Entstehung er mit seinen genialen Beiträgen beteiligt gewesen war. Bosch war aber kein weltfremder Träumer. Die finanziellen Möglichkeiten der BASF reichten nicht aus zur Verwirklichung seiner hochgesteckten Pläne. Man mußte eine stabilere Unternehmensstruktur mit einer größeren Kapitaldecke finden. Bosch benutzte Duisbergs Vorschlag für einen Zusammenschluß der ausländischen Verkaufsagenturen als Sprungbrett für seinen eigenen Vorstoß. Er empfahl den Zusammenschluß aller I.-G.-Gesellschaften zu einem Konzern, um deren Produktionskapazitäten und Finanzkraft zu konzentrieren. Einmal auf diesem Kurs, war Bosch unbeirrbar. Obwohl die anderen Firmen nur langsam ihre Abneigung gegen eine Aufgabe ihrer Identität und Unabhängigkeit überwanden, setzte sich Bosch schließlich mit seinem starken Willen und seiner Logik durch. 1924 schlossen die acht I. G.-Firmen ein Abkommen über den Zusammenschluß zu einem einzigen Unternehmen (ebd. 201). Während der Jahre 1924 und 1925 bereiteten Bosch und sein Finanzberater Hermann Schmitz den Boden für die neue Unternehmenseinheit. Eine Zeitlang sah es aus, als ob sich der Zusammenschluß verzögern würde, da Bosch und Duisberg sich nicht über den Namen der neuen Organisation einigen konnten. Bosch wollte den Namen des alten Kartells I. G. nicht übernehmen, weil er irreführend sei, da das Unternehmen keine Interessengemeinschaft mehr sei. Die passendere Bezeichnung sei »Verein Deutscher Teerfarbenfabriken«. Duisberg betrachtete diesen Vorschlag als geschäftlich naiv und weigerte sich, auf die wertvolle weltweite Anerkennung des Namens I. G.-Farben zu verzichten. Gegen diese kaufmännische Entscheidung kam Bosch nicht an. Die anderen I. G.-Direktoren unterstützten Duisbergs Vorschlag einstimmig und Bosch kapitulierte. Am 25. Dezember 1925 vollzogen die Gesellschaften ihren Zusammenschluß, indem die anderen sieben Firmen in die BASF eingegliedert wurden. Der Name der neuen Gesellschaft war I. G.-*Farbenindustrie Aktiengesellschaft.* Carl Duisberg wurde Vorsitzender des Aufsichtsrats und zog sich von einer aktiven Tätigkeit in der neuen Firmenleitung zurück. In Zukunft sollte er nur noch an Grundsatzentscheidungen über die Geschäftspolitik teilnehmen. Bosch wurde zum Generaldirektor gewählt.

Fritz ter Meer, Mitglied der Geschäftsleitung und einer der führenden Wissenschaftler des Unternehmens, erklärte später einmal die Beweggründe für den Zusammenschluß: »Die Erschließung bisher unerforschter Gebiete der Chemie war das Motiv des neuen Verbundes.«[11] Die Finanzwelt erkannte sehr bald das Potential der I. G. und die Aktien des Unternehmens verdreifachten ihren Wert während des Jahres 1926, und das trotz der schlechten Lage der deutschen Wirtschaft. Die I. G. war der größte Konzern Europas und das größte Chemieunternehmen der Welt.

Unter Ausnutzung ihrer riesigen Finanzkraft unternahm die neue Gesellschaft auch Vorstöße auf schon erschlossenen Gebieten. Ihr erster Schritt galt der deutschen Munitionsindustrie. Sie erlangte die Kontrolle über die führenden Unternehmen der Branche wie z. B. der Dynamit A. G., der Rheinisch-Westfälische Sprengstoff AG und der Köln-Röttweil AG. Ihre Nitratfabriken wurden in einen vertikalen Verbund mit den Fabriken, die schon immer ihre größten Abnehmer waren, integriert. Auch auf den ausländischen Märkten unternahm die I. G. Schritte zur Konsolidierung ihrer Position. In den Vereinigten Staaten gründete sie die »General Dyestuff Corporation« und wenig später die »American I. G. Chemical Company«. Über diese Firmen gelang es ihr, fast alle Besitzungen zurückzuerlangen, die die amerikanische Treuhandbehörde für feindlichen Besitz während des Ersten Weltkrieges beschlagnahmt hatte.

Ihre Unternehmungen in Frankreich waren nicht ganz so erfolgreich. Während des Sommers 1926 versuchte die I. G. heimlich, die Aktien von Kuhlmann aufzukaufen. Sie versteckte ihre Identität hinter holländischen und schweizerischen Scheinfirmen, die Schmitz eingerichtet hatte. In sieben Wochen fieberhafter Aktivität an der Börse stieg der Preis der Kuhlmann-Aktien von 450 auf 1000 Francs. Eine Untersuchung brachte ans Licht, daß die I. G. hinter diesen Vorgängen steckte und es ihr bereits gelungen war, die Mehrheit der Anteile zu kaufen.

Der Angriff der I. G. auf Kuhlmann verursachte in Frankreich große Aufregung. Die *New York Times* bemerkte dazu: »Für das französische Kriegsministerium wäre es untragbar, wenn sich ein lebenswichtiger Teil der Landesverteidigung in den Händen des früheren Feindes befände. Jetzt, da die französischen Chemieunternehmen die Gefahr erkannt haben, besteht Grund zu der Annahme, daß jede Möglichkeit zur Unterbindung der deutschen Pläne genutzt wird.« (3. 8. 1926, 5)

Es wurde etwas unternommen. Mit der Unterstützung des Kriegsministeriums und eines neuen Gesetzes, vom Parlament als Schnellschuß verabschiedet, gab Kuhlmann einen Block von 100000 neuen Aktien heraus. Diese Aktien trugen allein das Stimmrecht, durften nur an Franzosen verkauft werden und mußten namentlich gezeichnet werden. Die anonymen deutschen Aktionäre waren dadurch entmachtet, da auf ihre Aktien kein Stimmrecht entfiel. Auf diese Weise kam die Kontrolle über Kuhlmann wieder in französische Hände und die Machtübernahme durch die I. G. war vereitelt. Die I. G. zog sich jedoch nicht vollständig zurück, sondern schlug Kuhlmann eine Wiederbelebung des Bosch-Frossard-Abkommens vor. Als Ergebnis dieses Vorschlags wurde 1927 ein Vertrag geschlossen, der Preisabsprachen, gemeinsame Verkaufsagenturen, Austausch von technischen Informationen und die Aufteilung der Märkte vorsah. Die I. G. sollte sich aus dem französischen Markt heraushalten und Kuhlmann ihr dafür den restlichen europäischen Markt überlassen (*New York Times*, 5. 8. 1926, 7) Wenn die I. G. die französischen Chemiefabriken schon nicht besitzen konnte, wollte sie wenigstens eine Kontrolle durch Kartellabsprachen ausüben.

Das ambitionierteste Unternehmen der I. G. war ein Projekt, dem Boschs größtes Interesse galt und das ihn entscheidend darin bestärkt hatte, hartnäckig den Zusammenschluß der I. G. Gesellschaften zu einem einzigen Kapitalriesen zu betreiben. Boschs Traum war die Befreiung Deutschlands aus seiner Abhängigkeit von ausländischen Ölquellen. Da Deutschland keine nennenswerten inländischen Ölquellen besaß, war es während des Krieges von der britischen Flotte erdrosselt worden. Bosch sollte für das Öl wiederholen, was er schon für Ammoniak getan hatte: durch die Verbindung seines Genies mit den Wunderkräften der Hochdruck-Chemie Deutschlands Kohlenvorräte in einen Strom von Benzin verwandeln.

In Deutschland gab es Anzeichen für einen steigenden Bedarf an Treibstoff. Die heimliche Wiederaufrüstung durch systematische Verletzungen des Friedensvertrags hatte begonnen. 1924 entwarf man Mobilisierungspläne für eine Armee mit dreiundsechzig Divisionen. Die »Schwarze Reichswehr« brauchte eine sichere Quelle, aus der sie ihren Treibstoff beziehen konnte, denn der Treibstoffbedarf für einen künftigen technisierten Krieg würde astronomische Dimensionen erreichen.

Die Möglichkeit großer Profite in Friedenszeiten kam auch in Boschs Überlegungen vor. Die Motorisierungswelle hatte begonnen und verschlang große Mengen des verfügbaren Benzins, und so bestand die Aussicht, daß der Bedarf kontinuierlich wachsen würde. Die industrialisierten Länder standen vor der Frage, ob die Entdeckung neuer Erdölvorkommen mit dem wachsenden Bedarf Schritt halten würde. Die Antwort der Fachleute war größtenteils negativ, einige prophezeiten sogar die baldige Erschöpfung aller Ölreserven. In den Vereinigten Staaten erhielten die düsteren Prognosen offizielles Gewicht, als Präsident Calvin Coolidge die Einrichtung des »Federal Oil Conservation Board« anordnete. Das Gremium wurde vom Verteidigungsminister, Marineminister, Innenminister und Wirtschaftsminister gebildet. Ihre Aufgabe bestand in der Erstellung eines Berichtes über das Volumen der Weltölreserven.[12] Allein die Tatsache, daß man die Einrichtung einer solchen Kommission für nötig hielt, wurde als schlechtes Vorzeichen betrachtet. Der Präsident hatte bereits erkannt, daß Öl zum Objekt der internationalen Diplomatie und Machtpolitik werden sollte. Die Schatten der Zeit, in der der Reichtum von Nationen mit dem Ölpeilstab gemessen wird, waren schon damals zu erkennen.

Für Bosch gab es noch näherliegende Sorgen. Die Vormachtstellung seines Unternehmens in der Ammoniakindustrie war am Abbröckeln. Er hatte Frankreich eine Fabrik und auch das Geheimnis des Haber-Bosch Verfahrens überlassen und die anderen Industrieländer entwickelten eigene Herstellungsmethoden. Schon in kürzester Zeit würden die neuen Fabriken zu einer Übersättigung des Weltmarktes führen. Bosch erkannte, daß er schon bald große Teile der Ammoniakfabriken schließen mußte, falls er nicht eine andere Verwendung für ihre kostspieligen Apparate fand.

Um sein Projekt voranzutreiben, erwarb Bosch die Rechte des Bergius-Verfahrens zur Umwandlung von Kohle in Öl unter Hochdruck. Bosch wußte, daß Bergius genau wie vor ihm Haber seinen Prozeß nur im Labor durchführen konnte. Alle Versuche, während des Krieges eine Nutzung im industriellen Maßstab zu erreichen, waren gescheitert. Für Bosch war es ein maßgeschneidertes Problem. Er hatte volles Vertrauen in seine eigene Fähigkeit, für das Bergius Verfahren eine Lösung zu finden, wie er auch für Habers Verfahren eine gefunden hatte. Nur ein Problem stellte ein ernsthaftes Hindernis dar: die Kosten. Der Ankauf des Bergius-Patents würde schon große Mittel verschlingen, die Ausgaben für die industrielle Umsetzung des Verfahrens aber würden sogar die Fähigkeiten der BASF übersteigen, die zudem noch mit den Auswirkungen des Krieges fertig werden mußte. Nur die vereinte finanzielle Kraft der I. G.-Gesellschaften konnte ein Projekt dieser Größenordnung tragen. Sein Engagement für dieses Projekt war wohl auch der Grund, warum Bosch so hartnäckig darauf bestand, daß sein persönlicher Finanzberater Hermann Schmitz den Posten des Finanzdirektors der neuen Gesellschaft bekam. Als 1925 feststand, daß der Zusammenschluß bald Wirklichkeit würde, kaufte Schmitz – bereits im Namen der noch gar nicht gebildeten I. G.-Farben – die Rechte auf das Bergius-Patent. Schmitz mußte das gesamte Spektrum seiner Verschleierungstechniken anwenden, um mit Hilfe von Schweizer Banken und anderen Strohmännern das Geschäft abzuschließen. Bald schon arbeitete man in Oppau an der Umstellung der Anlage auf die Treibstoff-Herstellung.

Obwohl Bosch geplant hatte, die Entwicklung der inländischen Produktion durch die I. G. zu finanzieren, erwog er auch eine Kooperation mit einer amerikanischen Gesellschaft – z. B. Standard Oil – für die weltweite Nutzung des Verfahrens. Über ihre riesige Finanzkraft hinaus besaß die Standard Oil eine hervorragend ausgerüstete Forschungs- und Entwicklungsabteilung, der schon zahlreiche wichtige Innovationen in der Petroliumchemie gelungen waren.

Standard war die führende Firma der amerikanischen Ölindustrie und gehörte zu den unternehmungslustigsten der Branche. Seit Anfang der zwanziger Jahre, als die Erschöpfung der Erdölvorräte zum ersten Mal Grund zur Sorge gab, hatte Standard nach Alternativen zum Rohöl gesucht. auf dem Gebiet der Erdölgewinnung aus Bitumenschiefer hatte die Standard Pionierarbeit geleistet und im Jahre 1921 sogar 88 qkm Schiefergelände in Colorado gekauft, in der Hoffnung, daß man eine kommerziell interessante Methode finden würde, um dem Schiefer das Öl zu entziehen (vgl. Gibb 1956, 554). Standard untersuchte auch die Verwertbarkeit des Bergius-Prozesses, da Amerika wie Deutschland über große Kohlenlager verfügte. 1922 schickte die Standard Oil Development Co. einen jungen Techniker nach Deutschland, um das Bergius-Verfahren zu studieren, dem aber kundgetan wurde, daß das Verfahren noch keine industrielle Reife erlangt habe (Howard 1947, 10).

Im Frühjahr 1925 schickte Bosch mehrere leitende Angestellte der BASF in die Vereinigten Staaten, um das Interesse der Standard Oil zu erkunden. Die Vertreter der BASF wurden durch die Raffinerien rund um New York geführt und danach zu einem Essen mit den Direktoren der Standard eingeladen. Wilhelm Gaus, der Sprecher der BASF-Abordnung, hielt eine Tischrede in unsicherem Englisch. Er sagte, daß ihn die Größe und Effizienz der Raffinerien und der neuen Forschungsabteilung der Standard tief beeindruckt hätten. Wie zufällig erwähnte er dann den Fortschritt, den Bosch und seine Mitarbeiter bei der Entwicklung des Bergius-Verfahrens erzielt hatten – eine Information, die er auf Boschs speziellen Auftrag hin weitergab (Holdermann 1954, 225). Gaus machte dann noch den Vorschlag, daß Frank A. Howard, Chef der Standard Oil Development Company, Ludwigshafen besuchen sollte, wenn er im nächsten Frühjahr nach Europa käme. Howard nahm die Einladung an.

Im März 1926 kam Howard nach Ludwigshafen und wurde durch die jetzt schon zur I. G. gehörenden BASF Laboratorien geführt. Er war sprachlos. Obwohl Howard der Forschungsleiter einer der größten und wissenschaftlich fortgeschrittensten Firmen der Welt war, berichtete er: »Ich wurde in eine Welt der Forschung und Entwicklung geführt, wie ich sie in diesem Ausmaß noch nie gesehen hatte.« (Howard 1947, 13) Die Experimente der BASF mit synthetischem Öl erregten seine besondere Aufmerksamkeit. Er schickte sofort eine Nachricht nach Paris, wo sich Walter C. Teagle, der Präsident der Standard Oil aufhielt, und bat ihn, sofort nach Ludwigshafen zu kommen:

»Auf Grund meiner Beobachtungen und der Gespräche, die ich heute geführt habe, glaube ich, daß dies die wichtigste Angelegenheit ist, mit der sich die Firma seit der Auflösung [die Entflechtung des Standard Oil Konzerns durch einen Beschluß des amerikanischen obersten Gerichtshofes] auseinandersetzen mußte. Die BASF kann aus Flammkohle und anderen minderwertigen Kohlesorten Benzin in Mengen bis zum halben Gewicht der Kohle herstellen. Dies bedeutet die absolute Unabhängigkeit Europas von ausländischen Öllieferungen. Es bleiben nur die Preise als Mittel der Konkurrenz.« (zit. in Berge 1944, 210)

Wenige Tage später war Teagle in Ludwigshafen. Ein Besuch der Hochdruck-Anlagen der BASF beeindruckte ihn ebenso wie Howard: »Ich habe nicht gewußt, was Forschung bedeutete, bis ich dies sah. Im Vergleich zu dem, was sie machten, waren wir Babys.« (*New York Times*, 23. 5. 1945, 21) Als Teagle und Howard sich in ihre Quartiere zurückzogen, sprachen sie über »die Wirkung, die die erstaunlichen technischen Entwicklungen . . . auf die Ölindustrie haben würden.« (Howard 1947, 15) Zu Standards eigener Sicherheit war es notwendig, einen Weg zu finden, besser mit der I. G. zusammenzuarbeiten. Die Vision tausender nutzloser Ölquellen lieferte einen guten Anreiz.

In ihrer ersten Überlegung dachten Howard und Teagle an einen Kauf der weltweiten Rechte auf das Bergius-Verfahren. Da die I. G. aber bereits Millionen in die Erforschung des Verfahrens investiert hatte, stand zu erwarten, daß sie nur für eine gewaltige Summe verkaufen würde. Standard war aber zu dieser Zeit nicht bereit, große Summen für einen noch im Entwicklungsstadium befindlichen Prozeß zu zahlen. Teagle und Howard einigten sich deshalb auf eine vorsichtige Taktik. Zum damaligen Zeitpunkt schien ein einfaches Abkommen zur gemeinsamen Entwicklung und Perfektionierung des Verfahrens, ohne größere finanzielle Verpflichtungen, die vernünftigste Methode. Bosch erklärte sein grundsätzliches Einverständnis. Obwohl ihm ein weitergehendes Abkommen lieber gewesen wäre, besaß er jetzt immerhin einen konkreten Beweis für Standards Interesse.

Bis zu dieser Übereinkunft hatte Bosch das Projekt auf einige Hochdrucköfen beschränkt, die nur Experimenten dienten. Nach der eindeutigen Reaktion von Standard gab er seine Vorsicht auf. Am 18. Juni gab er die Anweisung zum Bau einer riesigen Anlage nach dem Bergius-Prinzip direkt neben der Haber-Bosch-Anlage in Leuna. Nach seiner Meinung war das Verfahren weit genug entwickelt, um die Aufnahme der Massenproduktion durch die I. G. zu rechtfertigen. Es sollten 100000 Tonnen synthetisches Öl pro Jahr hergestellt werden. Viele der leitenden Angestellten der I. G. empfanden diesen Schritt als ein unvernünftiges finanzielles Risiko, da das Verfahren noch ungenügend entwickelt war. Bosch war jedoch zu mächtig, um aufgehalten zu werden. Auf der ersten Aktionärsversammlung der neugegründeten I. G. am 1. September 1926 wurden die Pläne für den Bau der riesigen neuen Fabrik für synthetisches Öl bekanntgegeben (Holdermann 1954, 228). Die Richtigkeit dieser Entscheidung schien bestätigt, als Präsident Collidges »Federal Oil Conservation Board« wenige Tage später seinen Bericht abgab, der die »Situation der nationalen Petroleumversorgung« beschrieb. Die Kommission hatte herausgefunden, daß »die gesamten momentanen Reserven aus fördernden Ölquellen . . . auf ca. 4½ Milliarden Barrels geschätzt werden, eine Menge, die höchstens für weitere sechs Jahre reiche . . . selbst die Versorgung für einen stagnierenden Bedarf kann nur garantiert werden, wenn laufend neue Ölfelder entdeckt und erschlossen werden.«[13] Selbst Pessimisten wurden von diesem Bericht überrascht.

Kurz nachdem die I. G. die Pläne für den Bau der neuen Fabrik für synthetisches Öl bekanntgegeben hatte, fuhr Bosch in die Vereinigten Staaten, um Verhandlungen mit der Standard Oil zu beginnen. Er war vor allem an finanzieller Unterstützung interessiert. Teagle und Howard hatten zu diesem Zeitpunkt erkannt, daß ihre Begeisterung über das Hydrierungsverfahren ihre Verhandlungsposition gegenüber Bosch geschwächt hatte. Sie entschlossen sich zu einer Gegendemonstration. Teagle lud Bosch ein, ihn auf seiner jährlichen Inspektion der Besitzungen der Standard zu begleiten. Drei Wochen lang fuhren sie durch die Vereinigten Staaten und inspizierten Niederlassungen der Standard. Während der Reise wurde Bosch klar, daß die Direktoren der Standard noch nicht bereit waren, die Zahlung zu leisten, die er sich erhofft hatte. Mitte Dezember kehrte er nach Deutschland zurück, ohne eine feste Zusage erhalten zu haben. Wieder befiel ihn seine regelmäßig wiederkehrende Depression.

Bosch und Teagle brauchten bis zum August des nächsten Jahres, um ein begrenztes Übereinkommen zu erzielen. Standard erklärte seine Bereitschaft zur Teilnahme an einem Gemeinschaftsprojekt, das der Erforschung und Entwicklung des Hydrierungsverfahrens für Rohöl dienen sollte. So schnell wie möglich sollte zu diesem Zweck in Louisiana eine Fabrik errichtet werden. Als Gegenleistung erhielt Standard die Verwertungsrechte für die Vereinigten Staaten und eine fünfzigprozentige Beteiligung an den Einnahmen aus der Lizenzvergabe an Dritte.[14] Standard durfte das Verfahren jedoch nicht in seinen weitverstreuten Fabriken außerhalb der Vereinigten Staaten verwenden. Obwohl es sich um ein sehr bescheidenes Abkommen handelte, gab der Deutschland-Korrespondent der *New York Times* einen euphorischen Bericht ab, der die Zukunftschancen des I.G.-Verfahrens zur synthetischen Herstellung von Öl beschrieb:

> »Wie die Chemie-Experten bestätigen, steht die Welt an der Schwelle eines neuen Öl-Zeitalters und das Ende der Treibstoffversorgung wurde um Jahrhunderte hinausgeschoben. Ein prominenter Industrieller berichtete der New York Times, daß die Entwicklungen auf diesem Gebiet verblüffender seien als die Forschungsergebnisse, die die Weiterentwicklung des Radios und anderer Verwendungsmöglichkeiten der Elektrizität sowie die Luftfahrt betreffen.« (9. 8. 1927, 12)

»Vorsichtige Experten« schätzten, daß schon 1928 zwanzig Prozent des Benzins synthetisch erzeugt würden und daß Deutschland innerhalb weniger Jahre sich selbst versorgen könne. Das Vertrauen in die Herstellung synthetischen Öls war so groß – schloß der Artikel der *Times* –, daß man erwartete, den Preis des synthetischen Treibstoffs unter dem des aus den USA und der Sowjetunion importierten Öls halten zu können. Der Bericht war der Traum jedes Public-Relations-Mannes. Die Wirklichkeit sah etwas anders aus. Seit Aufnahme der Produktion im Juni litt die Bergius-Anlage in Leuna unter Betriebsausfällen und technischen Problemen. Die Ausgaben hatten die Kostenvoranschläge in einem die Kapitaldecke der I.G. bedrohenden Maß überschritten.

In den folgenden Monaten wuchs innerhalb des Direktoriums der I.G. die Forderung nach dem Abbruch des Projekts. Bosch ignorierte die Kritik seiner Kollegen: Um die Nitrogenproduktion auf den heutigen Stand zu bekommen, hatte es fünfzehn Jahre bedurft, sagte er ihnen, und für die Benzinproduktion bräuchte man eben etwas länger, bis sie profitabel sei (Holdermann 1954, 254ff.). Wie immer setzte sich Bosch durch. Das Direktorium gestattete die vorübergehende Fortsetzung des Projekts. Trotzdem mußte Bosch bald einen Weg finden, um die finanzielle Belastung zu mildern und ein Wiederaufleben des Widerstands der Direktoren zu verhindern. In der Zwischenzeit demonstrierten die Direktoren der Standard wachsendes Vertrauen in die Zukunft des Bergius-Verfahrens. Offensichtlich wußten sie nichts von den Schwierigkeiten der I. G. Eine Gruppe von Forschern unter der Leitung von Robert T. Haslam, einem Verfahrenstechniker vom M.I.T., begann mit der Arbeit in der Versuchsanlage in Louisiana, und die Standard wußte schon damals, daß das Hydrierungsverfahren die wichtigste Entwicklung in der Ölindustrie war. Die Ergebnisse des Hydrierungsverfahrens bei der Raffinierung von Erdöl waren erstaunlich. In der Vergangenheit benötigte man zwei Tonnen Erdöl für die Herstellung von einer Tonne Benzin, beim Hydrierungsverfahren nur noch eine Tonne Rohöl. Die Bedingungen des Abkommens von 1927 verboten der Standard jedoch die Nutzung des Verfahrens außerhalb der Vereinigten Staaten. Auch in den USA durfte sie es nur bei Erdöl anwenden, nicht aber bei Kohle.

Im August 1928 fuhren Teagle und einige andere leitende Angestellte der Standard nach Deutschland, um Bosch und seine Ratgeber für eine Ausweitung des Abkommens zu gewinnen. Sie schlugen vor, weltweit gemeinsam an der Verwertung des Verfahrens zu arbeiten und der Standard das Recht einzuräumen, das Verfahren auch auf die Kohle anzuwenden. Bosch lehnte ab. Er hatte mit seinen Kollegen bereits genug Ärger über die Kosten des Projekts in Leuna. Für die I. G. war es offensichtlich nicht der richtige Zeitpunkt, um sich in ein kostspieliges Programm zur weltweiten Nutzung des Verfahrens zu stürzen, auch dann nicht, wenn sich Standard daran beteiligen würde. Was Bosch wollte, war eine größere Zahlung von Standard, die es ihm ermöglichen würde, die I. G. aus ihren finanziellen Schwierigkeiten zu retten und das Projekt in Deutschland weiterzuführen. Zusammen mit Hermann Schmitz entwarf Bosch einen Gegenvorschlag, von dem er glaubte, daß es sich Standard nicht leisten könne, ihn abzulehnen. Er bot ihnen die weltweiten Rechte auf das Bergius-Verfahren an. Nur die deutschen Rechte sollten bei der I. G. bleiben (Howard 1947, 21 ff.). Die deutsche Regierung hätte diesen Verkauf eines Verfahrens von militärischer und wirtschaftlicher Bedeutung an ein ausländisches Unternehmen nie gestattet, weshalb die I. G. der Regierung die Transaktion auch verheimlichte. Standard sprang auf das Angebot, wie Bosch es erwartet hatte.

Die beiden Firmen betrieben ihre Verhandlungen im Stil von zwei Großmächten, die einen Vertrag schlossen über die Aufteilung der Welt in verschiedenen Einflußsphären. Sie einigten sich auf eine genaue Abgrenzung ihrer Arbeitsgebiete. In den Worten eines Vertreters der Standard: »Die I. G. hält sich aus dem Ölgeschäft heraus – und wir lassen die Finger vom Chemiegeschäft.«[15] Zur Ausführung des Abkommens gründeten die beiden Unternehmen gemeinsam die Standard-I. G.-Company mit Sitz in den Vereinigten Staaten. Diese Gesellschaft gehörte zu achtzig Prozent der Standard und zu zwanzig Prozent der I. G. Dadurch sicherte sich die I. G. eine Minoritätsbeteiligung an allen zukünftigen Erfolgen. Die I. G. übertrug dieser Firma dann die weltweiten Rechte (mit Ausnahme der deutschen Rechte) auf das Hydrierungsverfahren. Als Gegenleistung erhielt Bosch, was er so verzweifelt angestrebt hatte. Die Standard überschrieb der I. G. zwei Prozent ihrer gesamten Publikumsaktien – 546000 Anteile mit einem Buchwert von insgesamt 35 Millionen Dollar! Als kleinen weiteren Bonus für die I. G. erklärte Teagle seine Bereitschaft zu einer Mitarbeit im Direktorium der neu gegründeten amerikanischen Verwaltungsgesellschaft der I. G., der American I. G. Chemical Company.

Nach Abschluß der Vertragsverhandlungen versuchte Bosch noch das Interesse der Standard für eine technische Entwicklung zu wecken, die die Grenze zwischen den Arbeitsbereichen der beiden Firmen berührte. Es handelte sich um die Herstellung eines synthetischen Kautschuks mit dem Namen Buna, der nach Boschs Meinung zu einer ernsthaften Konkurrenz für den natürlichen Kautschuk werden konnte. Zu jener Zeit produzierten die Laboratorien der I. G. Buna aus Kohle, zu einem Preis, der nicht mit dem des natürlichen Kautschuks konkurieren konnte. Die Herstellung aus Öl könnte jedoch einen wettbewerbsfähigen Preis ermöglichen. Bosch schickte Carl Krauch in die Vereinigten Staaten, um die Standard für die Einrichtung einer gemeinsamen Entwicklungsabteilung zu interessieren, die sich mit einer Anzahl von Verfahren auseinandersetzen sollte, in denen Öl als Rohstoff dient – besonders die Herstellung von Buna.[16]

Krauchs Mission wurde ein voller Erfolg. 1930 wurde die Joint American Study Company (Jasco) gegründet, die zu je fünfzig Prozent der I. G. und der Standard Oil gehörte. Ihr Geschäftszweck war die Erprobung und Lizensierung von Verfahren der Petrol-Chemie, die aus den Forschungsprogrammen der beiden Teilhaber stammten. Bosch setzte große Hoffnung in die Entwicklung eines Buna-Kautschuks aus Öl durch die Jasco, dessen Lizenz man dann an die amerikanische Reifenindustrie verkaufen konnte. Der amerikanische Automobilbestand entsprach dem der gesamten restlichen Welt und war damit ein vielversprechender Markt für das Gemeinschaftsunternehmen. Die Verbindung zwischen der I. G. und der Standard war kaum geschlossen, da erhielt sie schon die ersten schweren Schläge. Die Weltwirtschaftskrise und die Entdeckung riesiger Ölvorkommen in Texas ließen die Ölpreise drastisch stürzen und vernichteten die Hoffnung der Standard auf eine sofortige weltweite Entwicklung der Ölherstellung aus Kohle. Der Kautschukpreis vollzog einen noch gewaltigeren Sturz. Buna war nicht konkurrenzfähig. Bis zum Beginn des Zweiten Weltkriegs schlief das Interesse der Standard an einer Entwicklung des künstlichen Kautschuks und es bedurfte des arabischen Ölboykotts im Jahre 1974, um ihr Interesse an der Ölgewinnung aus Kohle wiederzuerwecken.

Kapitel 3 Die I. G. rüstet Hitler für den Krieg

Die Welt-Wirtschaftskrise und der Ölpreis-Verfall konnten Bosch nicht von seinem Öl-Hydrierungsprojekt abbringen. Im Direktorium der I. G. gab es allerdings eine starke Gruppe, die anderer Meinung war. Im Juli 1930 kehrte Bosch von einem zweimonatigen Urlaub zurück und fand die Opposition gegen sein Projekt an der Grenze zur Revolte. Man erklärte ihm, daß Leuna sofort geschlossen werden sollte (Holdermann 1954, 155). Seine Gegenspieler behaupteten, daß das Projekt eine unverantwortliche Belastung für die I. G. sei, die bereits unter den Auswirkungen der Wirtschaftskrise litt. Obwohl man bereits 300 Millionen Reichsmark in das Projekt gesteckt hatte, war das Verfahren noch immer nicht wirtschaftlich nutzbar.[17] Sie wiesen darauf hin, daß der Preis des synthetischen Öls bei vierzig bis fünfzig Pfennig pro Liter lag, während Benzin aus Rohöl nur sieben Pfennige kostete (vgl. Bosch 1933, 7). Das Projekt erstickte an seinen Kosten.

Harte Auseinandersetzungen waren sehr selten im Direktorium der I. G., die Diskussion über das Öl-Projekt wurde jedoch mit großer Härte geführt. Die streitenden Parteien einigten sich schließlich auf die Einrichtung von zwei Untersuchungskommissionen, die von Fritz ter Meer und dem Chefingenieur Friedrich Jähne geleitet werden sollten.

Anfang 1931 unterbreiteten die Kommissionen ihre Berichte dem Direktorium. Die Kommission unter Ter Meer befürwortete die Fortsetzung des Unternehmens, die Kommission unter Jähne lehnte sie ab. Die Jähne-Kommission berichtete, daß es in der nahen Zukunft nicht möglich würde, Öl aus Kohle gewinnbringend herzustellen. Eine staatliche Subventionierung sei der einzige Ausweg, den Jähne als Konservativer jedoch rundweg ablehnte. Er sei, so Jähne, grundsätzlich gegen jede Art staatlicher Subvention, denn dies habe notwendigerweise staatliche Einflußnahme zur Folge. Es sei deshalb besser, das Projekt zu beenden. Bosch bewies jedoch wieder einmal seinen überwältigenden Einfluß auf die Entscheidungen der I. G. Das Direktorium entschied sich für den Vorschlag der Ter Meer-Kommission. Boschs Projekt war noch einmal gerettet.

Im Herbst 1931 erhielten Bosch und Bergius den Nobel-Preis für Chemie in Anerkennung ihrer Beiträge zur Erforschung und Entwicklung von Methoden der Hochdruck-Chemie. Bosch war der erste Ingenieur, der diese Ehrung erhielt. Sein Ansehen als Nationalheld wuchs beträchtlich.

Zur gleichen Zeit wuchs eine äußere Bedrohung der I. G. Adolf Hitler benutzte seine wachsende politische Macht zu verschärften Angriffen gegen Konzerne mit hoher jüdischer Beteiligung. Die I. G. wurde zum bevorzugten Ziel der Nazis bei ihren Angriffen gegen das »internationale Finanzkapital« und seine hervorragenden Vertreter Max M. Warburg, Arthur von Weinberg, Alfred Merton, Ernst von Simson, Otto von Mendelssohn-Bartholdy und Kurt Oppenheim. Die I. G. wurde Gegenstand bissiger Karikaturen, die sie als »Isidore G. Farber«, eine groteske Zeichnung von Shylock, und »I. G. Moloch«, unter Anspielung auf Kinderopfer im frühjüdischen Kult, darstellten.

Die Firmenleitung der I. G. reagierte mit Bestürzung auf diese Angriffe und versuchte über Heinrich Gattineau, den Pressereferenten Carl Duisbergs, der über gute Verbindungen zu den Nazis verfügte, eine Einstellung zu erreichen. Gattineau hatte bei einem von Hitler besonders geschätzten Professor studiert, dem Nazi-Geopolitiker Karl Haushofer. Haushofer war auch Gattineaus Doktorvater gewesen und hatte dessen Dissertation »Die Bedeutung der Verstädterung Australiens für die Zukunft der weißen Rasse« überwacht.[19] Im Juni 1931 schrieb Gattineau im Namen der I. G. an seinen alten Professor, er habe ihm vor kurzem mitgeteilt, daß er sich in allen die NSDAP betreffenden Angelegenheiten an ihn wenden könne.[20] Gattineau hoffte, daß der Professor seinen Einfluß auf die Nazis geltend machen würde, um jene Artikel zu unterbinden, in denen die I. G. als Instrument der internationalen jüdischen Finanz beschrieben wurde. Er wies in seinem Brief darauf hin, daß die I. G. bereits unter den Angriffen der Sozialdemokraten und Kommunisten litt und es daher für die Nationalsozialisten nicht nötig sei, das Gleiche zu tun. Die Führung der I. G. bestehe aus Christen, die sich in harter Arbeit als Kaufleute, Ingenieure und Wissenschaftler nach oben gearbeitet hätten. Es wäre deshalb eine gute Sache, wenn Haushofer sich bei Gelegenheit über diese Situation mit »Herrn H.« (vermutlich Hitler) unterhalten und sich für die I. G. einsetzen könne. Gattineau verbuchte einen gewissen Erfolg bei seiner Kampagne gegen die Angriffe der Nazi-Presse. Ende 1931 versetzte ihn Bosch nach Berlin, weil er das dortige Pressezentrum der I. G. als strategisch besseren Stützpunkt für Kontakte mit der Nazi-Hierarchie ansah.

Während des nächsten Jahres beobachteten Bosch und seine Kollegen das stürmische Anwachsen der NSDAP. Bei den Reichstagswahlen im Juli 1932 gewann sie 230 von 608 Reichstagsmandaten und wurde Deutschlands stärkste Partei. Im August 1932 beanspruchte Hitler die Kanzlerschaft in einer Koalitionsregierung. Hindenburg lehnte ab, die Nationalsozialisten vereinten sich mit den Kommunisten und stürzten die Regierung Papen. Hindenburg löste den Reichstag auf und Neuwahlen wurden für den 6. November angesetzt.

Bosch hielt die Zeit für gekommen, Verbindung mit Hitler aufzunehmen und dessen Engagement für das Öl-Synthese-Projekt der I. G. zu erkunden – man wollte wissen, wie man dran war, sollte Hitler Kanzler werden. Bosch war jedoch noch nicht bereit, hohe Repräsentanten der I. G. öffentlich neben Hitler auftreten zu lassen. Er gab Gattineau die Anweisung, ein Treffen zwischen Hitler und Heinrich Bütefisch zu arrangieren. Bütefisch, noch nicht einmal vierzig Jahre alt, war bereits technischer Direktor in Leuna und eine Kapazität auf dem Gebiet der synthetischen Ölherstellung. Gattineau wendete sich erneut an Haushofer mit der Bitte, ein Treffen zwischen den beiden Männern zu vermitteln. Haushofer gab seine Unterstützung und Hitlers Sekretär Rudolf Hess setzte den Termin auf Anfang November kurz vor den Wahlen fest.[21]

Als Hitler zu seinem Gespräch mit Gattineau und Bütefisch eintraf, war er offensichtlich müde. Die I. G.-Leute befürchteten, er sei zu müde, um die komplexen Zusammenhänge der Ölsynthese zu verstehen. Hitler war jedoch bereits bestens informiert und brannte darauf, darüber zu sprechen. Bevor er ihm seine Sicht darlege, so Hitler zu Bütefisch, wolle er ihm kurz seine Einstellung zu dem ganzen Problem mitteilen: Heutzutage sei eine Wirtschaft ohne Öl undenkbar in einem Deutschland, das politisch unabhängig bleiben wolle. Deshalb müsse deutsches Motoröl Wirklichkeit werden, auch wenn das große Opfer erfordere. Es sei deshalb dringend notwendig, die Kohlehydrierung fortzusetzen.[22]

Die Unterredung war auf eine halbe Stunde angesetzt gewesen, wurde aber durch Hitlers großes Interesse für Details der Ölsynthese auf zweieinhalb Stunden ausgedehnt, Gattineau erinnerte sich später, wie sehr er über Hitlers technisches Verständnis erstaunt war. Während des Gesprächs entwickelte Hitler einen Plan, der zu Deutschlands Unabhängigkeit von Ölimporten führen sollte und den er mit Hilfe der I. G. ausführen wollte. Er hatte aus dem Verlauf des Ersten Weltkriegs gelernt, daß Deutschlands Rohstoffarmut den Erfolg der britischen Blockade begünstigt hatte. Er wollte durch ein Programm der Selbstversorgung Deutschlands Rohstoffarmut beseitigen und die Grundlagen einer eigenständigen militärischen Macht schaffen. Hitler versicherte den I. G. Vertretern, daß ihre Gesellschaft sich auf seine politische und finanzielle Unterstützung verlassen könne. Gattineau und Bütefisch gaben Bosch einen enthusiastischen Bericht. Nachdem Bosch die ganze Geschichte des außergewöhnlichen Treffens gehört hatte, bemerkte er: „Der Mann ist vernünftiger, als ich dachte".[23]

Einige Tage später bei den Wahlen erlitten die Nazis einen entscheidenden Rückschlag. Sie verloren 34 Sitze und hielten jetzt nur noch 196. Die Kommunisten dagegen gewannen 11 Sitze und hielten damit hundert Mandate. Die deutschen Industriellen, durch die Gewinne der Kommunisten mehr beunruhigt als durch den Mißerfolg der Nationalsozialisten, kamen Hitler in dieser kritischen Phase zu Hilfe. Achtunddreißig Vertreter der Industrie bezogen sogar öffentlich Stellung für Hitler; unter ihnen Schacht und von Schröder aus dem Bankwesen ; Cuno von der Norddeutschen Lloyd, Krupp, Vögler und

Thyssen aus der Stahlindustrie und Siemens und Robert Bosch aus der Elektro-Industrie. Die I. G. beteiligte sich nicht. Carl Bosch war noch nicht bereit, öffentlich Stellung zu beziehen.

Hindenburg zeigte sich unbeeindruckt von dieser Demonstration. Er beauftragte General Kurt von Schleicher mit der Regierungsbildung. Es gelang Schleicher jedoch nicht, eine stabile Regierung zu bilden, so daß Hindenburg schließlich kapitulierte und Hitler am 30. Januar zum Kanzler ernannte. Hitlers Amtszeit schien allerdings nur kurz, denn schon für den 5. März waren die nächsten Wahlen angesetzt.

Am 20. Februar bestellte Hjalmar Schacht, der zu den aktivsten Helfern Hitlers aus dem Lager der Industrie und Finanz gehörte, die führenden deutschen Industriellen und Finanziers zu einem geheimen Treffen in das Haus von Hermann Göring. Diesmal entzog sich die I. G. nicht. Unter den Anwesenden befand sich Baron Georg von Schnitzler, der zu den wichtigsten nichtwissenschaftlichen Mitgliedern des I. G.-Direktoriums zählte und allgemein als der »Verkäufer der I. G.« bekannt war. Seine Anwesenheit machte großen Eindruck auf die deutsche Geschäftswelt. Immerhin war die I. G. Deutschlands größtes Unternehmen. Schacht gab bekannt, daß er von den anwesenden Industriellen Spenden in Höhe von insgesamt 3 Millionen Mark erbitte, um damit Hitlers Wahlkampf zu unterstützen.[24] Auf Boschs Anweisung versprach Schnitzler mit 400000 die bei weitem größte Einzelspende.[25] Damit war die Unterstützung Hitlers durch die I. G. offiziell.

Bei den Wahlen am 5. März waren die Nazis wieder erfolgreicher. Sie verbuchten einen Stimmenzuwachs von 5,5 Millionen – nicht genug für eine Mehrheit im Reichstag, aber ausreichend, um Hitler als Kanzler einer Koalitionsregierung zu belassen. Kurz nach der Wahl trafen sich Bosch und Hitler zum ersten Mal. Anfänglich schien das Treffen ohne Schwierigkeiten zu verlaufen. Hitler gab Bosch die Versicherung, daß seine Regierung die Ölsynthese in vollem Maße unterstützen würde und Bosch gab seine Zustimmung zu einer Erweiterung der Kapazität der Leuna-Werke. Deutschlands Unabhängigkeit von Öllieferungen war das gemeinsame Ziel beider. Bosch sprach dann ein Thema an, vor dem ihn seine I. G.-Kollegen gewarnt hatten. Er warnte Hitler, daß die Vertreibung jüdischer Wissenschaftler die deutsche Physik und Chemie um hundert Jahre zurückwerfen würde. Bevor Bosch zum Ende kam, schrie Hitler: »Dann werden wir hundert Jahre lang ohne Physik und Chemie arbeiten!« Als Bosch versuchte, das Thema weiter zu verfolgen, klingelte Hitler nach seinem Adjutanten und erklärte mit übertriebener Höflichkeit: »Der Geheimrat wünscht zu gehen.« (Holdermann 1954, 272)

Hitler ließ sich durch diese Episode nicht von seiner Unterstützung des Ölsynthese-Projekts der I. G. abbringen, weigerte sich aber in Zukunft, in Gesellschaft Boschs aufzutreten. Bei einer späteren Gelegenheit traf Hitler auf einer Konferenz ein, sah Bosch auf dem Podium und verließ abrupt den Konferenzort. Nach diesem Vorfall bemühten sich Boschs Kollegen, die beiden Männer auseinander zu halten. Bosch ließ sich von Hitlers Feindseligkeit nicht abschrekken. Er betrieb weiterhin seine Kampagne zur Verteidigung jüdischer Wissenschaftler in Deutschland. Im April erfuhr er, daß Haber zur Aufgabe seines Lehrstuhls an der Berliner Universität gezwungen geworden war, obwohl er zum Christentum übergetreten war und zu Deutschlands erfolgreichsten Wissenschaftlern gehörte. Bosch versuchte vergeblich unter den nichtjüdischen Nobel-Preisträgern eine Kampagne gegen die Verfolgung ihrer jüdischen Kollegen zu organisieren. Der bekannte Physiker Max Planck, der kein Nazigegner war und genügend Einfluß besaß, um eine Audienz bei Hitler zu bekommen, unternahm einen erfolglosen Versuch, um Hitler zur Zurücknahme von Habers Ausweisung zu bewegen. Hitler reagierte mit einer Brutalität, von der sich Plancks Psyche nur langsam erholte. Ein anderer Nobel-Preisträger erklärte verängstigt und verzweifelt: »Wir können nicht für die Juden die Schwerter ziehen.« (Goran 1967, 38)

Haber verließ Deutschland, wollte aber einige Monate später zurückkehren. Auf seinem Rückweg traf er in der Schweiz auf Hermann Schmitz, der ihn drängte Deutschland fernzubleiben, da man den Terror der Nationalsozialisten nicht unterschätzen dürfe. Haber kehrte nie nach Deutschland zurück. Er starb im Januar 1934 in Basel als gebrochener Mann. Deutsche durften seinen Tod nicht betrauern.

Zum ersten Jahrestag von Habers Tod jedoch veranstaltete Bosch unter der Schirmherrschaft des Kaiser Wilhelm Instituts eine Gedenk-Veranstaltung. Er schickte persönliche Einladungen an führende Lehrer und Wissenschaftler, leitende Angestellte der I. G. und Regierungsbeamte, die eine Beziehung zu Haber gehabt hatten. Als der Kultusminister erfuhr, daß einige seiner Untergebenen zu dieser Veranstaltung eingeladen worden waren, untersagte er ihre Teilnahme. Mehr als fünfhundert Personen drängten sich in der Festhalle – unter ihnen Vertreter der I. G. und Habers Freunde aus der Armee. Die Wissenschaftler waren etwas vorsichtiger und einige waren nicht erschienen. Max Planck erschien trotz seines Erlebnisses mit Hitler und obwohl er die Veranstaltung mit dem »deutschen Gruß« eröffnete, würdigte er den »deutschen Gelehrten und deutschen Soldaten Fritz Haber« (vgl. ebd., 39).

Die I. G. selbst wurde weiterhin von Vertretern der unteren Nazi-Hierarchie belästigt. Die pharmazeutischen Abteilungen in Hoechst und Leverkusen wurden besonders wegen ihrer Tierversuche angegriffen. Die Nazis hatten Vivisektion zum Kapitalverbrechen ernannt. Heinrich Hörlein, der führende Mediziner der I. G., versuchte einmal einem hohen SS-Offizier die Unsinnigkeit dieses Gesetzes zu erklären. Er erhielt die Antwort, daß Nationalsozialisten nichts mit der I. G. zu tun haben wollten, da sie eine »internationale jüdische Organisation« sei.[26]

Doch solche Vorkommnisse konnten die weitere Entwicklung nicht weiter beeinträchtigen. Die I. G. befand sich auf dem besten Weg zu guten Beziehungen mit dem neuen Regime. Hermann Schmitz wurde zum Ehrenabgeordneten der NSDAP im Reichstag ernannt, wodurch seine Unterstützung der Ziele Hitlers unterstrichen wurde. Schnitzler eröffnete in Berlin einen Salon, wo ausländische Industrielle und Politiker die Möglichkeit hatten sich mit hochgestellten Nationalsozialisten zu treffen. Boschs junger Schützling Heinrich Bütefisch wurde Obersturmbannführer der SS genau wie Christian Schneider, einer der führenden älteren »Hochdruck-Chemiker« der I. G.

Die Beziehungen zur militärischen Führung wurden sorgfältig gepflegt. Schon seit einiger Zeit hatte Max Ilgner – der Neffe von Hermann Schmitz – als Verbindungsmann zum Heereswaffenamt fungiert. Während dieser Zeit hatte er eine sehr gute Verbindung zu einem jungen Offizier der Wirtschaftsabteilung aufgebaut, den er mit regelmäßigen Informationen über die Fortschritte in Leuna versorgte. Es war kein Zufall, daß dieser Offizier, Georg Thomas, sich in besonderm Maße für die Anstrengungen einsetzte, die zu einer Unabhängigkeit von Rohstofflieferungen führten. Seine besondere Aufmerksamkeit galt dem Gummi und Öl. 1928 hatte er im Namen der Wirtschaftsabteilung des Heereswaffenamts ein vertrauliches Memorandum erstellt, das die Entwicklung synthetischer Stoffe durch »neue Entdeckungen und Erfindungen« forderte, um einen Ersatz für die strategisch wichtigen Rohstoffe zu finden, die Deutschland importieren mußte.[27] Er bezog sich vor allem auf das Ölsynthese-Projekt der I. G. in Leuna und forderte, falls Ersatz für die importierten Rohstoffe nur durch kostspielige Verfahren beschafft werden könne, müsse das Heereswaffenamt diese unterstützen. Thomas unkonventionelle Denkweise entsprach genau den Vorstellungen der I. G. Als die Nazis an die Macht kamen, diente Thomas noch immer im Heereswaffenamt und er wurde später Leiter des Wehrwirtschafts- und Rüstungsamts im Range eines Generals.

Ilgners Erfolge als Unterhändler der I. G. sind unbestreitbar. Im Juni 1933 zum Beispiel wurde die I. G. an einem der geheimsten Unternehmen des Dritten Reiches beteiligt. Es betraf den Aufbau einer illegalen Luftwaffe – eine direkte Verletzung des Vertrages von Versailles. Durch ein außerordentliches gemeinsames Dekret der Finanz-, Kriegs- und Luftfahrtministerien wurde ein Finanzierungsbüro gegründet für den »*geheimen* Zweck der militärischen Luftfahrt« (Hervorhebung im Original). Dieses Finanzierungsbüro unterstand der Leitung des Luftfahrtministers Hermann Göring, »der allein die Annahme von Einlagen und Zahlungen genehmigen wird.« Das Ministerdekret wurde nur einem kleinen Kreis hoher Militärs und Parteimitglieder zugestellt, um eine hohe Geheimhaltungsstufe zu garantieren. Max Ilgner war einer der wenigen, die eine offizielle Kopie des Dokuments erhielten.[28]

Kurz nach dem Erlaß des Geheimdekrets zur Finanzierung der Schwarzen Luftwaffe erhielt Carl Krauch den Besuch von General Erhard Milch. Milch war Staatssekretär im Luftfahrtministerium und galt als Görings rechte Hand. (Obwohl Milch einen jüdischen Vater hatte, gab seine Mutter eine eidesstattliche Erklärung, daß ihr Sohn der Verbindung mit einem »Arier« entstamme. Göring der den Anti-Semitismus nur ernstnahm, wenn er nicht mit seinen Interessen kollidierte, protegierte Milch. Er tat die Angelegenheit mit der Erklärung ab: »Ich bestimme selbst, wer ein Jude ist oder nicht, das ist alles, was es dazu zu sagen gibt.«) Milch war zu Krauch gekommen, um von ihm einen genauen Bericht über Deutschlands Produktionskapazität für Mineralöle zu erbitten. Er wollte in erster Linie wissen, ob das synthetische Öl der I. G. auch als Rohstoff für Flugzeug-Benzin verwendbar sei, Krauch versicherte ihm, dies sei der Fall. Die nächste Frage Milchs betraf die mögliche Produktion während der nächsten Jahre. Krauch versprach eine Untersuchung und einen Bericht.

Am 15. September überreichte Krauch seine Untersuchungsergebnisse in Form eines Aufsatzes über die deutsche Treibstoff-Wirtschaft.[29] Er entwickelte einen Vierjahres-Plan zur Ausweitung der Produktion einheimischer Treibstoffe, der die dreieinhalbfache Steigerung der Treibstoffherstellung aus inländischen Rohstoffen vorsah. Das Hydrierungsverfahren der I. G. nahm in Krauchs Plan eine zentrale Stellung ein. Er betonte, es sei möglich, Flugzeugbenzin und Schmierstoffe für die Luftfahrt aus einheimischen Quellen zu beziehen. In der Tat sei die Lufthansa bereits mit ausgiebigen Versuchen beschäftigt.

Am nächsten Tag zeigte Milch das Krauch-Memorandum dem Leiter des Heereswaffenamts, Generalmajor von Böckelberg, und dessen Assistenten, Oberstleutnant Georg Thomas.[30] Er teilte ihnen mit, daß das Luftfahrtministerium Krauchs »Vierjahres-Plan« unterstütze und schlug ein« gemeinsames energisches Vorgehen« vor. Die Offiziere gaben ihre Zustimmung.

Zur gleichen Zeit widmete Bosch den größten Teil seiner Energie Verhandlungen mit Regierungsbeamten über die Erweiterung der Produktionskapazität für synthetisches Öl der I. G., wie sie die Übereinkunft mit Hitler vorsah. Im Juli war sich Bosch des Erfolgs seiner Verhandlungen sicher. Er erzählte zwei Vertretern von Du Pont, die ihn besuchten, daß es Pläne gäbe, die Produktion von 100000 auf 400000 t jährlich zu steigern. Er mochte Hitlers politische Ideen verabscheuen, aber er war sicher, daß dessen Einsatz für das Ölsynthese-Projekt der I. G. echt war. Nur die I. G. konnte Hitler die Unabhängigkeit von Öl-Lieferungen verschaffen.

Zu jener Zeit gab es einige Vertreter der I. G., die bedingungslose Parteigänger der Nationalsozialisten waren. Einer von ihnen war Carl von Weinberg, der gerade stellvertretender Aufsichtsratsvorsitzender geworden war. Obwohl Weinberg Jude war, erklärte er den Besuchern von Du Pont, daß er dem Nationalsozialismus seine volle Zustimmung gebe. Er fügte hinzu, sein gesamtes Vermögen sei in Deutschland investiert und er besäße außerhalb des Landes keinen Pfennig.[31]

Am 14. Dezember 1933 unterzeichneten Bosch und Schmitz im Namen der I. G. zusammen mit Vertretern des Dritten Reiches den von Hitler persönlich befürworteten Vertrag. Danach sollte die I. G. ihre Anlagen in Leuna ausbauen, so daß bis Ende 1937 eine Kapazität von 300000–350000 Tonnen pro Jahr erreicht würde. Als Gegenleistung versprach das Reich einen Garantiepreis, der den Produktionskosten entsprach und dazu eine fünfprozentige Rendite garantierte. Großzügige Abschreibungsvereinbarungen und die Garantie für den Verkauf allen Öls, das die I.G. nicht selbst verkaufen konnte, rundeten den Vertrag ab.[32]

Das Abkommen war eine technologische Großtat moderner Machtpolitik. Es war nur eine Frage der Zeit, wann die I.G. Deutschlands vollständige, militärisch und politisch so zentrale Unabhängigkeit von ausländischen Öllieferungen garantieren konnte. Bosch mußte sich nie mehr um die Finanzierung seines geliebten Projekts und Hitler erst wieder nach der Zerstörung der Leuna Werke durch die US-Luftwaffe im April und Mai 1944 um den Ölnachschub sorgen.

Nachdem die Pläne für Deutschlands Selbstversorgung mit Öl feststanden, wandte Hitler seine Aufmerksamkeit dem nächsten strategisch wichtigen Rohstoff zu. Für Kautschuk, dessen Herkunftsländer praktisch auf der entgegengesetzten Seite der Erde lagen, mußte dringend ein synthetischer Ersatz gefunden werden, um Deutschland vor einem möglichen Embargo oder einer Blockade zu schützen. Einige Mitglieder der militärischen und zivilen Verwaltung teilten diese Überzeugung Hitlers nicht. Eine Anzahl ziviler Wirtschaftssachverständiger bezeichnete es als unsinnig, bedeutende Mittel in dieses Projekt zu stekken, solange natürlicher Kautschuk zu niedrigem Preis zur Vorratsschaffung zur Verfügung stand. Die Militärs führten ein weiteres Gegenargument ins Feld: keine der bekannten künstlichen Gummiarten eignete sich für den militärischen Einsatz und es war zu gefährlich, sich auf zukünftige Entdeckungen zu verlassen. Aus diesem Grund hatte die I.G. zwischen 1931 und 1932 ihr Buna-Projekt nur zögernd betrieben, zumal der Preis des Naturkautschuks zunehmend verfiel. Durch den Preisverfall verschwand jegliche Aussicht auf eine konkurrenzfähige Buna-Produktion und als Hitler an die Macht kam, befand sie sich auf einem Tiefpunkt.

Bald aber bewirkten Hitlers Zukunftspläne für Deutschland eine Wiederbelebung des Projekts. Gegen Ende 1933 und etwa zur gleichen Zeit als das Öl-Synthese-Abkommen geschlossen wurde, traten Vertreter des Heereswaffenamts und des Reichswirtschaftsministeriums an die I.G. heran, um sie zu einer Wiederaufnahme des Buna-Projekts zu bewegen. Bosch wollte jedoch mehr als nur eine Ermunterung von den Behörden. Ohne ausreichende finanzielle Zusagen fürchtete er eine Wiederholung der Finanzierungsprobleme, wie seinerzeit beim Öl-Projekt. Um einen deutlichen Schritt vorwärts zu kommen, bedurfte es massiver Unterstützung durch die Regierung. Bosch wollte vor allem, daß die Regierung die Reifenhersteller zu einer »effektiven Zusammenarbeit« bei der Herstellung von Testreifen aus Buna bewegte. Zusätzlich verlangte er, daß 1000 bis 2000 Buna-Reifen auf Militärfahrzeugen getestet werden sollten. In einem Memorandum, das an die interessierten Behörden verschickt wurde, legte die I. G. ganz unverblümt dar, daß sie ihre Bemühungen um eine Ausweitung der Produktion davon abhängig mache, daß die Regierung so interessiert daran sei, daß sie Herstellung von synthetischem Gummi in der geforderten Weise unterstützen könne.[33]

In jener Anfangsphase des Dritten Reiches verstanden jedoch weder das Heereswaffenamt noch das Wirtschaftsministerium die Beweggründe für Hitlers Anstrengungen in Richtung militärischer Unabhängigkeit. Sie lehnten Boschs Forderungen ab und das Buna-Projekt wurde weiter auf Sparflamme gehalten. Im Herbst 1934 schaltete Hitler sich persönlich ein, da ihn die stagnierende Kunstkautschuk-Produktion beunruhigte. Er ernannte seinen persönlichen Wirtschaftsberater Wilhelm Keppler zum Generalbevollmächtigten für Fragen der Rohstoffbeschaffung und Kunststoffherstellung, mit besonderer Verantwortlichkeit für die Synthese-Projekte.

Die Berufung Kepplers provozierte einen Konflikt mit Hjalmar Schacht, der als amtierender Leiter des Wirtschaftsministeriums »die Mobilisierung für die ökonomische Kriegsführung« offiziell verantwortete.

Schacht betrachtete ökonomische Unabhängigkeit vom Standpunkt des Währungspolitikers, der versucht, Devisen zu sparen. Dementsprechend waren für ihn die Kosten eines Projekts entscheidend, wenn es um die Zuteilung von Subventionen ging. Keppler dagegen vertrat Hitlers Standpunkt und betrachtete die Entwicklung einer Rohstoff-Autarkie nach militärischen Gesichtspunkten. Kosten und Deviseneinsparungen waren dabei nebensächlich. Somit befanden sich der Generalbevollmächtigte und der Minister auf Kollisionskurs. Unter normalen Umständen wäre Keppler, der als Ingenieur eine kleine Klebstoff-Fabrik betrieb, kein ernstzunehmender Gegner für Schacht gewesen. Aber er war ein überzeugter Nazi und genoß Hitlers Vertrauen. Das änderte das Kräfteverhältnis entscheidend.

Keppler veranstaltete ein Treffen der Vertreter der I.G., des Reichswirtschaftsministeriums, des Heereswaffenamts und der Reifenindustrie. Er berichtete der Gruppe von Hitlers Unzufriedenheit mit dem Fortschritt des Kunstkautschuk-Programms. Der Führer wünsche, daß das Unternehmen mit elementarer Kraft vorangetrieben werde.[34]

Ter Meer meldete sich im Namen der I.G. zu Wort. Trotz seiner Befriedigung über Hitlers Anordnung hielte er es für notwendig, einige Probleme aufzuzeigen, die das Programm behinderten. Die Reifenhersteller lehnten den Kunstkautschuk als Rohstoff zur Reifenherstellung ab. Auch das Heereswaffenamt meldete Zweifel an. Angesichts dieser negativen Einstellung sehe die I.G. keinen Grund für umfangreiche Investitionen in die Massenherstellung von Buna. Bevor man größere Mittel bereitstelle, brauche man die Zusage der Reifenhersteller, eine genügende Menge von Buna-Reifen herzustellen.[35] Die Reifenhersteller erklärten, wegen der hohen Kosten sei eine Herstellung von Reifen aus Buna unvernünftig. Die Herstellung eines Buna-Reifens koste zweiundneunzig Mark im Vergleich zu achtzehn Mark für einen Reifen aus Naturkautschuk. Die Vertreter des Heereswaffenamtes zeigten sich ebensowenig zur Zusammenarbeit bereit wie die Reifenhersteller. Buna entspreche nicht den Anforderungen des Militärs.

Keppler aber erstickte jeglichen Widerspruch. Er erinnerte die opponierenden Parteien daran, daß der Ausbau der Kunstkautschuk-Produktion ein Lieblingsprojekt des Führers sei und keinen Aufschub dulde.[36] Dem Heereswaffenamt blieb keine andere Wahl, als während der nächsten sechs Monate eine Reihe ausführlicher Tests durchzuführen. Hitler hatte nicht vor, die Ergebnisse abzuwarten. Für ihn war Buna von militärischer und propagandistischer Bedeutung. Auf dem siebten Reichsparteitag in Nürnberg am 11. September 1935 verkündete er der Welt, man könne das Problem der Kunstkautschuk-Herstellung als endgültig gelöst ansehen und die erste Fabrik für diesen Zweck werde sofort gebaut.

Einige Tage später trafen sich Keppler und Ter Meer. Keppler beharrte darauf, daß Hitlers Ankündigung auf dem schnellsten Weg den Bau einer Buna-Fabrik erfordere. Ter Meer, noch immer vorsichtig, wollte die Beteiligung der I. G. nur zulassen, wenn das finanzielle Risiko klein gehalten würde. Er verlangte eine Kaufgarantie des Heereswaffenamts für den gesamten Ausstoß der Fabrik. Keppler, durch Hitlers Ankündigung unter Zugzwang, versicherte Ter Meer, eine Kaufgarantie sei problemlos zu beschaffen. Er versprach sogar, persönlich die Verhandlungen mit den Militärbehörden zu führen.

Keppler erlag offensichtlich einer Fehleinschätzung seines Einflusses auf die Armee zu diesem Zeitpunkt. Nach Abschluß der sechsmonatigen Testreihe stellte das Heereswaffenamt fest, daß die Buna-Reifen nicht den Anforderungen der Armee entsprechen. Es weigerte sich, ein Abkommen mit der I. G. zu schließen oder den Bau einer Buna-Fabrik zu unterstützen. Die Armee entschied sich für die Lagerung von Naturkautschuk zur Sicherung ihrer Bedarfs.[37]

Die Entscheidung des Heereswaffenamts gegen den Buna-Reifen war ein schwerer Schlag für die I. G. Auch Schacht zeigte keine Bereitschaft zur Unterstützung eines zivilen Buna-Projekts, denn wegen ihres hohen Preises seien die Buna-Reifen nicht geeignet, auf dem Exportmarkt Devisen zu erbringen. Die schlechten Ergebnisse der Versuche durch die Armee untermauerten Schachts Position. Buna schien nicht vom Glück verfolgt.

Keppler hatte nicht vor, sich von Schacht behindern zu lassen. Nachdem er sich der persönlichen Unterstützung Hitlers versichert hatte, schrieb er an die I. G., der Führer sei stark daran interessiert, daß das Projekt so schnell wie möglich realisiert werde. Die I. G. solle deshalb die Planung fortsetzen und mit dem Bau der Fabrik unmittelbar nach einer beiderseitigen Vereinbarung beginnen.[38]

Die I. G. hatte die Ermunterung, die sie brauchte. Bosch entschied sich zum Bau einer weitläufigen Buna-Fabrik, ohne auf ein formelles Abkommen mit der Regierung zu warten. Kepplers Versicherung der Unterstützung durch Hitler genügte ihm. Er entschied sich für ein großes Areal in Schkopau nahe Leuna, und schon bald wurden die Bauarbeiten aufgenommen. Bosch entsprach seiner Tradition wagemutiger Unternehmungen.

Anfang 1936 hielt das Öl seinen Einzug in die Fronten der internationalen Politik. Seit Oktober 1935 tobte der italienisch-äthiopische Krieg und Mussolini ließ sich selbst vom Völkerbund nicht von seiner Agressionspolitik abbringen. Der Völkerbund entschloß sich schließlich zu einer drastischen Maßnahme. Er richtete eine Kommission ein, die die Möglichkeit eines Ölembargos gegen Italien untersuchen sollte, denn Italien war total von Importen abhängig und ein erfolgreiches Embargo durch Mitglieder des Völkerbunds wäre das Ende seiner militärischen Abenteuer gewesen.

Während des Kräftemessens zwischen Mussolini und dem Völkerbund plante Hitler seine eigenen militärischen Aggressionen. Mitte Februar gab er eine öffentliche Erklärung, die die Aufmerksamkeit seiner potentiellen Gegner und des Völkerbunds erregen sollte. Bei der Eröffnung der jährlichen Deutschen Automobil-Ausstellung erwähnte er, daß es Deutschland gelungen sei, das Problem der Herstellung von synthetischem Öl und Kunstkautschuk aus Kohle zu lösen und daß man beide Entdeckungen so gut wie möglich praktisch umsetzen wolle. Mit deutlichem Bezug auf die geplanten Aktionen des Völkerbunds gegen Italien fügte er hinzu, daß das »Wunder des synthetischen Treibstoffs« von »politischer Bedeutung« für Deutschland sei. Für Deutschland wäre ein Öl-Embargo keine Bedrohung (*New York Times,* 16. 2. 1936, 1). Die I.G. vollbrachte ihre Wunder nach Fahrplan.

In der Zwischenzeit bemühte sich der Völkerbund weiter um ein Embargo. Am 22. Februar trat seine Kommission zusammen, um die Sanktionen gegen Italien vorzubereiten. Mussolini reagierte mit der Drohung, Italien werde im Falle eines Embargos aus dem Völkerbund austreten und auch seinen Verpflichtungen aus dem Vertrag von Locarno nicht mehr nachkommen. Mit dieser Drohung wollte er Frankreich unter Druck setzen, dessen Grenzen Italien laut Vertrag zu schützen hatte. Mussolini erreichte sein Ziel, denn auf Betreiben Frankreichs stimmte der britische Außenminister Anthony Eden am 2. März einer Verschiebung der Entscheidung über das Öl-Embargo zu. Mussolini erhielt ein neues Ultimatum bis zum 10. März. Schon wenige Tage später antwortete er, daß er den Vorschlägen des Völkerbundes »im Prinzip« zustimme und zur Aushandlung eines Friedens in Äthiopien bereit sei.

Am 7. März jedoch überschattete eine weitaus schlimmere Bedrohung des Weltfriedens die italienische Aggression in Äthiopien. Hitler ließ seine Truppen in das Rheinland einmarschieren und verletzte damit die Verträge von Versailles und Locarno. Die Welt stand am Rande eines Kriegs und wartete auf Englands und Frankreichs Schritte zur Erfüllung ihrer Vertragsverpflichtungen. England und Frankreich waren jedoch nicht gewillt, Hitlers Herausforderung anzunehmen, und so verlief die Besetzung des Rheinlandes ohne Zwischenfall.

Obwohl der Völkerbund Deutschlands Vorgehen verurteilte, schreckte er davor zurück, die gleichen Sanktionen wie gegen Italien anzudrohen. Rumänien und die Sowjetunion, Deutschlands wichtigste Öllieferanten reagierten vorübergehend mit Preiserhöhungen bzw. mit einem Exportstopp.

Dies führte in Deutschland zu einer ernsten Treibstoff-Verknappung.Hitler ernannte Göring zum Generalbevollmächtigten für die Kraftstoff-Verteilung, um eine zentrale Lösung des Problems zu ermöglichen. Bevor Göring jedoch in dieser Position etwas unternehmen konnte, bot sich ihm eine noch viel größere Chance – die Möglichkeit, die Steuerung der gesamten deutschen Wirtschaft zu übernehmen. Er rückte in diese Machtposition auf, weil Hitler einen Weg suchte, den Streit zwischen Schacht und Keppler zu beenden. Göring sollte zwischen den beiden Männern vermitteln. Bis Mitte März hatte sich der Streit jedoch weiter verschärft: Schacht schickte ein Rundschreiben an seine Mitarbeiter, in dem er ihnen jegliche Zusammenarbeit mit Keppler verbot.

Schacht griff nicht nur aus persönlicher Abneigung gegen Keppler zu scharfen Maßnahmen, sondern auch, weil er wußte, daß der Ausgang ihres Konflikts die weitere Richtung der Wirtschafts- und Finanzpolitik des Dritten Reiches bestimmen würde. Radikale Nazis wie Keppler und Goebbels forderten eine Ausweitung der Ausgaben der öffentlichen Hand, um Arbeitsplätze zu erhalten und die Rüstung voranzutreiben. Schacht hingegen war bestürzt über den Devisenabfluß für Rüstungskäufe und seine eigene Machtlosigkeit zur Ausübung einer effizienten Kontrolle der Regierungsausgaben und Extravaganzen der Nazi-Bürokratie. Er kam zu dem Schluß, daß man die Entscheidungsgewalt über Rohstoffkäufe und Devisenausgaben in die Hände einer einzigen, von einem hochgestellten Nationalsozialisten geleiteten Behörde legen solle, die er leichter kontrollieren könne. Nach Schachts Überlegungen müßte es sich bei diesem nominellen Behördenchef um eine Person handeln, die innerhalb der Nazi-Hierarchie über genügend Einfluß verfügte, um seine unpopuläre Maßnahmen durchzusetzen. Göring schien genau seinen Vorstellungen zu entsprechen. Da dieser keine Ahnung von Wirtschaftspolitik hatte, könnte Schacht die Richtlinien entwerfen. Mit Hilfe Görings glaubte Schacht sich aller Opponenten von der Art Kepplers entledigen zu können, um dann einen sicheren Einfluß auf die Regierungsausgaben auszuüben.

Göring erinnerte sich, wie Schacht bei ihm vorstellig wurde und ihm den Vorschlag unterbreitete, die Leitung einer Rohstoff- und Devisenkommission zu übernehmen. Göring ahnte jedoch Schachts Hintergedanken, daß dieser sich hinter ihm als ökonomischen Laien nur verbergen wolle.[39] Schacht hatte sich grob verkalkuliert. Als Hitler am 27. April Göring zum Reichskommissar für Rohstoffe und Devisen ernannte, besagte die entsprechende Regierungserklärung, daß Schacht zu Görings Untergebenen geworden war. Göring war nun Vorgesetzter aller Ministerien, die sich mit wirtschaftlichen Angelegenheiten befaßten. Die *New York Times* berichtete am 28. 4. 1936: »Hermann Göring hat heute Hjalmar Schacht als Diktator der Wirtschafts- und Finanzpolitik des Dritten Reiches abgelöst.« Die *Times* hatte das Geschehen richtig interpretiert.

Schacht war aufgebracht, als er die Einzelheiten von Görings Berufung erfuhr. Als er am 29. April mit Hitler und Göring zusammentraf, versuchte er Hitler zu einer erläuternden Erklärung zu bewegen, aus der hervorging, daß er nicht Görings Untergebener sei. Das erläuternde Kommuniqué wurde nie herausgegeben (*New York Times,* 3. 5. 36, 38).

Göring machte eine Konzession an Schacht. Er erklärte sich bereit, nur kleine Gruppen von Experten in seinem Stab zu beschäftigen. Die Leitung des Amts für Deutsche Roh- und Werkstoffe übergab er Oberst Fritz Löb aus dem Luftfahrtministerium. Von Bosch erbat er sich einen I. G.-Mann zur Leitung der Forschungs- und Entwicklungsabteilung. Bosch entschied sich für seinen engsten Freund und Vertrauten Carl Krauch.

Die Entscheidung für Krauch fiel aus gutem Grund. Seit September des Vorjahrs hatte Krauch die »Vermittlungsstelle W«, ein neues militärisches Verbindungsbüro der I. G. in Berlin geleitet, das eine Zentrale bilden sollte für den Erfahrungsaustausch in Aufrüstungsangelegenheiten zwischen den verschiedenen Betrieben und Büros der I. G. und den zuständigen Reichsbehörden – besonders im Zusammenhang mit den strategisch wichtigen Rohstoffen aus der Hochdruck-Chemie: synthetisches Öl, synthetischer Gummi und Nitrate.[40] Neben Bosch gehörte Krauch zu den führenden Experten der Hochdruck-Chemie. [In gewisser Weise war er Boschs alter ego geworden.]

Krauch behielt seine hohen Posten bei der I. G. auch nach seinem Eintritt in Görings Behörde. Er blieb Mitglied des Direktoriums der I. G. und Chef der Abteilung für Hochdruck-Chemie. Außerdem nahm er weiter seine Aufgaben als Leiter des Berliner Zentralbüros der I. G. wahr. Zwei der führenden Mitarbeiter des Büros – Gerhard Ritter und Johannes Eckell – wurden in Krauchs Forschungs- und Entwicklungsbüro versetzt.

Im Sommer 1936 arbeitete Görings neue Behörde an einem Plan zur Deviseneinsparung und Verbreiterung der Rohstoffbasis. Bald schon gerieten sich Göring und Schacht ins Gehege. Der Konflikt zwischen Schacht und Keppler wurde durch den Machtkampf zwischen Schacht und Göring übertroffen. Schacht hielt weiter an traditionellen Wirtschaftsprinzipien fest, Göring aber bestand wie Keppler und andere Nazis auf einer Ausweitung der Ausgaben für Kriegsvorbereitungen – dies beinhaltete einen verstärkten Ausbau der Programme für synthetische Rohstoffe, denn, so Göring, wenn es zu einem Krieg kommt, ist auf Ersatz kein Verlaß. Geld dürfe dabei keine Rolle spielen.[46]

Kunstkautschuk wurde bald zum Gegenstand einer scharfen Auseinandersetzung zwischen Schacht und Göring. Für Göring war Gummi die schwächste Stelle und er gab Schacht die Schuld für diese Schwachstelle. Am 27. Mai, auf einem der ersten Treffen der Minister, die über synthetische Rohstoffe verhandeln sollten, fragte Göring, Schacht anschauend, ob jemand Einwände gegen die Produktion »synthetischer Kriegsrohstoffe« habe. Schacht meldete sich sofort und sagte, daß er keine grundlegenden Einwände habe. Sofern die Preise für solche Stoffe nicht jenseits des Weltpreisniveaus lägen, d. h. sie konkurrenzfähig seien. Als Beispiel führte er Buna an, dessen Produktionskosten erheblich über den Kosten für Naturkautschuk lagen und somit seine Produktion weder wirtschaftlich noch nützlich erscheinen ließen. Göring unterbrach ihn mit der Erklärung, das Problem sei allein vom Standpunkt der Kriegsführung aus zu betrachten.[42] Ökonomische Prinzipien seien in diesem Fall bedeutungslos.

Schacht, den die inflationäre Wirkung der Wiederaufrüstung zunehmend beunruhigte, bestand auf seiner Ablehnung des Buna-Projektes.

Göring ignorierte Schacht. Seine Behörde begann mit der Planung einer gewaltigen Ausweitung des Buna-Programms. Am 15. Juni veranstaltete Krauch in seiner Eigenschaft als Vertreter von Görings Behörde eine Konferenz mit Vertretern des Heereswaffenamts, des Kriegsministeriums und des Keppler-Büros, um über eine Vergrößerung der Produktionskapazität der Schkopauer Anlage von 200 auf 1000 Tonnen monatlich zu verhandeln. Wenige Wochen später wurden Pläne für eine weitere Buna-Anlage erstellt, die ebenfalls 1000 Tonnen pro Monat produzieren sollte.[43]

Schacht kämpfte noch gegen ein anderes Selbstversorgungsprogramm, das Görings Behörde einführen wollte – den Vorschlag, die deutsche Stahlproduktion vom reichen schwedischen Erz auf das weniger gehaltvolle deutsche Erz umzustellen. Schacht argumentierte mit den hohen Umstellungskosten für die deutschen Hochöfen. Die notwendigen Preiserhöhungen würden den Export deutschen Stahls unmöglich machen.[44] Nach Schachts Meinung konnte sich Deutschland diesen Verlust an Devisen nicht leisten.

Schacht setzte seine Bemühungen um eine Reduzierung der Rüstungsausgaben fort und bestand auf seinem Recht, die Verteilung des Rüstungsetats auf die einzelnen Ministerien zu entscheiden. Er drängte Göring zu Maßnahmen gegen die sich verschärfende Außenhandelskrise, doch der antwortete, daß man vor Ende September nichts unternehmen werde.

Ende August erreichte der Konflikt seinen Höhepunkt. Damals schon war klar, daß nur Hitler genügend Macht besaß, um die Auseinandersetzung zu beenden. Am 26. August unternahm er einen ungewöhnlichen Schritt und erstellte eine Denkschrift[45] – eine der wenigen schriftlichen Anweisungen von ihm –, in dem er seine Entscheidung verkündete, einen Vier-Jahresplan für die deutschen Kriegsvorbereitungen zu erstellen. Der Plan beschäftigte sich in der Hauptsache mit den dringenden Rohstoffbeschaffungsproblemen, die Hitler für die stärksten Hemmnisse der deutschen Wirtschaft hielt. Für Hitler lag die einzige Lösung in einer Erweiterung des deutschen Lebensraums und der damit verbundenen Verbreiterung der Rohstoff-Basis. Dies sollte durch Eroberungen erreicht werden. In der Zwischenzeit mußte Deutschland innerhalb der eigenen Grenzen nach Lösungen suchen. Da Deutschland seine Nahrungsimporte nicht einschränken konnte, mußte man einen anderen Ausgleich finden. Allerdings nicht auf Kosten der Wiederaufrüstung

»Ich muß mich hier schärfstens verwahren gegen die Auffassung, durch eine Einschränkung der nationalen Aufrüstung, d. h. der Waffen- und Munitionsherstellung, eine »Anreicherung« von Rohstoffen herbeizuführen zu können, die dann im Kriegsfall etwa Deutschland zugute käme. Eine solche Auffassung beruht auf einem gänzlichen Verkennen – um mich nicht schärfer auszudrücken – der vor uns liegenden Aufgaben und militärischen Erfordernisse.« (Hitler-Denkschrift, zit. bei Treue 1955, 207)

Auch die Vorratshaltung mit natürlichen Rohstoffen schied aus. Kein Land konnte Vorräte für mehr als ein Kriegsjahr halten, und die Anhäufung von Devisen sicherte nicht unbedingt die Möglichkeit von Importen während des Kriegs. Hitler verwies auf die Erfahrungen des Ersten Weltkriegs, als Deutschland trotz großer Währungsreserven nicht in der Lage war seinen Nachschub an Treibstoff, Gummi, Kupfer und Zinn zu sichern.

Als nächstes entwickelte Hitler ein Programm für »eine Endlösung unserer grundlegenden Bedürfnisse« während eines Kriegs. Die deutsche Treibstoff-Produktion mußte auf dem schnellsten Wege entwickelt werden und innerhalb von achtzehn Monaten ihre volle Kapazität erreicht haben. Ein Vorhaben, das mit dem selben Einsatz betrieben werden sollte wie die Planung des Kriegs. Die Massenproduktion von synthetischem Gummi sollte mit derselben Geschwindigkeit organisiert und ausgeführt werden.

An diesem Punkt zeigte Hitler deutlich seinen Standpunkt in der Auseinandersetzung zwischen Schacht und Göring. Hitlers Angriff auf Schacht war gezielt. Die Diskussion über die vorschnelle Durchführung des Buna-Projekts sollte endgültig beendet werden: »Dies geht das Wirtschaftsministerium gar nichts an. Entweder wir besitzen heute eine Privatwirtschaft, dann ist es deren Aufgabe, sich den Kopf über die Produktionsmethoden zu zerbrechen, oder wir glauben, daß die Klärung der Produktionsmethoden Aufgabe des Staates sei, dann benötigen wir keine Privatwirtschaft mehr.« (ebd., 208) Hitler setzte seinen Angriff gegen Schacht fort, indem er das Argument der Kosten entkräftete: »Die Frage des Kostenpreises dieser Rohstoffe ist ebenfalls gänzlich belanglos, denn es ist immer noch besser, wir erzeugen in Deutschland teuerere Reifen und können sie fahren, als wir verkaufen theoretisch billige Reifen, für die das Wirtschaftsministerium aber keine Devisen bewilligen kann.« (ebd.) Für Hitler waren die Kosten der synthetischen Rohstoffe nicht von Bedeutung. Mit derselben Logik entschied Hitler sich für die Verwendung des deutschen Eisenerzes, obwohl das deutsche Erz nur sechsundzwanzig Prozent Eisen enthielt, das schwedische jedoch fünfundvierzig.

»Der Einwand aber, daß in dem Fall die ganzen deutschen Hochöfen umgebaut werden müßten, ist ebenfalls unbeachtlich, und vor allem geht das das Wirtschaftsministerium nichts an. Das Wirtschaftsministerium hat nur die nationalwirtschaftlichen Aufgaben zu stellen, und die Privatwirtschaft hat sie zu erfüllen. Wenn aber die Privatwirtschaft glaubt, dazu nicht fähig zu sein, dann wird der nationalsozialistische Staat aus sich heraus diese Aufgabe zu lösen wissen.« (ebd., 209)

Hitler warnte die unwilligen Stahlproduzenten, seine Regierung würde staatliche Stahlwerke errichten, falls sie nicht begännen, deutsches Erz zu benutzen. Diese Drohung wurde später wahrgemacht.

Hitler schloß sein Memorandum mit der Feststellung, daß vier wertvolle Jahre verschwendet worden seien, während derer Deutschland seine Unabhängigkeit von ausländischen Lieferungen hätte erreicht haben können. Mit Öl und Gummi hätte man sich vollständig selbst versorgen können, mit Eisenerz zu einem Teil.

»Genau so wie wir zur Zeit 7 oder 800000 to Benzin produzieren, könnten wir 3 Millionen to produzieren. Genau so, wie wir heute einige tausend to Gummi fabrizieren, könnten wir schon jährlich 70 und 80000 to erzeugen. Genau so, wie wir von 2½ Millionen to Eisenerz-Erzeugung auf 7 Millionen to stiegen, könnten wir 20 oder 25 Millionen to deutsches Eisenerz verarbeiten, und wenn notwendig auch 30.« (ebd., 210)

Diese Unzulänglichkeiten mußten überwunden werden. Hitler verlangte die Herstellung der Gefechtsbereitschaft der deutschen Streitkräfte und die Mobilisierung der deutschen Wirtschaft während der nächsten vier Jahre und er ließ keinen Zweifel, daß er den Krieg für unvermeidlich hielt.

Einige Tage, nachdem Hitler sein Memorandum verfaßt hatte, informierte er Schacht, der absichtlich keine Kopie erhalten hatte, von seiner Absicht, auf dem Reichsparteitag in der folgenden Woche sein Neues Wirtschaftsprogramm der deutschen Autarkie zu proklamieren. Schacht war entsetzt über die Folgen, die dieses Programm für die deutsche Wirtschaft haben würde, und ersuchte den Kriegsminister Werner von Blomberg, Hitler von seinem Vorhaben abzubringen. Blomberg lehnte mit gutem Grund ab. Er war einer der wenigen, die eine Abschrift des Hitler-Memorandums erhalten hatten, und entschlossen, sich auf die Seite Görings zu schlagen. Blomberg hatte sogar bereits Göring, dem die Entscheidung über die Verteilung des Rüstungshaushaltes oblag, um eine zweiundvierzigprozentige Erhöhung des Wehretats für 1937 gebeten.[46] Schacht leistete weiterhin Widerstand, aber er stand auf verlorenem Posten.

Entsprechend seiner Warnung an Schacht verkündete Hitler seinen Vierjahres-Plan auf dem Reichsparteitag, der die Unabhängigkeit Deutschlands vom Ausland hinsichtliche jener Materiale und Rohstoffe, die durch deutsche Chemie, Technik und Bergbau hergestellt werden können, zum Ziel hatte. Sechs Wochen später ernannte Hitler Göring zum »Beauftragten für den Vierjahres-Plan« mit der Maßgabe, die gesamte Wirtschaft für den Krieg zu rüsten. Der *Völkische Beobachter* bezeichnete Göring als die für alle wirtschaftlichen Belange höchste Instanz.

Eine der ersten Amtshandlungen Görings auf seinem neuen Posten war die Bekanntgabe der Durchführungsrichtlinien des Vierjahres-Plans. Obwohl die Teilnahme von Schacht und Keppler vorgesehen war, ließ Göring keinen Zweifel daran, daß alle Stellen der Partei- und Staatsbürokratie, die am Vierjahres-Plan beteiligt waren, seinen Anweisungen zu folgen hätten.[47]

Die Mitarbeiter aus Görings Rohstoff- und Devisen-Stab wurden in das Amt für den Vierjahresplan versetzt und mit der Erstellung eines Investitionsplans beauftragt – eine Angelegenheit, die vor allem die I.G. interessierte. Carl Krauch blieb Leiter der Forschungs- und Entwicklungsabteilung, mit einem Stab von Mitarbeitern, der hauptsächlich aus der I.G. kam. Einer dieser Leute, Johannes Eckell, erhielt die Leitung der Abteilung für die Entwicklung des Kunstkautschuks.[48] Von nun an konnte die I.G. ihre Verhandlungen über das Buna-Projekt mit Eckell führen – eine erfreuliche Perspektive.[49]

Der vorläufige Vierjahresplan, den Löbs Stab im Sommer 1936 erstellt hatte, umfaßte Kohle, Eisen und Chemie. Die Kohleförderung betrachtete man als ausreichend und plante keine Ausweitung. Bei der Stahlproduktion gab es Probleme, da im Herbst 1936 klar wurde, daß die deutschen Produzenten nicht gewillt waren, die minderwertigen Erzvorkommen nur um der deutschen Selbständigkeit willen zu erschließen. Göring erwog Pläne für ein staatliches Stahlunternehmen. Somit blieb noch die Chemie-Industrie, die während der nächsten Monate neunzig Prozent der Mittel aus dem Vierjahresplan erhalten sollte. Von diesen Mitteln sollte wiederum die I. G. 72,7 Prozent erhalten.[50] Die Größe des Anteils der I. G. veranlaßte den Chef der Abteilung für die Chemie-Industrie im Wirtschaftsministerium zu der Bemerkung: »Der Vierjahresplan war praktisch ein I. G.-Plan.« Einige Unternehmen protestierten gegen die Bevorzugung der I. G., und die beiden pharmazeutischen Unternehmen Schering und Merck verweigerten die Zusammenarbeit, da sie befürchteten, daß ihre Produktionsgeheimnisse der I. G. zugänglich gemacht würden, ohne daß sie einen entsprechenden Gewinn daraus zögen.[51]

Schacht schloß sich der Opposition gegen die I. G. an. Wenn es schon einen Vierjahresplan geben mußte, sollte es wenigstens kein I. G.-Plan sein. Schacht vertrat seinen Standpunkt gegenüber Göring so gut er konnte. Göring war noch bereit, mit Schacht zu verhandeln, da Hitler ihn weiterhin im Kabinett sehen wollte – als Symbol des »Konservativismus« –, er war jedoch nicht bereit, Konzessionen zu machen, die für die I. G. von Nachteil gewesen wären.

Schachts Abneigung gegen die I. G. war nicht neu. Schon 1933 hatte er versucht, eine Union unabhängiger Chemieunternehmen zu bilden, um die Macht der I. G. einzugrenzen. Die unabhängigen Firmen wagten jedoch selbst mit Schachts Unterstützung keinen Angriff auf die I. G. Schacht ging schließlich direkt zu Hitler, um ihm seine Kritik an der Bevorzugung der I. G. durch den Vierjahresplan vorzutragen.[52] Hitler hatte sich jedoch bereits festgelegt: Deutschland sollte innerhalb von achtzehn Monaten seinen gesamten Öl- und Kautschukbedarf selbst decken können und dazu brauchte es das Know-how und die Technik der I. G. Die Kriegsvorbereitung war für Hitler einziger Orientierungspunkt für die Wirtschaftspolitik des Dritten Reichs. Schachts Forderung nach der Befolgung bewährter alter Wirtschaftsmethoden war demgegenüber bedeutungslos.

Dies wurde besonders deutlich, als die Pläne für die Kunstkautschuk-Produktion ihren Fortgang nahmen. Das Amt für Roh- und Kunststoffe verhandelte bereits mit der I. G. über den Bau einer zweiten Buna-Anlage, als Schacht und das Heereswaffenamt noch die erste ablehnten. Trotz dieser eindrucksvollen Opposition versicherte Eckell der I. G., daß man an oberster Stelle die zweite Anlage wolle.[53] Er fügte hinzu, daß das Problem der Finanzierung »über die Köpfe« der Armee und des Wirtschaftsministeriums gelöst würde. Schachts Tage als Mann von Einfluß im Nazi-Deutschland waren gezählt. Bis Ende 1937 hatte er nach seinem Rücktritt alle seine Ämter verloren und 1944 befand er sich in einem Konzentrationslager.

Das Jahr 1937 brachte eine entscheidende Veränderung des Charakters der I. G. In diesem Jahr wurde sie »nazifiziert«. Die Mitgliedschaft in der NSDAP wurde freigestellt, und fast alle Direktoren, die nicht bereits Mitglied waren, traten in die Partei ein. Zu ihnen gehörten Carl Krauch, Fritz ter Meer, Georg von Schnitzler, Max Ilgner, Otto Ambros, Friedrich Jähne, Christian Schneider, Karl Wurster, Carl Lautenschläger und Ernst Bürgin. Hermann Schmitz, Heinrich Hörlein, Wilhelm Mann, Fritz Gajewski und Hans Kühne gehörten bereits der Partei an.[54] Bezeichnenderweise wurden in diesem Jahr auch alle jüdischen Direktoren entfernt. Carl von Weinberg, Arthur von Weinberg, Otto von Mendelssohn-Bartholdy, Richard Merton, Ernst von Simson, Alfred Merton, Wilhelm Peltzer und Gustav Schlieper – ein Drittel der gesamten Aufsichtsräte – wurden ihrer Aufgaben enthoben.[55] Der couragierte Carl Bosch war nicht mehr aktiver Führer der I. G. Hermann Schmitz hatte 1935 die Aufgaben des Generaldirektors übernommen und Bosch hatte sich auf den Posten des Aufsichtsratsvorsitzenden zurückgezogen. Bosch hatte sich jedoch den Respekt einiger einflußreicher Persönlichkeiten des öffentlichen Lebens erhalten. Als Hitler der Wehrmacht den Geheimbefehl zur Vorbereitung eines Angriffs auf die Tschechoslowakei am 1. Oktober 1938 gab, ersuchten die Generäle Walter von Brauchitsch und G. Ludwig von Beck Bosch um Rat, da sie wußten, daß er der einzige deutsche Industrielle war, der unverblümt seine Meinung sagte. Sie fragten ihn, ob die deutsche Industrie auf den Krieg vorbereitet sei. Bosch antwortete, die Industrie sei noch nicht bereit und ein Krieg sei undurchführbar. Brauchitsch und Beck fragten Bosch daraufhin, ob er bereit sei, dies den Oberen des Dritten Reiches mitzuteilen. Bosch erklärte seine Bereitschaft.

Bosch hielt Göring für den Mann, mit dem er sprechen mußte, und er fragte Krauch nach dem besten Weg für die Übermittlung einer Botschaft. Krauch ging zu Görings Stellvertreter Paul Körner und informierte ihn über Boschs Ansinnen. Er ging dabei sehr behutsam vor, doch zwei Tage später bekam Bosch mitgeteilt, daß Göring ihn nicht empfangen würde.[56]

Göring hatte Bosch zwar zurückgewiesen, aber Krauch befand sich auf dem Aufstieg in seiner Behörde. Im Dezember 1937 waren Körner einige Unstimmigkeiten in den von Löbs Büro für den Vierjahresplan erstellten Zahlen aufgefallen. Er hatte Krauch diese Planzahlen zur Überprüfung gegeben, und der war zu dem Ergebnis gekommen, daß die von Löb projektierten Produktionszahlen nicht den Anforderungen des Vierjahresplans entsprachen. Krauch hatte auch schon einen Gegenvorschlag bereit, der eine gewaltige Expansion der Produktionskapazitäten der I. G. beinhaltete. Körner gab diesen Vorschlag weiter an Göring. Löb war aufgebracht über Krauchs Kritik und Körner verfolgte die Sache nicht weiter, bat aber Krauch um Nachricht, falls in Zukunft wieder Unstimmigkeiten auftreten würden.[57]

Mitte 1938 wiederholte Krauch seinen Angriff auf Löbs Planwerte. Er war auf Löbs Zahlen für die Öl-, Buna-, und Munitionsproduktion für die Jahre 1938–39 gestoßen. »Ich weiß, daß sie falsch sind«[58], teilte er Körner mit. Seiner

Meinung nach hätte es katastrophale Folgen, wenn man diese Zahlen als Grundlage einer militärischen Entscheidung benutzte.

Körner trug Krauchs Warnung sofort zu Göring. Am nächsten Tag wurde Krauch zu Göring gerufen, vor dem er seine Kritik an Löb wiederholte. Göring war genügend beeindruckt, um die Angelegenheit mit dem Chef der Heeresleitung General Wilhelm Keitel, zu besprechen. Keitel versicherte Göring, daß Löbs Zahlen richtig seien. Krauch zeigte sich unbeeindruckt. Als Beispiel für die Richtigkeit seiner Behauptung verwies er auf die Salpetersäure-Herstellung. Die Kapazität der deutschen Fabriken sei zu gering, um die Schießpulverproduktion zu garantieren, die Löbs Plan verlangte.[59]

Wer sollte die Produktionsziffern für Salpetersäure besser kennen als Krauch, der neben seinem öffentlichen Amt noch immer Chef der Abteilung der I. G. war, die den größten Teil der deutschen Salpetersäure-Produktion bestritt.

Eine persönliche Konfrontation zwischen Krauch und Löb war unvermeidlich und fand schließlich in Görings Haus statt. Körner erinnerte sich später an die dramatische Diskussion zwischen Göring, Krauch und Löb, in der Krauch seine Position sehr detailliert, logisch und objektiv darlegte und Löbs Fehler klar bewies. Göring sagte hinterher zu Körner, daß Krauch einen ausgezeichneten Eindruck auf ihn gemacht habe und er ihm weitgehende Vollmachten für den Ausbau des Chemie-Sektors übertragen wolle.[60]

Nach dem Treffen gab Krauch seinem Stab den Auftrag, eine revidierte Fassung von Löbs Programm zu erstellen. Krauchs Plan verlangte nach einer beschleunigten Ausweitung der Produktionskapazitäten für synthetisches Öl, Gummi, Leichtmetalle, Sprengstoffe und Schießpulver. Mitte Juli erhielt das Programm, bekannt geworden als »Krauch Plan«, Görings offizielle Zustimmung[61], ein sichtbares Zeichen für Krauchs wachsenden Einfluß auf die Kriegswirtschaft.

Bis zu jenem Zeitpunkt stand die gesamte Munitionsherstellung unter der Kontrolle des Heereswaffenamts. Krauchs Plan verlangte, daß diese Kontrolle für den Vierjahresplan auf ihn überging. Da General Becker vom Heereswaffenamt mit Sicherheit gegen diesen Schritt protestieren würde, empfahl Körner einen Höflichkeitsbesuch beim General. Becker widersetzte sich mit allen Mitteln gegen die geplante Kompetenzverschiebung. Er gab Körner zu verstehen, daß er Krauch zwar für einen »objektiven und kooperativen« Mann halte, trotzdem aber ein totales Chaos voraussehe, falls sowohl das Heereswaffenamt als auch Krauch eigene Produktionspläne für Sprengstoffe hätten. Becker war der Ansicht, daß Schießpulver ein rein militärisches Produkt sei und die Kontrolle über seine Herstellung nicht in die Hände von Zivilisten gehöre.[62] Krauch konterte mit einem Geheimpapier an Körner.[63] Die Herstellung von Sprengstoffen, Schießpulver und Giftgas sei ein untrennbarer Bestandteil der Chemie-Industrie und daher müsse die Kontrolle über den gesamten Chemie-Sektor in den Händen einer einzigen Behörde liegen, die Beziehungen zur Industrie unterhielt.

Am 13. August zog Krauch mit einem Programm nach, das er den »Karinhall-Plan« nannte und das noch größere Produktionserhöhungen militärischer Chemieprodukte vorsah.[64] Das Heereswaffenamt beharrte auf seiner Opposition gegen zivile Einflußnahme auf eindeutig militärische Angelegenheiten. Göring beendete schließlich die Auseinandersetzung, als der Termin für die Invasion in die Tschechoslowakei näherrückte. Am 22. August machte er Krauch zum Generalbevollmächtigten für Sonderfragen der chemischen Erzeugung.

Durch die Unterzeichnung des Münchner Abkommens wurde der Ausbruch des Kriegs im Herbst 1938 verhindert. Der Aufschub gewährte Krauch ein weiteres Jahr zur Konsolidierung seiner Macht. 1939 zog er sich von seinen täglichen Pflichten bei der I. G. zurück, da der Ausbruch des Krieges mit Sicherheit bevorstand. Er behielt jedoch seinen einflußreichen Direktorenposten, und war zu jeder Zeit in erster Linie ein I. G. Mann.

Die Führungsrolle der I. G. bei den industriellen Kriegsvorbereitungen war zu jenem Zeitpunkt unangefochten. Ihre Fabriken und Laboratorien machten Überstunden für Hitlers geplanten Überfall auf die Welt. Die Tatsache, daß man »den Vierjahresplan zu einem I. G. Plan« gemacht hatte, bewies seinen Wert für die I. G. und für Deutschland. Selbst eine auszugsweise Liste der Produkte, die die I. G. für Deutschlands Wiederaufrüstung herstellte, beweist wie unersetzlich die I. G. war. Sie stellte fast das gesamte synthetische Öl her (direkt oder in Lizenz), außerdem synthetischen Gummi, Giftgase, Magnesium, Schmieröle, Sprengstoffe, Methanol, Sera, Farbstoffe, Nickel, Weichmacher für die Kunststoffherstellung und tausende anderer Produkte, die für die deutsche Kriegsmaschinerie benötigt wurden.

Krauch wurde zum Symbol des Rüstungsbeitrags der I. G. Auf einer Geburtstagsfeier zu seinen Ehren bedankte sich Göring bei Schmitz dafür, daß er ihm Krauch überlassen hatte. Als der Krieg schließlich ausbrach und Deutschlands Wehrmacht Europa überrannte, überreichte Hitler Krauch persönlich das »Eiserne Kreuz«. Er nannte Krauch einen Mann, der großartige Siege auf dem Schlachtfeld der deutschen Industrie errungen habe.

Nie zuvor in der Geschichte der Kriegsführung hatte ein Industrie-Konzern und ein Industrieller eine so wichtige Position bei der militärischen Planung und Vorbereitung eines großen Kriegs. Schlieffen war wahrhaft tot.

Kapitel 4 Die Beziehungen zwischen der I. G. und der Standard Oil Company während des Dritten Reiches

Kurz bevor Krauch sich an Löbs Stelle setzte, bat ihn das Luftfahrtministerium um seine Unterstützung in einer wichtigen Sache. Die Luftwaffe besaß keine ausreichenden Bleitetraethylvorräte für den Fall, daß Hitlers Überfall auf die Tschechoslowakei in einen Krieg ausufern sollte. Deutschlands eigene Bleitetraethyl-Fabriken befanden sich noch im Bau und würden nicht vor Ende 1939 fertiggestellt werden. Da das Luftfahrministerium von den Beziehungen zwischen der I. G. und Standard wußte, bat es Krauch um seine Mithilfe bei der Beschaffung von 500 Tonnen des dringend benötigten Treibstoffzusatzes von den amerikanischen Partnern der I. G.

Die Direktoren der I. G. verstanden die Probleme des Luftfahrtministeriums wahrscheinlich besser als die Vertreter irgendeines anderen Unternehmens. Einer von ihnen bemerkte, daß die Führung eines modernen Krieges »ohne Bleitetraethyl unmöglich gewesen wäre.«[65] Krauch, Schmitz und Knieriem fuhren sofort nach London, um über die Lieferung zu verhandeln. Ihre Verhandlungspartner waren die Repräsentanten der Ethyl Export Corporation, einer Tochterfirma der Standard Oil. Die Vertreter der I. G. ließen natürlich nicht durchblicken, daß das Bleitetraethyl für die Luftwaffe bestimmt war. Trotz ihrer vorsichtigen Verhandlungsführung waren sich die I. G.-Leute nicht sicher, ob ihr Versteckspiel Erfolg haben würde. In Anbetracht des Zeitpunktes blieb nur die Armee als Abnehmer großer Mengen Tetraethyls innerhalb kürzester Zeit. Knieriem äußerte später einmal in diesem Zusammenhang, es sei für die I. G. ganz unüblich gewesen, für 20 Mill. Dollar Öl zu kaufen, denn ihr Geschäft sei die Ölproduktion durch Hydrierung gewesen.[66] Trotz dieser ungünstigen Voraussetzungen konnte die I. G. den Auftrag der Luftwaffe ohne Komplikationen ausführen. Sie teilte dem Luftfahrtministerium am 8. Juli mit, daß die Ethyl Export Corporation noch innerhalb desselben Monats mit der Lieferung beginnen würde.[67] Die letzte Teillieferung traf noch vor dem geplanten Invasionstermin ein und stärkte Hitlers Verhandlungsposition gegenüber Chamberlain und Daladier.

Einige Jahre zuvor setzte sich der amerikanische Konzern »Ethyl Gasoline Corporation« an die Spitze der Unternehmen, die die Entwicklung der Bleitetraethyl-Technologie betrieben und wurde zum führenden Hersteller dieses Treibstoffzusatzes. Die »Ethyl Gasoline Corporation« war eine fünfzigprozentige Tochtergesellschaft von Standard Oil und General Motors. Mitte der dreißiger Jahre erkannte die I. G., daß Deutschland für seine Wiederaufrüstungsbemühungen im Bereich der Luftwaffe eine eigene Tetraethyl-Anlage brauchte. Die I. G. benutzte ihre Verbindungen zur Standard Oil für die Verhandlungen mit der »Ethyl Gasoline Corporation«. Sie bot dem amerikanischen Unternehmen eine Partnerschaft zum Bau von Fabrikationsanlagen in Deutschland an. Die Ethyl Corporation zeigte sich interessiert und man begann mit Verhandlungen, offensichtlich ohne Einwände des amerikanischen Verteidigungsministeriums gegen den Verkauf der Tetraethyl-Technologie an Deutschland zu befürchten. Es blieb Du Pont vorbehalten, Einwände zu äußern. Du Pont benutzte seinen Einfluß als Großaktionär von General Motors und übermittelte dem Präsidenten der Ethyl Corporation eine unverblümte Darstellung des Standpunkts des Unternehmens:

> Es wird behauptet, daß Deutschland insgeheim aufrüstet. Bleitetraethyl würde zweifelsohne von großem Nutzen für Militärflugzeuge sein. Ich schreibe ihnen dies, um ihnen mitzuteilen, daß meiner Meinung nach weder Sie noch das Direktorium der Ethyl Corporation irgendwelche technischen Informationen weitergeben sollten, die der Herstellung von Bleitetraethyl in Deutschland dienen könnten.[68]

Die Warnung der Du Pont wurde ignoriert, und die Verhandlungen wurden fortgesetzt. Ethyl und die I. G. schlossen ein Abkommen über die Gründung eines gemeinsamen Unternehmens. Die Ethyl GmbH sollte die deutschen Bleitetraethyl-Anlagen bauen und betreiben. Nach Prüfung der Angelegenheit äußerte das US-Verteidigungsministerium keine Einwände und das Gemeinschaftsunternehmen begann zu arbeiten. Die geplanten Fabriken waren noch nicht fertiggestellt, als Hitler seinen Vorstoß in die Tschechoslowakei vorbereitete, und deshalb war man gezwungen, das Bleitetraethyl über die Standard zu besorgen.

Die Nazi-Regierung ermunterte die I. G. zur Ausnutzung ihrer Beziehungen zur Standard Oil, um technisches Wissen und andere Vorteile für Deutschland zu erlangen, achtete aber gleichzeitig darauf, daß die Informationen möglichst nur in einer Richtung flossen. Unter diesem Gesichtspunkt untersuchte das Luftfahrtministerium im Juni 1935 die Verträge zwischen der I. G. und Standard. Es stellte fest, daß die I. G. vertraglich zu einem extensiven Erfahrungsaustausch mit Standard verpflichtet sei, und daß dies eine unhaltbare Position zu sein schien. Es kündigte deshalb an, daß die Anwendung der I. G.-Patente demnächst genauestens geprüft werden sollten.[69] Die Schwierigkeiten, die durch die internationalen Verpflichtungen der I. G. entstanden, führten zu energischen Bemühungen in Richtung einer Klärung der Situation zugunsten der deutschen Seite.

Im Herbst des gleichen Jahres besprachen Knieriem und Krauch die Angelegenheit mit Oberst Thomas vom Oberkommando der Wehrmacht. Sie gaben zu, daß im Interesse der nationalen Sicherheit die Weitergabe technischer Informationen unterbunden werden müßte. Knieriem wies jedoch gleichzeitig darauf hin, daß eine Lösung nicht ohne Probleme zu erreichen sei.

Es sei zwar einfach, so führte er aus, auf einer Geheimhaltung zu bestehen, wo dies im Interesse der nationalen Sicherheit liegt. Doch das hätte sehr schwerwiegende Folgen . . ., denn es würde bedeuten, daß andere Länder ihrerseits ihr Know-how für sich behalten. Doch dies sei für Deutschland in bestimmten Fällen von entscheidender Bedeutung. Zur Unterstützung seiner Argumentation verwies Knieriem auf die außerordentlichen Vorteile, die aus dem Vertrag mit der Ethyl Gasoline Corporation erwuchsen: In diesem Fall hätte das Kriegsministerium in Washington nach einem langwierigen Entscheidungsprozeß seine Zustimmung gegeben und diese Vereinbarung sei äußerst wichtig für die Rüstung zum Krieg. Einige Jahre später, als Deutschlands Niederlage sich abzuzeichnen begann und es aussah, als ob die I. G. mit negativen Konsequenzen aus ihren vertraglichen Bindungen mit der Standard rechnen müsse, benutzte Knieriem noch einmal die Erfolge des Bleitetraethyl-Abkommens zur Verteidigung. Ohne Bleitetraethyl wäre die derzeitige Art der Kriegführung nicht möglich gewesen. Deutschland habe nur durch die Hilfestellung der Amerikaner seit Kriegsbeginn Bleitetraethyl produzieren können.[71]

Trotz der Beteuerungen der I. G., übertriebene Geheimhaltung könne sich negativ auswirken, beharrte die Regierung auf ihrem Standpunkt. Sie zwang die I. G. zu scharfen Geheimhaltungsmaßnahmen innerhalb ihrer Fabriken und zu strengen Kontrollen, um einer Weitergabe technischer Information nach außen zu verhindern. In einem Rundschreiben an alle Mitarbeiter, die mit neuen Erfindungen, Geheimpatenten oder experimenteller und entwicklungstechnischer Arbeit für die Armee bzw. den Vierjahresplan beschäftigt waren, warnte die I. G. ihre Angestellten vor möglichen rechtlichen Konsequenzen. Diese Warnung war nicht nur nötig, weil man sich gegen Spionage und Verrat absichern wollte, sondern auch um die Angestellten der I. G. vor Verfolgung durch die Nazis zu schützen.[72] Da eine Verurteilung unweigerlich die Todesstrafe bedeutete, bestand genügend Grund zur Beunruhigung.

Weil Öl und Kautschuk die Schlüssel zu Deutschlands Wiederaufrüstung waren, beschäftigten sich höchste Regierungsstellen mit den Verträgen zwischen der I. G. und Standard. Um sich von der strengen Einhaltung der Geheimhaltungsmaßnahmen zu überzeugen, trafen sich Vertreter des Luftfahrtministeriums im Juli 1937 mit Direktoren der I. G. Das Luftfahrtministerium wollte sichergehen, daß die Standard keine Informationen über den Stand der Massenproduktion synthetischen Öls erhielt. Es entwickelte Richtlinien, die die I. G. bei ihren Geschäften mit ihren amerikanischen Partnern einhalten sollte:

Die Informationen sollten vorsichtig formuliert werden, damit der Eindruck entstünde, es handle sich bei den Unternehmungen der I. G. um Großversuche. Keineswegs sollten Angaben über die Produktionskapazität gemacht werden.[73]

Als gegen Ende 1937 der Ausbruch eines Krieges immer unabwendbarer erschien, verdichtete sich bei der Standard die Erkenntnis, daß ihre Vereinbarungen mit der I. G. zu Schwierigkeiten mit der Regierung der Vereinigten Staaten führen könnten. Sollte es zu einem Krieg kommen, würde die Kautschuk-Synthese zum zentralen Problem werden. Standard bedrängte die I. G. hinsichtlich der Rechte und des technischen Wissens für die Buna-Herstellung, obwohl beide Seiten übereinstimmten, daß die Vereinbarungen des »Jasco«-Abkommens die I. G. nicht dazu verpflichteten. Standard dagegen mußte der I. G. die Rechte für einen vielversprechenden neuen Kunststoff mit dem Namen Butyl überlassen, da nach dem Grundsatz-Abkommen der I. G. alle Rechte an chemischen Entwicklungen zustanden.

Im März 1938, kurz nach Hitlers Einmarsch in Österreich, der den Krieg wieder einen Schritt näher gebracht hatte, kam Frank Howard nach Berlin, um mit Ter Meer über die Buna-Rechte zu verhandeln. Ter Meer erklärte ihm, daß er ohne die Zustimmung der deutschen Regierung den Wunsch der Standard nicht erfüllen könne, überzeugte Howard aber gleichzeitig davon, daß die Übergabe der Butyl-Rechte von Vorteil für beide Seiten sei. Als Gegenleistung versprach Ter Meer verstärkte Anstrengungen der I. G. zur Erlangung des Einverständnisses der deutschen Regierung zur Weitergabe der Buna-Technologie. Howard in einem Brief an die Direktoren der Standard in New York:

»Es gibt noch immer gewisse Schwierigkeiten, die unsere Freunde davon abhalten, uns die vollständigen technischen Informationen zu überlassen und die normale Entwicklung des Buna-Geschäftes in den USA zu beginnen. Es ist zu hoffen, daß diese Schwierigkeiten in nächster Zeit überwunden werden, und wir hier lassen nichts unversucht, was zu dem gewünschten Ergebnis führen könnte.

Angesichts der offensichtlichen Hilfsbereitschaft Dr. Ter Meers bin ich der Überzeugung, daß es nicht nur dem Abkommen entspräche, sondern auch die beste Lösung für alle wäre, wenn wir ihnen jetzt die vollständigen technischen Informationen über die Butyl-Herstellung überließen. Ich glaube nicht, daß wir etwas zu verlieren hätten, das nicht durch den möglichen Gewinn für beide Seiten ausgeglichen würde.«[74]

Standard überließ daraufhin der I. G. die Butyl-Technologie ohne Gegenleistung. Hätte Howard einige Tage später an einem Geheimtreffen zwischen Ter Meer und Regierungsvertretern teilnehmen können, wäre ihm die entlarvende Demonstration von Ter Meers »Hilfsbereitschaft« vorgeführt worden. Anwesend waren Oberst Löb vom Amt für Deutsche Roh- und Werkstoffe, Botho Mülert, Mineralölexperte des Wirtschaftsministeriums, Johannes Eckell und Ter Meer. Wie eine Aktennotiz Ter Meers besagte, bestand die Aufgabe der Gruppe in der Diskussion von Maßnahmen, die Kunststoff-Produktion in den Vereinigten Staaten zu bremsen. Es gab eine langwierige Debatte über die Frage, ob die Einbehaltung der Buna-Technologie auf Dauer die Entwicklung in den Vereinigten Staaten bremsen könne. Ter Meer äußerte die Überzeugung, daß eine längerfristige Geheimhaltung nicht realistisch sei. Auf vielen Gebieten entspreche die amerikanische Technologie bereits dem deutschen Stand, und es sei eine Illusion, die Entwicklung in den USA durch Geheimhaltung aufhalten zu wollen. Die I. G. habe bereits ihr Mögliches getan, um den Fortschritt der Kunstkautschuk-Entwicklung in den USA zu behindern. Ihre Vertreter hatten mit den Verantwortlichen der Standard, Goodyear und Goodrich verhandelt, allein um deren Gemüter zu beschwichtigen und Initiativen ihrerseits zu verhindern. Die I. G. hatte die Lizenzanfragen der amerikanischen Firmen behutsam hinausgeschoben. Ter Meer glaubte aber, daß weitere Verzögerungsaktionen nicht möglich seien, ohne sich gegenüber den Amerikanern bald in einer unangenehmen Situation zu befinden. Falls man die amerikanischen Gummiproduzenten zu lange hinhielt, würden sie ohne Unterstützung der I. G. eigene Programme entwickeln. Die amerikanische Regierung würde sich nicht durch ihre eigenen Patentgesetze behindern lassen.

Es gelang Ter Meer offensichtlich, die Regierungsvertreter von den Vorzügen seines Lösungsvorschlages zu überzeugen. Mülert unterstützte Ter Meers Taktik der »kooperativen« Verzögerung, und Löb deutete sogar an, daß er Ter Meers Vorschlag in Betracht zöge, im Herbst 1938 Verhandlungen in den Vereinigten Staaten zu beginnen.[75]

Im Einklang mit der Übereinkunft, die bei dieser Konferenz erreicht worden war, schrieb Ter Meer am 9. April 1938 einen Brief an Howard. Nachdem er ihm für die detaillierten Informationen über die Butyl-Herstellung gedankt hatte, berichtete er von seinem Treffen mit Mülert und Löb. Er beschrieb die Schwierigkeiten, die er bei seinen Verhandlungen zu überwinden habe und daß er mit monatelangen Verhandlungen rechne. Er würde jedoch sofort Mitteilung machen, wenn sich eine Lösung ergeben habe.[76] Howard antwortete am 20. April und wünschte Ter Meer schnellen Erfolg in seinen Verhandlungen mit der deutschen Regierung. Er gab gleichzeitig der Hoffnung Ausdruck, daß

> »sie ohne auf eine endgültige Lösung aller anstehenden Fragen zu warten, uns bereits jetzt die Erlaubnis zu Vorverhandlungen geben können, die wir mit den verschieden interessierten Gummiherstellern aufnehmen müßten, um diese zu einer kooperationsbereiten Gruppe zu formen . . . Meiner Ansicht nach können wir die endgültige Organisation des Geschäfts in den Vereinigten Staaten nicht länger verschieben . . . als bis zum nächsten Herbst – und selbst dieser Aufschub wird nicht ohne Schwierigkeiten zu erwirken sein.«[77].

Im Frühjahr 1938 bemühten sich Goodyear und Dow Chemicals um Lizenzen für die Bunaherstellung nach den Patenten der I. G.. Die Standard, die die Erlaubnis der I. G. noch nicht erhalten hatte, benutzte die gleiche Verzögerungstaktik, die die I. G. ihr gegenüber anwandte. Die Standard hatte noch kein Recht zur Lizenzvergabe, wollte aber auch die anderen Gesellschaften daran hindern, eigene Herstellungsmethoden zu entwickeln. Dies ging aus einem Brief hervor, den Howard an Friedrich H. Bedford Jr. schrieb. Bedford war ein einflußreicher langjähriger Direktor der Standard und Präsident einer Tochtergesellschaft, die Gummiprodukte vertrieb. »*Das Ziel unserer Verhandlungen mit den Leuten von Dow und Goodyear war es, sie von unserem guten Willen und unserer Bereitschaft zur Zusammenarbeit mit ihnen zu überzeugen* und sie von voreiligen Schritten in Richtung eigenständiger Entwicklungen abzuhalten.« Hinter allen Schwierigkeiten der Standard stand natürlich die Verzögerungstaktik der I. G.: »Der wahre Grund unseres schleppenden Fortschritts«, erklärte Howard, »ist . . . die Unfähigkeit unserer Partner, die Erlaubnis ihrer Regierung zu erwirken, die Entwicklung in den Vereinigten Staaten fortzusetzen. Bevor diese Erlaubnis nicht vorliegt, können wir keinerlei Verpflichtungen eingehen.«[78] Einige Tage später schrieb Howard noch einmal an Bedford und versicherte ihm, daß er sich weiterhin um die Zustimmung der I. G. bemühen werde, wenigstens in Vorverhandlungen einzutreten.

»Solange diese Erlaubnis nicht vorliegt, können wir nicht verhandeln und müssen besonders darauf achten, daß wir keinerlei Schritte unternehmen – auch nicht auf einer informellen, persönlichen oder freundschaftlichen Ebene –, ohne die Zustimmung unserer Freunde einzuholen. Wir kennen einige ihre Probleme mit geschäftlichen Komplikationen und Verflechtungen mit der Gummi- und Chemie-Industrie in den USA. Außerdem haben sie Schwierigkeiten mit der nationalistischen Einstellung ihrer Regierung. Die genauen Hintergründe entziehen sich jedoch unserem Einblick – und da das Abkommen ihnen die alleinigen Rechte an diesem Verfahren einräumt, können wir nur weiter auf ihr Einverständnis drängen und in der Zwischenzeit die Auflagen einhalten die sie uns gegeben haben.«[79]

In der ersten Oktoberwoche 1938, kurz nach Deutschlands Invasion in das Sudetenland, befand sich Howard wieder in Berlin, um mit Ter Meer über den Kunstkautschuk zu verhandeln. Ter Meer versprach, nach den USA zu kommen, sobald es möglich sei. Vorher sei er jedoch noch mit Angelegenheiten beschäftigt, die die Expansion der I. G. beträfen. Er meinte die »Neuerwerbungen« im Sudetenland. Einige Tage später schrieb er an Carl Duisbergs Sohn Walter in New York und teilte ihm mit, daß er nicht vor Mitte November nach Amerika kommen könne, da die Annektion des Sudetenlandes neue Probleme aufgeworfen habe. Er sei jedoch überzeugt, daß die amerikanische Seite die Situation der I. G. verstehen würde. Er sei sogar bereit, Weihnachten zu opfern, um den Amerikanern »einen Buna-Reifen unter den Weihnachtsbaum zu legen.«[80]

Am »Thanksgiving Day« 1938 kam Ter Meer schließlich in die Vereinigten Staaten. Zusammen mit Howard nahm er an einer Sitzung der Konzernspitze der Standard teil. Da Ter Meer noch immer nicht die Erlaubnis seiner Regierung hatte, einigte man sich darauf, daß er an der Stelle der Standard die Verhandlungen mit den fünf führenden amerikanischen Reifenherstellern führen sollte. Die entsprechende Aktennotiz lautete: »Der Vorstand ist der Meinung, daß Ter Meer die Verhandlungen im Namen von Jersey (Hauptquartier des Standard Konzerns) führen sollte. Die Reifenfirmen sollen mitgeteilt bekommen, daß die Verhandlungen zwischen Jersey und der I. G. noch kein Ergebnis erbracht haben, sich aber in der Entwicklung befinden.«[81] Über die ablehnende

Haltung der deutschen Regierung wollte man nichts verlauten lassen. Ter Meer machte dann die Runde bei den Reifenherstellern und teilte ihnen mit, daß die Verhandlungen zwischen der I. G. und Standard bald abgeschlossen würden, ohne ihnen aber ein bestimmtes Datum zu nennen. Die Verzögerungstaktik wurde fortgesetzt.

Im August 1939 wurde offensichtlich, daß ein Krieg in Europa nicht mehr zu vermeiden war. Sollte der Konflikt auch zu einem Krieg zwischen Deutschland und den Vereinigten Staaten führen, mußten Standard und I. G. mit ernsthaften Konsequenzen rechnen. Die Anteile der I. G. an der »Jasco« und der Standard-I. G. Company würden mit Sicherheit vom U. S. Treuhänder für Feindbesitz beschlagnahmt werden. Nach seiner Rückkehr von Konferenzen mit der I. G. in Deutschland setzte sich Walter Duisberg daher mit Walter Teagle in Verbindung, um ihm Vorschläge zur Abwendung dieser Gefahr zu unterbreiten. Er empfahl den Verkauf der I. G.-Anteile an amerikanische Bürger.[82] Teagle stimme Duisbergs Vorschlägen zu und empfahl seinen Vorstandskollegen, daß die Standard angesichts der unklaren Zustände die Anteile selbst erstehen sollte. Die Verhandlungen hierzu müsse man mit Duisberg führen, da er »der einzige Vertreter der deutschen I. G. im Lande sei«.[83]

Der Ablauf der Ereignisse in Europa beschleunigte die Verhandlungen. Schon nach wenigen Tagen erklärte die Standard ihre Bereitschaft zum Kauf des zwanzigprozentigen Anteils der I. G. an der Standard-I. G. Company für einen Preis von 20000 Dollar. Duisberg selbst, der mittlerweile die amerikanische Staatsbürgerschaft besaß, erwarb den fünfzigprozentigen Anteil der I. G. an »Jasco« für nur 4000 Dollar. Die Unterhändler der Standard machten sich weiter keine Gedanken darüber, daß Duisberg als Sohn des Gründers der I. G. nicht unbedingt geeignet schien, den Besitz der I. G. vor einer möglichen Beschlagnahme durch den Treuhänder für Feindbesitz zu schützen. Sie wiesen sogar in aller Naivität daraufhin, daß der Übergang der Jasco-Anteile der I. G. an Duisberg »ihre Beschlagnahme durch den Treuhänder verhindern wird, da Duisberg amerikanischer Staatsbürger ist und die Anteile aus privaten Mitteln kaufen will.« Sie wiesen weiter darauf hin, daß Duisberg beim Kauf der Standard ein zukünftiges Vorkaufsrecht einräumen werde, um sicherzustellen, daß bei seinem Tode die Aktien nicht in fremde Hände fallen.

Am nächsten Tag, dem 1. September 1939, als mit Deutschlands Einmarsch in Polen der Zweite Weltkrieg begann, traf sich das Direktorium der Standard um das Vorgehen ihrer Unterhändler abzusegnen. Der Bericht der Unterhändler war mehr als deutlich: »Unsere Intention war natürlich, für den Fall eines Krieges zwischen uns und Deutschland die Beschlagnahmung dieses Minderheitenanteils zu verhindern, da es nicht wünschenswert wäre, wenn diese zwanzig Prozent der Standard-I. G. Company an den Treuhänder fielen, der sie möglicherweise an eine uns nicht wohlgesinnte Partei verkaufen könnte.«[84] Nachdem das Direktorium seine Zustimmung gegeben hatte, wurde ein Telegramm nach Berlin geschickt, mit dem Angebot, die Anteile der I. G. für

20000 Dollar zu kaufen.[85] Die I. G. telegrafierte umgehend ihre Zustimmung.

Es blieben noch zwei ungelöste Probleme in den Beziehungen zwischen der Standard und der I. G. Das erste Problem war der Schutz der weltweiten Patente der I. G., auf die »Jasco« und die Standard-I. G. zwar Rechte hatten, die aber noch immer im Namen der I. G. ausgefertigt waren. An zweiter Stelle rangierte Standards verzweifelte Bitte um die Rechte und die Technologie für die Buna-Herstellung. Der Ausbruch des Krieges komplizierte die Verhandlungen noch zusätzlich.

Als am 1. September der Krieg ausbrach, befand sich Howard in Frankreich. Dies sollte die letzte Möglichkeit sein, um eine Lösung für den Schutz der I. G.-Patente zu finden und die Buna-Technologie zu erwerben. Howard telegrafierte an William Farish, den Nachfolger von Walter Teagle, und bat ihn um eine Verlängerung seines Aufenthaltes in Europa für die Verhandlungen mit Vertretern der I. G.. Da sich Frankreich und Deutschland im Krieg befanden, konnte Howard keinen direkten Kontakt mit der I. G. aufnehmen. Er ließ daher durch das New Yorker Büro der Standard ein Treffen im neutralen Holland arrangieren.[86]

Knieriem beauftragte Fritz Ringer mit den Verhandlungen in Den Haag. Zuvor war noch die Zustimmung der zuständigen deutschen Behörden erforderlich. In diesem Falle mußte man das Oberkommando der Wehrmacht befragen, da auch militärische Erzeugnisse behandelt werden sollten.

Bütefisch verhandelte die Angelegenheit am 13. September mit Vertretern des Oberkommandos. Er erläuterte ihnen den Vorschlag der Standard, die Auslandspatente der I. G. der »Jasco« und der Standard-I. G. Company zu übertragen. Er warnte sie vor der drohenden Gefahr der Beschlagnahme dieser Patente durch feindliche Regierungen, falls sie weiterhin auf den Namen der I. G. lauteten. Die I. G. erwarte sich »entscheidende Vorteile von einer schnellen Übergabe«, erklärte er und versicherte dem Oberkommando, »daß die deutschen Interessen nicht gefährdet würden«.

Zum Schluß versicherte Bütefisch noch, daß die I. G. »zu jeder Zeit, ohne Schwierigkeiten die Beziehungen wieder so herstellen kann wie sie jetzt bestehen.«[87] Mit dieser Begründung ersuchte er die Regierungsvertreter um die Erlaubnis für die geplanten Transaktionen. Es handle sich nur um Maßnahmen zur Tarnung der I. G.-Beteiligungen für die Dauer des Krieges.

Am Ende der Konferenz gaben die Vertreter des Oberkommandos der I. G. die Erlaubnis für die Verhandlungen in Den Haag. Im Vertrauen auf diese mündliche Zusage unterrichtete die I. G. Howard, der in England wartete, daß Ringer ihn am 22. September in Den Haag treffen würde und die Patente mitbringen würde.

Während Howard in England wartete, kamen ihm Bedenken über die Legalität eines Treffens mit einem I. G.-Vertreter in Holland und er bat die amerikanische Botschaft um Rat. Herschel V. Johnson, der Rechtsberater der amerikanischen Botschaft, äußerte Bedenken über die Richtigkeit sowohl des

Unterfangens als auch des Zeitpunktes. Es erschien nicht die richtige Zeit für einen amerikanischen Geschäftsmann, um von England nach Holland zu fahren und sich mit einem Feind Englands zu treffen. (Howard 1947, 82) Howard versuchte Johnson davon zu überzeugen, daß die Engländer und Amerikaner viel gewinnen konnten, wenn die Patente für wertvolle Verfahren, die in Deutschland entstanden waren, in ihre Hände kämen. Doch nach Lage der Dinge konnten nur die Deutschen einen Vorteil aus der bestehenden Situation ziehen. Johnson beharrte auf seinen Zweifeln und verwies Howard an den Botschafter, Joseph P. Kennedy. Der sah im Gegensatz zu seinem Berater nichts Fragwürdiges an Howards Vorschlag und konnte auch keine Gründe für ein britisches Veto erkennen. Er sorgte umgehend für die notwendigen Zusagen des britischen Außenministeriums (*New York Times,* 1. 4. 42, 1).

Nachdem ihre jeweiligen Regierungen die Zustimmung zu der Konferenz gegeben hatten, trafen sich Howard und Ringer am 22. September in Den Haag. Zu dieser Zeit dauerte der Krieg schon fast drei Wochen, was das Klima der Verhandlungen nicht unberührt ließ. Ringer brachte etwa 2000 Patentzuweisungen mit zur Konferenz. Dieser Block von Patenten entsprach in etwa der gesamten Menge der Auslandspatente für Produkte und Verfahren in Bereichen, in denen die beiden Konzerne tätig waren. Ein wichtiges Patent fehlte. Howard mußte mit Enttäuschung feststellen, daß die Buna-Patente nicht vorlagen. Nach Ausbruch des Krieges in Europa war es nur eine Frage der Zeit, bis die Vereinigten Staaten feststellten, daß eine Ausweitung des Konflikts in den pazifischen Raum ihre Kautschukversorgung gefährdete. Ohne die Buna-Patente und die dazugehörige Technologie käme die Standard in eine unangenehme Situation. Die Regierung der Vereinigten Staaten konnte jederzeit ihre Haltung gegenüber dem Abkommen zwischen der Standard und der I. G. zu deren Ungunsten ändern. Ringer antwortete Howard, die I. G. stünde zu ihren ungeschriebenen Verpflichtung und bringe die Buna-Patente in die neuen Jasco-Abmachungen mit ein, auch wenn Ringer die Patente jetzt nicht dabei habe.

Bei der Verhandlung über die Veränderung in bezug auf die Anteile der I. G. an »Jasco« waren sich die beiden Männer einig, daß der Verkauf an Duisberg ein grober Fehler gewesen war. Ringer versicherte Howard, daß die Situation bereinigt würde und daß Duisberg genau die Anweisungen der I. G. ausführen würde.[88] Duisberg entsprach dann auch genau den Vorstellungen der I. G. Er verkaufte seine Jasco-Anteile an die Standard zum gleichen Preis, den er dafür gezahlt hatte.[89]

Nach Abklärung dieses Teilproblems widmeten sich Howard und Ringer der Aufgabe, die Beziehungen zwischen Standard und I. G. den neuen Bedingungen des Krieges anzupassen. Das Ergebnis läßt sich kurz zusammenfassen: Standard erhielt die USA und die Alliierten Länder als Geschäftsterritorium, die I. G. den Rest der Welt.[90] Aufgrund der irrigen Meinung, daß der Irak Deutschland den Krieg erklärt habe, wurde dieses Gebiet auch der Standard zugesprochen. Um die Absprache flexibel zu erhalten, einigte man sich darauf, daß im Falle grober finanzieller Ungerechtigkeiten eine Änderung jederzeit möglich sei.

Zu Howards teilweiser Befriedigung sah das neue Abkommen vor, daß die Buna-Rechte der I. G. an die »Jasco« gehen sollten. Die Patente allein genügten aber nicht. Die technischen Informationen, die die I. G. nicht mitgab, wären für die Standard viel wichtiger gewesen. Gegen Ende ihres letzten Treffens kam Howard noch einmal auf die Buna-Angelegenheit zu sprechen. Er fragte, ob die Möglichkeit bestünde, daß die I. G. der Standard die notwendigen technischen Informationen überließ. Ohne diese Informationen wäre die Standard stark benachteiligt. Ringer war natürlich nicht berechtigt eine definitive Antwort zu geben. In seinem Bericht an die I. G. berichtete Ringer, daß Howard mit einer Ablehnung rechne, da die USA im Kriegsfall von Naturkautschuk-Importen abhängig sein würde.[91] Aus diesem Grund würde Howard die Zustimmung der Standard zu dem revidierten Jasco-Abkommen auch nicht von der Herausgabe des technischen Wissens abhängig machen. Nach Ringers Ansicht erwartete Howard nicht, daß die deutsche Regierung einem Verkauf der Buna-Technologie an einen potentiellen Kriegsgegner, der es für einen eventuellen Krieg mit der Achsenmacht Japan bräuchte, zustimmen werde.

Am 25. September beendeten Ringer und Howard ihre Verhandlungen und jeder nahm eine Abschrift des Haager Memorandums mit nach Hause, um es von seiner Firmenleitung autorisieren zulassen. Die I. G. sah sich nun mit dem Problem konfrontiert, das Einverständnis der deutschen Regierung einzuholen. Ter Meer und Bütefisch suchten General Thomas vom Oberkommando und Ministerialdirektor Mülert vom Wirtschaftsministerium auf, um die Bitte der I. G. um das Einverständnis der Regierung zur Unterzeichnung des Jasco-Abkommens vorzutragen. Ter Meer betonte noch einmal die Notwendigkeit der Übergabe der ausländischen Buna-Patente, um ihre Beschlagnahme durch feindliche Mächte zu verhindern. Wenn man die Patente auf die Jasco überschrieb, befänden sie sich unter der Kontrolle der Standard und somit in den Händen eines Konzernes, von dem annehmen konnte, daß er nach dem Krieg wieder freundschaftliche Beziehungen zur I. G. aufnehmen würde.

Thomas und Mülert waren grundsätzlich einverstanden, wiesen aber deutlich darauf hin, daß sie ihre endgültige Zustimmung nur gäben, wenn die I. G. die Buna-Technologie einbehielt. Ter Meer und Bütefisch versicherten ihnen, daß diese Auflage hundertprozentig eingehalten würde.[92]

Bis zum 12. Oktober erhielt die I. G. schriftliche Bestätigungen über das Einverständnis des Oberkommandos und des Reichswirtschaftsministeriums zur Überschreibung der Buna-Patente auf die Standard. Sie telegrafierte daraufhin der Standard Oil Development Company, daß sie den Grundzügen des Jasco Abkommens zustimme, wie sie im Haager Memorandum niedergelegt waren. Das Telegramm entsprach bis auf einen zusätzlichen Satz einer Vorlage, die drei Wochen vorher erarbeitet worden war. Der Zusatz lautete: »Nach Artikel Zwei des Haager Memorandums bitten wir die Jasco um Überlassung des Irak an die I. G.«[93] Mit diesem Zusatz sollte Ringers Fehler korrigiert werden, unter der fälschlichen Annahme, der Irak habe Deutschland den Krieg erklärt, dessen Territorium der Jasco überlassen zu haben. Die I. G. wollte nicht auf Territorium verzichten, das sie nicht aufzugeben brauchte.

Die I. G. telegrafierte noch eine weitere Nachricht an die Standard Oil Development Company in der sie die Abmachungen über die Überschreibung der Buna-Patente an die Jasco bestätigte, aber gleichzeitig darauf hinwies, daß sie unter den gegebenen Umständen die technischen Informationen nicht liefern könne.[94]

Nach Erhalt der beiden I. G. Telegramme schrieb Howard sofort ein erklärendes Memorandum für das Direktorium der Standard und erklärte darin die Hintergründe des Jasco-Abkommens. Nach der Wiedergabe der Grundzüge des »Haager Memorandums« fügte er noch folgenden Kommentar hinzu:

»Ich glaube, daß die Klauseln des Abkommens, wenn man sie mit der Möglichkeit späterer Angleichungen verbindet, eine gerechte Aufteilung ermöglichen. Auch ohne Berücksichtigung der gerichtlichen Durchsetzbarkeit von Angleichungsforderung sollte das Abkommen für uns ebenso zufriedenstellend sein wie für die I. G. Ein Versuch, die Angleichungsklauseln in eine Form zu bringen, die die volle gerichtliche Durchsetzbarkeit ermöglichen würde, würde viele Schwierigkeiten machen. Es war nicht unsere Absicht (ich spreche sowohl für mich als auch für die Unterhändler der I. G.), eine einklagbare Klausel in unser Abkommen einzuflechten.«

Er fügte noch eine Warnung hinzu:

»In England und Frankreich werden wir wahrscheinlich auf Schwierigkeiten bei der Durchsetzung unserer Rechte auf diese I. G.-Erfindungen stoßen, da wir uns aber vermutlich einen Besitztitel besorgen können, der auf die Zeit vor dem Krieg datiert ist (und wir über die technischen Informationen verfügen, ohne die die Verfahren nicht benutzt werden können) ist unsere Situation nicht allzu schlecht.«[95]

Am Morgen des 18. Oktober verabschiedete das Direktorium der Standard die Veränderungen des Jasco-Abkommens und Howard telegrafierte der I. G. die »prinzipielle Zustimmung zu dem Abkommen, das Sie in ihrem Telegramm vom 16. Oktober umrissen.«

Im Dezember kamen Howard erneute Bedenken. Er schlug der I. G. vor, das Jasco-Abkommen auf September 1939 zurückdatieren.[96] Damit wurde das Jasco-Abkommen zu einem Vorkriegsdokument. Im Sommer 1940 wurde das letzte der etwa fünfzig Buna-Patente von der I. G. an die Jasco überschrieben. Wie die Parteien vereinbart hatten, waren die verfahrenstechnischen Informationen nicht enthalten. Gegen Ende 1941 führte dieser Punkt zu einer persönlichen Katastrophe für Howard, Teagle und Farish und zu einigen Schwierigkeiten für die Standard. Für die Vereinigten Staaten ergab sich daraus ein schwerwiegender militärischer Rückschlag.

Am 7. Dezember 1941 griff Japan den amerikanischen Stützpunkt Pearl Harbour an, und die Vereinigten Staaten befanden sich mitten in einer Kautschukkrise. Genau wie Deutschland im Ersten Weltkrieg von seinem Salpeternachschub abgeschnitten war, waren die Vereinigten Staaten jetzt von ihrem Kautschuknachschub aus Südost-Asien abgeschnitten. Man suchte verzweifelt nach Abhilfe und schon bald wurde Gummi streng rationiert. Patriotische Bürger starteten eine Kampagne zur Sammlung aller möglicher Sorten von Gummiprodukten, um sie als Rohmaterial der Reifenherstellung zuzuführen. Diese Enthusiasten mußten jedoch bald lernen, daß man aus Gummifußmatten zwar wieder Gummifußmatten herstellen konnte, das Material aber zur Reifenherstellung nicht taugte. Die Vereinigten Staaten waren zur Herstellung von Reifen auf Kunstkautschuk angewiesen. Die amerikanischen Chemie- und Reifenhersteller waren noch nicht in der Lage, die Massenproduktion eines Kunstkautschuks aufzunehmen.

Während bei den Reifenherstellern und Chemieunternehmen fieberhaft an der Entwicklung eines Kunstkautschuks gearbeitet wurde, aus dem man Reifen herstellen konnte, zeichnete sich kein Erfolg auf dem Gebiet der Buna-Entwicklung ab. Die I. G. hatte erfolgreich verhindert, daß die technischen Informationen in die USA gelangten. Für die Standard und die Vereinigten Staaten hatte dies unangenehme Konsequenzen.

Seit Anfang 1941 hatten die amerikanischen Kartellbehörden die Abmachungen zwischen der I. G. und Standard untersucht. Angespornt durch die Ereignisse in Pearl Harbour war die amerikanische Regierung gegen Ende des Jahres bereit Standard, I. G.-Farben und ihre leitenden Angestellten zu verklagen. Die Anklage lautete auf Absprachen zum Zwecke der weltweiten Einschränkung des freien Wettbewerbs im Öl- und Chemie-Geschäft, eingeschlossen synthetischer Kautschuk und synthetische Treibstoffe. Standard protestierte beim Kriegsministerium. Die Vorbereitung auf die Verteidigung in einem Verfahren dieses Ausmaßes würde viele ihrer leitenden Angestellten von der Bearbeitung der Rüstungsaufträge abhalten. Das Kriegsministerium, mehr mit der Rüstungsproduktion als mit der Anwendung des Anti-Trust-Gesetzes beschäftigte, stimmte zu. Das Justizministerium dagegen bestand mit der Unterstützung einflußreicher Senatoren und Beamten auf seiner Haltung. Die Anwendung der Anti-Trust-Gesetze sei die einzige Möglichkeit zur Aufhebung der durch die Abmachungen zwischen der I. G. und Standard entstandenen Einschränkungen. Doch am 20. März 1942 unterzeichneten Justizminister Biddle, sein Stellvertreter Thurman Arnold, Kriegsminister Stimson und Marineminister Knox ein Memorandum an Präsident Roosevelt, in dem vorgeschlagen wurde, alle Anti-Trust-Verfahren und andere Rechtsfälle auszusetzen, die den Rüstungsanstrengungen hinderlich sein könnten. Sie argumentierten, daß langwierige Verfahren »unvermeidlich die Zeit von leitenden Angestellten der Rüstungsindustrie beanspruchen würden« (New York Times, 25. 4. 42). Roosevelt gab sein Einverständnis. Mit Rücksicht auf Arnold und die Mitarbeiter seiner Kartellbehörde versprach er aber, sich beim Kongress für eine Verlängerung der Verjährungsfristen einzusetzen, damit die Verfahren nach dem Ende des Krieges fortgesetzt werden konnte.

Man war allgemein der Überzeugung, daß das Anti-Kartell-Verfahren gegen Standard und I. G. die Veränderung der Rechtspraxis beschleunigt hatte. Die Standard wollte allerdings nicht auf eine Auflösung des Falles nach dem Krieg warten. Beide Parteien einigten sich deshalb darauf, daß die Anti-Kartellbehörde Strafantrag gegen die Standard und ihre leitenden Angestellten stellen sollte und daß alle Angeklagten auf eine Verteidigung verzichten. Man einigte sich außerdem darauf, daß die Justizbehörde eine Zivilklage erhebe, auf die die Standard mit dem Einverständnis zur Aufhebung aller Verträge antworten solle, die der Regierung nicht genehm waren.

Als die streitenden Parteien sich am 24. März im Büro des stellvertretenden Justizministers Arnold einfanden, um eine formelle Regelung ihrer Abmachungen zu treffen, hatten sie noch ein wichtiges Problem zu lösen. Arnold wünschte die Festsetzung einer Geldstrafe von 1,5 Millionen Dollar. Die Strafe würde sich auf eine große Zahl von Angeklagten aufteilen. – Standard Oil (New Jersey), einige Tochtergesellschaften der Standard und alle Direktoren der Muttergesellschaft.

Der Anwalt der Standard John W. Davis wies dieses Ansinnen als absolut unannehmbar zurück. Eine Strafe in dieser Höhe wäre gleichbedeutend mit Zweifeln an der patriotischen Gesinnung der Standard. Sein Gegenvorschlag sah Strafen in einer Gesamthöhe von 50000 Dollar vor, die nach Arnolds Gutdünken aufzuteilen seien. Arnold antwortete, daß die Aufteilung einer so geringen Strafe in Anbetracht der Sachlage absurd sei, da bei der großen Zahl der Angeklagten die Einzelstrafen sich nur auf 600 bis 700 Dollar belaufen würden. Da die Akten am nächsten Tag bei Gericht eingereicht werden sollten und es bereits kurz vor Mitternacht war, kapitulierte Arnold – zumindest für den Moment. Die Zahl der Angeklagten wurde auf zehn reduziert, damit die einzelnen Strafen sich auf 5000 Dollar beliefen.

Als die Versammlung sich auflöste, gab Arnold noch eine Erklärung an die Adresse des gegnerischen Anwaltes und einige der anwesenden voraussichtlichen Angeklagten: »Sie wissen natürlich, daß ich vorgeladen bin, um übermorgen vor der Truman-Kommission* die Einzelheiten dieses Falls vorzutragen.« Davis antwortete gelangweilt: »Mr. Arnold, diese Angelegenheit berührt uns nicht.«

Der nächste Tag – 25. März 1942 – war ein schwarzer Tag für die Standard Oil. Es fand genau das statt, was I. G. und Standard versucht hatten, zu verhindern, seit ihnen aufgegangen war, daß der Krieg unvermeidlich war. Der neue Treuhänder für feindliches Vermögen, Leo T. Crowley, gab seine erste Einziehungsorder heraus und beschlagnahmte die Anteile der »Feindfirma« I. G. an den Aktien, Patenten und Verträgen von Jasco und Standard Catalytic Com-

* Sonderkommission des Senats zur Untersuchung der Verteidigungsanstrengungen. (A. d. Ü.)

pany. (Im Herbst 1940 war die Standard-I. G. Company in Standard Catalytic unbenannt worden.)

Zwei Stunden, nachdem Crowley die Anteile der I. G. an Jasco und Standard Catalytic beschlagnahmt hatte, reichte das Justizministerium eine umfangreiche Klage gegen Standard Oil, sechs Tochterfirmen und Walter C. Teagle, William S. Farish und Frank A. Howard ein. Die I. G. wurde als nichtangeklagter Mittäter benannt.[97] Vereinbarungsgemäß verzichteten die zehn Angeklagten auf eine Verteidigung und wurden zu je 5000 Dollar verurteilt.

Die Anti-Kartell-Beschwerde enthielt einen detaillierten Bericht der Geschichte der Beziehungen zwischen Standard und I. G. Farben. Die Presse interessierte sich verständlicherweise am meisten für den Abschnitt des Berichts, der sich mit den Kunstkautschuk-Patenten befaßte. Die Klageschrift machte deutlich, daß die Kautschukkrise zumindest zu einem großen Teil auf die Kartellabsprachen zwischen Standard und I. G. zurückzuführen sei.

Die Regelung des Zivilverfahrens verlangte von der Standard den Abbruch aller Beziehungen zur I. G. und die Vergabe von Lizenzen aus den Patenten, mit denen sie und die I. G. das Öl- und Chemiegeschäft beherrscht hatten.

Eine interessante Nebenerscheinung des Verfahrens war der Auftritt des Treuhänders für feindliches Vermögen als Vertreter der Interessen der I. G. Seine Hauptaufgabe war die Absicherung der Standard gegen spätere Rechtsansprüche der I. G. wegen Nichteinhaltung des Abkommens.

Entgegen seiner sonstigen Gewohnheit gab Arnold nur eine kurze, wenig informative Pressenotiz heraus: »Da Mitglieder der Anti-Kartell-Behörde für den morgigen Tag vor die Truman-Kommission geladen sind, um dort eine ausführliche Darlegung des Falls abzugeben, wurden entsprechende Einzelheiten in dieser Mitteilung übergangen.«[98] Auch die Standard gab eine Presseerklärung ab, die hauptsächlich erklären sollte, warum sie auf eine Verteidigung verzichtet hatte.

> »Die Gesellschaft weiß, daß ein ausführlicher Prozeß für eine endgültige Klärung über Monate die Zeit und Energie vieler ihrer Angestellten beanspruchen würde. Ihre Rüstungsarbeit ist wichtiger als ein Freispruch. Die Gesellschaft möchte außerdem nicht auf einer Position beharren, die das Justizministerium in irgendeiner Weise als fragwürdig erachten könnte.«[99]

Die Presseerklärung wies dann noch darauf hin, daß die Abkommen zwischen der I. G. und Standard sogar dazu beigetragen hätten, den Fortschritt der amerikanischen Industrie zu beschleunigen, und sie befähigt hätte, die Rüstungsarbeiten zu leisten, die jetzt von ihr verlangt würden.

Am nächsten Tag erschien Thurman Arnold vor der Truman-Kommission und gab einen detaillierten Bericht über die Geschichte der Beziehungen zwischen Standard und I. G. vor und während des Dritten Reiches. Alle Fakten belegte er durch Dokumente aus den Archiven der Standard. Sein Bericht wirkte wie eine Bombe auf die Senatoren und Pressevertreter.

Der Pulitzer-Preisträger Thomas L. Stokes beschrieb in seinem Bericht die Atmosphäre im Tagungsraum:

»Die Mitglieder der Senatskommission waren sichtlich schockiert von Arnolds Aussage. Truman regte sich besonders über ein Memorandum auf, das Frank Howard am 12. Oktober 1939 in Den Haag erstellt hatte. In diesem nach Kriegsbeginn verfaßten Dokument schrieb Mr. Howard: ›Vertreter der I. G. Farbenindustrie haben mir heute Überlassungsurkunden für etwa 2000 ausländische Patente übergeben und wir haben unser Möglichstes getan, um einen Durchführungsmodus zu erarbeiten, der während des gesamten Krieges wirksam bleiben kann, ob die Vereinigten Staaten in den Krieg eintreten oder nicht.‹ . . . Dieser letzte Satz ließ alle Anwesenden erschauern.«

Stokes setzte seinen Bericht mit einer Beschreibung des Beweismaterials fort, auf das Arnold seine Aussage aufbaute, 40000 Dokumente, von Beamten des Justizministeriums geprüft:

»Während Arnold seine vorbereitete Aussage von siebenundzwanzig Seiten verlas, legte er ein Beweisstück nach dem anderen auf den Tisch der Kommission, um damit den Kern seiner Aussage zu beweisen, daß die Entwicklung der Buna-Technologie in den Vereinigten Staaten verzögert wurde, ›weil das Hitler Regime aus militärischen Gründen die Entwicklung dieses Stoffes in diesem Land nicht wünschte.‹« (*Washington Daily News*, 27. 3. 42, 5)

Wenige Tage später machten Howard und Farish ihre Aussagen vor der Kommission. Farish erklärte:

»Ungeachtet der Frage, ob die diversen Verträge, die wir mit der I. G. abschlossen, gegen das Sherman-Antikartellgesetz verstoßen oder nicht, möchte ich mit Nachdruck betonen, daß sie in hohem Maße zur Ermöglichung unserer derzeitigen Rüstungsbemühungen beigetragen haben und die Herstellung von Flugzeugbenzin, Toluo-Sprengstoffen und synthetischem Gummi ohne sie nicht möglich wäre.«[100]

Zur Unterstützung seiner Behauptung präsentierte er dann Briefe des Kriegs- und Marineministeriums, die den Rüstungsbeitrag der Standard würdigten.

Mit dem Anhörungsverfahren vor der Truman-Kommission war der Leidensweg der Standard durch die Ausschüsse des Kongresses noch nicht beendet. Unter dem Vorsitz des Senators Homer T. Bone begann der Senatsausschuß für Patentrecht am 13. April ein Anhörungsverfahren zur Untersuchung der Bedeutung von Patenten für das nationale Verteidigungsprogramm. Gleich zu Beginn der Ausschußsitzung startete Senator Robert M. La Follette aus Wisconsin eine Attacke gegen internationale Kartelle und griff dabei besonders das Abkommen zwischen Standard und I. G. an.

»Die Anti-Kartellbehörde des Justizministeriums hat kürzlich offengelegt, daß Standard Oil New Jersey mit der deutschen Firma I. G. Farben konspirierte. Mit ihrem Labyrinth internationaler Kartelle bildet die I. G. Farben die Speerspitze des Wirtschaftskriegs der Nazis. Durch die Kartellvereinbarungen mit Standard Oil wurden die Vereinigten Staaten daran gehindert, die Entwicklung synthetischen Gummis zu betreiben oder ausreichende Mengen davon herzustellen.

Standard Oil erhielt für seine Beteiligung an diesem Skandal eine Geldstrafe von 50000 Dollar und eine Auflage zur vorübergehenden – ich betone: vorübergehenden – Aufhebung ihrer monopolistischen Verfügungsgewalt über die Patente, die die volle

Ausnutzung von Lizenzen durch die Vereinigten Staaten verhinderten . . .
Die gerichtlich verfügte Vereinbarung stellt in meinen Augen einen Sieg für Standard Oil Co. dar. . . . Die Vereinbarung garantiert nur, daß die Standard die Patente für die I. G. aufhebt, bis sie ihr eine Abrechnung präsentieren und die Patente zurückgeben kann.«[100]

Die Auswirkungen der Nachforschungen durch den Kongreß und das Anwachsen der öffentlichen Kritik überzeugte die Direktoren der Standard vom Ernst der Lage. Die Angelegenheit hatte sich schnell bedrohlich ausgeweitet und erregte die Aufmerksamkeit des Hauptaktionärs der Standard, John D. Rockefeller Jr. Rockefeller war besonders durch eine Reihe offener Briefe beunruhigt, in denen von ihm verlangt wurde, seinen Einfluß geltend zu machen und die Entlassung von Teagle, Howard und Farish zu erwirken.

Sie tragen die unablegbare persönliche Verantwortung für die Geschäftspolitik der Standard . . . Es sei dahingestellt, wie die Grundlagen dieser Geschäftspolitik aussahen, ihre Wirkung bestand jedenfalls darin, die Standard zum Verbündeten Hitlers und somit zu einem feindlichen Wirtschaftsagenten im eigenen Land zu machen. . . . Wir glauben, daß es ihre Pflicht ist, Walter C. Teagle, William S. Farish und Frank A. Howard von ihren Aufgaben zu entbinden und eine radikale Veränderung jener Geschäftspraktiken zu verlangen, die dazu führten, daß sie zu internationalen Kollaborateuren der Wirtschaftspolitik des Dritten Reiches wurden.«[101]

Aufgrund solcher Briefe forderte Rockefeller vom Vorstand nachdrücklich eine Verbesserung des öffentlichen Ansehens der Standard (vgl. Marson u. a. 1971, 443). Das Direktorium delegierte diese Aufgabe an Robert T. Haslam, Generaldirektor der ESSO-Vertriebsgesellschaft, der das Direktorium schon mehrfach darauf hingewiesen hatte, daß seine Organisation keine befriedigenden Umsätze erzielen könne, wenn nicht bald etwas zur Verbesserung des öffentlichen Ansehens der Firma getan werde. Standard beauftragte Elmo Roper mit der Durchführung einer Meinungsumfrage. Roper kam zu dem Ergebnis, daß die Gesellschaft unter einem akuten Anfall von »Arnolditis« leide und daß die Öffentlichkeit glaube, daß die Standard sich von den Deutschen habe übertölpeln lassen (ebd., 449).

Das Direktorium beschloß eine wirksamere Kontrolle der Geschäfte der Standard. Es erklärte, daß in der Vergangenheit zu oft kritische Entscheidungen getroffen und ausgeführt worden seien, ohne daß das Direktorium davon unterrichtet worden war. Während der vielen Jahre, während derer Howard die Verhandlungen mit der I. G. führte, hätte er des öfteren das Direktorium erst informiert, nachdem er schon gehandelt hatte. In Zukunft wollte das Direktorium die Entscheidungen selbst fällen. Howard blieb noch weitere zwei Jahre bei Standard, verfügte aber nur noch über einen Bruchteil seiner früheren Macht. Im November 1942 verschwanden die anderen beiden Standard-Direktoren, die auf der Anklageliste des Antikartellverfahrens gestanden hatten. Teagle erklärte seinen Rücktritt und Farish starb eine Woche danach nach einem Herzschlag.

Kapitel 5 Die Plünderung der europäischen Chemie-Industrie

In den fünf Jahren nach Boschs Abkommen mit Hitler zur Aufrüstung Deutschlands beschleunigte sich der Abstieg der I. G. auf das Niveau der Nazi-Moral. Während dieser Zeit entwickelte sich die I. G. zum größten Geldgeber der NSDAP. Alle jüdischen Direktoren und leitenden Angestellten wurden entfernt und die verbleibenden »arischen« Repräsentanten traten der NSDAP bei oder schlossen sich der SS an. Die Nazi-Ideologie wurde Grundlage der Geschäftspolitik. Trotz alledem befand sich die I. G. erst am Anfang ihres Abstieges.

Im Frühjahr 1938 machte Hitlers militärisches Eroberungsprogramm einen deutlichen Schritt nach vorn. Die Zeit der Reden war vorbei, die Rhetorik sollte durch Taten abgelöst werden. Die gewaltsame territoriale Expansion stand vor ihrer Verwirklichung. Verängstigt durch Hitlers diplomatische Attacken, vollzogen seine Gegner einen ungeordneten Rückzug. Während ein Land nach dem anderen unter Hitlers »Operation Terror« zusammenbrach, verstärkte sich die Bindung der I. G. an die Nazis. Wie der Schakal hinter dem Löwen zog die I. G. hinter der Wehrmacht in die überrannten Länder ein.

Trotz Hitlers augenscheinlicher Unbesiegbarkeit kalkulierte die I. G. ihr Risiko und bereitete sich auf alle Eventualitäten vor. Ungeachtet der brutalen Aneignungsmethoden wurden sämtliche »Neuerwerbungen« mit dem Deckmäntelchen der Legalität umhängt, um die I. G. gegen die damals unwahrscheinliche Niederlage Hitlers abzusichern. Diese Fassade der Legalität konnte jedoch nicht verbergen, daß die Methoden der I. G. bei ihren Opfern Angst und Schrecken verbreiteten. Wer innerhalb der I. G. an der Richtigkeit ihres Vorgehens zweifelte, den brachten die Angst vor Sanktionen der Nazis und der Erfolg der I. G. zum Schweigen.

Der Einmarsch nach Österreich am 11. März 1938 bildete den Anfang von Hitlers gewaltsamer Erweiterung des deutschen Territoriums. Schon wenige Tage danach war die I. G. zur Stelle. Sie übergab den Besatzungsbeamten der Nazis ein Memorandum zur Neuordnung der Chemie-Industrie Österreichs.

Zentraler Bestandteil dieser »neuen Ordnung« war die Bitte der I. G. um die offizielle Erlaubnis zur Übernahme des größten österreichischen Chemieunternehmens, den Skoda Werken Wetzler. Sie begründete ihre Forderung selbstverständlich mit Hinweisen auf die nationalen Interessen Deutschlands. Die ehemals jüdische Firma marschierte nun mit Hitler im Gleichschritt. Die I. G. versprach, daß die Übernahme des österreichischen Unternehmens den Zielen des Vierjahresplans und außerdem der Beseitigung des jüdischen Einflusses auf die österreichische Industrie dienlich wäre. Die Skoda Werke Wetzler gehörten zum größten Teil der jüdischen Familie Rothschild, was die I. G. nicht vergaß entsprechend auszuschlachten.

Die Rothschilds waren nicht ahnungslos. Schon vor dem Anschluß hatten sie die Absichten der I. G. durchschaut. Mit Hilfe des geschäftsführenden Direktors der Skoda, Isador Pollack, versuchten sie die Pläne der I. G. zu durchkreuzen.[103] Pollack nahm Verbindung zu Montecatini (Italien) und dem Aussiger Verein (Tschechoslowakei) auf, um mit ihnen über einen Zusammenschluß zu verhandeln. Doch weder Aussiger noch Montecatini wollten gegen die übermächtige I. G. antreten.

Hitlers Einmarsch nach Österreich hinterließ Spuren des Terrors, von dem auch die Chemieindustrie nicht verschont blieb. Sofort nach dem Anschluß verfügte die deutsche Regierung die Entlassung aller jüdischen Beschäftigten der Skoda. Die I. G. füllte die Lücken mit »arischen« Technikern.[104] Um die Aneignung jedoch gegen mögliche spätere rechtliche Angriffe abzusichern, begann die I. G. Verhandlungen mit dem persönlichen Beauftragten der Rothschilds, Josef Joham.[105] Joham war selbst Jude und daher keinesfalls in der Lage, den Forderungen der I. G. ernsthaften Widerstand entgegenzusetzen. Im Verlauf dieser sogenannten Verhandlungen wurden die Forderungen der I. G. immer umfangreicher. Die I. G. scheute sich nicht, antisemitische Drohungen einzuflechten, wenn es um die Erpressung von Zugeständnissen ging. Nachdem sie noch einige Hindernisse überwunden hatte, die ihr die Nazi-Bürokratie in Österreich in den Weg legte, konnte die I. G. im Herbst 1938 Skoda in Besitz nehmen.[106] Joham hatte zu dieser Zeit schon das Land verlassen (vgl. DuBois 1952, 92). Pollack konnte nicht mehr entkommen und wurde von der SA regelrecht zu Tode getrampelt (Hilberg 1961, 61).

An nächster Stelle auf Hitlers Liste stand die Tschechoslowakei. In Erwartung weiterer »Neuerwerbungen« erstellte die I. G. eine Studie der Chemieunternehmen des Sudetenlandes.[107] Ihr besonderes Interesse galt zwei Fabriken im Besitz des Aussiger Vereins.

Der Aussiger Verein war ein angesehenes Unternehmen und gehörte dem von der I. G. beherrschten europäischen Farbstoffkartell an.[108] Wieder einmal konnte sich die I. G. einen speziellen Vorteil verschaffen. Da fünfundzwanzig Prozent der Direktoren des Aussiger Vereins nicht-arischer Herkunft waren, galt die Firma nach den Bestimmungen der Rassengesetze als jüdisches Unternehmen.[109]

Hitlers Forderungen an die Tschechoslowakei nach Abtretung des Sudetenlandes wurden im Sommer 1938 immer unverschämter. Ein Krieg schien unvermeidlich. Der britische Premierminister Neville Chamberlain und Frankreichs Edouard Daladier ließen sich jedoch von Hitler einschüchtern und drängten die Tschechoslowakei zur Annahme seiner Forderungen. Die Unterzeichnung des Münchner Abkommens am 29. September und die sofortige Besetzung des Sudetenlandes durch deutsche Truppen besiegelte die Demütigung der Demokratien. Um die Wirkung seines Schlages zu mildern, erklärte Hitler, daß nun seine letzte territoriale Forderung in Europa erfüllt sei. Am nächsten Tag erhielt Hitler ein Telegramm von Hermann Schmitz, der zu diesem Zeitpunkt die Geschäfte der I. G. führte. Schmitz deutete in diesem Telegramm die Interessen der I. G. im Sudetenland an, beglückwünschte Hitler zu seinem Erfolg und teilte ihm mit, daß die I. G. eine Summe von einer halben Million Reichsmark zur Verwendung im Sudetenland bereitstelle.[110]

Schon nach kurzer Zeit verhandelte die I. G. mit dem Aussiger Verein über den »Kauf« der Anlagen im Sudetenland.[111] Die einzige Verteidigungsmöglichkeit, die den Direktoren des Aussiger Vereins blieb, war die Verzögerung der Verhandlungen, in der Hoffnung, daß sich ihnen eine Rettung böte. Schnitzler erklärte den Vertretern des Aussiger Vereins schließlich, daß er aufgrund ihrer unnachgiebigen Haltung beabsichtige, der deutschen Regierung eine Beschwerde zu übermitteln und darauf hinzuweisen, daß »Aufruhr und Zusammenbruch der öffentlichen Ordnung« im Sudetenland unvermeidlich erschienen. Schnitzler drohte unverblümt, daß Hitler diese Anklage sehr wohl zum Anlaß nehmen könnte, um auch den Rest der Tschechoslowakei zu besetzen.

In ihrer Verzweiflung wandten sich die Aussiger Direktoren an die Tschechische Regierung, die ihnen aber nur den Wahrheitsgehalt von Schnitzlers Drohung bestätigen konnte. Man riet den Aussiger Leuten, sich selbst zu helfen, so gut es ging. Eine Unterstützung von offizieller Seite war nicht möglich. Dementsprechend entschieden sie sich am nächsten Tag zum »Verkauf« zu den Bedingungen der I. G.

Für die Zukunft ihres Landes hatte diese Entscheidung allerdings keinerlei Bedeutung. Schon wenige Monate später marschierten Hitlers Truppen in Prag ein, und nach kurzer Zeit war auch der Rest der Tschechoslowakei besetzt.

Die nächste Station Hitlers war Polen. Auch diesmal hatte sich die I. G. gut vorbereitet. Sie erstellte eine Liste potentieller »Erwerbungen« mit den wichtigsten Chemieunternehmen Polens.[112] Für drei Farbenfabriken interessierte sie sich im besonderen: Boruta, die größte, Wola, eine kleine Firma, die drei Juden gehörte[113] und Winnica, die zur Hälfte Kuhlmann und zur anderen der schweizerischen Tochter der I. G., der »I. G. Chemie« gehörte. Präsident der Winnica war Joseph Frossard.

Am 1. September 1939 griff Deutschland Polen an. Diesmal widersetzten sich die Alliierten und der Zweite Weltkrieg begann. Schnitzler reiste persönlich hinter den Truppen her und telegrafierte an den I. G.-Agenten in Berlin, er solle dem Reichswirtschaftsministerium einen Bericht geben über die Eigentumsverhältnisse und andere Tatsachen in bezug auf vier wichtige polnische Farbstoffbetriebe. Ferner lenkte er die Aufmerksamkeit auf die erheblichen und wertvollen Vorräte von Vorprodukten, Zwischenprodukten und Endprodukten, die sich in den Betrieben befanden, und sagte:

»Ohne zu der Frage des Weiterbetriebs der Fabriken im gegenwärtigen Moment Stellung nehmen zu wollen, möchten wir es für unbedingt erforderlich halten, daß die Verwertung der vorgesagten Vorräte im Interesse der deutschen Volkswirtschaft durch Sachverständige erfolgt. Nur die I. G. ist in der Lage, diese Sachverständigen zu stellen.«[114]

Als Schnitzler eine Woche später aus Polen zurückkam, suchte er das Wirtschaftsministerium auf, um mitzuteilen, daß nur die I. G. in der Lage sei, die polnischen Fabriken zu betreiben.[115] Im Namen des Wirtschaftsministeriums erteilte General Hermann von Hanneken der I. G. die Erlaubnis zur provisorischen Verwaltung der drei polnischen Firmen. Er billigte jedoch weder die Habgier noch die Methoden der I. G. Er kannte deren Aktivitäten in Österreich und der Tschechoslowakei und warnte sie deshalb vor der Hoffnung auf eine dauerhafte Aneignung der polnischen Fabriken. Seine Mitteilung wandte sich unmißverständlich gegen eine dauerhafte Übernahme der Anlagen durch die I. G.[116]

Schnitzler war schockiert von Hannekens Einstellung. Die I. G. war besonders an den weitläufigen Anlagen der Boruta interessiert, die sie »mit einer gewissen Dauerhaftigkeit« kontrollieren und betreiben wollte.[117] Schnitzler nahm deshalb über Hannekens Kopf hinweg direkten Kontakt zu Hermann Göring auf, der gerade eine Organisation aufbaute, die entsprechend den Maßgaben des Vierjahres-Plans die Konfiszierung und Umverteilung polnischen Besitzes vornahm.[118]

Görings Macht in Polen wurde jedoch von einem Aufsteiger in der Nazi-Hierarchie bedroht. Heinrich Himmler, Chef der SS, hatte seine eigenen Vorstellungen von der Umverteilung des polnischen Besitzes. Schon bald stellte sich heraus, warum Görings Beauftragter der I. G. nicht helfen konnte. Himmlers Stellvertreter in Polen, Brigadeführer Ulrich Greifelt, hatte ein Vetorecht in allen Fällen, in denen Görings Behörde einen Verkauf beschlagnahmten polnischen Besitzes angeordnet hatte. Die I. G. stellte sich schnell auf die neue politische Konstellation ein und verlagerte ihr Bündnis von Göring zu Himmler und Greifelt. Greifelt war ein würdiger Stellvertreter Himmlers und praktizierte seine Macht in Polen mit einer Rücksichtslosigkeit, die seinen Vorgesetzten mit Stolz erfüllte: Die Liste seiner Erfolge beinhaltet die Zwangssterilisation polnischer Männer und Frauen, die Entführung von Kindern zur Erziehung durch die SS, die Versklavung weiter Teile der Bevölkerung und Massenerschießungen von Geiseln.[119]

Schnitzler erhielt den Auftrag, Greifelt für die I. G. zu gewinnen. Schon bald darauf übernahm die I. G. die polnischen Fabriken zu ihren Bedingungen und bewies wieder einmal ihre Überlebensfähigkeit in der Welt der Nazi-Intrigen.[120] Diesmal war die Wahl ihrer Verbündeten wegweisend für die Zukunft der I. G. Ein schicksalsträchtiger Schritt dorthin bahnte sich bereits in der schlesischen Gemeinde Auschwitz an.

Zu jener Zeit, als Hitler und die I. G. einander immer unentbehrlicher wurden, zeichnete sich Boschs physischer und psychischer Zerfall immer deutlicher ab. Seine immer wiederkehrenden Depressionen vertieften sich bei dem Gedanken, daß der Krieg das direkte Ergebnis seiner technischen Erfolge war, denn ohne die Synthese von Öl, Nitraten und Gummi wäre er nicht möglich gewesen. Er suchte Zuflucht beim Alkohol und duldete außer Krauch niemanden von der I. G. in seiner Nähe. Im Februar 1940 hielt er es nicht länger im Hitler-Deutschland aus und zog nach Sizilien um. Als einziges nahm er eine Ameisenkolonie aus dem Kaiser-Wilhelm-Institut mit, wo man seinen Namen noch immer in Ehren hielt. Der Wechsel brachte Bosch keine Erleichterung und sein Zustand verschlechterte sich weiter. Im April kehrte er ohne Hoffnung auf Besserung nach Deutschland zurück. Auf dem Totenbett prophezeite er die baldige Niederlage Frankreichs. Dies sei jedoch nur ein Zwischenspiel, meinte er zu seinem Arzt. Hitlers Wahnsinn würde schließlich zum Untergang Deutschlands und zur Auflösung der I. G. führen. Für ihn waren dies gleichwertige Katastrophen. Bosch erlebte die Erfüllung seiner Prophezeiungen nicht mehr. Er starb im Alter von 65 Jahren am 26. April 1940, zwei Wochen vor dem Angriff auf Frankreich.

Nun, da Boschs überragende Persönlichkeit nicht mehr die Firma beherrschte, konnte Schmitz auch faktisch die Führungsrolle übernehmen, die er dem Namen nach schon hielt. Krauch wurde als Nachfolger Boschs Aufsichtsratsvorsitzender und gab alle verwaltungstechnischen Aufgaben ab, um sich eingehender seinen Aufgaben als Bevollmächtigter für den Vierjahresplan zu widmen.[121] Von jetzt an hatte Schmitz in der I. G. das Sagen.

Am 9. Mai startete Hitler seinen Angriff gegen Frankreich und am 22. Juni war schon alles vorüber. Mit Ausnahme Englands und der Sowjetunion war ganz Europa in Hitlers Hand. Die I. G. wartete schon auf ihren Anteil an der Beute. Sie hatte bereits schriftlich einen »Neuordnungsplan« für die chemische Industrie der ganzen Welt entworfen, der die Wiedererlangung und Sicherung der Weltgeltung der deutschen Chemieindustrie gewährleisten sollte.[122] In diesem detaillierten Plan forderte die I. G. die Übernahme der Chemischen Industrien von Frankreich, Norwegen, Holland, Dänemark, Luxemburg, und Belgien.[123] Ihr Appetit war damit jedoch noch nicht gesättigt. Ihre Überlegungen umfaßten auch die Sowjetunion, die sich zu dieser Zeit freundschaftlich neutral verhielt, die Schweiz, die bestimmt nicht unfreundlich gesinnt und zudem neutral war, England, das noch nicht besiegt war, und schließlich Italien – einen Bündnispartner. Nach kurzer Zeit fügte man auch noch die Vereinigten Staaten hinzu, die sich weniger wohlwollend neutral verhielten.

Nach Ansicht der I. G. war Frankreich der Schlüssel zur Kontrolle der europäischen Chemieindustrie. Im Einklang mit den territorialen und wirtschaftlichen Expansionsplänen des Dritten Reiches beinhaltete der »Neuordnungsplan« für Frankreich daher den Vorschlag, daß die I. G. und die deutsche Regierung gemeinschaftlich die französischen Fabriken kontrollieren und betreiben sollten. Dies sei die beste Lösung für eine einheitliche Steuerung der Produktion und des Verkaufs in Frankreich *für alle kommenden Zeiten.*[124]

Anfang August überreichte die I. G. ihren Plan für Frankreich an Gustav Schlotterer vom Reichswirtschaftsministerium. Schlotterer erklärte seine uneingeschränkte Unterstützung der Forderung nach Wiederherstellung der Führungsrolle der I. G. und gab der Überzeugung Ausdruck, daß die Forderungen der I. G. keinesfalls übertrieben seien und sich in eine zukünftige Friedenslösung einbauen ließen.[125]

Während der »Neuordnungsplan der I. G.« begutachtet wurde, brachte eine Kohle- und Elektrizitätsverknappung die französische Farbenherstellung zum Erliegen. Die Verantwortlichen der französischen Industrie erkannten sehr früh, daß der Schlüssel nicht nur zur Wiederaufnahme der Produktion, sondern auch für die Zukunft der gesamten französischen Industrie bei der I. G. lag. Sie drängten darauf, daß die Waffenstillstandskommission in Wiesbaden ein Treffen mit der I. G. ermöglichen solle.[126] Die Franzosen waren der irrigen Ansicht, daß sie von ihren früheren Kartell-Partnern eine günstige Behandlung erwarten dürften. Schlotterer stimmte im Prinzip einem Treffen zwischen der I. G. und Vertretern der französischen Industrie zu, teilte der I. G. aber mit, daß eine Verzögerung in ihrem eigenen Interesse liege. Verhandlungen sollten erst aufgenommen werden, wenn die Franzosen begriffen hätten, daß sie nicht antraten, um günstige Besitzverhältnisse auszuhandeln, sondern um der deutschen Farbenindustrie den »ersten Platz« abzutreten.[127] Eine Zeit der Unsicherheit und Aussichtslosigkeit würde den französischen Standpunkt aufweichen. Der Chef der Wirtschaftsdelegation der deutschen Waffenstillstandskommission, Hans Hemmen, schloß sich diesem Vorschlag an. Auch er riet zu einer Verzögerungstaktik und schlug der I. G. vor, den Beginn der Verhandlungen mindestens bis Herbst oder Winter hinauszuzögern, da sich bis dann die Situation in Frankreich noch weiter verschlechtert haben würde.[128] Die I. G. stimmte zu.

In der Zwischenzeit sammelte die I. G. von ihren Angestellten in Paris Informationen über die Führer der französischen Industrie, mit denen sie verhandeln würde. Die erstaunlichsten Informationen betrafen Boschs »Trumpfkarte« von Versailles, Joseph Frossard. Zusammen mit René Duchemin bildete er die Spitze des Kuhlmann-Konzerns. Frossard befand sich mit den anderen Kuhlmann-Direktoren im unbesetzten Teil Frankreichs, von wo er die I. G. wissen ließ, daß er nicht in die deutsche Zone zurückkehren könne, da er mit Schwierigkeiten als »deutscher Deserteur« zu rechnen habe.[129] Dies war eine unverständliche Erklärung von einem anerkannten Führer der französischen Chemieindustrie. Als Franzose brauchte Frossard nicht damit zu rechnen, als deutscher Deserteur behandelt zu werden. Weder die Deutschen noch die Franzosen haben jemals eine Erklärung für diese ungewöhnliche Bemerkung abgegeben, hinter der sich vielleicht die Erklärung für Boschs Behauptung verbarg, daß Frossard seine Trumpfkarte sei. Zusammen mit den anderen französischen Industriellen drängte Frossard weiterhin die französische Waffenstillstandsdelegation zur Vermittlung eines Treffens mit der I. G. Die I. G. setzte jedoch ihre Verzögerungstaktik fort. Hemmen spielte seine Rolle nach den Plänen der I. G. und teilte der französischen Delegation mit, daß die Verhandlungen erst beginnen könnten, wenn die Demarkationslinie zwischen den besetzten und unbesetzten Teilen Frankreichs festgelegt sei.[130]

Die Situation der französischen Chemieindustrie verschlechterte sich weiter, so wie es die I. G. vorausgesehen hatte. Anfang Oktober suchte Frossard den Leiter der Verkaufsagentur der I. G. in Frankreich, Hans Kramer, auf. Seit Boschs Tod hatte Frossard keinen direkten Kontakt zur I. G. aufnehmen können. Nun bekniete er Kramer wegen eines Treffens mit einem Vertreter der I. G.-Hierarchie. Die Situation der französischen Chemieindustrie mache ein Treffen zu einem baldigen Zeitpunkt unbedingt erforderlich. Er war sicher, daß Deutschland den Krieg gewinnen würde und die Organisation der europäischen Wirtschaft unter deutscher Führung stattfinden müsse. Frossard bot die Unterstützung der gesamten französischen Chemieindustrie in Deutschlands Kampf gegen England an.[131] Nach seiner Ansicht war das Ende schon vorbestimmt und England verloren.

Frossard fügte hinzu, daß er die Maßnahmen gegen die deutsche Chemieindustrie bedaure, die vor der Unterzeichnung des Kartell-Abkommens von 1927 ergriffen worden waren, und erklärte, daß diese Maßnahmen auf Druck offizieller Stellen eingeleitet worden waren. (Er bezog sich auf Kuhlmanns Anstrengungen zur Abwehr der Übernahme der französischen Farbenindustrie durch die I. G. im Jahre 1926.) Jetzt schlug Frossard eine geheime Zusammenarbeit mit der französischen Industrie unter Leitung der I. G. vor – eine verstohlene »Heirat« im Farbstoff- und Chemiebereich. Frossard bettelte, Kramer möge herausfinden, ob die I. G. verhandlungswillig sei. Die I. G. könne sich darauf verlassen, daß sie von ihm alles bekomme, was sie wolle. Falls sie bestimmte leitende Angestellte von Kuhlmann ablehne, würde man diese sofort entlassen. Frossard wartete nur auf sein Zeichen, um noch einmal die »Trumpfkarte« zu spielen.

In der Zwischenzeit ereigneten sich politische Geschehnisse von großer Tragweite. Am 24. Oktober trafen sich Hitler und Pétain in Montoire, um Vereinbarungen über die Form der französischen Kollaboration mit Deutschland zu treffen. In ihrem Geheimabkommen war die Rede von einer Gleichheit der Interessen der Achsenmächte und Frankreichs, deren Konsequenz die Unterstützung Frankreichs beim Kampf gegen England sein sollte. Als Gegenleistung sollte Frankreich innerhalb des neuen Europas den Platz erhalten, »der ihm gebührt« (Shirer 1960, 815 u. 817).

Man konnte annehmen, daß das Kollaborationsprinzip auch auf den privatwirtschaftlichen Sektor angewandt werden sollte. Hitler und Pétain einigten sich im Prinzip auf das, was Frossard schon zwei Wochen vorher für die Zusammenarbeit der I. G. mit der französischen Industrie gefordert hatte. Die deutsche Regierung sollte keine französischen Unternehmen konfiszieren, sondern den deutschen und französischen Unternehmen gestatten, sich auf privater und freiwilliger Basis zu einigen. Diese neue Regelung fand die volle Zustimmung der I. G. Sie hatte jetzt Handlungsfreiheit und brauchte sich nicht auf eine Partnerschaft mit dem Reich einzulassen, um die französischen Unternehmen auszubeuten. Da die I. G. jetzt mit privaten französischen Eigentümern verhandeln konnte, war sie wirklich in der Lage, ihren Anspruch auf eine Führungsposition durchzusetzen und den Mehrheitsbesitz in der französischen Chemieindustrie an sich zu reißen.[132]

Nun war die I. G. zu »Verhandlungen« mit den Franzosen bereit. Eine Woche nach Abschluß der Vereinbarungen von Montoire teilte Hemmen im Einverständnis mit der I. G. der französischen Waffenstillstandsdelegation mit, daß das von der französischen Industrie gewünschte Treffen jetzt stattfinden könne. In Erwartung der Ereignisse hatte die I. G. bereits in Paris Vorgespräche mit Frossard und Duchemin geführt. Frossard und Duchemin bekannten sich offen zur Kollaboration. Eine Aktennotiz der I. G. über die Konferenz gibt darüber Auskunft, daß die Situation in Vorbereitungsgesprächen bereits weitgehend im Sinne der deutschen Vorstellungen geklärt war.[133] Die französischen Farbenfabriken sollten zu einem Verbund zusammengeschlossen werden, der den Namen »Francolor« tragen sollte.

Die I. G. sollte einundfünfzig Prozent der Anteile erhalten, die Franzosen neunundvierzig. Francolor sollte sich auf den französischen Markt beschränken und nicht in das restliche Europa exportieren dürfen.[134]

Nachdem die grundlegenden Probleme in Privatgesprächen abgeklärt schienen, war es nun Zeit für offizielle Verhandlungen. Schnitzler entschied sich für Wiesbaden als Verhandlungsort, weil man hoffte, die Forderungen der I. G. bekämen dort offizielles Gewicht.[135] Wie geplant, fand das Treffen in Wiesbaden statt. Schnitzler und Ter Meer leiteten die Delegation der I. G., Duchemin vertrat die französische Seite. Frossard nahm nicht teil. Seine französischen Kollegen erhielten die Mitteilung, daß er krank zu Bett läge.[135]

Schnitzler hatte sich verrechnet. Die Angelegenheit wurde nicht so glatt abgewickelt, wie es die Vorgespräche mit Frossard und Duchemin hatten erwarten lassen. Ein I. G.-Vertreter bemerkte hierzu, daß die Verlegung der Gespräche nach Wiesbaden wohl der französischen Delegation zu einer neuen Taktik verholfen habe und sie hoffe, in »offizieller Atmosphäre« ein besseres Ergebnis erzielen zu können als bei den inoffiziellen Gesprächen in Paris.[136]

Die französische Delegation schlug vor, man solle das deutsch-französische Farbstoff-Kartell von 1927 erneuern. Nach ihren Aussagen hatten französische Rechtsexperten festgestellt, daß das Kartellabkommen durch den Ausbruch des

Krieges nicht hinfällig geworden, sondern nur vorübergehend außer Kraft sei. Nach Abschluß der Friedensverhandlungen könnten die alten Vereinbarungen wieder in Kraft treten. Die Industriellen sollten den Richtlinien der Kollaborationsvereinbarungen folgen, die Hitler und Pétain in Montoire erarbeitet hatten. Schließlich würde man jetzt zwischen Bündnispartnern verhandeln und nicht zwischen Sieger und Besiegtem.[138]

Die deutsche Antwort auf den französischen Vorschlag fiel wenig wohlwollend aus. Hemmen unterbrach die Franzosen mit einer wilden Tirade. Er schlug auf den Tisch und schrie, daß es eine Unverschämtheit sei, zu behaupten, nach dem deutschen Sieg von 1940 sei das Abkommen von 1927 noch in Kraft, das schließlich nur das Ergebnis des Vertrages von Versailles sei. Hemmen verbat sich jegliche Diskussion über den französischen Vorschlag. Die Franzosen sollten sich darauf besinnen, daß sie den Krieg verloren hätten und es an der Zeit wäre, die Führungsrolle der I. G. im Chemiebereich anzuerkennen. Hemmen ließ keine Zweifel daran, daß das Reich die Forderungen der I. G. unterstützen würde.[139]

Als Schnitzler zur Wort kam, redete er zwar in ruhigerem Ton, vertrat aber die gleichen harten Forderungen. Der französische Vorschlag entspreche nicht den politischen und wirtschaftlichen Realitäten. Schließlich habe Frankreich Deutschland den Krieg erklärt und die französische Industrie müsse nun den Preis der Niederlage bezahlen. Es sei in der Tat ein Verhältnis von Sieger und Besiegtem.[140]

Einer der französischen Delegierten hatte den Mut, noch eine letzte Frage zu stellen. Wie sollte die »Führungsrolle« der I. G. genau aussehen? Schnitzler gab eine klare Antwort. Die I. G. sollte die unbeschränkte finanzielle, technische und besitzrechtliche Kontrolle über die französische Chemie-Industrie ausüben.[141] Hemmen beendete die Sitzung mit der Ankündigung, daß sich die beiden Seiten am nächsten Tag ohne die Waffenstillstandsbeauftragten treffen sollten, um ihr Abkommen auszuhandeln. Der deutsche Botschafter äußerte den Wunsch nach einem Abkommen, das man als Modell für alle deutsch-französischen Wirtschaftsbeziehungen verwenden könnte.[142]

Am selben Abend schrieb Schnitzler an Hermann Schmitz, um ihm den Verhandlungsverlauf zu berichten. Er lobte die energische Gesprächsleitung von Botschafter Hemmen, der eine sehr geschäftsmäßige Atmosphäre geschaffen habe. Es sei abzuwarten wie die französische Delegation am nächsten Tag auf den »Führungsanspruch« der I. G. reagiere.[143]

Auf der Sitzung am nächsten Tag wiederholte Schnitzler die ultimative Forderung nach einem Anteil von einundfünfzig Prozent an dem neuen deutsch-französischen Chemieunternehmen, nach dem Verzicht der Franzosen auf jeglichen Export und der Übernahme der Kontrolle von Herstellung und Verkauf durch die I. G.[144] Die Franzosen protestierten in aller Schärfe. Die Forderungen der I. G. waren zu hart. Es entging ihnen jedoch nicht, daß die deutsche Regierung unter dem Einfluß der I. G. mit einem Federstrich das Ende der französischen Chemieindustrie besiegeln konnte, was sich schon in der harten Haltung von Hemmen und Schnitzler andeutete.[145] In der Hoffnung auf einen Ausweg beantragten die Franzosen eine Vertagung, um sich mit ihrer Regierung beraten zu können.

Einige Tage später in Paris traf sich Kramer mit Frossard, der sehr offen über die gesamte Problematik des Abkommens sprach.[146] Frossard versicherte Kramer, er selbst habe »volles Verständnis« für die Haltung der I. G. Kramer beschrieb Frossard in seinem Bericht an die I. G. als einen Menschen, der sehr stark in deutschen Kategorien dachte, was wohl auf seine Erziehung zurückzuführen sei. Es sei allerdings wahr, daß nicht alle seiner Kollegen seine Haltung teilten.[147] Frossard war offensichtlich zu einer Übereinkunft bereit. Die Franzosen scheuten eine gemeinsame Gesellschaft unter der Führung der I. G., da man damit den Charakter einer »nationalen« Industrie mit einem Franzosen an der Spitze preisgeben würde. Frossard war der Meinung, daß man durch die Einrichtung einer Generalagentur unter Führung der I. G. das Gleiche erreichen könne und trotzdem nicht den französischen Stolz verletzen würde.

Die französischen Industriellen besprachen nach ihrer Rückkehr von Wiesbaden mit ihrer Regierung die Forderungen der I. G.[148] Man war sich einig, daß die Übernahme der französischen Chemieindustrie durch die I. G. Schwierigkeiten zur Folge hätte. Fabriken die unentbehrlich für Frankreichs Verteidigung waren, würden sich dann in den Händen der Deutschen befinden. Außerdem würde man einen gefährlichen Präzedenzfall schaffen, den die Deutschen dazu benutzen konnten, auch die Kontrolle über andere französische Industrien zu erlangen. Die Industrievertreter erkannten jedoch auch, daß man vorsichtig vorgehen mußte und die Forderungen der I. G. nicht zu hart zurückweisen durfte. Sie fürchteten, daß die I. G. im Falle eines Abbruchs der Verhandlungen für die dauernde Schließung der französischen Fabriken durch Abschneiden von der Rohstoff-, Kohle- und Elektrizitätsversorgung sorgen würde. Trotz all dieser ängstlichen Überlegungen wies die französische Regierung im Dezember die Forderung der I. G. in aller Form zurück.

Die französischen Industriellen erarbeiteten nun einen Gegenvorschlag. Sie wiederholten den Vorschlag zur Bildung einer gemeinsamen Verkaufsorganisation an Stelle einer gemeinsamen Herstellungsfirma. Die Deutschen sollten nur neunundvierzig Prozent der Anteile erhalten. Man wollte einen Firmenleiter ernennen, der sowohl den Deutschen als auch den Franzosen genehm war. Jede Seite sollte die gleiche Anzahl von Direktoren benennen dürfen. Nach Absegnung durch die französische Regierung sollte der Plan der I. G. vorgelegt werden.

Duchemin traf sich mit Kramer und anderen Vertretern im Hauptquartier der deutschen Besatzungsstreitkräfte. Vorsichtig präsentierte er den französischen Gegenvorschlag. Die Deutschen erklärten ihn für absolut unannehmbar. Duchemin bewies erstaunliche Courage und antwortete, daß die Franzosen solange, wie Verhandlungen zwischen ihnen und der deutschen Industrie auf einer freiwilligen Ebene stattfänden, einer einundfünfzigprozentigen Beteiligung der Deutschen nie zustimmen würden. Lieber ließe er sich die Hand abhacken, als solch ein Abkommen zu unterschreiben. Kramer deutete an, daß unter diesen Umständen weitere Verhandlungen unsinnig seien. Er deutete jedoch auch an, daß ein Abbruch der Verhandlungen unangenehme Konsequenzen haben könnte. Dann wechselte er plötzlich die Tonart und brachte ein neues Element in die Diskussion ein. Er legte einen Köder aus. Würden die französischen Industriellen ihre Meinung ändern, wenn die I. G. ihnen eine Entschädigung anböte? Duchemin war von diesem Vorschlag angetan. In diesem Fall wäre die Transaktion erträglicher, antwortete er. Art und Höhe der Entschädigung wurden zu diesem Zeitpunkt nicht erwähnt. Kramer unterstrich seine zur Schau getragene Umgänglichkeit mit der Warnung, die Franzosen sollten Anweisungen ihrer Regierung abwehren, die ihre Handlungsfreiheit beeinträchtigen könnten. Man wolle die Verhandlungen doch im Bereich des »freien Unternehmertums« halten. Anderenfalls würde die Angelegenheit wieder an die Waffenstillstandskommission verwiesen und damit von der »Gnade« des Botschafters Hemmen abhängig.

Am 20. Januar wurden die Verhandlungen in Paris wieder aufgenommen. Trotz Kramers Warnung brachten die Franzosen wieder ihren Vorschlag zur Gründung einer gemeinsamen Verkaufsagentur vor, in der die Franzosen die Mehrheitsanteile halten sollten. Sie erklärten sich zu keinen weiteren Konzessionen bereit.[149] Die I. G. verlangte weiterhin für sich eine Mehrheit als einzig annehmbare Lösung. An diesem Punkt nannten die I. G.-Vertreter dann die Höhe der Abfindung. Die I. G. würde den französischen Industriellen ein Prozent ihres Aktienbestandes überschreiben.[150]

Die »Großzügigkeit« der I. G. war jedoch mit einer eindeutigen Drohung verbunden. Man erklärte Duchemin, im Falle einer Ablehnung des I. G.-Plans würde man Kuhlmann als jüdisches Unternehmen klassifizieren und alle seine Fabriken dann von den deutschen Behörden konfiszieren lassen. Die Tatsache, daß der Jude Raymond Berr vor der deutschen Besetzung geschäftsführender Direktor der Kuhlmann Fabriken gewesen war, genügte für diese Klassifizierung.[151] Angesichts der immer massiveren und häßlicheren Drohungen schwand der Widerstand der französischen Industriellen. Widerwillig stimmten sie den Grundzügen des I. G.-Plans zu, widersetzten sich jedoch weiterhin dem Verlangen der I. G. nach einer Mehrheit der Anteile. Sie erklärten, daß sie hierzu das Einverständnis der französischen Regierung benötigten.[152]

Alle Proteste waren jedoch umsonst. Auf einer »Friedenskonferenz« am 12. März wurde offiziell mitgeteilt, daß eine neue Gesellschaft mit dem Namen Francolor gegründet werden sollte. Die I. G. würde die französischen Hersteller mit einem Prozent ihrer Aktien abfinden und dafür die kontrollierende Mehrheit erhalten. Um der französischen Regierung zu versichern, daß mit diesem Vorgang kein Präzedenzfall geschaffen worden war, einigte man sich darauf, die Francolor-Angelegenheit als Sonderfall zu bezeichnen, der nicht zum Vorbild für künftige deutsche Aktionen werden sollte.[153] Die I. G. und die französischen Aktionäre sollten die gleiche Anzahl von Direktoren benennen dürfen. Die I. G. machte außerdem noch eine Konzession, die nach außen von großer Bedeutung zu sein schien: Die Leitung des Unternehmens sollte immer bei einem Franzosen liegen.[154]

Die Verhandlungen zogen sich bis zum Mai hin, und die Deutschen mußten feststellen, daß die französische Kapitulation nicht so einfach zu erreichen war, wie sie es sich vorgestellt hatten. Die Franzosen komplizierten den Vorgang durch eine Reihe von Gegenvorschlägen. Kramer beschwerte sich bei Schmitz, die Franzosen würden praktisch in allen für die I. G. essentiellen Punkten einen Rückzieher machen, weshalb beim nächsten Treffen das Ganze von neuem aufgerollt werden mußte. Duchemin gab gegenüber Kramer zu, daß die Franzosen ihre Haltung verhärteten.

Kramer wandte sich wieder an Frossard. Bei ihrem Treffen entschuldigte sich Frossard damit, daß die neuerlichen Gegenvorschläge nicht seinem Standpunkt entsprächen. Dann fuhr er in der Darstellung seiner Schwierigkeiten fort. Weniger flexible Gruppen in der französischen Chemieindustrie hätten besonders bei Kuhlmann Auftrieb erhalten. Wie aus seinen Ausführungen gegenüber Kramer hervorging, war der Widerstand in der französischen Chemieindustrie doch stärker, als es die Erklärung vom 12. März zum Ausdruck gebracht hatte.[155]

Obwohl die I. G. den französischen Widerstand hätte brechen können, schleppten sich die Verhandlungen weiter hin. Frossard versicherte der I. G. allerdings, daß für ihn die Einrichtung der Francolor schon Realität sei und daß er keinerlei Transaktionen vornehmen werde, ohne vorher die I. G. zu befragen.[156]

Um seine Kooperationsbereitschaft zu beweisen, beteiligte er sich persönlich an der »Arisierung« der französischen Fabriken, während Duchemin vorübergehend die Aufgaben des jüdischen Opfers Raymond Berr wahrnahm. Auch in dieser Aufgabe bewies Frossard seine »Vielseitigkeit«. Er unternahm gewaltige Anstrengungen, um »Justizirrtümern« vorzubeugen, die durch falsche Angabe über die Abstammung bestimmter Personen hätten entstehen können. In mindestens zwei Fällen protestierte Frossard bei den Nazis gegen Anschuldigungen, die gegen Angestellte der Kuhlmann erhoben worden waren. Ein Fall betraf Serge de Kap-Herr. Frossard bestand darauf, daß Kap-Herr arischer Abstammung sei. Die Deutschen ließen sich überzeugen und Kap-Herr behielt seine Stelle. Im zweiten Fall handelte es sich um Frossards langjährigen Mitarbeiter und persönlichen Freund, M. Rhein. Rhein war wie auch Frossard im Elsaß geboren, als es noch zu Deutschland gehörte. Im Gegensatz zu Frossard war er in Deutschland geblieben und hatte vor und während des Ersten Weltkrieges als Chemiker bei der BASF gearbeitet. Nach dem Krieg erwarb er die französische Staatsbürgerschaft und trat in die Compagnie Nationale ein, wo er mit Frossard zusammenarbeitete. Seit dieser Zeit hatte Rhein für die französische

Farbenindustrie gearbeitet. Frossard teilte der I. G. mit, daß entgegen der Anklage Rheins Vater kein Jude gewesen sei, sondern ein christlicher Kirchenmann aus Hamburg. Vergeblich, denn Rhein wurde trotzdem entlassen.[157]

Im Sommer 1941 war der Widerstand der französischen Industrie zusammengebrochen und das endgültige Abkommen war bereits in großen Teilen ausgearbeitet. Die I. G. sollte die Kontrolle über alle Herstellungsanlagen in Frankreich und über die ausländischen Produktionsstätten, die sich in deutsch besetzten Gebieten befanden, erhalten. Unter dieses Abkommen fiel auch der französische Anteil an Winnica, deren Aufsichtsratsvorsitzender Frossard war. Selbst die Übergabe des einprozentigen Anteils an der I. G. an die Franzosen wurde mit harten Konditionen verbunden. Die Anteile durften weder außerhalb der französischen Chemie-Industrie verkauft noch beliehen werden.[158]

Es blieb noch ein Problem, das man lösen mußte. Die I. G. wandte sich gegen die französische Fassung der Präambel des Francolor Abkommens, da dort betont wurde, »daß die französische Regierung unter Druck die Beteiligung an der französischen Chemie-Industrie gewähre.«[159] Für den unwahrscheinlichen Fall, daß Deutschland den Krieg verlieren sollte, fürchtete die I. G., daß die Präambel für sie nachteilig wäre.[160] Sie könnte die Basis liefern für eine Annullierung des Abkommens durch die Franzosen, falls sich die Umstände änderten. Um zu vermeiden, daß die Franzosen irgendwann in der Zukunft die »Auflösung des Abkommens« verlangen würden, da es unter Repressalien zustande gekommen sei, verlangte der Anwalt der I. G. eine Formulierung, die andeutete, daß die französische Regierung ihre freiwillige Zustimmung gegeben hatte. Die Präambel, auf die man sich schließlich einigte, fand den Gefallen der I. G. Sie enthielt den Satz: »Die französische Regierung anerkennt die Legalität des vorliegenden Vertrages, der nicht den zukünftigen oder gegenwärtigen Gesetzen Frankreichs zu entsprechen braucht.«[161] Während einer der letzten Sitzungen zur Ausarbeitung der Einzelheiten des Abkommens verriet Ter Meer unbewußt den Geist der Verhandlungen. Er kritzelte auf seinen Aktenordner: »Denn im Wald, da sind die Räuber«.[162]

Am 18. November 1941 unterzeichneten Schnitzler und Ter Meer für die I. G. und Duchemin, Thesmar und Frossard für die französische Industrie in Paris das Francolor-Abkommen.[163] Frossard wurde zum Präsidenten der Francolor gewählt, wie man es erwartet hatte. Schnitzler hatte schon vorher erklärt, daß nur Frossard in Frage käme.[164]. Entsprechend einer weiteren Vereinbarung wurden die Sitze im Aufsichtsrat zu gleichen Teilen von beiden Seiten belegt: Schnitzler, Ter Meer, Ambros und Hermann Waibel für die I. G.; Frossard, Duchemin und zwei weitere Pétain-Kollaborateure für die französische Industrie.[165]

Die Aktionärsversammlung der Kuhlmann, bei der das Abkommen ratifiziert werden sollte, fand in Vichy statt.

Als sich ein Aktionär erhob, um gegen die Überlassung des Mehrheitsanteils der Francolor an die I. G. zu protestieren, erklärte man ihm, daß dies durch

Frossards Ernennung zum Präsidenten der Firma aufgewogen werde. Bei 50 Neinstimmen und 406 Enthaltungen wurde das Abkommen angenommen (*New York Times*, 22. 12. 41, 31). Die Neuordnung der französischen Chemieindustrie hatte jetzt ihren legalen Mantel.

Die I. G. befand sich auf dem Höhepunkt ihrer Macht. Sie beherrschte ein Industrieimperium, das von der Barents-See bis zum Mittelmeer und von den Kanalinseln bis nach Auschwitz reichte.

Frossard spielte weiterhin seine besondere Rolle für die I. G. Als Hitlers Zweifrontenkrieg das Arbeitskräftereservoir Deutschlands auszubluten begann, suchte man in den besetzten Gebieten nach Ersatz. In seiner Aufgabe als Generalbevollmächtigter (des Vierjahresplans) versuchte Krauch in Frankreich Arbeiter anzuwerben. Anfangs war das Unternehmen ein jämmerlicher Mißerfolg. Man hatte 350000 Arbeiter erwartet, konnte aber nur 36000 bekommen.[166] Krauch erinnerte sich schließlich an seine Erfahrungen bei der Wiederherstellung der Oppauer Fabrik. Damals hatte er mit Firmen in ganz Deutschland verhandelt und sie dazu bewegt, komplette Arbeitstrupps zum Wiederaufbau der Anlage zu schicken.

In einem Brief an Schnitzler, den er sowohl in seiner Eigenschaft als leitender Angestellter der I. G. als auch eines Nazi-Generalbevollmächtigten schrieb, verwies er darauf, daß das System des Einsatzes »geschlossener Einheiten« den Fluß französischer Arbeitskräfte nach Deutschland verstärken würde. Er erklärte, daß die französischen Arbeiter Beschäftigte ihrer Muttergesellschaft bleiben und nach Erfüllung des Auftrags nach Frankreich zurückkehren würden. Er war begeistert davon, daß auch Frossard die neue Methode gefiel.

> Aus den bisherigen Verhandlungen könne man entnehmen, daß Frossard die Methode der geschlossenen Einheiten für die beste Methode halte, um französische Arbeiter in großer Zahl in die deutschen Fabriken zu bringen. Frossard habe aus eigener Initiative einen Vertrag mit der I. G. Ludwigshafen abgeschlossen. Es sei zu hoffen, daß bald noch mehr Francolor Arbeiter nach Deutschland geschickt würden.

Schnitzler antwortete, daß man sich auf Frossard in dieser Angelegenheit hundertprozentig verlassen könne. Er würde das Problem mit sehr viel Verständnis und gutem Willen angehen.

Die französischen Arbeiter lernten bald, daß »geschlossene Einheiten« eine euphemistische Umschreibung des Wortes Sklavenarbeit war. In einem Anfall von Galgenhumor bezeichnete ein I. G.-Vertreter die Franzosen, mit denen er über die Rekrutierung der Arbeiter verhandelte als »Sklavenhändler«.[167] Das Verbrechen der Sklaverei wurde nun viel effizienter und in viel größerem Ausmaß als während des Ersten Weltkrieges begangen. Doch das war nur der Anfang. Schon bald sollte das Unternehmen Dimensionen erreichen, die die Welt weder glauben noch fassen konnte.

6. Kapitel Sklavenarbeit und Massenmord

Im August 1942 erhielt das Büro des Jüdischen Weltkongresses in Lausanne die ersten Berichte über ein Unternehmen des Dritten Reiches, das man nur als pathologisch bezeichnen konnte. Ein deutscher Industrieller berichtete, sein Leben riskierend, die deutsche Regierung habe im Verlauf der letzten acht Monate »die Judenfrage gelöst«, und zwar in Form eines organisierten Massenmords. Ihr Ziel sei die Vernichtung des gesamten jüdischen Volkes. Der Industrielle erzählte weiterhin, in Polen seien Vernichtungslager eingerichtet worden, wo man hunderttausende von Juden mit Giftgas getötet habe, das man in geschlossene Räume einleitete, die nur zu diesem Zweck gebaut worden waren.

Im Folgenden häuften sich die Beweise für die Existenz des deutschen Programms zur Vernichtung der Juden. Ende August 1943 wurden in einem Bericht der Alliierten die Kriegsverbrechen der Achsenmächte beschrieben. Der Report beschuldigte Deutschland und seine Verbündeten, »in immer stärkerem Maße ein vorsätzliches Programm von Mord, wahllosem Diebstahl, Folter und unmenschlicher Brutalität auszuführen, wie es die Welt noch nicht erlebt habe« (*New York Times*, 27. 8. 43, 7). Deutschland wurde des vorsätzlichen Mordes an 1702500 Menschen bezichtigt. Diese Zahl schien zu jenem Zeitpunkt unglaublich, stellte sich jedoch hinterher als grobe Untertreibung heraus.

Die deutschen Kriegsverbrechen beschäftigten in zunehmendem Maße die Führungen der alliierten Länder. Auf ihrem Gipfeltreffen in Moskau am 1. November 1943 erstellten Roosevelt, Churchill und Stalin gemeinschaftlich die »Deklaration über unmenschliche Verbrechen der Deutschen«. Man ließ die Deutschen wissen, daß man sie für ihre Verbrechen zur Verantwortung ziehen und vor ordentliche Gerichte stellen und bestrafen würde. Mit allen nur erdenklichen Mitteln überbrachte man dem deutschen Volk, seinen Satellitenstaaten und den besetzten Ländern diese Nachricht. Fortwährende Radiosendungen, von Flugzeugen abgeworfene Schriften und Untergrundzeitungen wurden hierzu benutzt. Die Warnung war unmißverständlich und offen.

»Sofort nachdem man einer deutschen Regierung einen Waffenstillstand gewährt haben wird, werden alle deutschen Offiziere und Soldaten und Mitglieder der NSDAP, die für Massaker verantwortlich waren oder ihre Zustimmung dazu gaben, in die Länder zurückgeschickt, in denen sie ihre Verbrechen begangen haben. Sie werden bestraft, wie es die Gesetze der befreiten Länder und der darin entstandenen freien Regierungen vorsehen. Man wird in allen diesen Ländern Listen aufstellen, besonders aber wird man sich den besetzten Gebieten innerhalb der Sowjetunion, Polen, Tschechoslowakei, Jugoslawien, Griechenland mit allen Inseln einschließlich Kreta, Norwegen, Dänemark, Holland, Luxemburg, Frankreich und Italien widmen.«[168]

Die Moskauer Deklaration verfehlte ihre Wirkung; das Vernichtungsprogramm des Reiches beschleunigte sich sogar noch. Am 24. März 1944 veröffentlichte Präsident Roosevelt deshalb seine eigene Warnung an die deutsche Nation:

»Als eines der schwerwiegendsten Verbrechen in der Menschheitsgeschichte – von den Nazis in Friedenszeiten begonnen und mit hundertfacher Brutalität während des Krieges fortgesetzt – findet täglich aufs neue der systematische Massenmord an den europäischen Juden statt . . . Es erscheint uns angebracht, noch einmal unserem festen Willen Ausdruck zu verleihen, daß niemand, der an diesen Grausamkeiten beteiligt war, ungestraft davonkommen soll . . . Alle Schuldigen werden bestraft werden.« (*New York Times*, 24. 3. 1944, 4)

Bis November 1944 waren bereits Millionen der vorsätzlichen Vernichtungsaktion Hitlers gegen die Juden zum Opfer gefallen. Der geschäftsführende Direktor der Flüchtlingsbehörde, John Pehle, entschied sich zur Veröffentlichung der Berichte, die er von zwei aus Auschwitz entkommenen Gefangenen erhalten hatte, und schickte sie an alle Zeitungen, sich für ihre Authentizität verbürgend. Die Berichte gaben eine detaillierte Beschreibung der Zustände in Auschwitz, der Konzentrationslager, der miserablen Lebensbedingungen der Gefangenen und der Brutalität der deutschen Machthaber – sie beschrieben fast das gesamte Vernichtungsprogramm der Nazis.[169]

Der Leiter des Kriegsberichterstattungsbüros, Elmer Davis, verlangte, daß Pehle die Berichte zurückzöge, die wegen einer zehntägigen Nachrichtensperre noch nicht veröffentlicht worden waren. Er meinte, die amerikanische Öffentlichkeit würde die Berichte nicht glauben und sie für Horrorgeschichten von der Art, wie sie während des Ersten Weltkrieges verbreitet wurden, halten. Pehle, bei allem Respekt vor Davis und Verständnis für dessen Beweggründe, glaubte aber, daß nur durch die Aufdeckung der Vorkommnisse noch Hoffnung bestand, die verbleibenden europäischen Juden zu retten, und weigerte sich, die Berichte zurückzuziehen. So erfuhr die Öffentlichkeit zum erstenmal von den grauenhaften Vorkommnissen in Auschwitz.

Eine der aufsehenerregendsten Enthüllungen der Berichte war die Existenz einer riesigen Industrieanlage, die die I. G. in Auschwitz betrieb. Die beiden geflohenen Gefangenen waren als Zwangsarbeiter in der Buna-Abteilung dieser Anlage beschäftigt gewesen. Die Einzelheiten ihrer Berichte zeigten, wie weit sich der Pakt der I. G. mit Hitler schon entwickelt hatte:

»Wir arbeiteten in der riesigen Buna-Fabrik, wohin man uns jeden morgen um drei Uhr trieb. Unser Mittagessen bestand aus Kartoffel- oder Rübensuppe, abends bekamen wir etwas Brot. Während der Arbeitszeit wurden wir fürchterlich mißhandelt. Da unser Arbeitsplatz außerhalb der Wachtürme lag, war er in kleine Parzellen von 100 qm eingeteilt, die von jeweils einem SS-Mann bewacht wurden. Wer während der Arbeitszeit aus seiner Parzelle herausging, wurde auf der Stelle wegen »Fluchtversuchs« erschossen. Manchmal machten sich die SS-Männer einen Spaß daraus, jemanden nach einer Sache zu schicken, die außerhalb seiner Parzelle lag. Wenn er dem Befehl Folge leistete, wurde er erschossen, weil er seinen anbefohlenen Platz verlassen hatte. Die Arbeit war außergewöhnlich hart und es gab keine Pausen. Der Weg von und zur Arbeit wurde in scharfem Marschtempo zurückgelegt, wer nicht mithalten konnte, wurde erschossen. Bei meiner Ankunft arbeiteten etwa 3000 Menschen an diesem Ort, 2000 davon waren slowakische Juden. Nur wenige waren den Anstrengungen gewachsen und trotz der Hoffnungslosigkeit des Unterfangens gab es jeden Tag mehrere Fluchtversuche. Das Resultat waren mehrere Hinrichtungen pro Woche.«[170]

In der amerikanischen Wirtschaft und besonders bei den Gesellschaften, die vor dem Krieg mit der I. G. kooperiert hatten, stießen die Berichte auf Unglauben. Doch die Informationen über die Verwicklungen der I. G. waren nur zu wahr. Die I. G. baute weitläufige Anlagen zur Herstellung von synthetischem Öl und Kautschuk in Auschwitz.

Pehle, der als Vorsitzender der Flüchtlingsbehörde zehntausenden von Juden das Leben rettete, war einer der ersten Politiker, die eine Bombardierung der Industrieanlagen und Vernichtungseinrichtungen von Auschwitz in Betracht zogen. Er wandte sich in dieser Angelegenheit an das Kriegsministerium, erhielt von dort aber die Antwort, ein Angriff auf Auschwitz würde anderweitig dringend benötigte Flugzeuge in Anspruch nehmen. Pehle setzte dem entgegen, in Auschwitz würden wichtige Rüstungsgüter produziert, doch das Ministerium bestand auf seiner Weigerung.

Als sich Deutschland im Spätsommer 1940 in die Schlacht um England einließ, verkalkulierte es sich genauso wie sechsundzwanzig Jahre früher in der entscheidenden Schlacht an der Marne. England weigerte sich, trotz der Drohung Hermann Görings, seine Luftwaffe werde innerhalb von Wochen, wenn nicht gar innerhalb von Tagen, Englands Widerstandskraft gebrochen haben, sich zu ergeben. Die britischen Inseln blieben ein »unsinkbarer Flugzeugträger«, der auf das Herz Deutschlands zielte.

Hitler wollte sich jedoch von den Rückschlägen an der Westfront nicht hindern lassen und ignorierte Deutschlands schlechte Erfahrungen mit einem Zweifrontenkrieg. Er blieb bei seinem Plan, die noch verbündete Sowjetunion anzugreifen. Da er sich seiner militärischen Überlegenheit und der Unfehlbarkeit seiner militärischen Entscheidungen sicher war, befahl er seinen Generälen, sich auf einen frühen Angriff vorzubereiten. Die Generale jedoch teilten seine Selbstsicherheit nicht. Die knappen Rohstoffe bildeten wieder einmal das Problem. Man machte Hitler darauf aufmerksam, daß die Kriege mit Polen, Frankreich und Großbritannien an die Substanz der Vorräte an Munition, Öl und Kautschuk gegangen seien. Es sei nicht ratsam, einen Angriff gegen die Sowjetunion zu starten, bevor man nicht weitere Produktionsanlagen für Gummi und Öl errichtet habe und die Vorräte wieder aufgefüllt seien. Das zu erwartende Ausmaß des Konflikts würde alles bisher an Planung Geleistete übertreffen. Hitler war nicht ganz überzeugt und trotz seiner Zustimmung zu einer Verschiebung des Angriffes plante er dessen Durchführung für den nächsten Frühling.

Geführt von Hitlers persönlichen Ansichten zur Unabhängigkeit von Rohstofflieferungen begannen die Kriegsplaner sofort mit der Projektierung von Kunstkautschukfabriken, mit denen man den Bedarf für den Rußlandfeldzug decken konnte. Das Reichswirtschaftsministerium berief Fritz ter Meer und Otto Ambros sofort zu einer geheimen Konferenz, auf der ihnen mitgeteilt wurde, daß man eine schnellstmögliche Vergrößerung der Bunakapazität wünsche.[171] Um die vom Ministerium projektierte Produktion zu ermöglichen, mußten neue Fabriken gebaut werden. Die noch zu errichtenden und die bereits bestehenden Fabriken in Hüls und Schkopau sollten die Produktion der I. G. auf 150000 t jährlich steigern, genug, um den Angriff auf die Sowjetunion zu ermöglichen. Man versicherte den I. G.-Vertretern, daß die deutsche Regierung die Expansion nach besten Kräften unterstützen würde und daß sich die früheren Schwierigkeiten mit der Armee nicht wiederholen würden. Das Oberkommando der Wehrmacht unterstrich diese Aussage durch seine Zusicherung jedmöglicher Unterstützung. Eine schnelle Durchführung der notwendigen Arbeiten war angebracht. In seiner Eigenschaft als Generalbevollmächtigter für Sonderfragen der chemischen Erzeugung befahl Krauch den sofortigen Bau einer der beiden neuen Anlagen, die zusammen mit den schon bestehenden Hochdruckanlagen in Ludwigshafen arbeiten sollte. Den Bau der zweiten Anlage wolle man beginnen, sobald man einen geeigneten Standort gefunden habe. Krauch dachte an Norwegen und Schlesien.

Krauch schickte Ambros, einen der begabtesten Chemiker der I. G., nach Schlesien, um dort das Terrain zu erkunden. Ambros war 1926 bei der I. G. eingetreten und nach Sumatra geschickt worden, wo er ein Jahr lang die Chemie des Naturkautschuks erforschte. Bis 1935 hatte er sich an die Spitze der Kautschukexperten der I. G. hochgearbeitet. Die formelle Anerkennung seiner Leistungen durch Bosch erhielt Ambros, als dieser ihm den Bau und die Leitung der ersten großen Buna-Anlage in Schkopau übertrug. Ambros war ein ungewöhnlicher Mensch. Er war der Experte der I. G. für Buna und Giftgas. Schon 1932 hatte er die grundlegenden Theorien entwickelt, auf denen die moderne Magnetbandtechnologie basiert. Angesichts des späteren Schicksals von Ambros ist es interessant, festzuhalten, daß er ein Schützling des Nobelpreisträgers Richard Willstätter war und unter dessen Anleitung seine Doktorarbeit verfaßte. Auch nach Willstätters Vertreibung aus Deutschland hielt Ambros noch Kontakt zu ihm.

Ambros erstellte persönlich eine genaue Bewertung der möglichen schlesischen Standorte und empfahl schließlich einen, der ihm besonders gut geeignet schien. In der Nähe befand sich eine Kohlengrube und der Zusammenfluß dreier Flüsse garantierte eine ausreichende Wasserversorgung. Die Reichsbahn, die Autobahn und die drei Flüsse boten exzellente Verkehrsverbindungen. Diese allein waren jedoch nicht die ausschlaggebenden Vorteile gegenüber den möglichen norwegischen Standorten. Der schlesische Standort bot einen überwältigenden Vorteil: die SS hatte weitreichende Vergrößerungspläne für ein nahegelegenes Konzentrationslager. Die Aussicht auf unbegrenzten Nachschub von Zwangsarbeitern war zu verlockend.[172]

Krauch stimmte begeistert für den schlesischen Standort, da sich in Norwegen die Bevölkerung bereits im Aufruhr gegen die brutalen Methoden der deutschen Besatzung befand. Krauch war sich der historischen Bedeutung seiner Entscheidung bestimmt nicht bewußt. *Der Name des polnischen Dorfes, das er zum Standort für die neue I. G.-Anlage wählte, war Auschwitz!*[173]

Nachdem das Reich dem Projekt und seinem Standort die Zustimmung erteilt hatte, gaben ihm die I. G.-Manager den Namen »I. G. Auschwitz«, den es weiterhin in den sorgfältig geführten Büchern der I. G. haben sollte.

Aus technischer und wirtschaftlicher Sicht schien es vernünftig, der Bunafabrik eine Ölsynthese-Anlage anzugliedern, denn beide Produktionsverfahren beruhen auf der Hochdruckchemie. Dementsprechend plante man dann auch eine große Hydrieranlage zur Umwandlung von Kohle in Öl mit einer monatlichen Kapazität von 778000 t.

Die I. G.-Direktoren wählten Ambros zum Leiter der Bunaanlage und Bütefisch zum Leiter der Treibstoffabrik in Auschwitz. Für sie als jüngste Mitglieder des Verwaltungsrats bedeutete diese Berufung einen wichtigen Schritt nach oben in der I. G.-Hierarchie. Schließlich erhielten sie damit die Entscheidungsgewalt über die weltgrößte Anlage zur Herstellung von synthetischem Öl und Gummi. Mit Hitler und der I. G. im Gleichschritt schien die Zukunft unbegrenzte Möglichkeiten zu bergen.

An jenem Punkt traf die I. G. eine weitere grundlegende, wenn nicht sogar schicksalhafte Entscheidung. Da der Angriff auf die Sowjetunion bevorstand, beschäftigte sich die I. G. mit den Perspektiven einer Ausweitung nach Osten. Die möglichen Gewinne schienen unermeßlich. Alle Anzeichen sprachen dafür, daß das Projekt in Auschwitz ein Geschenk des Himmels war. Die Sowjetunion und Asien waren ein Markt, dessen Dimensionen sogar die Vorstellungskraft der I. G.-Direktoren auf eine Probe stellte. Hitlers »Vorstoß nach Osten« versprach der I. G. die Eröffnung gigantischer Ausbeutungsmöglichkeiten. Die I. G. schätzte die Chancen des Projekts in Auschwitz so hoch ein, daß sie sich auf ein ungewöhnliches Risiko einließ. Die Direktoren entschlossen sich, statt einer Subventionierung des Unternehmens durch den Staat das volle Risiko selbst zu tragen und I. G. Auschwitz als rein privatwirtschaftliches Unternehmen aufzubauen.

Fast ohne Gegenstimmen wurde beschlossen, 900 Millionen Reichsmark in dieses größte Einzelobjekt innerhalb der I. G. zu stecken.[174] Nach Investitionen in dieser Höhe wurde natürlich mit großer Sorgfalt und Vorsicht über das Projekt gewacht.

Außer den großen Zukunftschancen gab es noch andere Faktoren, die das Risiko angebracht erscheinen ließen und die Weisheit der Entscheidung zu unterstreichen schienen. I.G. Auschwitz war von entscheidender militärischer Bedeutung für die Pläne der Deutschen und es gelang der I.G. deshalb, sich der Unterstützung höchster Nazis zu versichern. In einem geheimen Brief an Ambros berichtete Krauch von einer neuen Anordnung Görings, die dem Bauvorhaben in Auschwitz oberste Priorität einräumte. Die Arbeitskräftebeschaffung sollte notfalls sogar auf Kosten anderer Projekte durchgeführt werden.[175]

Krauch hatte bereits begonnen, die Arbeitskräftebeschaffung für den Bau von I.G. Auschwitz zu sichern. Er hatte Göring zu einem Brief an Himmler veranlaßt. In diesem Schreiben vom 18. Februar 1941 bat Göring die größtmögliche Zahl von Bauarbeitern aus dem angrenzenden Konzentrationslager für die Buna-Anlage abzustellen.[176] Man benötigte zwischen acht- und zwölftausend Aufbau- und Montagearbeiter. Göring erbat für sich und Krauch baldige Nachricht von Himmler über die Anweisungen, die dieser in der Angelegenheit zu geben gedachte. Aufgrund dieser Anfrage befahl Himmler dem SS-Inspekteur der Konzentrationslager und dem SS-Wirtschafts- und Verwaltungshauptamt, sich sofort mit dem Bauleiter der Buna-Fabrik in Verbindung zu setzen und das Vorhaben nach Kräften durch Einsatz von Häftlingen zu unterstützen. Nachdem Himmler seine Direktive erteilt hatte, schrieb Krauch an Ambros, er solle diese weitreichenden Anordnungen extensiv nutzen.

Damit keine Mißverständnisse über die Vorrangigkeit des I. G. Auschwitz-Projekts entstehen konnten, ernannte Himmler den Chef seines persönlichen Stabs, SS-Gruppenführer Karl Wolf, zum Verbindungsoffizier zwischen SS und I.G.[177] Am 20. März trafen sich Gruppenführer Wolf und Bütefisch, um die Details der Zusammenarbeit zwischen Konzentrationslager und I.G. zu diskutieren. Man hatte von Seiten der I.G. Bütefisch ausgewählt, weil er neben seiner Qualifikation als Chemiker auch den Rang eines Obersturmbannführers in der SS innehatte. Sie einigten sich darauf, daß die I.G. der SS drei Mark pro Tag für einen ungelernten und vier Mark für einen gelernten Arbeiter bezahlen sollte. Später lieferte die SS auch Kinder für den Preis von RM 1,50 pro Tag. Diese Zahlungen gingen selbstverständlich in die Kassen der SS, die Häftlinge sahen keinen Pfennig davon. Wolf garantierte, daß mit diesen Zahlungen alle Kosten abgedeckt wären und daß die I.G. höchstens noch mit Auslagen für besondere Arbeitsanreize – z. B. Zigaretten – rechnen müsse. Bei der Festlegung der Bezahlung ging man von der Vorstellung aus, daß ein Gefangener nicht die gleiche Arbeitskraft haben würde wie ein normal ernährter deutscher Arbeiter. Man rechnete mit nicht mehr als einer fünfundsiebzigprozentigen Arbeitsleistung.[178]

Eine Woche nach den Vorgesprächen fand in Auschwitz eine Konferenz statt, an der Chefingenieur Dürrfeld, sein Stellvertreter Max Faust und der Lagerkommandant, Obersturmbannführer Rudolf Höß, teilnahmen.[179] In der Zusammenfassung der Gespräche, die er seinen Vorgesetzten Ambros und Bütefisch schickte,[180] versicherte Dürrfeld, daß die Lagerleitung ihren Willen gezeigt habe, den Bau der Anlage nach bestem Vermögen zu unterstützen. Ein Problem bereite ihm jedoch Sorgen. Es ginge dabei um die Rekrutierung von »Kapos« aus den Reihen der Häftlinge. Kommandant Höß versicherte Dürrfeld jedoch, daß die I. G. bei der Zuteilung dieser Kapos, deren spezielles »Talent« in ihrer Neigung zu sadistischen Handlungen bestand, bevorzugt behandelt werden sollte. Diese Kapos würden unter den Berufskriminellen ausgesucht und von anderen Konzentrationslagern nach Auschwitz überstellt, schrieb Dürrfeld. Man schätzte, daß man für jeweils zwanzig Häftlinge einen Kapo benötigte.

Bei einer Inspektion des I. G. Auschwitz-Komplexes einige Wochen später gab auch Himmler die Versicherung seiner persönlichen Unterstützung des Projekts. Er garantierte der I. G. die sofortige Bereitstellung von 10000 Lagerinsassen.[181] Ambros schrieb an Ter Meer: »Unsere neue Freundschaft mit der SS erweist sich als gewinnbringend.«[182]

Bald schon sang man andere Töne. Unter den Fittichen der Nazigrößen Hitler, Himmler, Göring und Keitel hätte I. G. Auschwitz ein spektakulärer Erfolg werden müssen. Doch trotz der Unterstützung durch die Nazihierarchie – besonders die SS – wurde das Unternehmen immer wieder durch Versorgungsengpässe und technische Pannen behindert. Als die Schwierigkeiten sich zu häufen begannen, befürchtete man, daß die Anlagen nicht mehr früh genug fertiggestellt würden, um der deutschen Rüstung von Nutzen zu sein. Es war, als ob ein böser Geist das ganze Unternehmen heimgesucht habe.

Die leitenden I. G.-Angestellten vor Ort gaben der SS die Hauptschuld. Wie sie meinten, hätten die Führer der SS in Auschwitz kein Verständnis für die Arbeitsmethoden der freien Wirtschaft. Die Behandlung der Häftlinge erwies sich als produktionshemmend. Diese Beschwerden waren in detaillierter Form in den Wochenberichten der I. G. Auschwitz an die Hauptverwaltung der I. G. in Frankfurt enthalten. Als Beispiel kann man den Bericht für die Woche vom 3.–9. August nehmen, in dem unter anderem zu lesen ist, daß man die Verwaltung des Konzentrationslagers mehrfach auf die zunehmende Brutalität der Kapos hingewiesen habe, die sich vor allem an den schwächsten Häftlingen austobe, die einfach nicht härter arbeiten könnten. Da die dauernden Strafmaßnahmen eine demoralisierende Wirkung auf die freien Arbeiter (Polen und Deutsche) ausübe, habe man darum gebeten, diese Strafmaßnahmen nicht mehr auf der Baustelle, sondern im Lager durchzuführen.[183]

Einige Monate später schon kann man in den Berichten aus Auschwitz ein größeres Verständnis für die Probleme der SS erkennen: Besonders die Arbeitsleistung der Polen und Häftlinge ließe sehr zu wünschen übrig. Die Erfahrung habe gezeigt, daß man diese Leute nur durch brutale Gewalt zum arbeiten bewegen könne. Es sei ja bekannt, daß auch der Lagerkommandant schon wiederholt darauf hingewiesen habe, ohne körperliche Strafe könne man keine Erfolge bei diesen Leuten erzielen.[184]

Die Verzögerungen und technischen Probleme hielten weiter an und entsprechend endete der Bericht mit einem Hinweis auf die unangenehmen finanziellen Folgen für die I. G. Die Anhäufung der Probleme würde die Kosten spürbar in die Höhe treiben.

Die Probleme der I. G. ließen sich allerdings nicht allein durch ein besseres Verständnis für die Maßnahmen der SS bewältigen. Auf einer Konferenz der Bauleitung in Auschwitz, an der auch Ambros, Dürrfeld und Faust teilnahmen, beschäftigte man sich mit einer ganzen Reihe von Schwierigkeiten.[185] Auf der Tagesordnung fanden sich Versorgungsprobleme bei der Wohnungsbeschaffung, Transportmöglichkeiten, Mangel an Treibstoff und Baumaterialien. Viele notwendige Artikel wurden mit Verspätung geliefert. Die total überlastete Bahnstation und der Mangel an Kraftfahrzeugen rundeten die Liste ab. Faust berichtete, daß die freien Polen nur halb so effizient seien wie die deutschen Arbeiter, und die Gefangenen erbrächten noch nicht einmal ein Drittel der notwendigen Arbeitsleistung. Das Leben in Auschwitz bestand allerdings nicht nur aus Prügeln, Versorgungsengpässen, Ineffizienz und anderen Problemen. Der Wochenbericht für die letzte Woche 1941 endete mit einer fröhlichen Notiz von einer Weihnachtsfeier der SS, an der die I. G.-Vertreter teilnahmen, und die in einem Alkoholgelage endete.[186] Die gesellschaftlichen Beziehungen zwischen I. G. und SS wurden von den sich häufenden Fehlschlägen nicht in Mitleidenschaft gezogen. Dürrfeld und der Lagerkommandant gingen gemeinsam zur Jagd und statteten sich mit ihren Frauen gegenseitig Besuche ab. Die Schwierigkeiten beim Bau der Buna- und Ölsyntheseanlagen ließen jedoch nicht nach und die Bauarbeiten an der Bunaanlage lagen schon weit hinter der Planung.

Für die I. G. war das Ergebnis des ersten Jahres in Auschwitz wenig zufriedenstellend – genauer gesagt, es war ein Fiasko.

Die Häftlingsarbeit kristallisierte sich bald als das größte Problem der I. G. beim Bau von Auschwitz heraus. Die Trupps mußten jeden Tag sechs Kilometer durch Hitze oder Kälte marschieren, um vom Hauptlager Auschwitz zur I. G.-Baustelle zu kommen. Der Mangel an Bewachern führte zu Sicherheitsproblemen, so daß die Häftlinge nur bei Tageslicht außer bei Nebel zur Arbeit geführt werden konnten.[187] Krankheit, Unterernährung, das Arbeitstempo, sadistische SS-Wächter und Kapos erhöhten noch die Zahl der Ausfälle. Für die I. G.-Angestellten war es ein beunruhigender Anblick, wenn sie den Arbeitsbataillonen zuschauten, die ihre Toten hin- und hertrugen, damit diese morgens und abends beim Appell mitgezählt werden konnten. Es war eine seltsame Art, ein Geschäft zu betreiben.

Die I. G. Auschwitz schlitterte in eine finanzielle und technische Krise hinein. Angesichts ihrer Investitionen von annähernd einer Milliarde Reichsmark entschlossen sich die I. G.-Direktoren zu einer drastischen Abhilfe. Im Juli 1942,

Mitglieder des I. G.-Vorstands 1937
von links nach rechts: Lautenschläger, Knieriem, Schmitz, Kühne, Krauch, Ter Meer, Hermann Abs (Mitglied des Aufsichtsrats), Schnitzler und Gajewski

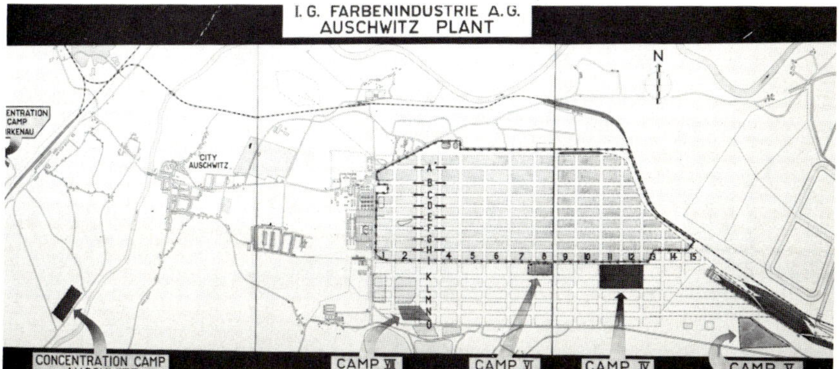

Plan für das Werk in Auschwitz

Himmler, begleitet von Dürrfeld und anderen I. G.-Vertretern, bei einer Inspektion des Auschwitz-Werkes im März 1941

Auschwitz, das Vernichtungszentrum, wo im Zuge der »Endlösung der jüdischen Frage« vier Millionen Menschen ermordet wurden, wurde wegen seines unbegrenzten Reservoirs an Arbeitskräften aus dem KZ von der I. G. als Ort für das Werk ausgewählt.

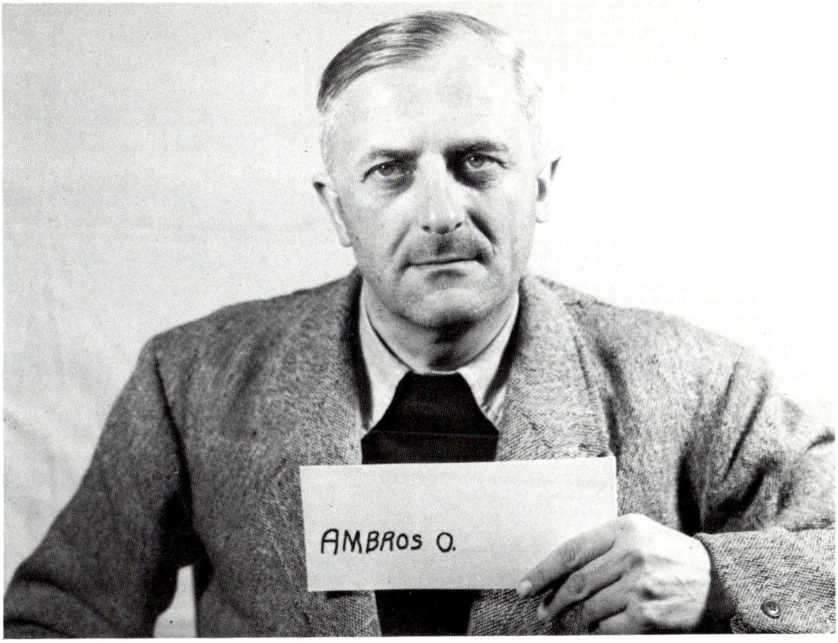

Otto Ambros, Experte für Giftgas und synthetischen Gummi im Vorstand der I.G., wurde zu acht Jahren Gefängnis wegen Versklavung und Massenmord verurteilt.

Heinrich Bütefisch, Chemiker und Vorstandsmitglied der I.G., wurde zu sechs Jahren Gefängnis wegen Versklavung und Massenmord verurteilt.

Fritz ter Meer, ranghöchster Wissenschaftler im I. G.-Vorstand, wurde wegen seiner Beteiligung am Auschwitz-Unternehmen zu sieben Jahren Gefängnis verurteilt.

Eingang zum KZ Auschwitz

Deutsche Postkarte mit einer Gruppe von Sklavenarbeitern bei der Arbeit.

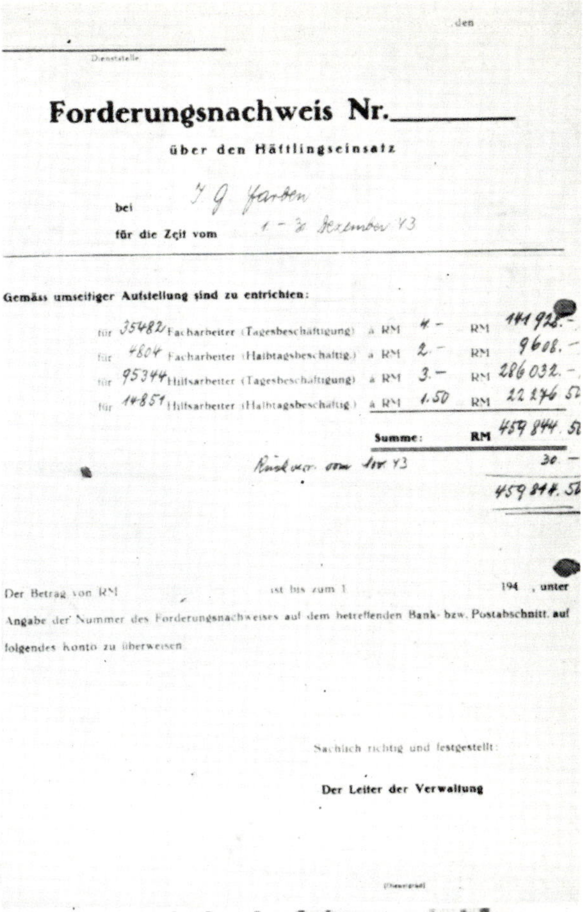

den

Dienststelle

Forderungsnachweis Nr.

über den Häftlingseinsatz

bei I. G. Farben

für die Zeit vom 1.–30. Dezember 43

Gemäss umseitiger Aufstellung sind zu entrichten:

für 35482	Facharbeiter (Tagesbeschäftigung)	à RM	4.–	RM	141 928.–
für 4804	Facharbeiter (Halbtagsbeschäftig.)	à RM	2.–	RM	9608.–
für 95344	Hilfsarbeiter (Tagesbeschäftigung)	à RM	3.–	RM	286 032.–
für 14851	Hilfsarbeiter (Halbtagsbeschäftig.)	à RM	1.50	RM	22 276.50
			Summe:	RM	459 844.50

Rückver. vom Nov. 43 30.–

459 844.50

Der Betrag von RM ist bis zum 1. 194 , unter Angabe der Nummer des Forderungsnachweises auf dem betreffenden Bank- bzw. Postabschnitt auf folgendes Konto zu überweisen.

Sachlich richtig und festgestellt:

Der Leiter der Verwaltung

(Dienstgrad)

Forderungsnachweis der SS für den Arbeitseinsatz von Häftlingen bei der I.G. und Häftlinge bei der Arbeit.

Carl Krauch, Generalbevollmächtigter der Nazis für die chemische Erzeugung, der die Effizienz der Auschwitz-Lösung für das Arbeitskräfteproblem anpries, vor dem Nürnberger Gericht, das ihn zu sechs Jahren Gefängnis verurteilte.

Von links nach rechts: Bosch, Schmitz, Adolf Häuser (Aufsichtsratsmitglied) und Schnitzler bei einer Feier im Petersberg Hotel im Jahre 1937, dem Jahr der »Nazifizierung« der I.G..

Krauch, Schmitz, Ilgner, Schnitzler, Gajewski, Gattineau und von der Heyde beim Nürnberger Prozeß.

Die Geleise nach Birkenau, wo Zyklon B eingeführt und die Vernichtung der »selektierten« Häftlinge durchgeführt wurde.

Zyklon B, das tödliche Gas, hergestellt in einer von der I. G. kontrollierten Firma, und zwar für den Einsatz in Auschwitz ohne den warnenden Duftstoff.

kurz nachdem Hitler in Rußland sein zweites Jahr voller Ärger begonnen hatte, beschlossen sie ihre Arbeiterbeschaffungsprobleme in Auschwitz durch Einrichtung eines eigenen Konzentrationslagers zu lösen. Die anfänglichen Investitionen wurden auf fünf Millionen Reichsmark beziffert.[188] Dies war eine relativ kleine Summe im Vergleich zu der Investition von annähernd einer Milliarde, die es zu schützen galt. Es war ein ungewöhnliches Unterfangen für eine private Gesellschaft, ein privates Konzentrationslager zu betreiben und so Investitionen abzusichern. Die Lage der I. G. verlangte jedoch nach ausgefallenen Ideen. Die Höhe der Investitionen und der im Falle eines Fehlschlags zu erwartende Zorn Hitlers zwangen die I. G. zur Fortführung des Projekts. Ohne (bekannte) Gegenstimmen entschied das Direktorium, daß es keine andere finanzielle oder politische Lösungsmöglichkeit sehe.

Unter den gegebenen Umständen gab es viele Gründe für ein eigenes Konzentrationslager. Durch den Wegfall der langen Märsche von und zum Hauptlager würde die Arbeitskraft der bereits entkräfteten Häftlinge geschont, die Bewachung vereinfacht und nur ein kleines Kontingent der raren SS-Wächter benötigt werden. Bestrafung und Disziplinierung könnten effizienter durchgeführt und eine direktere Kontrolle über die Verwendung der Häftlinge ausgeübt werden. Auch die Kostensenkung war von nicht geringer Bedeutung.

Der Standort, den man für das I. G.-Konzentrationslager wählte, hieß Monowitz. Der Betrieb dieser einzigartigen Einrichtung wurde aufgeteilt zwischen I. G. und SS. Die I. G. war für Unterbringung, Verpflegung und Gesunderhaltung der Häftlinge verantwortlich, die SS übernahm Bewachung, Bestrafung und Nachschub der Häftlinge. Monowitz wurde im Sommer 1942 fertiggestellt. Obwohl der I. G. gehörig, besaß es alle Einrichtungen eines typischen Nazi-Konzentrationslagers: Wachtürme mit Scheinwerfern, Sirenen, Maschinengewehren, bewaffneten Wachen und scharfen Wachhunden. Das gesamte Lager war mit elektrisch geladenem Stacheldraht umzogen. Es gab auch eine »Stehzelle«, in der man weder stehen noch liegen noch knien konnte (DuBois 1952, 229). Auch einen Galgen hatte man errichtet, an dem oft ein oder zwei Tote hingen, um den Lagerinsassen ein abschreckendes Beispiel zu geben. Über dem Eingang hatte man das Auschwitz-Motto »Arbeit macht frei« angebracht.

Die I. G. betrieb Monowitz nach den Prinzipien des Generalbevollmächtigten für den Arbeitseinsatz im Rahmen des Vierjahresplans, Fritz Sauckel. Am 20. April 1942 erließ Sauckel die nachstehenden Anweisungen für die Behandlung der Arbeiter:

> »Alle diese Menschen müssen so ernährt, untergebracht und behandelt werden, daß sie bei denkbar sparsamstem Einsatz die größtmöglichste Leistung hervorbringen.«[189]

Der Komplex in Auschwitz bestand jetzt aus vier Teilen: Auschwitz I, das eigentliche Konzentrationslager mit hunderttausenden von Häftlingen; Auschwitz II, das Vernichtungslager und die Krematorien in Birkenau; Auschwitz III, die Anlagen der I. G.; und Auschwitz IV, das I. G.-eigene Konzentrationslager in Monowitz.

Als die I. G. sich in Auschwitz niederließ und Himmlers Angebot von Arbeitssklaven annahm, ließ sie sich schließlich auf Mittäterschaft an dem wahnwitzigsten Verbrechen der Geschichte ein: »Die Endlösung der Judenfrage.«

Schon bevor die »Endlösung« offizielle Nazipolitik wurde, hatte Himmler ein SS-Programm zur Tötung von Juden. Nach der Eroberung Polens stellte Himmler spezielle SS-Gruppen auf, die mit dem Massenmord begannen. Das erste Vernichtungslager wurde im Herbst 1939 in Chelmno bei Posen eingerichtet.[190] Drei Lastwagen, deren Auspuffgase man in das Wageninnere leitete, wurden die ersten Werkzeuge des Massenmordes. Primitiv und ineffizient, wie dieses erste Vernichtungslager auch war, erreichte es trotzdem eine Tötungsrate von 1000 pro Tag (Manvell/Fraenkel 1960, 135). Schon bald verfeinerte man die Methoden und baute Vernichtungslager mit eigenen Gaskammern, die aber noch Kohlenmonoxid benutzten. Eines der verrufensten war in Treblinka bei Warschau.

Im Juni 1941 erhielt Höß von Himmler den Auftrag, die Vernichtung der Juden in Auschwitz einzuleiten. Höß besuchte daraufhin Treblinka, um dort die Anwendung des Kohlenmonoxides zu studieren. Nach seiner Rückkehr ließ er in Birkenau bei Auschwitz einen ähnlichen Komplex wie in Treblinka errichten.[191] Schon bald bemerkte er, daß das Kohlenmonoxid nicht schnell genug wirkte, um Himmlers Plan verwirklichen zu können.[192] Höß suchte nach einer besseren Methode. Sein Fund ließ ihn zum erfolgreichsten Massenmörder der modernen Geschichte werden. Im August 1941 wurde in den Gaskammern von Birkenau ein neues Giftgas mit Namen Zyklon B (kristallisierte Blausäure) an einer Testgruppe von fünfhundert russischen Kriegsgefangenen zum erstenmal ausprobiert.[193] Zyklon B war kein wirklich neues Produkt, nur seine Anwendung an Menschen war neu. In der Insektenvertilgung wurde es schon lange eingesetzt. Die Testergebnisse waren eine Offenbarung von Effizienz.

Die tödliche Chemikalie wurde nur von einer Firma geliefert, der Deutschen Gesellschaft für Schädlingsbekämpfung – bekannt als *Degesch.* Die Firma gehörte zu 42,5% der I. G., zu weiteren 42,5% der Degussa (von der die I. G. ein Drittel der Anteile hielt) und zu 15% dem Theo-Goldschmidt-Konzern.[194] Wichtigster Besitz des Unternehmens waren die Monopolrechte auf die Herstellung von Zyklon B. Daß die I. G. die Degesch kontrollierte, war ein offenes Geheimnis in der Industrie. In ihren offiziellen Geschäftspapieren bezeichnete sich die Degesch als Verkaufsagentur der I. G. Hinzu kam, daß die I. G. auch den Aufsichtsrat der Degesch beherrschte. Fünf der elf Aufsichtsräte wurden von der I. G. gestellt.[195] Fünf Monate, nachdem Höß das Zyklon B eingeführt hatte, wurde Himmlers persönliches Programm zur Ermordung der Juden offizielle Politik des Reiches. Auf einer Konferenz in Wannsee, an der auch der Chef der Sicherheitspolizei und des SD, Reinhard Heydrich, und Vertreter mehrerer Ministerien teilnahmen, wurde sie unter dem Namen »Endlösung der Judenfrage« formell angenommen.[196]

Vor dieser Konferenz entwarf Heydrich die Pläne für die totale Vernichtung des jüdischen Volkes. Bis zur Enthüllung dieser Pläne in Wannsee wußten nur Göring, Goebbels, Himmler und Bormann von Hitlers wahren Plänen gegen die Juden.[197] Jetzt aber wurde auch die Zivilverwaltung eingespannt und die Bürokratie nahm aktiven Anteil an der Ausführung dieser Pläne. Mit Beginn der Vorbereitungen für die »Endlösung« steigerten sich die Zyklon-B-Einkäufe der SS dramatisch.

Vorher hatte die SS nur kleinere Mengen Zyklon B von der Degesch gekauft, um es bei der Schädlingsbekämpfung in den Konzentrationslagern einzusetzen. Als im Rahmen der Endlösung auch Juden auf die Tötungsliste der SS kamen, erreichten die Profite der Degesch einen Höhepunkt. In den Jahren von 1942 bis 1944 erzielte die I. G. aus ihren Einlagen bei der Degesch den doppelten Dividendenertrag der Jahre 1940/41.[198]

Mit Sicherheit wußte zumindest der Geschäftsführer der Degesch, Gerhard Peters, von der neuen Verwendung des Zyklon B. Kurt Gerstein, oberster Kammerjäger der SS, hatte ihn mit den Einzelheiten der »Endlösung« vertraut gemacht, als er neues Zyklon B einkaufte.[199] Die Geschäftsleitung der Degesch hätte auch noch durch eine andere Angelegenheit auf die fürchterliche Verwendung ihres Zyklon B aufmerksam werden müssen. Zyklon B als Schädlingsbekämpfungsmittel mußte, gesetzlich verordnet, einen Geruchsstoff enthalten, der die Menschen vor dem Gas warnte. Als die SS verlangte, den neuen Auftrag von Zyklon B ohne diesen Duftstoff auszuliefern, mußte jeder, der die Methoden der SS kannte, ahnen, was hinter diesem seltsamen Wunsch stand. Zuerst wollte die Geschäftsleitung der Degesch nicht mitziehen, allerdings nicht aus moralischen Gründen. Sie machte sich nur Sorgen, daß dieser Wunsch der SS die Monopolstellung der Degesch gefährden könne. Das Zyklon-B-Patent war schon lange abgelaufen und die Degesch hielt ihr Monopol nur noch durch ein Patent auf den Warngeruch. Die Entfernung dieses Warngeruchs würde unerwünschte Konkurrenz auf den Plan rufen.[200] Die SS fackelte nicht lange und die Firma entfernte den Warngeruch. Jetzt würden die Opfer noch nicht einmal riechen, daß sie vom Zyklon B der Degesch getötet wurden.

Das Konzentrationslager der I. G. in Monowitz nahm im September 1942 seinen Betrieb auf. Es war mit Häftlingen aus Auschwitz belegt, die beim Bau der Buna- und Öl-Anlagen arbeiten sollten. Trotz des großen Angebots an Arbeitskräften hatte die I. G. noch immer Probleme. Wenn die Transporte mit Juden aus ganz Europa eintrafen, wurden sie von SS-Ärzten untersucht; wer nicht stark genug zum Arbeiten erschien, wurde in die Gaskammern geschickt. »Selektion« war das am meisten gefürchtete Wort in einer Welt des Schreckens. Schon bald wurde klar, daß bei der Selektion der Gefangenen die Bedürfnisse der Rüstungsindustrie kaum berücksichtigt wurden. Zu viele Facharbeiter, aus denen man noch einige Monate Arbeit hätte herauspressen können, wurden in die Gaskammern geschickt. In den Anfangstagen von Monowitz hatte man der I. G. eine sorgfältig ausgewählte Gruppe von Arbeitern versprochen, die aus einem Transport von 5000 Juden herausgesucht werden sollten. Als der Transport jedoch ausgeladen wurde, schickte die Lagerleitung 4092 der 5022 direkt in die Gaskammern. Offensichtlich war die Affinität zur Endlösung stärker als das Verständnis für die Probleme der I. G. in Auschwitz. Als man sich darüber beschwerte, wurde geantwortet, die männlichen Gefangenen seien zu schwach und die weiblichen hauptsächlich Kinder gewesen, die man nicht auf dem Bau hätte einsetzen können.[201] Später machte dann ein SS-Offizier einen Vorschlag, wie man die übereifrige Durchführung der Selektion verhindern könne. Man solle, statt wie bisher in der Nähe des Krematoriums, nun nahe der I. G.-Anlagen entladen. Es zeigte sich eine spürbare Verbesserung. Aus der nächsten Ladung von 4087 Juden wurden nur 2398 direkt zur Vernichtung ausgesucht. Trotzdem ließen die Beschwerden nicht nach: Falls die Lieferungen aus Berlin weiterhin hauptsächlich Frauen, Kinder und alte Juden enthielten, sehe man keine Möglichkeit für eine bessere Arbeitskräftezuteilung.[202]

Vom Augenblick der Entladung der Züge in Monowitz lebten diejenigen, die nicht sofort in die Gaskammern geschickt wurden, in der Angst vor dem Vernichtungslager Birkenau. Als die Bauarbeiten immer mehr hinter dem Zeitplan zurückblieben, beschwerte sich die I. G. mehrmals über die schlechte Verfassung der Häftlinge, die zur Arbeit zur I. G. Auschwitz geschickt wurden, und machte dies für den schlechten Fortgang der Bauarbeiten verantwortlich. Wie die SS auf diese Beschwerden reagierte, beschrieb ein Augenzeuge: »Der für die Arbeitszuteilung verantwortliche Offizier von Auschwitz ging nach Monowitz, stellte sich am frühen Morgen neben den Toren auf und beobachtete die Gruppen, die in Fünferreihen zur Arbeit anmarschierten. Wer für zu schwach gehalten wurde, den sonderte man aus und schickte ihn sofort in die Gaskammern.«[203]

Für tausende Gefangene war Monowitz daher nur Zwischenstation auf dem Weg nach Birkenau und die Vernichtung.

Die Zustände in Monowitz führten unweigerlich zu einer hohen Krankheitsrate. Die Krankenreviere der I. G. genügten noch nicht einmal den Anforderungen der SS. Den Vorschlag der SS, eine Erweiterung durchzuführen, lehnte die I. G. mit Hinweis auf die Kosten ab. Später ließ die I. G. die Krankenreviere ausbauen, erließ aber gleichzeitig eine Verordnung, wonach niemals mehr als fünf Prozent der Lagerinsassen krank sein durften – die Heilung der Kranken auf dem Streckbett des Prokrustes. Der Überhang im Krankenrevier wurde durch Abschiebung nach Birkenau beseitigt. Selbst nach Einführung der Fünfprozentregel durfte niemand länger als vierzehn Tage bettlägerig sein. Wer nach vierzehn Tagen nicht wieder arbeitsfähig war, wurde als unheilbar eingestuft. Auf seiner Karte fand sich dann in den Archiven der I. G. der Vermerk: »Nach Birkenau.«[204]

Der Hunger war Dauergast in Auschwitz. Die Nahrung, die die Häftlinge der I. G. Auschwitz bekamen – dazu gehörte auch die berüchtigte »Buna-Suppe«, die die anderen Häftlinge nicht erhielten –, führte zu einem durchschnittlichen Gewichtsverlust von sechs bis neun Pfund pro Woche. Nach einem Monat hatte die Veränderung schon ihre Spuren an den Häftlingen hinterlassen, nach zwei Monaten bestanden die Häftlinge nur noch aus Haut und Knochen ohne jegliches Fleisch, nach drei Monaten waren sie entweder tot oder arbeitsunfähig und wurden nach Birkenau entlassen. Zwei Ärzte, die die Auswirkungen der Ernährung auf die Gefangenen untersuchten, stellten fest: »Der normal genährte Häftling konnte über eine Spanne von drei Monaten Energieverluste aus seinem eigenen Körper decken . . . Die Häftlinge waren dazu verdammt, ihr Körpergewicht zu verbrennen, und starben schließlich an Auszehrung, sofern sie nicht schon vorher von Infektionskrankheiten befallen wurden.«[205]

Die Unterkünfte der Häftlinge bestanden aus drei Reihen hölzerner Hütten. Jeder Schlafplatz war mit drei Personen belegt, obwohl er nicht einmal genügend Platz für eine Person bot. Ein Augenzeuge beschrieb die Situation: »Es war praktisch unmöglich, zu schlafen, wenn sich ein Mann hinlegen wollte, mußten die anderen beiden entweder sitzen oder auf ihm liegen.«[206] Die einfachsten Dinge wurden nicht gewährt, selbst Tische und Stühle gab es kaum. Die sanitären Verhältnisse waren menschenunwürdig. Im Sommer herrschte unerträgliche Hitze, und im Winter gab es keine Heizung.

Bei Verstößen gegen die Lagerordnung wandte sich die I. G. schriftlich an die SS mit der Bitte um Bestrafung. Die SS entsprach den Forderungen und vermerkte auf ihren Formblättern die Art der Anschuldigung und die Bestrafungsmethode. Typische »Delikte« waren: »Faulheit«, »Drückebergerei«, »Ungehorsam«, »widerwilliger Gehorsam«, »zu langsame Arbeit«, »hat Knochen aus der Mülltonne gegessen«, »hat von den Kriegsgefangenen Brot gebettelt«, »Zigarettenrauchen«, »hat für zehn Minuten die Arbeit verlassen«, »hat sich während der Arbeit hingesetzt«, »hat Feuerholz gestohlen«, »hat einen Kessel mit Suppe gestohlen«, »besaß Geld«, »sprach mit einem weiblichen Häftling« und »hat sich die Hände aufgewärmt«. Die Reaktion der SS reichte von Entzug der Nahrung über Prügeln mit Stock oder Peitsche bis Erhängen oder »Selektion«.[207]

Um ihren Zeitplan einzuhalten, zwang die I. G. die Häftlinge zu einem mörderischen Arbeitstempo. Man führte den SS-»Trott« als Arbeitstempo ein, d. h. selbst schwere Baumaterialien mußten im Schnellschritt transportiert werden.[208] Die Werkspolizei der I. G., die Vorarbeiter und Kapos drohten und schlugen fortwährend, wenn die Gefangenen nicht die Marschregeln der SS einhielten. Die Gefangenen wurden regelrecht zu Tode gearbeitet: »Es war keine seltene Erscheinung, daß Gruppen von Arbeitern in Stärke von 400 oder 500 Mann zwischen fünf und zwanzig Leichen mit sich zurückbrachten. Die Toten wurden auf den Appellplatz gebracht und als »anwesend« gezählt.«[209] Zwei bis drei Mal die Woche wurden diejenigen, die auf der Baustelle gestorben waren, und die Häftlinge, die nicht mehr genügend Arbeitskraft besaßen, auf offenen Pritschenwagen der Bahn aufgetürmt und nach Birkenau transportiert. Da jeder diesen Vorgang beobachten konnte, war er eine sehr effektvolle Mahnung für die Häftlinge, der sich die I. G.-Vorarbeiter und SS-Wächter sehr bewußt bedienten.

Der Bau von I. G. Auschwitz sichert der I. G. einen einmaligen Platz in der Wirtschaftsgeschichte. Durch Übernahme der Nazimethoden konnte sie sich von den Gesetzen der traditionellen Sklavenwirtschaft lösen, wo Sklaven wie ein Investitionsgut behandelt wurden, um durch Pflege eine möglichst hohe Arbeitsleistung im Verlauf eines normalen Lebens zu erzielen. Für die I. G. verkamen die Häftlinge zum Rohmaterial, zu einem menschlichen Erz, dem man systematisch das Mineral des Lebens entzog. Wenn alle verwendbare Energie aus den Häftlingen herausgepreßt war, wurden sie nach Birkenau transportiert, wo die SS sie für das Recycling in die deutsche Kriegswirtschaft aufbereitete: Goldzähne für die Reichsbank, Haare für die Matratzenherstellung und Fett zur Seifenbereitung. Selbst die Klagerufe der Verurteilten wurden noch benutzt, um die verbliebenen Häftlinge zu größeren Arbeitsanstrengungen zu treiben.

Krauch war mit dem System der Arbeitskraftbeschaffung, wie es in Auschwitz angewandt wurde, zufrieden. Im Juli 1943 schrieb er an Himmler, er habe mit Freuden gehört, daß Himmler in ähnlicher Weise den Bau einer weiteren Chemiefabrik unterstützen wolle, die Krauch für notwendig halte zur Sicherung der weiteren Versorgung mit Kunstkautschuk. Er hoffe, daß Himmler auch weiterhin die Unternehmungen der I. G. unterstütze.[210]

Ein halbes Jahr später baute Krauch noch immer auf die Auschwitzer Methode der Arbeitskraftbeschaffung. Als er seinen Beamten Anweisung gab, wie sie den Arbeitskräftemangel in der I. G. Heydebreck beheben sollten, schrieb er an die dortigen Verantwortlichen, daß er es für unabdingbar halte, daß auch in Heydebreck ein firmeneigenes KZ errichtet würde.[211]

Man kann sich über Krauchs Enthusiasmus nur wundern. Aus den Dokumenten, die zur Verfügung stehen, geht hervor, daß 300000 Häftlinge die I. G. Auschwitz durchlaufen haben. Wenigstens 25000 davon wurden zu Tode gearbeitet.[212] Nach ihrer Fertigstellung verbrauchten die Anlagen mehr Elektrizität als ganz Berlin. Unter dem Strich aber stellte sich I. G. Auschwitz als totaler Mißerfolg heraus. Trotz der Investition von 900 Millionen Reichsmark und der Lebensopfer von Tausenden wurde nur eine geringe Menge Öl und überhaupt kein Buna produziert.[213]

7. Kapitel Die I. G. verliert den Krieg

Der 12. Mai 1944 war ein schicksalsschwerer Tag für Deutschland und die I. G. An diesem Tag schickten die USA 935 Bomber gegen die synthetische Ölproduktion Deutschlands. Allein 200 Flugzeuge konzentrierten sich auf die Leuna-Werke. Dieser Angriff markierte den Anfang dessen, was die Luftwaffe der USA die Schlacht um Leuna nannte und als eine der »wichtigsten Schlachten des Krieges« klassifizierte.[214] Am darauffolgenden Tag inspizierte der Reichsminister für Rüstung und Kriegsproduktion, Albert Speer, die Trümmer von Leuna in Begleitung von Bütefisch. Was er sah, überzeugte ihn davon, daß »der technische Krieg entschieden [war] . . . [es] bedeutete das Ende der deutschen Rüstung«. (Speer 1969, 357) Für Speer war dies der Wendepunkt des Krieges. Er flog sofort ins Führerhauptquartier auf den Obersalzberg, um über Ausmaß und Bedeutung der Katastrophe zu berichten:

»Der Gegner hat uns an einer unserer schwächsten Stellen getroffen. Bleibt es dieses Mal dabei, dann gibt es bald keine nennenswerte Treibstoffproduktion mehr. Wir haben nur noch die Hoffnung, daß auch die andere Seite einen Generalstab der Luftwaffe hat, der so planlos denkt wie der unsere!« (Ebd.)

Hitler berief daraufhin eine Konferenz ein, an der vier der führenden Treibstoffexperten der I. G. teilnahmen. Diese Gruppe, zu der auch Krauch und Bütefisch gehörten, sollte die Konsequenzen der Luftangriffe vom 12. Mai erörtern. Göring und Speer begleiteten die Vier zu ihrem Treffen. Bevor man zu Hitler ging, empfahl Speer den Fachleuten, »die ungeschminkte Wahrheit zu sagen«. Göring empfahl allerdings auch, die Berichte nicht zu pessimistisch abzufassen, weil er befürchtete, Hitler würde das Desaster ihm anlasten. Krauch war entschlossen, Speers Ratschlag zu befolgen. Er sagte Hitler, Deutschlands Lage sei hoffnungslos, falls die Luftangriffe gegen die Ölfabriken fortgesetzt würden. Um seine unangenehme Voraussage zu unterstützen, präsentierte er einen Schwall von Zahlen und Daten.

Göring war sehr aufgebracht über dieses Vorgehen, das für ihn eine grobe Unbotmäßigkeit darstellte und ging in Hitlers Gegenwart gegen Krauch an.

Der Erfolg der Luftangriffe der Alliierten sei nur auf Krauchs Versagen zurückzuführen, da die Planung der Luftabwehr in seinen Arbeitsbereich falle.[215] Zu jener Zeit hatte Göring bereits seinen Einfluß bei Hitler verloren und Hitler ignorierte seinen Angriff auf Krauch.

Für Hitler gab es einen tieferliegenden Grund für die Wirksamkeit der Luftangriffe gegen die Industriezentren Deutschlands: »Nach meiner Ansicht stellen die Treibstoff-, Buna- und Stickstoffwerke für die Kriegführung einen ganz besonders empfindlichen Punkt dar, da in einer geringen Anzahl von Werken für die Rüstung unentbehrliche Grundstoffe hergestellt werden.« (Zit. in Speer 1969, 358). Ursache war die Monopolstellung der I. G.

Für Hitler war es jedoch zu spät, um ein deutsches Anti-Kartell-Gesetz zu erlassen. Es blieb nur die Möglichkeit, die Anlagen so schnell es ging, wieder herzustellen und ihnen starke Luftabwehr beizustellen. Speer gab dem Projekt Wiederaufbau höchste Priorität bei der Zuteilung von Arbeitskräften und Material. 350000 Arbeitskräfte wurden bereitgestellt. In Leuna bewirkte dieser Aufwand die partielle Wiederherstellung innerhalb von zehn Tagen. Am 28. Mai setzte die Luftwaffe der USA die Schlacht von Leuna fort. Das Ergebnis war ein weiterer schwerer Schlag und die Reduzierung der deutschen Ölproduktion auf die Hälfte.

Jetzt erkannte auch Göring den Ernst der Lage. Er versprach Krauch und anderen Ölexperten, daß ein Großteil der neuen Flugzeuge dem Schutz der Ölfabriken zugeteilt und nicht an die Front beordert würde. Die Invasion der Alliierten am 6. Juni zwang Göring zum Rückzug seines Versprechens. Die Flugzeuge und Flakgeschütze, die Göring zum Schutz der Ölfabriken versprochen hatte, wurden gegen die direktere Gefahr eingesetzt. Ende Juni schrieb Speer einen verzweifelten Brief an Hitler:

> Die Herstellung von Flugzeugbenzin sei im Mai und Juni besonders hart getroffen worden. Es sei dem Feind gelungen, 90% der Produktion lahmzulegen. Nur durch schnellen Wiederaufbau der Anlagen sei es gelungen, wenigstens einen Teil der Produktion wieder zu ermöglichen. Trotzdem sei die Versorgung unzureichend.
>
> Falls es nicht möglich sei die Fabriken besser zu schützen, müsse man den Nachschub schon im September drastisch kürzen. Dies würde zu einem Engpaß führen, der »tragische Konsequenzen« haben könne. Er bedauere, diese Mitteilung machen zu müssen, und bat um die Erteilung der notwendigen Befehle für einen besseren Schutz der Fabriken.[216]

Der Verlauf der Schlacht von Leuna wurde zum Maß der deutschen Ölproduktion. Anfang Juli hatten die Ingenieure der I. G. die Leuna-Werke wieder soweit zusammengeflickt, daß sie fünfundsiebzig Prozent ihrer vorherigen Produktion erbringen konnten. Am 7. Juli kamen die US-Bomber jedoch wieder und brachten die Produktion abermals zum Erliegen. Zwei Tage später nahm die Fabrik die Arbeit wieder auf und hatte bis zum 19. Juli wieder fünfunddreißig Prozent Kapazität erreicht. Der Wechsel von Bombardierung und Wiederaufbau setzte sich fort. Die Auswirkungen auf die deutsche Treibstoffproduktion waren allerdings verheerend. Krauch kam zu dem Ergebnis, daß man die zerstörten Anlagen nur durch Ausschlachten anderer Anlagen wieder herstellen konnte, mit der Folge, daß jeder Wiederaufbau die Gesamtproduktion verringerte. Bis zum September hatte sich die deutsche Ölproduktion auf fünfzehn Prozent verringert. Von diesem Schlag sollte sich Deutschland nicht mehr erholen.

Die intensive Bombardierung provozierte einen kuriosen Streit zwischen Bütefisch und Paul Harteck, der an Deutschlands Atombomben-Projekt arbeitete. Ein Teil der Leunaer Anlagen diente der Herstellung »von schwerem Wasser«, das man bei der Kernenergiegewinnung benötigt. Nach der ersten Bombardierung teilte Bütefisch Harteck mit, daß die Schwerwasserproduktion eingestellt werden müsse. Er berief sich auf ein dubioses »Gentlemen Agreement« zwischen der deutschen und ausländischen Schwerindustrie, wonach die Ölfabriken der I. G. von der Bombardierung verschont bleiben sollten. Deshalb konnte nur die Schwerwasserproduktion das Ziel dieser Angriffe gewesen sein.[212]

Die Geschichten über solche Vereinbarungen wurden ein Teil der Kriegsmythologie. Doch mit Ausnahme des von Harteck bestätigten Ausspruchs Bütefischs gibt es keinen Beweis für ihre Existenz. Hinzu kommt, daß der Abbau der Schwerwasserproduktionsanlagen nicht zu einer Beendigung der Bombardements führte. Die Angriffe der Alliierten wurden fortgesetzt, bis Leuna nicht mehr betriebsfähig war.

Etwa zur gleichen Zeit mußte sich Bütefisch noch gegen eine mehr persönliche Bedrohung wehren. In ihrer Ausgabe vom 23. Dezember 1943 veröffentlichte die *Petroleum Times* den vollständigen Text einer Vorlesung von Robert T. Haslam von der Standard-Oil. In diesem Artikel behauptete Haslam, die technische Kriegsführung der Vereinigten Staaten verdanke ihre Effizienz den technischen Informationen, die die I. G. der Standard vor dem Krieg überlassen hatte. So seien die Erfolge der Russen auf technische Errungenschaften zurückzuführen, die sie über die Standard von der I. G. erhalten hätten. Bütefisch war entsetzt über den Artikel in der *Petroleum Times*, da er mit der Überwachung der Geheimhaltungsvorschriften beauftragt gewesen war. Er besprach die Angelegenheit mit Knieriem, der offensichtlich als letzter in der I. G. seinen klaren Kopf behalten hatte. Knieriem realisierte sofort die gefährliche Situation, in der eine Anklage wegen Hochverrats drohte. Zu keinem Zeitpunkt des Nazi-Regimes wäre dies eine angenehme Aussicht gewesen, doch zur Zeit der alliierten Luftangriffe verbanden sich besonders unangenehme Implikationen damit. Man solle sich nur einmal, so Knieriem, eine deutsche Firma 1944 vor dem Volksgerichtshof vorstellen.[219]

Umgehend bereiteten die I. G.-Direktoren eine detaillierte Zurückweisung von Haslams Thesen vor, für den Fall, daß sich die deutsche Regierung näher mit der Angelegenheit befassen sollte. Die Nazis wurden jedoch von anderen Dingen in Anspruch genommen, und eine Untersuchung fand nie statt. Hätten die Nazis von Haslams Verteidigung des Standard-I. G.-Abkommens erfahren, hätten Ter Meer, Bütefisch und einige andere leitende Angestellte der I. G. mit unangenehmen Folgen rechnen müssen.

Bis zum Herbst 1944 hatte sich die militärische Lage der Deutschen drastisch verschlechtert. Bormann, Goebbels und Ley bestürmten Hitler, er solle einen Angriff mit dem Nervengas »Tabun« gegen feindliche Truppenkonzentrationen und Städte durchführen. Tabun ist ein Nervengas von extrem starker Wirkung, ein Tropfen auf die Haut des Opfers genügt, um es in wenigen Minuten zu töten. Tabun und das andere Nervengas Sarin wurden bei der Erforschung von Schädlingsbekämpfungsmitteln entdeckt und gehörten zu den bestgehüteten militärischen Geheimnissen in Deutschland. Sie wurden stets nur mit dem Codenamen »N-Stoff« erwähnt.

Es war nicht das erste Mal, daß dieses Trio Hitler wegen des Einsatzes von Tabun anging. Im Mai 1943, nach dem Debakel von Stalingrad, hatten sie seinen Einsatz an der russischen Front gefordert. Hitler hatte zu jener Zeit eine Konferenz einberufen, die den Vorschlag abwägen sollte. Speer lehnte den Einsatz von Tabun ab und hatte zur Unterstützung seiner Argumentation den Giftgasexperten der I. G., Otto Ambros, mitgebracht. Hitler fragte Ambros, was sich auf der Seite des Gegners mit Giftgas tue. Ambros erklärte, der Feind könne durch seinen besseren Zugang zu Ethylen wahrscheinlich mehr Senfgas produzieren. Hitler unterbrach ihn mit dem Hinweis, er habe ihn nicht nach herkömmlichen Giftgasen gefragt, er wolle vielmehr wissen, ob Deutschland ein Monopol auf Tabun habe bzw. ob der Feind ein solches Gas herstellen könne und welche Entwicklungen er tätigte. Zu Hitlers Enttäuschung mußte Ambros darlegen, daß Tabun im Ausland bekannt sei.[220] Ambros informierte Hitler über einige außergewöhnliche Fakten zu Deutschlands bestgehüteter Geheimwaffe. Die grundlegenden Informationen über Tabun und Sarin waren bereits 1902 in technischen Zeitschriften veröffentlicht worden und die I. G. hatte die Stoffe 1937 und 1938 patentieren lassen. Ambros fügte die Warnung hinzu, daß man im Falle eines Einsatzes des Gases damit rechnen müsse, daß der Feind das Gas in viel größeren Mengen herstellen könne. Nachdem er diesen enttäuschenden Bericht erhalten hatte, verließ Hitler sofort die Konferenz. Die Nervengase sollten zum damaligen Zeitpunkt nicht eingesetzt, ihre Erforschung und Erprobung aber fortgesetzt werden.*

* Meerschweinchen und weiße Ratten, die man normalerweise als Versuchstiere verwandte, erschienen nicht adäquat, um die Wirkung des Nervengases auf Menschen zu testen. In den Anfangstagen des Krieges entschied man sich für die Verwendung von Affen, von denen man glaubte, daß ihre Reaktionen auf das Nervengas mehr den Reaktionen von Menschen entsprechen. Affen waren jedoch in Deutschland nicht ohne weiteres aufzutreiben und Speers Behörde gewährte kostbare Devisen in Höhe von 200000 Schweizer Franken zum Kauf der Tiere aus Spanien. Man transportierte sie unter großen Schwierigkeiten nach Deutschland, viele starben, bevor die Experimente abgeschlossen waren. Schließlich beschloß man, die Experimente an jüdischen Häftlingen durchzuführen. (TWC I, S. 351 Brandt Dokumente 12, Beweisstück der Verteidigung Nr. 11) Fortsetzung S. 123.

Hitler verlor jedoch sein Interesse an dieser Waffe nicht ganz. Kurz nach der Invasion Europas durch die alliierten Streitkräfte im Juni 1944 verlor Hitler die Geduld mit der Art und Weise, wie das Wehrwirtschafts- und Rüstungsamt den »N-Stoff« erprobte. Er teilte Speer mit, daß er die Verantwortlichkeit für Herstellung und Erprobung von »N-Stoff« auf die SS übertragen wolle. Speer widersetzte sich, da er offensichtlich gegen die Übergabe dieser besonderen Entscheidungsbefugnisse an die SS eingestellt war. Außerdem war die I. G. zu wichtig, um aus dem Programm herausgenommen zu werden. Speer überzeugte Hitler von der Notwendigkeit, die Befugnisse der SS auf die Erprobung des Nervengases einzuschränken und der I. G. die Kontrolle über die Herstellung und Entwicklung zu lassen.

Hitler ließ sich überzeugen und gab entsprechende Befehle. Am 7. Juli 1944 erhielt Speer ein Fernschreiben von General Keitel: Der Führer habe angeordnet, daß die SS die Versuche mit N-Stoff fortsetze. Zu diesem Zweck solle die Armee der SS alle Unterlagen über N-Stoff überlassen und sie nach Kräften unterstützen.

Nach Hitlers Anweisung schrieb Speer einen Brief an Himmler, in dem er seine Haltung erläuterte. Speer erklärte, es sei ein Fehler, wenn die SS die Produktion von N-Stoff übernähme, da nur die I. G. über die notwendigen Experten verfüge. Speer bedauerte, daß man keine Konkurrenz zur I. G. aufgebaut habe als es noch möglich war, und somit die gesamte Entwicklung auf dem Chemiesektor von den Erfolgen der I. G. abhinge. Himmler antwortete, daß die SS ihre ganze Energie auf die Erprobung von N-Stoff verwenden würde und die Produktion der I. G. überlasse.[221]

Als im Herbst 1944 noch einmal vorgeschlagen wurde, Tabun einzusetzen, hatte Hitler immer noch Angst vor Vergeltungsmaßnahmen. Er befragte Speer noch einmal nach der Möglichkeit, daß der Feind eine ähnliche Waffe besäße. Speer wandte sich an Ambros und bekam mitgeteilt, daß sich nichts verändert und man noch immer kein Gegenmittel gefunden habe. Wiederum untersagte Hitler den Einsatz.[222]

Ambros' Einschätzung der chemischen Rüstung der Alliierten war falsch. Die Alliierten besaßen keine chemischen Waffen, die mit den Nervengasen der I. G. vergleichbar waren und die sie zur Vergeltung hätten benutzen können.

Es besteht der Verdacht, daß höchste Vertreter der I. G. von den Menschenversuchen mit Giftgasen der I. G. wußten. Nach dem Krieg schwor Georg von Schnitzler, daß Ambros, Schmitz und Ter Meer davon wußten. Britische Untersuchungen förderten zu Tage, daß einer von ihnen die Experimente damit rechtfertigte, daß die Lagerhäftlinge ohnehin von den Nazis umgebracht worden wären, und daß die Experimente auch eine humanitäre Seite hätten, da durch sie das Leben von unzähligen deutschen Arbeitern gerettet worden sei«. (Anhörungsverfahren vor einem Unterausschuß des Senatsausschusses für militärische Angelegenheiten, 79. Kongreß, erste Sitzungsperiode, in Anlehnung an die Senatsresolutionen Nr. 107 und 146, *Vernichtung des deutschen Rüstungspotentials*, Teil X, S. 1276).

Wenn man sich vorstellt, was geschehen wäre, wenn Hitler einen Giftgasangriff auf London, Moskau oder Washington befohlen hätte, beschleicht einen das Grauen. Vor allem aber – Hitler hätte die Waffe finden können, mit der er den Krieg gewonnen hätte.

Tabun wurde noch einmal zum Thema einer Auseinandersetzung, bevor der Krieg vorüber war. Um den Krieg schneller zu beenden, wollte Speer das Gas im Februar 1945 für ein Attentat auf Hitler benützen. Er wollte das Gas in die Belüftungsanlage des Kanzlerbunkers einschleusen. Da er aber nicht die damit verbundenen technischen Probleme lösen konnte, gab er seinen Plan auf. Der Krieg ging noch drei Monate weiter.

Am 8. Mai 1945 erklärte Deutschland seine bedingungslose Kapitulation. Im August begannen die Vorbereitungen für die Kriegsverbrecherprozesse und im November hatten die ersten Prozesse bereits begonnen.

Die I. G.-Direktoren handelten, als ob sie wüßten, was die Zukunft bringen sollte. Bereits im September 1944 planten Ter Meer und der Sekretär des Verwaltungsrats, Ernst Struss, die Vernichtung der I. G.-Akten für den Fall, daß die Amerikaner Frankfurt besetzten. Im Frühjahr 1945, als es klar war, daß Frankfurt bald an die amerikanische Armee fallen würde, begann das große Verbrennen und Zerreißen. Man vernichtete etwa fünfzehn Tonnen Papier. Die meisten der Akten in Auschwitz wurden auch zerstört, bevor die russische Armee eintraf. Als die Alliierten versuchten, die I. G.-Akten der Nazizeit zusammenzusetzen, trafen sie auf riesige Lücken. Viele Beobachter waren seither der Ansicht, daß die Akten noch viel mehr belastendes Material ergeben hätten, wenn sie vollständig gewesen wären. Was die Alliierten schließlich erbeuteten, war schrecklich genug.

Kapitel 8 Die I. G. und die Nürnberger Prozesse

Am 8. August trafen sich Vertreter der Regierungen der Vereinigten Staaten, Großbritanniens, der Sowjetunion und Frankreichs in London, um ein internationales Militärtribunal einzurichten, vor dem die deutschen Kriegsverbrechen verhandelt werden sollten. Man wählte prominente Juristen aus allen vier Ländern als Richter und bestellte eine Kommission von Anklägern, die eine Klageschrift erstellen sollten.

Am 6. 10. wurde die formelle Klageschrift fertiggestellt und beim Internationalen Militärtribunal eingereicht. Angeklagt waren die Führer des Dritten Reiches. Man legte ihnen drei grundlegende Kriegsverbrechen zur Last; Planung, Vorbereitung und Durchführung eines Angriffskrieges, Plünderung und Zerstörung des Besitzes besiegter Länder sowie Versklavung und Massenmord.

Man hatte geplant, einen bedeutenden Industriellen mitanzuklagen, um die Komplizenschaft der deutschen Industrie mit Hitler herauszustellen. Gustav Krupp von Bohlen und Halbach sollte diese Rolle übernehmen.Die I. G. hatte zwar den wichtigeren Beitrag zu Deutschlands Rüstungsanstrengungen geliefert, aber Krupp wurde in der öffentlichen Meinung viel mehr mit Deutschlands Kriegsmacht assoziiert.

Als James H. Rowe Jr. im Auftrag des Internationalen Militärtribunals dem Stahlbaron die Klageschrift überbringen wollte, stellte er fest, daß der stark gealterte Krupp weder physisch noch psychisch in der Lage war, seine Verteidigung zu betreiben. Man einigte sich darauf, ihn aus der Liste der Angeklagten zu streichen. Die Ankläger waren jedoch darauf erpicht, einen Industriellen auf der Anklagebank zu haben und stellten den Antrag, Krupps Sohn Alfried an seine Stelle zu setzen. Das Militärtribunal lehnte den Antrag ab und der Prozeß begann am 20. November 1946 ohne einen Industriellen.* Zur Beruhigung der

* Am Ende dieses Prozesses wurden die folgenden Personen zum Tode verurteilt: Hermann Göring, Joachim von Ribbentrop, Wilhelm Keitel, Alfred Rosenberg, Ernst Fortsetzung S. 126.

Öffentlichkeit in den Alliierten Ländern gaben die Briten und Franzosen eine gemeinsame Erklärung heraus, daß in nächster Zukunft ein weiteres Militärtribunal einberufen würde, vor das dann die deutschen Industriellen gestellt würden.

Als der erste Prozeß im April 1946 zu Ende ging, kamen die Ankläger wieder auf ihren alten Plan zurück, eine Anzahl von Industriellen anzuklagen. Es bestand Einverständnis, die Liste der Angeklagten in überschaubarer Größe zu halten und deshalb nicht mehr als sechs bis acht Personen anzuklagen. Es war sicher, daß Alfried Krupp auf dieser Liste stehen würde. Wie sich dann herausstellte, wurden nur vier weitere Industrielle ausgewählt. Die Vereinigten Staaten benannten Hermann Schmitz und Georg von Schnitzler von der I. G., die Franzosen Hermann Röchling, den saarländischen Kohle- und Stahlmagnaten. (Das Verfahren gegen Röchling stellte eine Wiederholung des Verfahrens kurz nach dem Ende des Ersten Weltkrieges dar, als die Franzosen Röchling in Abwesenheit verurteilten.) Die Briten wählten den Kölner Bankier Kurt von Schröder. Die Russen behielten sich das Recht vor, zwei Anzuklagende zu benennen, machten aber keinen Gebrauch davon.

Die Pläne für ein zweites Internationales Militärtribunal wurden jedoch bald aufgegeben. Nach der Erfahrung des Verfahrens gegen die führenden Kriegsverbrecher waren die Ankläger davon überzeugt, daß ein Gericht, das von allen vier Siegermächten gestellt wurde, zu unbeweglich war. Die Kriegsverbrecherprozesse gegen Industrielle sollten daher den einzelnen Mächten in ihren Besatzungszonen überlassen bleiben. Die Vereinigten Staaten legten den größten Eifer an den Tag und erstellten Pläne für Verfahren gegen die leitenden Angestellten der I. G. sowie des Krupp- und Flick-Konzerns. Man rekrutierte Richter aus den amerikanischen Gerichten und den juristischen Fakultäten. Schließlich stellte man noch Arbeitsstäbe zusammen, die Daten sammeln, Anklageschriften erstellen und sonstige Vorbereitungen für das Verfahren treffen sollten.

Josiah E. Dubois Jr. leitete die Ermittlungen für die Verfahren gegen die I. G. Er war der Stellvertreter von Brigadegeneral Telford E. Taylor, der Richter Jackson in seinem Amt als höchster Ankläger bei den Kriegsverbrecherprozessen ablöste. Nach Monaten der Beweissicherung, Überprüfung von Zeugen und Sammlung von Dokumenten reichte die Anklagevertretung am 3. Mai

Kaltenbrunner, Hans Frank, Wilhelm Frick, Julius Streicher, Fritz Sauckel, Alfred Jodl, Arthur von Seyss-Inquart, Martin Borman (in Abwesenheit). Alle wurden gehenkt, bis auf Göring, der am Morgen der Hinrichtung Selbstmord beging, und Borman, den man nicht faßte. Rudolf Hess, Walter Funk und Erich Raeder wurden zu lebenslangem Freiheitsentzug verurteilt. Albert Speer und Baldur von Schirach erhielten zwanzig Jahre Gefängnis, Konstantin von Neurath fünfzehn und Karl Dönitz zehn Jahre.
Hjalmar Schacht, Franz von Papen und Hans Fritzsche wurden in allen Punkten freigesprochen.

1947 im Namen der Vereinigten Staaten die Klage ein. Auf der Liste der Angeklagten standen vierundzwanzig leitende Angestellte der I. G.: der Aufsichtsratsvorsitzende Carl Krauch, Generaldirektor Hermann Schmitz und alle anderen Mitglieder des Direktoriums: Georg von Schnitzler, Fritz Gajewski, Heinrich Hörlein, August von Knieriem, Fritz Ter Meer, Christian Schneider, Otto Ambros, Max Brüggemann, Ernst Bürgin, Heinrich Bütefisch, Paul Häfliger, Max Ilgner, Friedrich Jähne, Hans Kühne, Carl Lautenschläger, Wilhelm Mann, Heinrich Oster und Karl Wurster. Außerdem standen auf der Liste noch die Namen von vier weiteren prominenten I. G. Mitarbeitern: Walter Dürrfeld, Heinrich Gattineau, Erich von der Heyde und Hans Kugler.

Die Klageschrift war über sechzig Seiten lang und umfaßte fünf Anklagepunkte, die die Verknüpfungen zwischen I. G. und Nazi-Maschinerie beschrieben. Die Hauptpunkte der Anklage lauteten auf »Planung, Vorbereitung und Führung von Angriffskriegen und Einfällen in andere Länder«. »Raub und Plünderung« und »Versklavung und Tötung der Zivilbevölkerung, Kriegsgefangenen und KZ-Insassen«.

Unter dem Anklagepunkt der »Führung eines Angriffskrieges« wurde eine lange Liste von Vergehen aufgeführt: Allianz der I. G. mit Hitler und der NSDAP, Gleichschaltung von Produktionsprogramm der I. G. und militärischer Planung, Teilnahme an den Vorbereitungen des Vierjahresplans und Führung der Mobilisierung der deutschen Wirtschaft, Teilnahme an Aufbau und Ausrüstung der Nazi-Kriegsmaschinerie für aggressive Kriegsführung, Einkauf und Lagerung von strategisch wichtigen Rohstoffen, Beihilfe bei der Demoralisierung von Deutschlands potentiellen Gegnern, Durchführung von Propaganda-, Erkundungs- und Spionageaktionen, Vorbereitung und Teilnahme an Gewaltaktionen der Nazis und unrechtmäßige Aneignung von Kriegsbeute, Teilnahme an Plünderungen, Enteignungen, Versklavung und Massenmord im Zuge der Invasionen und Angriffskriege.

Der Teil, der sich mit den »Eigentumsdelikten« befaßte, erhob die Klage, daß »die I. G. mit der Wehrmacht marschierte und eine entscheidende Rolle spielte« in Deutschlands Programm der Annektion durch Unterwerfung: Zu diesem Zweck habe die I. G. detaillierte Pläne für die Aneignung der Chemie-Industrien von Österreich, der Tschechoslowakei, Polen, Norwegen, Frankreich, Rußland und anderer Länder entwickelt und initiiert.

Die Anklage wegen Versklavung und Massenmord war der entscheidende Teil der Klageschrift. Es ist zweifelhaft, ob ohne diesen Punkt der Anklage überhaupt ein Kriegsverbrecher-Prozeß stattgefunden hätte (vgl. den Auszug aus der Urteilsbegründung im Anhang).

»Alle Angeklagten waren durch ihre Aktivitäten bei der I. G. beteiligt an: der Versklavung von Häftlingen aus den Konzentrationslagern, der Verwendung von Kriegsgefangenen in Rüstungsprojekten und der Mißhandlung, Folterung und Ermordung versklavter Menschen. Im Verlauf dieser Aktivitäten wurden Millionen von Menschen aus ihrer Heimat verschleppt, versklavt, mißhandelt, terrorisiert, gefoltert und ermordet.«

Die Anklageschrift war eine Auflistung der Unmenschlichkeit der Nazis, an der die Angeklagten teilgenommen hatten. Die Zustände in Auschwitz fanden besondere Beachtung:

»In vollständiger Mißachtung aller sittlichen und humanitären Überlegungen zwang die I. G. Farben ihre Zwangsarbeiter unter anderem zu übermäßig langen und anstrengenden Arbeitseinsätzen, ohne dabei auf ihre Gesundheit und physische Kondition zu achten. Einziges Kriterium für das Recht zu leben war die Effizienz besagter Zwangsarbeiter. Durch ungenügende Ruhezeiten, schlechtes Essen (das den Häftlingen verabreicht wurde wenn sie im Bett lagen) und schlechte Unterkunft (ein Bett aus unsauberem Stroh mußte von bis zu vier Häftlingen geteilt werden) starben viele bei der Arbeit oder an Krankheiten, die sie sich dort zugezogen hatten. Bei den ersten Anzeichen nachlassender Produktivität – auch wegen Krankheit oder Erschöpfung – wurden die Arbeiter der wohlbekannten »Selektion« unterzogen. »Selektion« bedeutete, daß der Arbeiter nach einer oberflächlichen Untersuchung, die ergeben hatte, daß er nicht innerhalb weniger Tage an seine Arbeit zurückkehren konnte, zur Tötung nach Birkenau überstellt wurde. Die Bedeutung von »Selektion« und »Birkenau« kannte jeder in Auschwitz.

Die Arbeitsbedingungen in der Bunafabrik der I. G. waren unerträglich und trieben viele Gefangene zum Selbstmord, indem diese Fluchtversuche unternahmen, um erschossen zu werden, oder sich in die mit Hochspannung geladenen Stacheldrahtzäune stürzten. Aufgrund dieser Bedingungen betrug der Umschlag an Arbeitskräften in einem Jahr dreihundert Prozent. Über die Zahl derer hinaus, die jeden Tag zur Vernichtung geschickt wurden oder Selbstmord begingen, starben bis zu hundert Personen pro Tag, manchmal mehr. Alle Ausfälle durch Vernichtung und andere Todesarten wurden durch Nachschub an neuen Häftlingen ausgeglichen. Die I. G. Farben sicherte sich so ständigen Nachschub frischer Häftlinge zur Erhaltung der vollen Produktivität.

Das Verhalten der I. G. in Auschwitz kann am besten mit einem Hitler- (sic; muß heißen: Himmler-) Zitat beschrieben werden: »Was geht das uns an? Schauen sie weg, wenn ihnen schlecht wird.«[223]

Die möglichen Urteile reichten von Freispruch bis zum Todesurteil.

Von Anfang an hatten eine Reihe von Politikern und Rechtsgelehrten die Legalität der Kriegsverbrecherprozesse angezweifelt, da sie eine Form von Rechtsbeugung durch den Sieger darstellten.

Bis zum Beginn des Prozesses gegen die I. G.-Führer im Jahre 1947, hatte sich ein neues Element zu den ablehnenden Stimmen zum Prozeß gesellt. Der Kalte Krieg hatte begonnen. Der frühere Feind Deutschland war jetzt ein begehrter Bündnispartner, und der frühere Verbündete UdSSR war jetzt der Feind. Der Kongreßabgeordnete John E. Rankin aus Mississippi erklärte vor dem Abgeordnetenhaus:

»Was sich in Nürnberg abspielt, ist eine Schande für die Vereinigten Staaten. Alle anderen Länder haben ihre Hände gewaschen und sich aus dieser Prozeßorgie zurückgezogen. Aber zweieinhalb Jahre nach Ende des Krieges betreibt eine rassische Minderheit in Nürnberg im Namen der Vereinigten Staaten nicht nur die Hinrichtung deutscher Soldaten, sondern auch einen Prozeß gegen deutsche Geschäftsleute.«[224]

Der Abgeordnete George A. Dondero aus Michigan setzte die Angriffe im Abgeordnetenhaus fort und erhob die Behauptung, daß zehn kommunistische Sympathisanten die amerikanische Militärregierung in Deutschland unterwandert hätten. Seine besonderen Angriffe richteten sich gegen den stellvertretenden Anwalt der Anklage, Josiah DuBois, den er als »bekannten Linken aus dem Finanzministerium« bezeichnete, »der die kommunistische Parteilehre sehr genau studiert hat«.[225] DuBois forderte Dondero heraus, seine Behauptung außerhalb des Abgeordnetenhauses zu wiederholen, damit er ihn rechtlich belangen könne. Dondero kam dieser Aufforderung nicht nach. (vgl. DuBois 1952, 69)

Der Prozeß wurde programmgemäß am 27. August 1947 im Justizpalast in Nürnberg eröffnet. Zur Leitung des Verfahrens hatte man folgende Richter bestellt: Curtis Grover Shake, ein ehemaliger Richter des Obersten Gerichtshofes von Indiana, sollte den Vorsitz übernehmen; ihm beigeordnet waren James Morris, ein Richter des Obersten Gerichtshofes von North Dakota, und Paul M. Hebert, Dekan der juristischen Fakultät der Lousiana State University. Der Rechtsanwalt Clarence F. Merrell aus Indiana, der ein Freund von Richter Shake war, sollte als Stellvertreter fungieren.

Der große Gerichtssaal war bis auf den letzten Platz besetzt. Die Zuhörerschaft hatte alle dreihundert verfügbaren Plätze besetzt, die Pressebank war überfüllt. Die dreiundzwanzig Angeklagten (Brüggemann war wegen Krankheit entschuldigt) wurden durch sechzig der besten Rechtsanwälte Deutschlands vertreten, die durch zwanzig Revisoren und andere Spezialisten unterstützt wurden. Die Anklagevertretung bestand aus einem Dutzend Rechtsanwälten und Spezialisten. Hinzu kamen noch die Verwaltungsangestellten, Protokollanten, Polizisten, Wachsoldaten, Techniker und Simultanübersetzer für die elektronische zweisprachige Prozeßführung.

In seiner Eröffnungsrede erläuterte General Telford Taylor die Grundlagen des Vorgehens der Anklagevertretung:

»Die Anklage bezichtigt die Angeklagten der maßgeblichen und verantwortlichen Beteiligung an der Heimsuchung der Menschheit durch den schrecklichsten Krieg der Geschichte. Man wirft ihnen Sklaverei, Plünderung und Mord vor. Niemand sollte diese Anklage leichtsinnig oder voll Rachsucht unterschreiben . . .

Die Angeklagten werden uns zweifelsohne mitteilen, daß sie nur übereifrige und fehlgeleitete Patrioten seien. Wir werden hören, daß alles, was sie zu tun gedachten, jeder andere Geschäftsmann unter den gleichen Umständen auch getan hätte . . . Was die Brutalität des Krieges und die Ermordung unschuldiger Menschen betrifft, sei zu beachten, daß diese Taten ein Teil der Hitler- und Nazi-Diktatur gewesen seien, unter der auch sie zu leiden hatten.«[226]

Taylor hatte die hauptsächliche Strategie der Verteidigung vorausgeahnt – den Versuch, die Angeklagten als Geschäftsleute erscheinen zu lassen, wie es sie auf der ganzen Welt gibt. Trotzdem entwickelte die Anklagevertretung den Fall in einer Weise, die in die Hände der Verteidigung zu spielen schien. Sie präsentierte Organisationsgraphiken, Kartellabkommen, Lizenzausfertigungen, Korrespondenz, Produktions- und Geschäftsberichte, als befände sie sich bei einem Antikartell-Verfahren und nicht beim Kriegsverbrecherprozeß gegen Leute, denen man Beihilfe zum Massenmord vorwarf. Richter Morris äußerte schließlich seine Verwunderung über die Verhandlungsführung:

»Herr Staatsanwalt, soweit wir es den vorliegenden Berichten entnehmen können, handelt es sich bei dieser Organisation um nichts anderes als ein großes Chemie- und Handelsunternehmen, von einer Art, wie wir sie auf der ganzen Welt finden ... Ich kann ganz und gar nicht erkennen, welche Bedeutung diese Dokumente für die Beweisführung haben. Dieser Prozeß wird durch eine Unmenge von Verträgen, Protokollen und Briefen behindert, die von nur geringer Bedeutung für die Erbringung eines Beweises sind.« (DuBois 1952, 82)

Emanuel Minskoff, ein Mitglied der Anklagevertretung, bestürmte seinen Chef Josiah DuBois, die Anklagestrategie zu ändern. Es wäre effizienter gewesen, mit der Klage wegen Sklaverei und Massenmord anzufangen: »Wir hätten Auschwitz gleich am ersten Tag bringen müssen.« Da die Anklagevertretung dies nicht tat, »fällt es dem Gericht schwer, zu glauben, daß diese Leute sich der aggressiven Kriegsführung schuldig gemacht haben.« DuBois antwortete, daß es zu spät sei, die Marschrichtung zu ändern. Minskoff ließ sich nicht abschütteln: »Ich glaube trotzdem, daß Sie Auschwitz anführen sollten, denn dann wissen die Richter, über wen sie urteilen sollen, und verstehen den Rest besser.« (ebd., 99) So sehr DuBois auch Minskoffs Vorschlag zugeneigt war, es war bereits zu spät, ihn in die Tat umzusetzen. Der Prozeß verlief in der Reihenfolge der Anklagepunkte der Klageschrift.

Der kritische Punkt des Prozesses wurde erst erreicht, als die Anklagepunkte wegen Versklavung und Massenmord vorgetragen wurden. Jetzt erinnerte der Prozeß nicht mehr an ein Antikartell-Verfahren. Zur Unterstützung der Anklage wurden hunderte von Zeugen benannt, die in Auschwitz gewesen waren: Kriegsgefangene, jüdische und ausländische Häftlinge, Ärzte und I. G.-Angestellte, die von ihrem Gewissen geplagt wurden. Alle erzählten schier unglaubliche Geschichten, die trotzdem nach der Wahrheit klangen. Ein besonders wichtiger Zeuge der Anklage war Norbert Jähne, Sohn des Angeklagten Friedrich Jähne, und Ingenieur in Auschwitz vom Januar 1943 bis Kriegsende. Der ältere Jähne hatte seinen Sohn mehrmals in Auschwitz besucht. Die Blutsverwandtschaft zwischen den beiden gab Norbert Jähnes Aussage besonderes Gewicht.

»Die Häftlinge wurden am schlechtesten von allen Arbeitern in der I. G. Auschwitz behandelt. Sie wurden von den Kapos geschlagen, die darauf achten mußten, daß das ihrer Truppe zugewiesene Arbeitspensum erfüllt wurde, da sie sonst abends in Monowitz selbst geschlagen wurden. Auf der Baustelle der I. G. Auschwitz herrschte generell ein System des Antreibens und man kann daher den Kapos nicht die Schuld geben. Die Kapos handelten sozusagen in Selbstverteidigung, wenn sie die Leute in ihren Abteilungen besonders hart anpackten und vor keiner Methode zurückschreckten, die Häftlinge zu höheren Arbeitsleistungen anzutreiben, damit das Soll erfüllt wurde.«[227]

Die Aussage des Sekretärs des Verwaltungsrates der I. G., Ernst A. Struss, war nicht weniger aufschlußreich. Struss hatte Auschwitz mehrere Male besucht.

Anwalt: Teilte der Chefingenieur der Bunaanlage, mit dem Sie 1943 sprachen, Ihnen ausdrücklich mit, daß in Auschwitz Leute verbrannt wurden?«

Struss: »Ja, und ich glaube, er sagte auch noch, daß man sie vergaste, bevor sie verbrannt wurden ...«

Anwalt: »Und im Sommer 1943 wußten Sie, daß Menschen vergast und verbrannt wurden?«

Struss: »Ja.«

Anwalt: »Und Sie können sich genau daran erinnern, dies auch Ter Meer und Ambros mitgeteilt zu haben?«

Struss: »Ja.«[228]

Durch die Aussagen früherer Auschwitz-Häftlinge zeichnete die Anklage ein lebendiges Bild der Zustände in Auschwitz und Monowitz. Eine typische Aussage kam von Robert Elia Waitz, Professor an der Universität Straßburg. Waitz war nicht nur ein ehemaliger Häftling, sondern auch ein international anerkannter Mediziner. Er hatte im Krankenrevier von Monowitz gearbeitet und war wegen seiner Bekanntheit und seines Könnens ein bedeutender Zeuge.

»Ich fand bald heraus, daß Monowitz ein Vernichtungslager war. Durch die miserablen Lebensbedingungen wurden die Gefangenen einem langsamen psychischen und physischen Zerfall ausgesetzt, der schließlich in der Gaskammer endete. Das Ziel war deutlich: Die totale Entmenschlichung und schließliche Zerstörung der Gefangenen, die in der Fabrik der I. G. in Auschwitz eingesetzt waren. Ich hörte wie ein SS-Offizier in Monowitz zu den Häftlingen sagte: ›Ihr seid alle zum Tode verurteilt, die Ausführung des Urteils wird sich nur etwas hinziehen.‹ Bis zu diesem Zeitpunkt wollten die I. G. und die SS gemeinsam die Häftlinge ausbeuten, bis nichts mehr aus ihnen herauszuholen war.«[229]

Zeuge Rudolf Vitek, ebenfalls ehemaliger Häftling und Arzt, gab folgende Beschreibung:

»Die Häftlinge wurden von den Kapos sowie von den Vorarbeitern und Aufsehern der I. G. in unmenschlicher Art und Weise zur Arbeit angetrieben. Es gab keine Gnade. Prügel, Mißhandlungen der schlimmsten Art und sogar direkte Tötungen waren an der Tagesordnung.

Das mörderische Arbeitstempo führte zum Tod vieler Häftlinge, die während der Arbeit plötzlich zusammenbrachen, blau anliefen, nach Luft schnappten und wie Vieh verendeten . . .

Es kam oft vor, daß Arbeitsgruppen von 400 bis 500 Leuten am Abend fünf bis zwanzig Leichen mit sich zurückbrachten. Die Toten wurden zum Appellplatz getragen und als ›anwesend‹ gezählt.«[230]

Ein tschechoslowakischer Lagerhäftling beschwor:

»Die Direktoren der I. G. Farben wußten von den Selektionen . . . Die Angestellten der I. G. Farben waren indirekt für die Selektionen verantwortlich . . . Die Meister beschwerten sich bei der Geschäftsleitung . . . von dort wurden die Beschwerden an Dr. Dürrfeld geleitet und von ihm zur SS. Der für Arbeitszuweisung verantwortliche Offizier der SS kam am frühen Morgen nach Monowitz, wenn die Trupps zur Arbeit marschierten, und stellte sich neben dem Tor auf, um die Leute herauszusuchen, von denen man glaubte, daß sie krank und schwach seien. Diese Leute wurden sofort in die Gaskammern geschickt. Diese schriftlichen Beschwerden kamen von der I. G. Ich habe selbst solche Beschwerden gesehen.«[231]

Besonders dramatisch und eindrucksvoll war der Auftritt einer Gruppe britischer Kriegsgefangener als Zeugen der Anklage.

»Der Zustand der Lagerhäftlinge war unbeschreiblich. Ich habe gesehen, wie sie nachts ins Lager zurückgetragen wurden, tot infolge Auszehrung oder Erschöpfung. Die Lagerhäftlinge mußten schwere körperliche Arbeit leisten, z. B. Stahlträger, Rohre, Kabel und Zementsäcke tragen. In der Regel wog ein Zementsack mehr als der Häftling. Ich habe gesehen, wie die Häftlinge sich anstrengten, um das verlangte Marschtempo einzuhalten, und ich habe gesehen, wie sie es nicht schafften und zusammenbrachen.

. . . Wir konnten die Gehenkten über dem Tor von Lager IV sehen und die Häftlinge mußten darunter hindurch marschieren.«[232]

Auch ein Kreuzverhör brachte keine Entlastung:

Frage: »Haben Sie selbst gesehen, wie in Lager IV (Monowitz) Leute erhängt wurden?«

Antwort: »Etwa im Februar 1944 sah ich drei Männer über dem Tor von Lager IV hängen.«

Frage: Wissen Sie, warum diese Häftlinge gehängt wurden?«

Antwort: »Ich weiß es nicht, aber es mußte einen Grund dafür gegeben haben.«[233]

Ein anderer britischer Kriegsgefangener sagte aus:

»Ich war fast jeden Tag in Auschwitz. Die Bevölkerung von Auschwitz wußte sehr genau, daß dort Leute vergast und verbrannt wurden. Einmal beschwerten sie sich über den Geruch des verbrannten Fleisches. Natürlich wußten auch alle I. G.-Mitarbeiter, was vor sich ging. Niemand konnte in Auschwitz wohnen oder arbeiten oder auch nur zu Besuch kommen, ohne zu erfahren, was jeder wußte.«[234]

Gegen die Zeugenaussagen erbrachte die Verteidigung 386 eidesstattliche Erklärungen. Die Anklagevertretung bestand auf dem Verhör von fünfzehn der Erklärenden, die frühere Häftlinge aus Auschwitz und Monowitz waren. Man berief sie als Zeugen zu einem Kreuzverhör durch Emanuel Minskoff. Er war ungewöhnlich erfolgreich bei seinen Versuchen, die Glaubwürdigkeit der Zeugen zu erschüttern. Ein Beispiel verdeutlicht die Stimmung, die Minskoff erzeugen konnte.

Frage: »Nun, Herr Zeuge, entspricht es nicht den Tatsachen, daß während des Winters manchmal bis zu zwanzig Häftlinge auf einmal von der Baustelle nach Monowitz zurückgetragen wurden, weil sie aus eigener Kraft nicht mehr dazu in der Lage waren?«

Antwort: »Ja.«

Frage: »Und könnten Sie schätzen, wie hoch das durchschnittliche Gewicht der Häftlinge war?«

A: »90 bis 110 Pfund.«

F: »Entspricht es nicht den Tatsachen, daß die Vorarbeiter der I. G. jeden Abend Bewertungsbögen ausfüllten?«

A: »Ja.«

F: »Und ist es nicht auch wahr, daß jedes Mitglied eines Arbeitstrupps, der unter siebzig Prozent gemeldet wurde, mit fünfundzwanzig Schlägen bestraft wurde.«

A: »Wenn der Vorarbeiter es meldete – ja, das ist wahr.«

F: »Gab es nicht auch einen Pfahl für Auspeitschungen in Monowitz?«

A: »Das weiß ich nicht.«

Frage: »Herr Zeuge, Sie sagen, daß es in Monowitz keine Folterwerkzeuge gab. Ist es etwa nicht wahr, daß es eine »Stehzelle« in Monowitz gab?«

Antwort: »Ja.«

F: »Gab es Galgen in Monowitz?«

A: »Ja.«

F: »Nun, Herr Zeuge, am Schluß Ihrer schriftlichen Aussage steht, daß Sie drei Jahre in Auschwitz überlebten. Entspricht es nicht den Tatsachen, daß Sie das waren, was man einen ›alten Kunden‹ nannte und daß Sie deshalb, sowie aufgrund der Tatsache, daß Sie während ihrer Haft ›arisiert‹ wurden, sich in einer ganz anderen Position befanden als die anderen Häftlinge?«

A: »Das ist richtig.« (DuBois 1952, 229f.)

Die Gegenwehr der Verteidigung gegen diese niederschmetternden Aussagen baute hauptsächlich auf Erklärungen auf, die detailliert beschrieben, wie die Angeklagten sich um die Sicherheit jüdischer I. G.-Mitarbeiter vor den Nazis bemüht hatten. In diesem Zusammenhang interessierten besonders die Versuche, Carl und Arthur von Weinberg zu schützen. Eidesstattliche Erklärungen von Richard von Szivignyi (Schwiegersohn Carl Weinbergs) und Rudolf von Spreti (Schwiegersohn Arthur von Weinbergs) bestätigen, daß Schmitz, Krauch, Schnitzler und Ter Meer versucht hatten, die Weinbergs vor den Nazis zu retten. Schmitz hatte Spreti mit einer größeren Summe ausgestattet, damit dieser einen hohen Nazi bestechen konnte, um zu verhindern, daß Arthur von Weinberg den »Judenstern« tragen mußte. Als Weinberg dann später verhaftet und nach Theresienstadt verschleppt wurde, intervenierten Krauch und Schmitz bei Himmler. Man kam zu einem Abkommen, das Weinbergs Freiheit unter zwei relativ leichten Bedingungen garantierte: Er sollte den Rest seines Lebens bei seiner Tochter, Prinzessin Charlotte Lobkowicz, in Serrahn verbringen, und der Gauleiter von Mecklenburg mußte dem Abkommen zustimmen, damit es wirksam wurde. Weinberg starb jedoch, bevor man das Einverständnis des Gauleiters einholen konnte, durch Hunger geschwächt, an den Folgen einer Gallenoperation.[235]

Carl von Weinberg hatte etwas mehr Glück als sein Bruder. Mit Hilfe von I. G.-Vertretern floh er nach Italien, wo er durch Zahlungen einer von der I. G. kontrollierten Mailänder Firma unterstützt wurde. Während der gesamten Dauer des Naziregimes erhielt er seine I. G.-Pension von 80000 Reichsmark pro Jahr, trotz des Risikos, das die Geschäftsleitung der I. G. damit einging.

Aussagen und schriftliche Erklärungen jüdischer Zeugen hatten jedoch nicht immer den gewünschten Erfolg. Gerhard Ollendorff, ein pensioniertes stellvertretendes Mitglied des Verwaltungsrates, gab eine Erklärung zugunsten des Angeklagten Friedrich Gajewski ab. Ollendorff war im Februar 1939 verhaftet worden. Er glaubte, einer der üblichen Naziaktionen gegen Juden zum Opfer gefallen zu sein. Gajewski ging sofort zum örtlichen Chef der Gestapo und erwirkte Ollendorffs Freilassung. In seiner Erklärung beschrieb Ollendorff dieses Vorkommnis und führte weitere Informationen an, die Gajewskis nazifeindliche Haltung und seine Hilfsbereitschaft gegenüber jüdischen Kollegen beweisen sollten. Als jedoch Amchan im Namen der Anklage Gajewski ins Kreuzverhör nahm, ergab sich bald ein anderes Bild von dessen Rolle bei Ollendorffs Verhaftung.

Frage: »Nun, Dr. Gajewski, entspricht es nicht den Tatsachen, daß Sie die Gestapo informierten und um Festnahme Ihres Kollegen Dr. Ollendorff ersuchten, nachdem dieser Sie als seinen Freund aufgesucht hatte, um Ihnen vertraulich mitzuteilen, daß er wegen seiner jüdischen Herkunft Deutschland verlassen wolle?«

Antwort: »Nein. Darf ich das näher erläutern? Dr. Ollendorff hat mir keineswegs eine vertrauliche Mitteilung gemacht. Es war allgemein bekannt, daß er auswandern wollte. Ich sprach . . . mit Bosch darüber. Der sagte mir: ›Sei vorsichtig, daß keine technischen Informationen ins Ausland geraten, sonst kommst du in Schwierigkeiten.‹ Wir sagten uns: ›Dr. Ollendorffs Haus muß durchsucht werden, damit wir ganz sicher sein können.‹ Das war alles, was wir unternahmen.«

Frage: »Ich zeige Ihnen hier ein Dokument, um Ihr Erinnerungsvermögen aufzufrischen, damit Sie wieder wissen, daß Sie am gleichen Tage, als Ollendorff zu Ihnen kam, um Ihnen mitzuteilen, daß er auswandern wolle, an die Gestapo schrieben, daß sie den Mann inhaftieren und sein Haus durchsuchen sollte? Hilft das Ihrem Erinnerungsvermögen?«

Amchan überreichte dem Zeugen dann einen Brief, den dieser selbst an die Gestapo geschrieben hatte, um sie über Ollendorff zu unterrichten. In dem Brief stand, daß Dr. Ollendorff die Absicht habe, ins Ausland zu reisen. Da Ollendorff Zugang zu Geheimnismaterial habe, hielte er (Gajewski) es für angebracht, diese Reise zu verbieten. Da die Möglichkeit bestünde, daß Ollendorff noch im Besitz von Geheimpapieren sei, schlage er eine Durchsuchung seines Hauses vor. Gajewski bat noch um vertrauliche Behandlung der Angelegenheit.

Frage: »Noch eine weitere Frage. Haben Sie Ollendorff jemals wissen lassen, daß Sie ihn der Gestapo gemeldet haben und seine Verhaftung bewirkten.«

Antwort: »Nein.«[236]

Ein ebenso erfolgloser Vorstoß der Verteidigung war der Versuch, nachzuweisen, daß die Angeklagten nicht wußten, was in Auschwitz passierte. Die Anklagevertretung bewies, daß während der dreieinhalbjährigen Existenz der I.G. Auschwitz Ambros die Anlagen achtzehnmal besuchte, Bütefisch siebenmal, Jähne und Ter Meer jeweils zweimal und Krauch, Knieriem und Schneider je einmal. Dürrfeld wohnte während der ganzen Zeit auf dem Firmengelände. Außerdem wurden sowohl das Direktorium als auch die Bauleitung laufend mit Berichten versorgt, die über sämtliche Gruppen von Arbeitern genau Rechenschaft ablegten. Diese Berichte wurden auf farbige Diagramme übertragen, die in den entsprechenden Konferenzzimmern aushingen. Seit 1941, als die Beschaffung von Arbeitskräften schwieriger wurde, tauchten auf den Diagrammen neue Klassifizierungen auf. Die Direktoren der I.G. wußten jetzt, daß mehr als die Hälfte der »Beschäftigten« der I.G. Kriegsgefangene, ausländische Leiharbeiter, strafversetzte deutsche Soldaten und Lagerhäftlinge waren. Angesichts dieses Beweismaterials erschien es mehr als unglaubwürdig, wenn die Angeklagten aussagten, daß sie von den Geschäftsabläufen und Grausamkeiten bei I.G. Auschwitz nichts wußten. Niemand, der Auschwitz besuchte, konnte übersehen, daß seine wahre Funktion die eines Vernichtungszentrums war. Der Geruch des Todes aus seinen Schornsteinen verpestete die Luft im Umkreis von mehreren Kilometern. Die Versuche, die Situation als gut und sauber zu beschreiben, konnte man nur als lachhaft bezeichnen.

Die Berufung auf einen Notstand erwies sich als erfolgreichere Strategie. Die Verteidigung stellte den Zwang heraus, unter dem die deutschen Industriellen während der Nazizeit arbeiten mußten. Weitreichende Verordnungen und strenge Überwachung ihrer Einhaltung zwangen jeden Industriellen zur Mitarbeit, wenn er nicht Gefängnis oder Tod riskieren wollte. Die Taten, die man den Angeklagten vorwarf, waren unter dem Druck des Naziterrors begangen worden. Um zu überleben, mußte man selbst die grausamsten Forderungen der Hitler-Regierung erfüllen, daher auch die »Entschuldigung wegen Notstands«.

In diesem Zusammenhang berief die Verteidigung zwei wichtige Zeugen. Der erste war Feldmarschall Erhard Milch, der selbst wegen Beteiligung am Zwangsarbeitsprogramm der Deutschen zu lebenslangen Freiheitsentzug verurteilt worden war. Man befragte ihn über die Konsequenzen, mit denen ein deutscher Industrieller zu rechnen gehabt hätte, falls er sich geweigert hätte, Lagerhäftlinge oder Kriegsgefangene zu beschäftigen, die ihm für die Rüstungsproduktion zugeteilt worden waren. Milch antwortete, daß man diesen Industriellen sofort unter Arrest und dann wegen Unterminierung des Kampfgeistes vor den Volksgerichtshof gestellt hätte, was normalerweise das Todesurteil bedeutete.[237]

Der nächste Zeuge war Friedrich Flick, Chef des Flick Konzerns, der wegen Versklavung, Plünderung und unrechtmäßiger Aneignung sowie Mitgliedschaft in der SS zu sieben Jahren Gefängnis verurteilt worden war. Der Anwalt Schnitzlers fragte ihn, ob ein deutscher Industrieller die Teilnahme an dem 1933 von Göring einberufenen Treffen zur Beschaffung von Geldern für die NSDAP hätte verweigern können. Es handelte sich dabei um das Treffen, an dem auch Schnitzler teilgenommen hatte.

Antwort: »Er konnte das tun, wenn er nicht über die Folgen nachdachte, aber er würde das natürlich bedauert haben.«[238]

Einige Richter ließen sich von dem Versuch der Verteidigung beeindrucken, die Angeklagten mit ihren Kollegen in anderen Ländern zu vergleichen und sie als gottesfürchtig, anständig und überzeugt antikommunistisch darzustellen. Diese Taktik erwies sich als die erfolgreichste: »Ersetzen sie I. G. durch ICI für England oder DuPont für Amerika«, sagte Krauchs Anwalt zum Gericht, »und die Parallele wird offensichtlich«.

In Friedenszeiten waren die Angeklagten ganz normale Geschäftsleute, und man kann die Verlagerung ihrer Aktivitäten auf die Rüstungsproduktion ihres Landes nicht als Beihilfe zur Vorbereitung und Durchführung eines Angriffskrieges interpretieren.

Die Verteidigung nutzte die schon eingesetzte Atmosphäre des Kalten Krieges, die sich in einigen Äußerungen der Richter zeigte. Um die Tatsachen zu entkräften, mit denen die Beteiligung ihrer Klienten an Naziaktivitäten sowie deren Unterstützung der Naziideologie beweisbar war, führten sie Hitlers antikommunistische Einstellung an. Krauchs Anwalt tat sich dabei besonders hervor, als er darauf verwies, daß Krauch wie jeder gute amerikanische Geschäftsmann nichts mehr fürchtete als die Verbreitung des Kommunismus. Hitlers Reden zur Außenpolitik hatten großen Eindruck auf ihn gemacht. Durch alle diese Reden »zieht sich wie ein roter Faden das Bekenntnis zum Frieden« und die »Angst vor der kommunistischen Gefahr«. Krauchs Anwalt appellierte dann in unglaublicher Weise an die Gefühle der Kalten Krieger und stilisierte Hitler zum Propheten: »Wie recht Hitler mit dieser Darlegung seiner Politik hatte . . . kann durch die europäische Entwicklung der letzten Monate bewiesen werden.«[239] Dies war eine ebenso gräßliche Entgleisung wie entlarvende Bemerkung, auf die man die Verteidigung des »Vaters der I. G. Auschwitz« stützen wollte.

Der Prozeß endete am 12. Mai 1948 nach erschöpfenden 152 Verhandlungstagen. Man hatte 189 Zeugen gehört. Das Protokoll umfaßte 16000 Seiten. Mehr als 6000 Dokumente und 2800 schriftliche Aussagen waren als Beweismittel vorgelegt worden. Hinzu kamen noch eine Anzahl von Schriftsätzen, Anträgen, Beschlüsse zum Verfahren und andere juristische Mittel, die zur Durchführung eines Prozesses gehören.

Das Gericht sah sich vor die Aufgabe gestellt, seine intellektuelle Spaltung und emotionelle Erschöpfung zu überwinden, um aus dem Berg von Tatsachen ein rechtlich haltbares und historisch angemessenes Urteil zu sprechen. Am 29. Juli 1948, fast ein Jahr nach Prozeßbeginn, trat das Gericht zusammen, um seine Entscheidung und die einzelnen Strafmaße zu verkünden. Richter Hebert bat um Gewährung einer zusätzlichen Frist zur Formulierung einer abweichenden Meinung. Sein Antrag wurde von den Richtern Shake und Morris abgelehnt.

Bevor er zur Urteilsverkündung überging, verwies der Vorsitzende Richter Shake auf ein Ereignis, das in den Morgenzeitungen berichtet worden war. Eine mysteriöse Explosion hatte die Hochdruckanlagen der BASF in Ludwigshafen zerstört und fast zweihundert Arbeiter getötet und mehrere tausend verletzt. Es war eine gespenstische Erinnerung an die nie erklärte Explosion in Ludwigshafen 1921. In Würdigung des tragischen Vorfalls erklärte Richter Shake: »Das Tribunal hat eine informelle Nachricht über den tragischen Vorfall erhalten, der sich gestern abend in Ludwigshafen ereignet hat. Ich bin sicher, im Namen des Tribunals und aller hier Anwesenden zu sprechen, wenn ich Trauer über die Verstorbenen ausdrücke, ihrer gedenke und die Familien der Verstorbenen unseres Beileides versichere.« Das Protokoll hielt danach fest: »Die Versammlung erhob sich in stummer Anteilnahme.«[240]

Rudolf Dix, der Verteidiger von Hermann Schmitz, erhielt die Erlaubnis, zu antworten, und er bedankte sich beim Gericht im Namen der Verteidigung, der Angeklagten und der »unglücklichen Opfer«.

Nach dieser kurzen und ›ergreifenden‹ Zeremonie begann das Gericht mit der Verlesung seiner Entscheidung. Bei den Anklagepunkten eins und vier, die den

Angeklagten Durchführung eines Angriffskrieges und Verschwörung vorwarfen, verwies das Gericht auf die Entscheidungen aus dem ersten Kriegsverbrecherprozeß (Oktober 1946).

»Soweit die Aktivitäten der Angeklagten einen Beitrag zur Wiederaufrüstung Deutschlands bildeten, muß man eine Schuld der Angeklagten voraussetzen, da sie die Ergebnisse ihrer Bemühungen erkennen konnten . . . Die Anklage steht allerdings vor dem Problem, den Angeklagten nachzuweisen, daß sie nicht nur von der Wiederaufrüstung wußten, sondern auch erkannten, daß diese der Vorbereitung eines kriegerischen Überfalls diente. In diesem Bereich gibt es keine Ansätze, die über pure Spekulation hinausgehen.«[241]

In Punkt eins und vier wurden alle Angeklagten freigesprochen. Im Punkt zwei der Anklage, Plünderung und unrechtmäßige Aneignung, definierte das Gericht die Grenzen zwischen Schuld und Unschuld sehr genau.

»Der Tatbestand der Plünderung und unrechtmäßen Aneignung ist nach unserer Meinung eindeutig erfüllt, wenn der vorherige Besitzer gegen seinen Willen von seinem Besitz getrennt wird . . . Wenn die Zustimmung des Eigentümers nicht freiwillig erfolgte, sein Einverständnis durch Drohungen, Angriffe gegen seine körperliche Unversehrtheit, politischen Druck oder Ausnutzung der Stellung und Macht des militärischen Besatzers unter Umständen erzielt wurde, die eindeutig erkennen lassen, daß der Eigentümer gegen seinen Willen sein Eigentum aufgeben mußte, so ist dies ein eindeutiger Verstoß gegen die Haager Konventionen.«[242]

Entsprechend dieser Definition wurden neun der Angeklagten schuldig gesprochen. Zu ihnen gehörten die prominentesten Vertreter des Direktoriums: Hermann Schmitz, Georg von Schnitzler, Fritz Ter Meer, Friedrich Jähne und Max Ilgner. Die anderen vierzehn Angeklagten wurden in diesem Punkt freigesprochen.

Punkt drei der Anklage, Sklaverei und Massenmord, war der herausragende Bestandteil des Verfahrens, was auch in der Stellungnahme des Gerichts deutlich wurde. Das Gericht beachtete die unbestrittenen Tatsachen des Terrors, den die Nazis sogar gegen ihre eigenen Bürger ausgeübt hatten, und berücksichtigte die Konsequenzen, mit denen jeder zu rechnen hatte, der die Anordnungen der Nationalsozialisten nicht befolgte. Das Gericht war deshalb nicht bereit, zu sagen, die Angeklagten hätten nicht der Wahrheit entsprechend ausgesagt, als sie angaben, ihre Mitwirkung bei dem Zwangsarbeitsprogramm sei nicht auf eine freiwillige Entscheidung zurückzuführen. Wenn die I. G. die Rolle des Unterdrückers abgelehnt hätte, wäre sie schließlich selbst zum Opfer geworden.

»Es kann kaum einem Zweifel unterliegen, daß die Weigerung eines leitenden Angestellten der I. G., die vom Reich festgesetzten Produktionsprogramme zu erfüllen oder für die Erfüllung Sklavenarbeiter zu verwenden, eine Herausforderung bedeutet hätte, die als hochverräterische Sabotage behandelt worden wäre und sofort harte Vergeltungsmaßnahmen im Gefolge gehabt hätte. Es ist sogar glaubhaft bewiesen, daß Hitler die Gelegenheit, an einer führenden Persönlichkeit der I. G. ein Exempel zu statuieren, freudig begrüßt hätte.«[243]

Nach dieser Stellungnahme blieb noch die Frage nach den Umständen, unter denen die Angeklagten sich auf einen Notstand berufen konnten. In seiner Urteilsbegründung stellte das Gericht sehr deutlich fest,

»daß der Befehl eines Vorgesetzten oder das Bestehen eines Gesetzes oder Regierungserlasses die Entschuldigung des Notstands nur dann rechtfertigt, wenn den von solchen Befehlen oder Gesetzen oder Erlassen Betroffenen keine dem Sittengesetz entsprechende Wahl des einzuschlagenden Weges verblieb. Daraus folgt, daß die Entschuldigung des Notstands nicht durchgreift, wenn derjenige, der sie für sich in Anspruch nimmt, selbst für das Bestehen oder die Ausführung solcher Befehle oder Erlasse verantwortlich gewesen ist, oder wenn seine Beteiligung das von diesen Anordnungen geforderte Maß überstiegen hat oder auf eigenes Betreiben erfolgt ist.«[244]

Nachdem das Gericht auf diese Weise die Grenzen der Verteidigungsstrategie der Angeklagten festgelegt hatte, fuhr es fort mit einer Beschreibung der Tatsachen, die über Auschwitz vorlagen. Trotz der sachlichen und kurzen Darstellung führte die Verlesung der Fakten über Ausschwitz zu einer emotionsgeladenen Atmosphäre, die auch durch eine juristisch korrekte Verfahrensweise nur schwer entspannt werden konnte.

»Fälle von menschenunwürdiger Behandlung kamen auch auf der Baustelle vor. Hin und wieder wurden die Arbeiter vom Werkschutz und den Vorarbeitern geschlagen, die die Gefangenen während der Arbeitszeit zu beaufsichtigen hatten. Manchmal kam es vor, daß Arbeiter zusammenbrachen. Zweifellos war ihre Unterernährung und die durch lange und schwere Arbeitsstunden hervorgerufene Erschöpfung der Hauptgrund für diese Vorfälle. Gerüchte über die Aussonderung aus der Zahl der Arbeitsunfähigen für den Gastod liefen um. Es steht außer Zweifel, daß die Furcht vor diesem Schicksal viele Arbeiter und insbesondere Juden dazu gebracht hat, die Arbeit bis zur völligen Erschöpfung fortzusetzen. Im Lager Monowitz unterhielt die SS ein Krankenhaus und einen Sänitätsdienst. Darüber, ob dieser Sanitätsdienst ausreichend war oder nicht, finden sich im Beweismaterial starke Widersprüche. Ob die Behauptungen der einen oder der anderen Seite mehr Glauben verdienen, kann dahingestellt bleiben; es steht jedenfalls fest, daß viele Arbeiter nicht gewagt haben, sich in ärztliche Behandlung zu begeben, weil sie fürchteten, daß sie dann von der SS nach Birkenau gebracht werden würden. Die von dem Konzentrationslager Auschwitz zur Verfügung gestellten Arbeiter lebten und arbeiteten unter dem Schatten der Liquidierung.«[245]

Obwohl das Gericht sehr deutlich darauf bestand, daß »die I. G. eine menschenwürdige Behandlung der Arbeiter nicht beabsichtigt oder vorsätzlich gefördert hat«, war es doch von den Beweisen beeindruckt, die die Verantwortlichkeit von Ambros, Bütefisch und Dürrfeld für die Beschaffung der Zwangsarbeiter belegten.

Das Gericht verschwendete keine Zeit zur Verurteilung der direkt an Auschwitz beteiligten Angeklagten. Ließ es über die Schuld von Ambros, Bütefisch und Dürrfeld[246] keine Zweifel aufkommen, so gestaltete sich die Abhandlung der Angeklagten Krauch[247] und Ter Meer[248] etwas umständlicher. Während es auch für diese zu einem Schuldspruch nach Punkt drei der Anklage kam, wurden die übrigen Angeklagten unter diesem Punkt freigesprochen. Zum Abschluß verlas das Gericht die Urteile.[249]

Die Entscheidung des Gerichts und der Strafmaß rief bei der Anklagevertretung heftigen Widerspruch hervor. Chefankläger Josiah DuBois hielt die Urteile für »leicht genug, einen Hühnerdieb zu erfreuen«. Als er den Gerichtssaal verließ, explodierte er: »Ich werde ein Buch hierüber schreiben, und wenn es das letzte ist, was ich jemals mache.« Vier Jahre später erschien sein Buch: *»The Devil's Chemists«* (Die Chemiker des Teufels), ein emotionsgeladener Bericht über einen einmaligen Augenblick in der Geschichte der Wirtschaft, der Kriegsführung und der Rechtsprechung.

Fast fünf Monate nach der Urteilsverkündung reichte Richter Hebert sein zustimmendes Votum zu den Anklagepunkten über »Verbrechen gegen den Frieden« ein und ein abweichendes Votum[250] zum Anklagepunkt »Versklavung und Massenmord«. Trotz seiner Zustimmung in den Punkten eins und fünf ist die 124 seitige Stellungnahme[251] eine einzige Geiselung der Mehrheit des Gerichts, die die Tatsachen in Richtung einer zu starken Freisprechung von der moralischen Schuld der Angeklagten mißinterpretiert hätte. Im Gegenteil sei der größte Teil des Beweismaterials ein »schmutziger Geschäftsbericht«, der offenlege, daß die I. G. die Grenzen der normalen Geschäftstätigkeit bei ihrer Sympathie für und ihrer Identifizierung mit dem Naziregime weit überschritten habe.

»Angesichts der in diesem Prozeßbericht festgehaltenen Beweise bin ich der Überzeugung, daß alle angeklagten Mitglieder des Direktoriums Beihilfe zu Kriegsverbrechen leisteten oder entsprechende Aktivitäten sanktionierten, wie es Punkt drei der Anklage beschreibt. . . . Ich vertrete die Ansicht, daß das I. G.-Projekt Auschwitz nicht durchgeführt worden wäre, wenn nicht alle Angeklagten ihre Zustimmung gegeben und damit an der gemeinschaftlichen Entscheidung für ein Projekt teilgenommen hätten, dessen Durchführung den Einsatz von Lagerhäftlingen und anderen Zwangsarbeitern vorsah . . .

Nachdem die I. G. einer weitgehenden Verwendung von Häftlingen in Auschwitz zugestimmt und durch einige ihrer Beauftragten Verhandlungen mit der SS über die Beschaffung von immer mehr Zwangsarbeitern aufgenommen hatte, wurde das Unternehmen unweigerlich mitschuldig an der Unmenschlichkeit, die der Einsatz solcher Arbeitskräfte mit sich brachte . . . Das Beweismaterial zeigt, daß die Lagerhäftlinge auf der I. G.-Baustelle unter unmenschlichen Bedingungen arbeiten mußten. Ich teile die Meinung der Anklagevertretung, daß es keinesfalls eine übertriebene Behauptung ist, wenn man die Arbeitsbedingungen als Todesursache beim Ableben vieler Tausender von Menschen angibt . . .

Zusammenfassend läßt sich festhalten, daß die I. G. den Platz bei Auschwitz aussuchte, nachdem sie von der Existenz des Konzentrationslagers erfuhr, daß sie den Einsatz von Häftlingen bei den Bauarbeiten einplante, daß dergleichen Angelegenheiten natürlich dem Direktorium und dem T.E.A. (Technische Kommission) gemeldet wurden, daß der Einsatz von Häftlingen in Auschwitz auf eine Initiative der I. G. zurückzuführen ist, daß die Angelegenheit ständig vor der T.E.A. besprochen wurde, um über notwendige Mittel zu bestimmen, daß die T.E.A. detaillierte Informationen über den Einsatz von Arbeitskräften haben mußte, um ihre Aufgaben ausführen zu können, daß der Zustand der Häftlinge mehrmals vor dem Ausschuß und dem Direktorium diskutiert wurde, daß mehrere der Angeklagten die Zustände in Auschwitz aus eigener Ansicht kannten, da sie die Baustelle besuchten, daß die Angeklagten Krauch, von Knieriem, Schneider, Jähne, Ambros, Bütefisch und Ter Meer nachweislich die Baustelle besucht haben, um dienstlichen Verpflichtungen nachzugehen, daß die Zustände in Auschwitz zu furchtbar waren, als daß die Angeklagten nicht davon gewußt haben, zumal sie als Direktoren für das Projekt verantwortlich waren.«

Nach Richter Heberts Ansicht hätten alle Angeklagten verurteilt werden sollen, nicht nur Ambros, Dürrfeld, Ter Meer, Bütefisch und Krauch. Man kann mit Sicherheit davon ausgehen, daß die Urteile, die Hebert gefällt hätte, nicht so mild gewesen wären, um einen »Hühnerdieb zu erfreuen«. Zu der Zeit, als Hebert seine Abhandlung einreichte, war das Interesse der Öffentlichkeit an der Bestrafung von Kriegsverbrechern schon erloschen und der Kalte Krieg begann sich zu erhitzen.

Kapitel 9 Die I. G. gewinnt den Frieden

Die Zukunft der I. G. beschäftigte schon bald nach Deutschlands Niederlage die Alliierten. Es war ihnen nicht entgangen, daß die I. G. entscheidend dazu beigetragen hatte, daß Hitler fünfeinhalb Jahre lang die Welt mit dem größten Krieg aller Zeiten überziehen konnte. Noch vor Deutschlands offizieller Kapitulation befahl General Eisenhower eine Untersuchung des Rüstungsbeitrags der I. G. Nachdem das Untersuchungsteam sämtliche Geschäftsbereiche der I. G. von der Ölsynthese bis zu ihren internationalen Kartellverflechtungen untersucht hatte, kam es zu dem Ergebnis, daß die I. G. für die deutsche Rüstung unersetzlich war. Ohne sie hätte Hitler den Krieg nicht anfangen können und wäre auch nie dem Sieg so nahe gekommen.[252]

Eisenhower war sehr beeindruckt von diesem Bericht. Er entschied, daß man die Vormachtstellung der I. G. in der deutschen Wirtschaft abbauen müsse, »um den Weltfrieden zu sichern«. Eisenhowers Vorschläge hätten seinen Vorgänger aus dem Ersten Weltkrieg auf dem Posten des alliierten Befehlshabers, Marschall Foch, bestimmt erfreut.

1. Die Fabrikationsanlagen der I. G. in die Reparationsgüter einbeziehen.
2. Zerstörung der I. G.-Anlagen, die ausschließlich der Rüstungsproduktion dienen.
3. Brechung des Monopols durch Streuung des Eigentums an den verbleibenden Fabriken.
4. Herauslösung der I. G. aus internationalen Kartellen.
5. Übernahme der Forschungsprogramme und -einrichtungen der I. G. (*New York Times,* 21. 10. 1945, 1).

Am selben Tag, an dem Eisenhowers Vorschläge veröffentlicht wurden, gab die amerikanische Armee bekannt, daß sie drei Fabriken der I. G. im amerikanischen Sektor sprengen wolle, die der Herstellung von rauchfreiem Schießpulver und Nitrozellulose gedient hatten. Diese Fabriken sollten die ersten von mehreren hundert Anlagen sein, die zur Zerstörung bestimmt waren.

Im November verabschiedete die Alliierte Kontrollbehörde ein Gesetz, »um sicherzustellen, daß Deutschland nie mehr zu einer Bedrohung für seine Nachbarn oder den Weltfrieden werden kann . . . unter Berücksichtigung der Tatsache, daß die I. G. Farben wissentlich und an führender Stelle am Aufbau und der Produktion des deutschen Rüstungspotentials beteiligt war«.[253] Alle Betriebe und anderer Besitz der I. G. sollten beschlagnahmt werden und der Besitztitel sollte auf die Kontrollbehörde übergehen. Kontrollbeamte sollten in den jeweiligen Besatzungszonen die Geschäfte leiten und die Einhaltung der Kontrollratsbestimmungen garantieren. Die Grundlagen des weiteren Vorgehens entsprachen Eisenhowers Vorschlägen: Zerstörung der Rüstungsfabriken und Streuung des verbleibenden Besitzes.

Trotz starker Worte seitens des Kontrollrates ließ sich die deutsche Spekulantengemeinde weder von den neuen Gesetzen noch von den Plänen der Alliierten abschrecken. Zwischen dem 20. Oktober, als Eisenhower seine Vorschläge verbreitete, und dem 20. Januar verdoppelten die I. G.-Aktien ihren Wert an der Münchener Börse. Als der Leiter der Wirtschaftsabteilung der Militärregierung, General William H. Draper, auf einer Pressekonferenz wegen der explodierenden Kurse der Anteile befragt wurde, antwortete er trocken, daß die Spekulanten »wohl Anteile am Kontrollrat kaufen würden«, da dieser zur Zeit Inhaber des Besitztitels sei. Einige Tage später entschloß sich die amerikanische Militärregierung zu einer ernsthafteren Betrachtungsweise der Angelegenheit und unterband den Handel mit sämtlichen I. G.-Papieren. Die Strafe für Vergehen gegen diese Regelung wurde auf 10000 Dollar oder fünf Jahre Gefängnis ausgesetzt. Man hoffte, dadurch die deutschen Spekulanten davon zu überzeugen, daß man die endgültige Auflösung der I. G. anstrebte (*New York Times,* 31. 1. 46, 7).

Gegen Ende Februar 1947 gab die amerikanische Militärregierung ein Gesetz bekannt, das innerhalb der amerikanischen Zone die rechtliche Grundlage für die Auflösung der I. G. Farben liefern sollte. Das »Verbot übermäßiger Konzentration deutscher Wirtschaftsmacht« war ein weitreichendes Antikartellgesetz zur Unterbindung monopolistischer Praktiken. Es ermöglichte die Untersuchung aller deutscher Unternehmen, die mehr als zehntausend Arbeitnehmer beschäftigten. Wenn man feststellte, daß eine dieser Firmen »eine übermäßige Konzentration wirtschaftlicher Macht darstellte, wurde die Organisation entflechtet und in kleinere ökonomische Einheiten aufgeteilt.«[254]

Die erste Zielscheibe für das neue Gesetz – und wie sich später herausstellte, die einzige – war die I. G. Farben. Am 17. Juni gab der Leiter der Kartellentflechtungsabteilung der amerikanischen Militärregierung, Phillip S. Hawkins, bekannt, daß die Einrichtungen der I. G. innerhalb der amerikanischen Zone in siebenundvierzig Einheiten aufgeteilt wurden. Ihre Verwaltung hatte man deutschen Treuhändern übertragen, die die Geschäfte bis zur endgültigen Aufteilung des Firmenbesitzes betreiben sollten. Die Aufteilung in siebenundvierzig Einheiten war eine tiefgreifende Entflechungsmaßnahme, auch wenn man sehr strenge Maßstäbe anlegte.

Die meisten der deutschen Treuhänder waren bereits bestellt und über jene deutsche Geschäftspraktiken belehrt worden, die die Alliierten nicht mehr ausgeführt sehen wollten. Unter dieses Verbot fielen Preisabsprachen, Boykotte, Diskriminierung von einzelnen Herstellern oder Vertriebsfirmen, Aufteilung von Märkten und Produktgruppen, Zurückhaltung technischer Verbesserungen, auch solcher, die patentiert waren, Festsetzung von Produktionshöchstmengen und alle anderen Mittel zur Behinderung und Regulierung von Handel und Produktion (*New York Times* 26. 3. 47, 11).

Schon bald jedoch stellte sich heraus, daß alle guten Vorsätze zu schön gewesen waren, um sich verwirklichen zu lassen. Mitte 1947 ging die amerikanische Außenpolitik auf einen Kurs, der auch Auswirkungen auf das Kartellentflechtungsprogramm haben sollte. Die neue amerikanische Position drückte sich in einem Bericht aus, den vierzehn führende amerikanische Geschäftsleute abgaben, die das Verteidigungsministerium mit einer Untersuchung der Wirtschaftspolitik der amerikanischen Militärregierung in Deutschland beauftragt hatte. Diese Kommission attackierte besonders die Kartellentflechtungsgesetze, da sie ihrer Meinung nach

»eine Reihe von Kontrollen und Regeln enthalten, die für Deutsche fremd sind und auch nicht der wirtschaftlichen Entwicklung der Vergangenheit entsprechen. Da wir jetzt vor der dringenden Notwendigkeit stehen, einem hungernden Volk eine möglichst rasche wirtschaftliche Wiederbelebung zu bringen – glauben wir, daß eine zu strenge Anwendung des Gesetzes dem Ziel unserer Bestrebungen zuwiderlaufen würde.« (Martin 1950, 232)

In Übereinstimmung mit den Forderungen der Kalten Krieger setzte man die Auflösung der I. G. erst einmal aus. Während der restlichen Amtszeit des alliierten Kontrollrates wurde nichts weiter unternommen. Als die militärische Kontrolle der vier Siegermächte zu Ende ging und durch die Zivilisten der Kontrollkommission der westlichen Alliierten ersetzt wurde, rührten sich die alten Aktionäre der I. G. Sie formten eine Schutzgemeinschaft der Aktionäre und verlangten eine Konsolidierung des I. G.-Besitzes in drei Firmen: Bayer, BASF und Hoechst. Die Aktionäre verlangten außerdem eine Umwandlung der alten Aktien in, den ursprünglichen Relationen, entsprechende Mengen von Aktien der neuen Unternehmenseinheiten. Die Hauptaktionäre aller drei Firmen wären dann identisch. Die Skeptiker sahen darin einen geschickten Plan, die künftige Kontrolle über die drei neuen Firmen in den Händen der ehemaligen I. G.-Farben-Aktionäre zu belassen.

Die Interessengemeinschaft der Aktionäre startete eine großangelegte Kampagne zur Erlangung der Unterstützung durch die Bonner Regierung. Im Verlaufe des Jahres 1950 wurde nichts unternommen, um die I. G.-Einheiten zu verkaufen. Ein Sprecher der alliierten Kommissare erklärte, daß man erst ein neues Gesetz der westlichen Alliierten schaffen müsse, um das alte Viermächtegesetz abzulösen. Erst dann könne man in der Sache I. G. etwas unternehmen. Er fügte hinzu, daß man die bisherigen Pläne zum Verkauf einzelner I. G.-Fabriken aufgegeben habe. Der Sprecher brauchte nicht gesondert darauf hinzuweisen, daß die Strategie des Kalten Krieges wichtiger war als die Entflechtung übermäßiger wirtschaftlicher Machtkonzentration und die Entmilitarisierung.

Im August 1950 wurde das Gesetz Nr. 35 der westlichen Kontrollkommissare veröffentlicht: »Aufteilung des Besitzes der I. G. Farben«. In diesem Gesetz wurde erklärt, daß die Kontrollkommission der Alliierten alle notwendigen Schritte unternehmen werde, eine Auflösung der I. G. Farbenindustrie AG herbeizuführen und sie als juristische Person auszulöschen. Der Unternehmensbesitz in den englischen, amerikanischen und französischen Sektoren sollte auf eine Anzahl von Unternehmen verteilt werden, die eine wirksame Aufteilung des Besitzes garantiere und eine angemessene Konkurrenz innerhalb der chemischen und ihr verwandten Industrien ermögliche. Die Anzahl der einzelnen Unternehmen wurde nicht angegeben. Die alliierten Kommissare würden eine Gruppe von Deutschen zu Liquidatoren bestimmen, die mit der Ausführung der Gesetzesbestimmungen betraut würden. Verurteilte Kriegsverbrecher durften an den Geschäften der neuen Unternehmen nicht beteiligt werden. Damit verhinderte man die Teilnahme von prominenten I. G.-Vertretern wie Schmitz, Krauch, Schnitzler, Ter Meer, Jähne, Ambros und Bütefisch. Die Vorschriften des neuen Gesetzes erweckten den Eindruck, daß die Zeiten der I. G. endgültig vorüber waren.

Mitte Januar 1951 gab die Alliierte Kontrollkommission ihre endgültige Zustimmung zu einem Umverteilungsplan für den I. G.-Besitz. Die 159 I. G. Anlagen innerhalb der westlichen Zonen sollten zwischen neun Firmen aufgeteilt werden: Bayer, BASF, Hoechst, Agfa, Kalle, Cassella und Hüls und zwei weiteren kleinen Unternehmen. Unter denjenigen innerhalb der alliierten Länder, die die Auflösung der I. G. gefordert hatten, »um die Erhaltung des Weltfriedens zu sichern«, verbreitete sich Enttäuschung. Aber auch die I. G.-Aktionäre waren mit der Regelung nicht einverstanden. Sie hielten an ihrer Formel einer Aufteilung auf die großen Drei fest. Die deutschen Treuhänder und die Bonner Regierung unterstützten diese Forderung. Man begann eine Verschleppung der Verhandlungen, da die Zeit für die Aktionäre arbeitete. Bald nämlich würden die Alliierten sich zurückziehen.

Ende 1951 hatte man noch immer keine Antwort auf die Frage nach der Zukunft der kleinen Firmen gefunden. Es gab jedoch Zweifel daran, daß die großen Drei ihre Unternehmensstruktur von vor 1926 wieder annehmen sollten. Diese Firmen wurden auch bereits gebildet, als deutsche Regierung und Alliierte noch über die Zukunft der anderen Unternehmen verhandelten. Im Dezember wurden die Namen der Vorstandsmitglieder und leitenden Angestellten der großen Drei bekanntgegeben. Auf der Liste standen die Namen vieler früherer I. G.-Mitarbeiter. Immerhin waren zu jener Zeit noch keine Kriegsverbrecher auf der Liste (*New York Times* 27. 12. 51, 11).

Mitarbeiter der Alliierten vertraten öffentlich die Meinung, daß die Kontrolle langsam den Alliierten entglitte und in die Hände der alten I. G.-Leute zurückkehre. Sie glaubten, die großen Drei würden zu ihren alten Methoden zurückkehren, sobald die Alliierten Deutschland verlassen hätten. Sie wurden noch durch eine weitere Tatsache beunruhigt. Die Anteile an den neugeformten drei großen Unternehmen sollten den alten Aktionären bevorzugt angeboten werden. Dadurch entstand die Gefahr, daß alle drei Unternehmen von denselben Aktionären kontrolliert würden. Trotzdem schien niemand den Drang zu verspüren, etwas gegen diese Situation unternehmen zu müssen.

In einem Punkt wollten die Alliierten jedoch nicht nachgegeben. Die Deutschen hatten gefordert, die Aktien der neuen Unternehmen nur auf den Namen des Aktienhänders einzutragen. Die Alliierten bestanden jedoch darauf, daß die Aktien auf den Namen des wirklichen Besitzers gezeichnet wurde, um versteckte Kontrollen zu unterbinden. Die Deutschen antworteten darauf, die Registrierung aller Aktien sei zu umständlich und auch zu teuer, doch die Alliierten ließen nicht mit sich reden: anonyme Beteiligungen waren verboten.

Im März 1953 verabschiedete die Alliierte Kontrollkommission schließlich ihren Plan für die Verteilung der verbliebenen I. G.-Einheiten in Westdeutschland. Der größte Teil fiel an die Großen Drei. Bayer erhielt 100% der Agfa-Anteile. Von den kleineren Einheiten behielten nur Cassella und Hüls ihre Unabhängigkeit. Die I. G.-Aktionäre sollten Anteile an den fünf neuen Firmen als Entschädigung für die verlorenen alten Anteile erhalten.

Eineinhalb Jahre später wurde durch die Unterzeichnung entsprechender Verträge in Paris die Besatzungsregierung in Deutschland aufgehoben. Deutschland sollte schon bald ein souveräner Partner des westlichen Bündnisses werden. Kanzler Konrad Adenauer versicherte dem amerikanischen Hochkommissar in einem Brief vom 23. 10. 1954, daß die deutsche Regierung die Antikartellrichtlinien der Alliierten weiter befolgen werde.

Nicht alle Besatzungsbeamten glaubten an die Funktion dieser Machtverlagerung im Sinne der Alliierten. Der New York Times vom 15. 1. 1955 konnte man entnehmen: »Vertreter der Vereinigten Staaten geben zu, daß man nicht garantieren könne, daß die Deutschen nicht sehr bald den Trend umdrehen könnten und das I. G.-Imperium und andere Unternehmen, die vor dem Krieg große wirtschaftliche Macht innehatten, wiedererstehen lassen.«

Am 5. Mai 1955 erhielt die Bundesrepublik ihre Unabhängigkeit und die alliierten Besatzungstruppen zogen ab. Drei Wochen später versammelten sich vierhundertundfünfzig Aktionäre der I. G., um zum ersten Mal nach zehn Jahren einen Geschäftsbericht entgegenzunehmen. Die Liquidatoren teilten ihnen mit, daß die endgültige Auflösung der I. G. sich noch über viele Jahre hinziehen werde. Eine Anzahl von Forderungen an die I. G. hatte sich angesammelt, darunter viele Wiedergutmachungsforderungen von ehemaligen Zwangsarbeitern, die während des Krieges in Fabriken der I. G. gearbeitet hatten. Außerdem mußte man mit der Aufteilung der Besitztümer in Mitteldeutschland, bis zur Wiedervereinigung der beiden Teile Deutschlands warten.

Im Frühjahr 1955 hielten die Nachfolgefirmen der I. G. ihre ersten Hauptversammlungen ohne alliierte Überwachung ab. Bayer änderte prompt seine Geschäftsbedingungen und gestattete wieder anonyme Beteiligungen. Die anderen Gesellschaften zogen bald mit entsprechenden Regelungen nach. Auch fühlten sich die neuen Firmen nicht an die Gesetze der Alliierten gebunden, die die Einstellung von Kriegsverbrechern verbot. Friedrich Jähne kam 1955 in den Aufsichtsrat von Hoechst und wurde im September desselben Jahres sogar dessen Vorsitzender (Farbwerke Hoechst, *Jahresbericht 1955, 8*). 1956 wurde Fritz Ter Meer, der einzige Kriegsverbrecher, der sowohl wegen Plünderung als auch Versklavung verurteilt worden war, zum Aufsichtsratsvorsitzenden von Bayer gewählt (Bayer, *Jahresbericht 1956,* 6).

Der Wohlstand kehrte bei den großen Drei wieder ein. Ihre Erträge übertrafen bereits die der I. G. Alle drei erhöhten 1956 ihre Dividende von neun auf zehn Prozent. Der gemeinsame Wert der Aktien von Bayer, BASF und Hoechst betrug fünfzehn Prozent des Wertes aller Aktien, die an der westdeutschen Börse notiert waren (*New York Times* 2. 6. 1957, 21). Anfang 1956 verdreifachte Bayer sein Grundkapital. Drei Monate später erwarb es 28% Hüls. Die *New York Times* kommentierte am 13. 4. 1956:

»Eine Nachfolgefirma der I. G. Farben hat einen Teil eines anderen Teiles des alten deutschen Chemie Imperiums erworben . . . Es scheint, als ob die Kräfte der Wirtschaft die Teile des zerstörten Farbenimperiums wieder zusammenziehen.

Viele Beobachter sehen in den Aktivitäten der letzten Woche ein Zeichen für eine kommende Wiedergeburt des riesigen Industrieunternehmens, das vor dem Zweiten Weltkrieg die deutsche Wirtschaft beherrschte.«

Schon bald wurde auch Cassella von Bayer übernommen. Die Großen Drei machten ihrem Namen wieder Ehre. 1977 gehörten Hoechst, Bayer und BASF zu den dreißig größten Unternehmen der Welt. Hoechst ist das größte Unternehmen Deutschlands. Hoechst und BASF sind größer als DuPont. Bayer ist nur geringfügig kleiner. Jedes einzelne der drei Unternehmen ist größer, als die I. G. im Zenit ihrer Geschichte es war.

10. Kapitel Tarnung von Beteiligungen

Die Tarnung ihres ausländischen Besitzes gegen Maßnahmen feindlicher Regierungen nimmt in der Geschichte der I. G. einen besonderen Platz ein. Im Gegensatz zu Sklaverei und Massenmord, die man als Entgleisungen während des Krieges betrachten kann, haben die Tarnmaßnahmen zum Schutze ihrer Auslandsbeteiligungen eine Geschichte, die lange vor dem Krieg beginnt und auch nach dem Krieg noch andauert. Die politischen Nebenwirkungen zeigen sich noch heute und werden wahrscheinlich noch einige Jahre zu spüren sein.

Da die Selbstschutzmaßnahmen der I. G. unter strikter Geheimhaltung geplant und ausgeführt wurden, konnten die Ankläger in Nürnberg nur sehr allgemein gehaltene Ausführungen dazu machen. Aus diesem Grund beschränkte sich jener Teil der Anklageschrift, der sich mit den Tarnmaßnahmen der I. G. befaßt, auf einige obskure Aussagen von ungewisser Genauigkeit. Diese Tatsache spricht keineswegs gegen die Fähigkeiten der Anklagevertretung, sondern für das Können der I. G. Die Anklageschrift sagt jedenfalls, daß die I. G. seit 1937

»ein weitläufiges Programm zur Absicherung ihrer Beteiligungen an ausländischen Unternehmen gegen Beschlagnahmung durch feindliche Treuhänder im Falle eines Krieges begann. Diese Maßnahmen dienten nicht nur den Interessen der I. G., sondern versetzten ihr ausländisches Imperium in die Lage, die Anstrengungen zur Stärkung Deutschlands auf Kosten anderer Länder zu intensivieren.«

Die Anklageschrift fährt dann fort mit einer Beschreibung der Aktivitäten nach der Kapitulation der westlichen Demokratien 1938 in München und stellt dazu fest: »Die deutsche Regierung erstellte nach Rückfrage mit der I. G. ein System, das den Schutz des deutschen Besitzes im Ausland gegen mögliche Beschlagnahme dadurch garantieren sollte, daß man den Besitz an neutrale Treuhänder überschrieb.«[255]

Als Beispiel für dieses Vorgehen führte die Anklageschrift den Fall der *General Aniline and Film Company* an, dem wertvollsten Besitz der I. G. in den Vereinigten Staaten. Die I. G. benutzte ihre Schweizer Tochter I. G. Chemie als angeblichen Besitzer. Die Tarnung des Besitzes an der General Anilin and Film ist ein hervorragendes Beispiel für Winkelzüge der I. G. und mit Abstand ihre erfolgreichste Unternehmung dieser Art. Die I. G. baute ein Beteiligungsdikkicht auf, das weder die Richter und Ankläger noch die jahrelang damit beschäftigten amerikanischen Beamten durchdringen konnten. Auf ihrem Weg durch die amerikanische Bürokratie und Justiz hinterließ die Angelegenheit eine Spur von Korruption bis in die Arbeitszimmer der höchsten Beamten und Politiker.

Der außerordentliche Erfolg der Tarnoperationen der I. G. ist das Verdienst eines einzigen Mannes – Hermann Schmitz, den Bosch 1935 persönlich für seine Nachfolge ausgesucht hatte. Seit Bildung der I. G. lag die Verwaltung des Auslandsgeschäftes in den Händen von Schmitz, der die Hauptarbeit bei der Tarnung des weitläufigen Überseebesitzes leistete. Er wurde von einem tiefen Mißtrauen gegen Außenstehende, einem Hang zur Geheimhaltung und einer Begabung zur Vortäuschung von Sachverhalten getrieben. Er gewann nie besondere Popularität und suchte sie auch nie. Die meisten seiner Kollegen betrachteten ihn mit einer Mischung aus Ablehnung und Furcht. Doch niemand stellte sein Talent in Frage, wenn es um geschäftliche Winkelzüge ging, oder um die Fähigkeit, komplizierteste Details der Unternehmensführung in seinem Kopf zu speichern und auf ihre schriftliche Niederlegung zu verzichten. Zu mancher Zeit vertraute er solche Details noch nicht einmal seinen engsten Vertrauten an.

Entsprechend seiner mißtrauischen Natur übte Schmitz eine genaue persönliche Kontrolle über das internationale Imperium der I. G. aus, indem er Familienmitglieder, alte Freunde und langjährige Mitarbeiter an die strategischen Punkte innerhalb der I. G. und ihrer ausländischen Niederlassungen setzte. Dieser Kader erfahrener und loyaler Mitarbeiter spielte in seinen Plänen zur Sicherung des überseeischen Besitzes eine entscheidende Rolle. Die Charaktereigenschaften von Hermann Schmitz bestanden jedoch nicht nur aus Verschlagenheit und Boshaftigkeit, wie es die Anklage in Nürnberg darzustellen versuchte. Die Tatsache, daß Bosch ihn persönlich zu seinem Nachfolger bestimmte, belegt eine Anerkennung von Fähigkeiten, die man nicht einfach ignorieren kann. Schmitz war der Vertraute der Großen und Mächtigen seiner Zeit, die ihn für seine Kenntnisse der Außenpolitik schätzten und seine Fähigkeiten bei der Behandlung der kompliziertesten Wirtschaftsprobleme bewunderten. Die Machthaber seiner Zeit suchten seinen Rat in vielen Angelegenheiten. Kanzler Brüning bot ihm den Posten des Wirtschaftsministers an. Als Schmitz ablehnte, überredete er ihn zur Annahme eines Postens als inoffizieller Berater und nahm ihn mit auf Konferenzen in der ganzen Welt, unter anderem auch zu Präsident Hoover ins Weiße Haus. Als die *Frankfurter Zeitung* in Schwierigkeiten geriet, war es wahrscheinlich Schmitz' Investition, die sie rettete. Als dann später während der Nazizeit die Ausschreitungen gegen die Juden zunahmen, kümmerte sich Schmitz persönlich darum, daß jüdische Mitarbeiter in den Auslandsstellen der I. G. unterkamen. Einige dieser Emigranten haben wiederholt behauptet, daß Schmitz Hitler nur aus Opportunismus, nicht aus Überzeugung unterstützt habe. Eine Episode aus dem Sommer 1938 mag diese Behauptung unterstützen. Ein Anwalt der I. G. unterrichtete Schmitz, daß nach den neuen Rassengesetzen der Nazis die I. G. als jüdisches Unternehmen galt. So wie die Abstammungsgesetze der amerikanischen Südstaaten bestimmten, daß jemand Neger sei, der auch nur entfernt mit einem Neger verwandt war, so bestimmten die Rassengesetze, daß eine Firma, die einen einzigen Direktor jüdischer Abstammung aufwies, ein jüdisches Unternehmen sei. Schmitz antwortete seinem zitternden Untergebenen: »Haben Sie etwas dagegen, in einem jüdischen Unternehmen zu arbeiten?« In einer Aussage für Schmitz' Verteidigung gab der Anwalt diese Geschichte wieder.[256] Schmitz hatte offensichtlich eine komplexe Persönlichkeitsstruktur. Trotz seiner lebenslangen Erfolgsorientiertheit starb er 1960 relativ arm im Alter von neunundsiebzig Jahren. Bis heute kann niemand erklären, was mit seinem Vermögen geschah. Nur wenige, die ihn kannten, glauben, daß er kein Vermögen hatte.

Hermann Schmitz wurde im Jahre 1881 als Sohn einer Arbeiterfamilie in Essen geboren. Trotz seiner herausragenden Intelligenz konnte er wegen der Armut seiner Eltern nur die Handelsschule besuchen. Schon bald jedoch nutzte Schmitz seine Begabung. 1906 begann er seine Tätigkeit bei der Metallgesellschaft in Frankfurt, wo man schon bald auf sein Talent aufmerksam wurde. Schmitz Begabung im Umgang mit Zahlen, sein Arbeitseifer und sein Ehrgeiz erregten sehr bald die Aufmerksamkeit von Wilhelm Merton, dem patriarchalischen Leiter und Haupteigner des Unternehmens. Von da an hatte er eine steile Karriere innerhalb des Unternehmens. Noch bevor er dreißig Jahre alt war, unterstand ihm das gesamte Auslandsgeschäft der Metallgesellschaft und somit die geschäftlichen Aktivitäten des Unternehmens in fast allen Ländern. Die wichtige und profitable amerikanische Niederlassung der Mertons, die American Metal Company, war von besonderem Interesse für Schmitz. Er unternahm mehrere Reisen über den Atlantik, um die Fortschritte dieser amerikanischen Unternehmung zu überwachen. Da er ein guter Beobachter war, wurde er Mertons Experte für die Besonderheiten des amerikanischen Geschäftslebens.

Unter der Führung von Schmitz erlebte das Auslandsgeschäft der Metallgesellschaft einen deutlichen Aufschwung und er konnte einen immer stärkeren Strom ausländischer Devisen verbuchen, der in das Frankfurter Hauptquartier floß. Die verstärkte Besteuerung dieser Einnahmen durch die deutsche Regierung erregten den Unmut des alten Merton. Er beschloß nach einem Weg zu suchen, der es ihm ermöglichte, einem Großteil dieser Belastung auszuweichen – ein Wunsch, der unter Geschäftsleuten weitverbreitet ist. Schmitz wurde mit der Lösung des Problems beauftragt und stellte seinen Wert prompt unter Beweis. Er schlug vor, in der Schweiz eine Verwaltungsgesellschaft zu gründen, die den größten Teil des ausländischen Besitzes unter ihrem Namen führen sollte. Die Schweizer Gesetze über Steuergeheimnisse würden dieses Unternehmen vor dem deutschen Finanzamt schützen. Merton war überzeugt, und das Ergebnis war die Gründung einer Verwaltungsgesellschaft im Besitz Mertons mit Sitz in der Schweiz: die *Schweizerische Gesellschaft für Metallwerte.* Dies war Schmitz' erster Ausflug in die Welt unternehmerischer Tarnungstaktiken. Obwohl der eigentliche Sinn des Unternehmens darin bestand, die Beteiligungen der Metallgesellschaft vor der deutschen Regierung zu verbergen, wurde das System ausländischer neutraler Strohmänner später dazu benutzt, die Beteiligungen vor dem Zugriff feindlicher Regierungen zu schützen. In dieser Zeit entwickelte Schmitz auch seine Vorliebe für die Schweiz, die er als Land mit einer stabilen Währung und »nützlichen« Gesetzen schätzte. Bei Ausbruch des Ersten Weltkrieges wurde Schmitz als Oberleutnant in die Wehrmacht eingezogen. Schon bald nach Beginn des Krieges wurde er schwer verletzt. Nach seiner Genesung wurde er in Walther Rathenaus Kriegsrohstoff-Behörde versetzt. Dort traf er zum erstenmal auf Bosch, dem er half, die Subventionen für die Leunawerke zu bekommen. Als Wilhelm Merton 1916 starb, erbten seine Söhne Richard und Alfred die Leitung der Metallgesellschaft und Hermann Schmitz.

Obwohl die Vereinigten Staaten zu dieser Zeit noch nicht in den Krieg eingetreten waren, beschloß Merton auf Betreiben von Schmitz Maßnahmen zur Verschleierung des deutschen Besitzes an der American Metal Company. Man überschrieb die neunundvierzig Prozent Anteile auf zuverlässige amerikanische Mitarbeiter. Die Gewinne aus den Anteilen kamen jedoch weiter den Mertons zugute.

Als die Vereinigten Staaten 1917 in den Krieg eintraten, erließ der amerikanische Kongreß ein Gesetz über Handelsbeziehungen zum Feind, das die Offenlegung aller feindlichen Beteiligungen an amerikanischen Unternehmen verlangte. Der Präsident der American Metal Company sagte vor dem Treuhänder für feindliches Vermögen aus, daß die Mertons noch immer Nutznießer der Anteile seien, die im Namen amerikanischer Strohmänner registriert waren.[257] Der Treuhänder beschlagnahmte daraufhin die fraglichen Anteile an der American Metal Company. Merton gab sich jedoch nicht so schnell geschlagen. Trotz des Kriegszustandes zwischen Deutschland und den USA begann er mit der Suche nach Möglichkeiten zum Verkauf der Anteile an die Direktoren der American Metal, um so einen möglichst großen Teil des Verlustes wieder gutzumachen. Als die »U. S.-Behörde für die Kontrolle des Kriegshandels« zum Erstaunen aller ihre Zusage zu einem Treffen zwischen zwei Vertretern der American Metal und Merton in der Schweiz gab, damit dort über den Kauf der fraglichen Anteile verhandelt werden konnte, schien der Erfolg von Mertons Bemühungen festzustehen. Man schloß auch tatsächlich ein Abkommen, wonach die Mertons sieben Millionen Dollar für ihre früheren Anteile erhalten sollten (*New York Times* 21. 9. 1919, 22).

Als der leitende Untersuchungsbeamte des Treuhänders für feindliches Vermögen, Francis P. Garvan – später selbst Treuhänder, von der Entscheidung der Kontrollbehörde erfuhr, meldete er sofort scharfen Protest gegen Verhandlungen zwischen amerikanischen Geschäftsleuten und Wirtschaftsvertretern des Feindes an. Er zwang die Kontrollbehörde zur Rücknahme ihrer Zusage und das Geschäft kam nicht zustande.

Zu dieser Zeit diente in der Kontrollbehörde ein junger Major, der wegen seiner schlechten Augen nicht zur kämpfenden Truppe mußte. Es handelte sich um John Foster Dulles, den Neffen des Außenministers Robert Lansing (Hopes 1973, 28). Schon zwei Jahre später gehörte Merton zu Dulles' Klienten, und noch mehr Aufruhr bahnte sich an.

1919 nahmen die beiden Metallgesellschafter Schmitz und Merton an der Friedenskonferenz in Versailles teil. Merton als hochgestelltes Ausschußmitglied und Schmitz als Sachverständiger. Carl Bosch nahm als Experte und Vertreter der Chemieindustrie teil. Die drei Männer waren durch ein grundlegendes Einverständnis und den Willen zur Rückgewinnung ihres Besitzes, den der amerikanische Treuhänder beschlagnahmt hatte, verbunden. Merton und Schmitz sorgten sich am meisten um die Anteile an der American Metal Company und Boschs Interesse galt den wertvollen BASF-Patenten, die der Treuhänder zusammen mit den Anteilen der Kutroff & Pickardt Company, die in den USA den Vertrieb für die BASF erledigte, beschlagnahmt hatte. In Versailles benutzten die drei Männer ihre offiziellen Posten um ihre privaten Probleme zu lösen. Bosch und Merton gelang es, in jene Ausschüsse zu kommen, die sich mit ihren Angelegenheiten befaßten. Merton konnte sogar eine offizielle Untersuchung der Situation der American Metal Aktien einleiten. Die drei Männer befaßten sich mit einer Art von Aktivitäten, über die sich der leitende Kommissar der deutschen Delegation bitter beschwerte. Er beklagte die Schwierigkeiten bei der Zusammenarbeit mit den mehr als fünfzig Experten, die man ihm aufgezwungen habe und die den Eindruck hinterließen, als hinge das Wohlergehen Deutschlands vom Erfolg ihrer privaten Missionen ab (Luckau 1941, 125).

Bosch, Merton und Schmitz konnten ihre Bemühungen um die Rückgabe beschlagnahmten Besitzes jedoch nicht mit Erfolg krönen. Die Zeit, die sie zusammen in Versailles verbrachten, bedeutete jedoch den Beginn einer Zusammenarbeit zwischen den beiden deutschen Industriegiganten BASF und Metallgesellschaft. Bosch und Merton wurden Direktoren der Gesellschaft des jeweils anderen und Merton entließ Schmitz, damit dieser als Leiter der Finanzabteilung zur BASF gehen konnte. Schmitz unterhielt jedoch weiterhin enge Verbindungen zur Metallgesellschaft, behielt seinen Direktorenposten und blieb weiterhin persönlicher Berater Mertons in Finanzfragen und internationalen Angelegenheiten.

Im November 1919 erfuhr Merton, daß der Treuhänder für feindliches Vermögen die beschlagnahmten American Metal Anteile an ein Konsortium aus der Wall Street verkauft hatte. Der Verkauf hatte auf einer öffentlichen Versteigerung stattgefunden und 5,5 Millionen Dollar erbracht. Dies war der höchste

Preis, der bis dahin für einen beschlagnahmten Besitz erzielt worden war. Merton unternahm einen hektischen Versuch zur Rückgewinnung seines Besitzes und verpflichtete John Foster Dulles, der damals Teilhaber der Anwaltsfirma Sullivan und Cromwell war.[258] Dulles war wie auch Merton Teilnehmer an der Friedenskonferenz von Versailles gewesen.

Im Dezember 1920, einen Monat nach dem Amtsantritt von Warren Harding als Präsident der Vereinigten Staaten, erhielt Dulles ein Schreiben Mertons, in dem dieser angab, daß die Versteigerung der American Metal Aktien durch den Treuhänder illegal gewesen sei, weil die Anteile einem neutralen Schweizer und nicht einem feindlichen Deutschen gehörten. Er gab an, daß sechs Tage vor der Auktion die Rechte an die schweizerische Holding-Société-Suisse pour valeurs de Metaux (Schweizer Gesellschaft für Metallwerte) gegangen seien. Mertons Hintergedanke war die Tatsache, daß die »Schweizer Gesellschaft« schweizerisch war und somit durch die Schweizer Gesetze vor Nachforschungen durch die amerikanischen Behörden geschützt war. Das Vehikel, das Schmitz zum Schutz der Metallgesellschaftsprofite vor den deutschen Finanzbehörden entwickelt hatte, sollte jetzt zum Schutz gegen die amerikanischen Behörden verwendet werden. Es schien nicht für Mertons realistische Einschätzung der Lage zu sprechen, daß er hoffte, die amerikanische Regierung würde auf seinen hastig zusammengebastelten Plan hereinfallen. Doch Merton war weder ein Narr noch ein Neuling in Geschäften. Man kann annehmen, daß er bereits über Wege zur Überredung der Vereinigten Staaten nachdachte, die er vor Dulles nicht enthüllen wollte.

Im Frühjahr 1921 besprach Dulles die Einzelheiten von Mertons Forderungen mit Vertretern des Justizministeriums, ohne jedoch den Namen seines Klienten zu nennen und indem er den Fall als »hypothetisch« bezeichnete. Die Antwort war nicht ermutigend und Dulles teilte Merton mit, daß die Regierung der Vereinigten Staaten seine Forderung noch nicht einmal in Betracht ziehen würde, wenn er sie so vortrage, wie er es in seinem Brief umrissen habe. In den Augen des Justizministeriums war der Kauf der American Metal Anteile durch die »Schweizer Gesellschaft für Metallwerte« zwei Jahre zu spät über die Bühne gegangen. Der Treuhänder würde nur Forderungen berücksichtigen, die sich auf Besitz bezogen, der vor dem Kriegseintritt der Vereinigten Staaten in die Hand neutraler Besitzer übergegangen war. Ganz bestimmt aber würde er sich weigern, Forderungen zu erfüllen, die aus Überschreibungen resultierten, die nach der Kriegserklärung im April 1917 stattgefunden hatten.

Diese Nachricht von Dulles brachte Merton bald in die Vereinigten Staaten, um die Situation vor Ort selbst zu erkunden. Er kam kurz nach der Ernennung von Thomas Miller zum neuen Treuhänder durch Präsident Harding dort an. Schon bald hatte Merton, der ehemalige Untersuchungsbeamte für Bestechungen in den besetzten Gebieten, erkannt, woher der Wind wehte. Seine persönliche Einsicht in die Lage der Dinge führte zu einer Trennung von Dulles und der Bestellung eines Mittlers mit besseren politischen Beziehungen. Er entschied sich für John King, einen Abgeordneten aus Connecticut. King war kein Anwalt, aber jedermann wußte, daß er bei der Regierung Harding sehr großen Einfluß hatte, besonders auch auf den neuen Justizminister Harry M. Daugherty. Innerhalb der Justizbehörde wurde King wie ein Mitglied von Daughertys Stab behandelt, obwohl er keine offizielle Position bekleidete. Von King erfuhr Merton, daß der neue Treuhänder keine besondere Vorliebe für Dulles habe. Millers schlechte Meinung von dem New Yorker Anwalt hatte ihre Ursachen offensichtlich in der gemeinsamen Arbeit in Versailles.

Nach einigen Fehlstarts, während der er die Arbeitsweise der neuen Regierung studierte, wurde Merton schließlich mit King handelseinig. Er zahlte ihm ein nicht erfolgsgebundenes Honorar von 50000 Dollar in bar und stimmte außerdem zu, fünf Prozent des zurückgewonnenen Besitzes an King zu zahlen, falls er den Besitz innerhalb von zweieinhalb Monaten nach Einreichung der Forderung, bzw. zweieinhalb Prozent, falls er den Besitz drei Monate nach Einreichung zurückerhalten würde. King setzte die Dinge sofort in Gang, indem er die 50000 Dollar mit dem »Spendensammler« Harry Daughertys, Jesse Smith, teilte. Die erste Bestechungssumme unter Präsident Harding hatte damit ihren Besitzer gewechselt.

Nachdem diese Formalitäten geklärt waren, wurde Merton von Beamten der Treuhandbehörde unterwiesen, wie er die Forderung einreichen solle. Er brauche beeidigte Dokumente, die »bewiesen«, daß die »Schweizer Gesellschaft« den Besitztitel auf die American Metal Aktien vor dem April 1917 erhalten habe und daß diese Transaktion auf einem mündlichen Vertrag mit der Metallgesellschaft und deren Hausbank, der Metallbank, basiere. Man verwies Merton darauf, daß die Eide über die Richtigkeit der Dokumente vor einem Beamten geleistet werden mußten, der durch Gesetz zur Abnahme von Eiden befugt war. Ein normaler Notar erfüllte diese Anforderung nicht.

Merton kehrte nach Europa zurück, wo er die notwendigen Akten und Aussagen zur Unterstützung der Forderung zusammentrug. Die Dokumente wurden durch einen Angestellten der »Schweizer Gesellschaft«, Felix Iselin, beglaubigt, der nicht die gesetzlichen Befugnisse dazu besaß. Merton wußte, daß die Eide damit nichtig waren. Merton reichte seine Forderung am 20. September 1921 ein. Drei Tage später wurde die entsprechende Summe bereits zur Zahlung angewiesen. Zu diesem Zeitpunkt betrug die Gesamtsumme annähernd sieben Millionen Dollar; 1,5 Millionen Dollar an Zinsen und Dividenden zuzüglich zu den 5,5 Millionen, die die Auktion erbracht hatte. Nach den Bedingungen, die die beiden Männer ausgehandelt hatten, mußte Merton jetzt fast 350000 Dollar an King zahlen.

Eine Woche später feierten King, Merton und Miller im Ritz Carlton Hotel ein ausschweifendes Champagner-Dinner. Der »strenge Prohibitionist« King besorgte den Alkohol. Merton zahlte den Rest der Feier und schenkte jedem Gast ein Zigarettenetui im Wert von 200 Dollar. Als Höhepunkt der Veranstaltung überreichte King an Merton 6,5 Millionen Dollar in U.S.-Schatzbriefen und 514000 Dollar in Wertpapieren.[259] Merton deponierte 123000 Dollar bei Eduard Greutert. Dann erfüllte er sein Abkommen mit King und übergab diesem Wertpapiere im Werte von 391000 Dollar.

Merton kehrte nach Deutschland zurück in dem Gefühl, um 6,5 Millionen Dollar reicher zu sein und einen Weg durch die Hindernisse der amerikanischen Politik gefunden zu haben. Er würdigte auch die Weisheit von Hermann Schmitz. Die Schweiz war wirklich ein nützliches Land.

Schon kurz nach der Champagnerparty im Ritz Carlton stellte sich der Kater ein. Zwei Zeitungen des Pulitzer-Konzerns – *St. Louis Post-Dispatch* und *New York World* – setzten Reporter auf Miller an, um dessen Rolle bei der American Metal Sache zu untersuchen. Schon bald gab es in der Presse und im Kongreß erhitzte Debatten über Korruption in der Harding Regierung. Auf dem Höhepunkt der Enthüllungen starb Präsident Harding im August 1923. Der neue Präsident, Calvin Coolidge, bestellte Harlan F. Stone zum Nachfolger Daughertys, dessen Beteiligung am Skandal mit jeder Enthüllung deutlicher wurde. Unter dem Druck des sich ausweitenden Skandals bestellte Stone einen Sonderbeauftragten zur Untersuchung der Handhabung des American Metal Falles durch Miller. Der Sonderbeauftragte war Hiram C. Todd. Am 30. Oktober wurden Miller, Richard und Alfred Merton, die Metallgesellschaft, die Metallbank, die »Schweizer Gesellschaft« und ihr Präsident sowie der Präsident der renommierten »Swiss Bank« vor einem Schwurgericht unter Anklage gestellt. John T. King wurde als Komplize aufgeführt, aber nicht unter Anklage gestellt. Jesse Smith hatte kurz vorher unter ominösen Umständen Selbstmord begangen.

Die Anklage führte detailliert aus, wie die Mertons zu ihrem Millionenbetrag gelangt waren: wie Richard Merton den Treuhänder bestochen hatte und wie King und Smith ihm dabei geholfen hatten. Sie erhob außerdem die Behauptung, daß die Metallgesellschaft gefälschte Papiere vorgelegt habe, um ihre Forderung zu untermauern. Zusätzlich führte die Klage noch an, daß die Papiere von einer Person beglaubigt worden waren, die dazu nicht berechtigt war, und daß alle Eide, die in diesem Zusammenhang geleistet worden waren, ungültig seien.

Um zu erklären, warum King nicht unter Anklage stand, verwies Todd darauf, daß King seine Immunität in Anspruch genommen habe. Was das hieß, war klar: King und Todd hatten ein Abkommen getroffen, und King würde als Kronzeuge auftreten. Todd erklärte außerdem noch, daß Miller es abgelehnt habe, vor der Jury zu erscheinen.

In der Presse und im Senat erhoben sich ernsthafte Fragen, weshalb Todd es versäumt hatte, auch Harry Daugherty unter Anklage zu stellen. Man äußerte Vermutungen, daß Todd versuche, Daugherty und andere noch höher gestellte Personen zu decken. Die Beweise verdichteten sich, daß Todd ein Günstling Daughertys war und bei der Wiedergabe der Untersuchungsergebnisse vor dem Schwurgericht nicht immer die vollständigen Tatsachen vorgetragen hatte. In der Tat hatte Daugherty Todd zum Bezirksstaatsanwalt von Nord-New York ernannt. Todds Versagen bei der Ermittlung gegen Daugherty führte schließlich zu seinem Rücktritt. Emory Buckner, Staatsanwalt für Süd-New York, übernahm den Fall. Buckner hatte schon bald den Verdacht, daß Todds Untersuchung nur ein Täuschungsmanöver gewesen war. Er ließ seinen Assistenten, Kenneth Simpson, die Angelegenheit untersuchen. Simpsons Ergebnisse bestätigten Buckners Verdacht und er beauftragte zehn Leute mit einer eingehenden Untersuchung des Falles. Diese stellten bald fest, daß Todd nur 50000 Dollar der 391000 Dollar, die King von Merton erhielt, aufgespürt hatte. Diese waren durch Mittelsmänner im Auftrag von Miller verkauft worden. Buckner wandte seine Aufmerksamkeit den verbleibenden Wertpapieren zu. Buckner hatte jetzt Grund zu der Annahme, daß auch Daugherty einen Teil der Investmentpapiere erhalten hatte. Harry Daugherty war nie vorgeladen worden.

Buckner holte dies nach, lud Daugherty vor. Dessen Aussage wurde zu einem Klassiker der amerikanischen Prozeßgeschichte:

»Da ich persönlicher Rechtsberater von Präsident Harding war, vor seiner Wahl zum Senator für den Staat Ohio, während seiner Zeit als Senator und danach bis zu seinem Tode,
und auch Rechtsberater von Mrs. Harding, bevor ihr Gatte Präsident wurde und auch nach seinem Tode,
und da ich außerdem Anwalt der Midland National Bank von Washington während der Amtszeit von Warren Harding war,
und da ich Justizminister der Vereinigten Staaten unter Warren Harding war,
und außerdem noch für einige Zeit nach dem Tode Präsident Hardings unter Präsident Coolidge,
und da meine Beziehungen zu allen genannten, seien sie nun beruflicher oder privater Natur, während meiner Zeit als Justizminister streng vertraulichen Charakter besaßen, verweigere ich die Aussage und die Beantwortung irgendwelcher an mich gerichteten Fragen, denn
ich könnte dadurch meine Position ungünstig beeinflussen.« (*New York Times* 23. 1. 1926, 32)

Die Anhäufung neuen Beweismaterials gegen Daugherty und dessen Aussageverweigerung motivierten Buckner zu einer neuen Prozeßstrategie. Da Richard Merton in Deutschland vor gerichtlicher Verfolgung und Schadenersatzklagen der amerikanischen Regierung sicher war, überlegte sich Buckner, ob er nicht Merton von der Anklage ausschließen sollte, um im Gegenzug dessen Aussage gegen Daugherty zu bekommen. Als Köder wollte er Merton sogar die 7 Millionen Dollar überlassen. Buckner schickte Kenneth Simpson nach Deutschland, um mit den Mertons zu verhandeln. Seine Rechnung ging auf. Richard Merton erschien vor dem Schwurgericht in New York und seine Aussage stellte Buckner zufrieden. Am 7. Mai 1926 trat das Schwurgericht erneut zusammen. Diesmal waren auch Daugherty und King angeklagt, während die Mertons und alle anderen deutschen und schweizerischen Angeklagten fehlten. Buckner hatte sein Wort gehalten.

Fünf Tage nach Erhalt der Anklage soll King an Lungenentzündung erkrankt sein. Einen Tag später war er tot. Es wurde keine Autopsie durchgeführt. Der Prozeß gegen Daugherty und Miller begann am 7. September 1926. Zum erstenmal stand ein ehemaliger Justizminister der Vereinigten Staaten wegen passiver Bestechung vor Gericht. Der Gerichtssaal war überfüllt; man wollte die Auseinandersetzung zwischen den beiden Giganten der Anwaltszunft – Max Steuer für Daugherty und Emory Buckner für das Volk – erleben.

In seiner Eröffnungsrede ließ Buckner durchblicken, daß Merton der wichtigste Zeuge der Anklage sein würde.

Während seines Verhöres durch Buckner erwies sich Merton als gebildet, umgänglich und redefreudig. Er stellte seine eigene Bedeutung nicht unter den Scheffel und bezog sich mehrmals auf seine Stellung als Delegierter bei der Konferenz von Versailles wie auch auf seine Position innerhalb der deutschen Wirtschaft. In seinem Verhör kam Buckner immer wieder darauf zurück, daß King kein Anwalt war und nichts zu verkaufen gehabt habe als seine enge Beziehung zum Justizminister, daß Merton seine Forderung gestellt habe, nachdem er von Beamten des Justizministeriums entsprechende Hinweise erhalten habe und daß große Summen heimlich an Regierungsvertreter gezahlt worden waren. Als man ihn nach den Vorkommnissen befragte, die zur Genehmigung seiner Forderung geführt hatten, und nach dem Preis des »Abkommens«, verlor Merton etwas von seiner Aufgeräumtheit. Er beantwortete seine Fragen jedoch den Umständen gemäß zur Zufriedenheit des Staatsanwalts.

Millers Anwalt, William S. Rand, nutzte jedoch die Gelegenheit des Kreuzverhörs, um Merton nach der Berechtigung seiner Forderung zu fragen. Als Rand ihn direkt fragte: »War die Forderung nach Treu und Glauben berechtigt?«, antwortete Merton und zeigte deutliche Anzeichen von Verunsicherung.

Bei der Fortsetzung des Kreuzverhörs am nächsten Tag antwortete Merton kategorisch, daß es *seine* Idee gewesen sei, eine Zahlung an King zu leisten. Außerdem bestritt er, gewußt zu haben, daß ein Teil des Geldes an Miller und Daugherty weitergeleitet wurde.

Buckner konnte nicht zulassen, daß diese Aussage so stehenblieb. Er erklärte, daß Mertons Antworten während des Kreuzverhörs ihn überraschend getroffen hätten. Er beantragte, Merton seinerseits einem Kreuzverhör unterziehen zu dürfen, da Rand Merton zu seinem Zeugen umfunktioniert habe. Richter Mack gab Buckners Antrag statt. Er entlockte Merton das vernichtende Geständnis, daß sein vorheriger Anwalt Dulles ihm nichts über die Regelung bezüglich mündlicher Abmachungen vor 1917 gesagt habe. Er habe damals Dulles mitgeteilt, daß die »Schweizer Gesellschaft für Metallwerte« die Rechte auf die Anteile an der American Metal am 20. November 1919 von der Metallgesellschaft und der Metallbank erworben habe.

Merton hielt Dulles für keinen besonders guten Anwalt. Dies wurde deutlich, als Merton aussagte, Dulles habe ihm geraten, die Metallgesellschaft solle Konkurs anmelden, um der »Schweizer Gesellschaft« die Verhandlungen zu erleichtern. Er bezeichnete diesen Rat des Anwalts als die Bitte an einen Mann,

»sich die Nase abzuschneiden, um sich ins eigene Fleisch zu schneiden«. Merton konnte nicht verstehen, warum die riesige Metallgesellschaft Bankrott anmelden sollte, nur um sieben Millionen Dollar zu kassieren. Steuer, Daughertys Anwalt, notierte sich den Wortwechsel zwischen Buckner und Merton über den Rat von Dulles genau.

Einige Tage später berief Buckner Dulles als Zeugen der Anklage. Dulles überraschte alle Anwesenden mit der Feststellung, daß er nur auf Grund einer gerichtlichen Vorladung und unter Protest für die Anklage aussage. Buckner ging mit Dulles jenen hypothetischen Fall durch, den er seinerzeit dem Justizministerium vorgelegt hatte. Dulles war nicht über »mündliche« Abmachungen informiert worden und wußte auch nichts von irgendwelchen Überschreibungen vor 1919. Er hatte dem Justizministerium auch keine dahingehenden Angaben gemacht. Dulles' Aussage war wichtig für den Hinweis der Machenschaften Mertons, der die Geschichte eines Besitzwechsels erst aufbrachte, als er von einem Mitarbeiter des Treuhänders für feindliches Vermögen entsprechend unterrichtet wurde. Dulles wies ärgerlich zurück, daß er Merton geraten habe, Konkurs anzumelden.

Als nun Steuer Dulles ins Kreuzverhör nahm, konnte man seine Strategie erkennen. Ihm kam es darauf an, zu zeigen, daß die betrügerischen Machenschaften Mertons auf den Rat des Anwaltes Dulles hin erfolgten und nicht auf die Bestechlichkeit von Miller und Daugherty. Neunzig Minuten lang unterzog Steuer Dulles einem Feuerwerk von Fragen. Die *New York Evening Post* berichtete am 21. 9. 1926, daß sich nach den neunzig Minuten »Steuer mit der Miene eines Mannes setzte, der sein Ziel erreicht hatte«.

Am 7. Oktober war der Tag der Plädoyers und es gab noch mehr Überraschungen. In seinem Plädoyer für Daugherty erregte Steuer die Aufmerksamkeit aller Anwesenden mit seinen außergewöhnlichen scharfen Angriffen gegen Dulles.

»Erinnern Sie sich an die Aussage Mertons über seinen ersten Versuch, seine Forderung über Dulles durchzusetzen, bevor er die Angelegenheit an John T. King weitergab?« fragte Steuer die Geschworenen.

»Nun möchte ich keinem Rechtsanwalt Schlechtes nachsagen, aber glauben Sie mir, wenn Dulles nicht der Neffe von Lansing wäre und dadurch das Privileg erhalten hätte, mit der großen Tasche (zum Einsammeln der Bestechungsgelder) zur Friedenskonferenz zu fahren, und wenn er in der Rivington Street (im jüdischen Ghetto New Yorks) wohnen würde und wenn sein Klient in den Zeugenstand treten würde, um wie Merton auszusagen, daß er ihm vorgeschlagen habe, Konkurs anzumelden, um 7 Millionen Dollar zu kassieren, dann würde die Rivington Street auf dem Kopf stehen und der Beschwerdeausschuß nicht eher ruhen, bis ein solcher Anwalt seine Lizenz verloren hätte.«

John Foster Dulles nannte Max Steuer einen »Schurken, dem man die Lizenz entziehen sollte«. Nicht oft hatte ein Gericht in New York einen derart ungeschminkten Angriff gegen einen prominenten Anwalt gehört.

Als Buckner mit seinem Plädoyer an der Reihe war, nahm er Dulles in Schutz, indem er darauf hinwies, daß Dulles als erster Zeuge ausgesagt habe, er kenne keine Regelung über mündliche Abmachungen oder Besitzwechsel vor 1919. Er verlas jenen Teil von Mertons Aussage, aus dem hervorging, daß Dulles seinem Klienten keine unethischen Ratschläge gegeben hatte.

Am Abend des 8. Oktober zogen sich die Geschworenen zur Beratung zurück. Fünfundsechzig Stunden später war sie hoffnungslos festgefahren. Nach Aussagen von Zeitungsberichten war die letzte Entscheidung über Daugherty sieben für schuldig, fünf für unschuldig, die Abstimmung über Miller endete zehn zu zwei. Bis zu diesem Tag hatten Geschworene noch nie so lange beraten, ohne zu einer Entscheidung zu kommen.

Das Justizministerium ließ sich durch die Unentschiedenheit der Geschworenen nicht abschrecken und beschloß, Daugherty und Miller erneut den Prozeß zu machen. Am 9. Februar 1927 begann das zweite Verfahren, eine kürzere und effizientere Version des ersten. Zur Überraschung vieler Beobachter erschien Merton wieder als Zeuge der Anklage, trotz der rauhen Behandlung, die Buckner ihm im ersten Prozeß hatte angedeihen lassen. Diesmal nahm die Verteidigung ihn nicht ins Kreuzverhör. Auch Dulles wurde von der Verteidigung schonender behandelt. Wie im ersten Verfahren traten die Angeklagten auch diesmal nicht selbst in den Zeugenstand. Und wieder appellierte Buckner an die Geschworenen, Daugherty schuldig zu sprechen: »Lassen Sie den großen Fisch nicht entkommen!«

Doch wieder konnte der »große Fisch« entkommen. Durch die Stimme eines einzelnen Geschworenen entging Daugherty seiner Verurteilung. Bei der Verfolgung des »kleinen Fischs« hatte Buckner Erfolg. Miller wurde schuldig gesprochen und von Richter Knox zu achtzehn Monaten Gefängnis und einer Geldstrafe von 5000 Dollar verurteilt. Die Klage gegen Daugherty wurde aufgehoben, denn die Beweise gegen ihn waren nicht ausreichend. Buckner und seine Mitarbeiter ließen keinen Zweifel daran, daß sie einen der Geschworenen für bestochen hielten.

Richard Merton kehrte nach Deutschland zurück. Obwohl er in den zwei Verfahren einiges über sich hatte ergehen lassen müssen, hatte er sein Ziel, die 7 Millionen Dollar, doch erreicht. Die amerikanische Regierung verzichtete auf jegliche Versuche zur Herausgabe des Geldes, bis Merton in seiner Unersättlichkeit eine Entscheidung herausforderte. Am 10. März 1928 wurde eine Änderung des »Gesetzes über den Handel mit dem Feind« verabschiedet, mit der die Rückgabe von etwa achtzig Prozent des beschlagnahmten deutschen Besitzes und die Zahlung von Zinsen für die Zeit der Beschlagnahme vorgesehen wurde. Die »Schweizer Gesellschaft für Metallwerte« stellte daraufhin einen Antrag auf Erstattung der Zinsen für die Zeit zwischen der Versteigerung der American Metal-Anteile und der Übergabe der Gelder an Merton. Da im Verlauf des Verfahrens gegen den Treuhänder Miller nachgewiesen worden war, daß in diesem Fall ein Betrug stattgefunden hatte, verweigerte die Regierung die Zahlung. Die Société Suisse erhob daraufhin Klage gegen den Justizminister in seiner Eigenschaft als amtierender Treuhänder, um so die ihr angeblich zustehenden Zinsen zu kassieren. Die Regierung nutzte die Gelegenheit zu einer Gegenklage auf Rückzahlung des von Merton ergaunerten Geldes einschließlich Zinsen, mittlerweise eine Summe von ca. 15 Millionen Dollar.

In den folgenden acht Jahren durchlief der Prozeß sämtliche Instanzen der Bundesgerichtsbarkeit. Am 25. Juli 1938 wurde der Prozeß schließlich durch das Urteil eines Distriktsgerichts beendet. Das Gericht lehnte Mertons Forderungen ab und sprach der Regierung das Recht auf ihre gesamte Gegenforderung zu. Die Vereinigten Staaten fanden jedoch nur etwa 60000 Dollar, auf die sie ihren Anspruch geltend machen konnten. Merton hatte die Société Suisse schon lange leergepumpt, sie war nur noch eine leere Schale. Die Regierung wandte sich daher an die *Schweizer Bank Gesellschaft* als Komplizen des Betrugs der Vereinigten Staaten. Durch Vermittlung des Schweizer Gesandten einigte man sich schließlich auf eine Summe von 3030769 Mill. Dollar. Mittlerweile war der Zweite Weltkrieg ausgebrochen und Merton lebte als Flüchtling in England und schrieb Artikel gegen die Nazis.

Etwa zur gleichen Zeit, als Merton seinen ersten Kontakt zur Regierung von Präsident Harding aufnahm, entwickelte sich ein Fall, der das neue Aufgabengebiet von Hermann Schmitz als Leiter der überseeischen Aktivitäten der BASF berührte. Betroffen war die amerikanische Verkaufsagentur der BASF, Kutroff & Pickhardt Company, die der Treuhänder für feindliches Vermögen beschlagnahmt hatte. Zum beschlagnahmten Besitz gehörte fast eine halbe Million Dollar in Wertpapieren. Wegen seines Instinkts für Tätigkeiten hinter den Kulissen muß man sich zur Beurteilung der Rolle von Schmitz bei dieser Affäre auf Spekulationen verlassen. Seine Position innerhalb der I. G., sein Werdegang und seine Persönlichkeit lassen eigentlich keinen Zweifel daran, daß es nur wenig gab, was er über Kutroff & Pickhardt nicht wußte. Die Beziehungen zum Treuhänder für Feindbesitz fielen eindeutig in seinen Zuständigkeitsbereich.

Als Harding Präsident wurde, reichten Adolf Kutroff und Carl Pickhardt ihre Forderung nach Rückgabe der beschlagnahmten Werte ein, wie es das Gesetz über den Handel mit dem Feind vorsah. Sie bestanden darauf, ihr Unternehmen sei vollständig in amerikanischem Besitz und die Beschlagnahme daher illegal gewesen. Dem äußeren Anschein nach stimmte diese Behauptung auch. Alle Anteile an der Verkaufsagentur der BASF waren auf die Namen amerikanischer Bürger ausgestellt, die bei Kutroff & Pickhardt angestellt waren. Zu dieser Gruppe gehörten Adolf Kutroff, Carl Pickhardt sowie Ernest S. und Ernest K. Kalbach (Vater und Sohn). Sie alle waren langjährige Vertrauensmänner der BASF. Entsprechend ihrer Tradition waren die in den Büchern aufgeführten amerikanischen Aktionäre nur Strohmänner der BASF. Sie hatten alle geheime Abkommen unterzeichnet, die sie verpflichteten, die Aktien jederzeit der BASF auf deren Wunsch zurückzugeben. Nicht nur die endgültige Entscheidung, auch die Kontrolle des täglichen Geschäftsbetriebes lagen in der Hand der BASF. Neueinstellungen, Entlassungen, Anmietung von Geschäftsräumen und sogar der Einkauf von Büromaterial mußten von der BASF genehmigt werden.[260]

Als der frühere Treuhänder Francis P. Garvan, der die Untersuchungen gegen Kutroff & Pickhardt geleitet und auch die Beschlagnahmung durchgeführt hatte, von der Forderung nach Freigabe hörte, startete er persönlich einen Gegenangriff. In jedem Forum, daß ihm zur Verfügung stand, in Zeitungen und vor Kongreßausschüssen wiederholte er immer wieder seine Anklage: »Adolf Kutroff und Carl Pickhardt haben noch nie auch nur einen Dollar an der Firma besessen. Sie waren nie und werden nie etwas anderes sein als Bürokräfte der deutschen I. G.«[261]

Präsident Harding schenkte Garvan keine Beachtung. Statt dessen schrieb er am 21. November 1921 einen bemerkenswerten Brief an das Büro des Treuhänders für Feindvermögen und ordnete die baldige Rückgabe des Besitzes von Kutroff & Pickhardt an.

»Es wurde mir zur Kenntnis gebracht, daß die Herren Adolf Kutroff und Carl Pickhardt die Rückgabe von Wertpapieren (Liberty Bonds) im Werte von 440500 Dollar anstreben, die der Treuhänder für Feindbesitz am 19. März 1919 beschlagnahmt hat.

Auch ohne offizielle Informationen und Darlegungen meiner Berater ist mir die grundlegend amerikanische Haltung der Antragsteller bekannt. Deshalb glaube ich, daß wir Ihnen Unrecht tun, wenn wir Ihren Besitz weiterhin in den Händen des Treuhänders belassen. Ich ersuche Sie daher, die nötigen Vorbereitungen für die Rückgabe der Wertpapiere an ihre rechtmäßigen Besitzer zu veranlassen. Ich habe oben die Zahl nicht erwähnt, um eine genaue Summe zu nennen. Ich schreibe nur, um mitzuteilen, daß ich die baldige Rückgabe des Besitzes an seine rechtmäßigen und loyalen amerikanischen Besitzer wünsche.«[262]

Die Anweisungen an den Treuhänder waren unmißverständlich und direkt. Trotzdem beschloß Treuhänder Miller, die Anordnung des Präsidenten zu ignorieren. Auf seine Empfehlung überreichte Justizminister Daugherty dem Präsidenten eine Stellungnahme mit ablehnender Haltung. Dabei blieb es bis zum Tod Hardings, als man dann Daughertys Stellungnahme zwischen den Privatpapieren des Präsidenten statt in den Archiven des Weißen Hauses fand.

Es wäre untertrieben, wenn man sagte, daß die ganze Transaktion einen schlechten Geruch an sich hatte. Warum lehnten Miller und Daugherty Hardings Wunsch ab? Offensichtlich hatten sich diese beiden Beamten von zweifelhafter Integrität nicht aus Prinzip gegen eine Anordnung des Präsidenten gewehrt. Nur zwei Monate vorher hatten Miller und Daughertys »Spendensammler«, Jesse Smith, an der Feier im Ritz Carlton teilgenommen, wo Merton für ein Schmiergeld von 350000 Dollar 7 Millionen Dollar bekommen hatte. Ebenso kurios war es, daß Kutroff und Pickhardt zu Lebzeiten des Präsidenten Harding keine weiteren Versuche zur Rückgewinnung des Besitzes unternahmen, obwohl sie sich auf die Empfehlung des Präsidenten verlassen konnten: »Ich kenne die grundlegend amerikanische Haltung der Antragsteller.«

Politikwissenschaftler und Historiker mochten die Existenz des Harding-Briefes übersehen haben, Kutroff und Pickhardt übersahen sie nicht. Nach Hardings Tod trugen sie ihren Antrag zu Präsident Calvin Coolidge und präsentierten den Brief als Beweis dafür, daß man schon zu ihren Gunsten entschieden hatte. Coolidge wandte sich daraufhin an das Justizministerium und verlangte eine Erklärung für die Stellungnahme, die dem Brief Hardings widersprach. Das Justizministerium unter seinem neuen Minister Harlan F. Stone verwies auf Treuhänder Miller, der sich bereits unter Druck befand, aber noch nicht zurückgetreten war. Miller erklärte

»Im Zusammenhang mit dieser Angelegenheit möchte ich feststellen, daß das Gesuch der Herren Kutroff und Pickhardt sich seit November 1921 bis zum Tod des Präsidenten auf dessen Schreibtisch befand. In der Tat fand man die ablehnende Stellungnahme des Justizministeriums nach Hardings Tod in dessen privatem Schreibtisch. Zwischen Dezember 1921 und unserem letzten Treffen besprach der Präsident mehrmals mit mir diese Angelegenheit. Man kann davon ausgehen, daß dieser Brief keinerlei Bedeutung besitzt. Über neunzehn Monate nach Ausfertigung des Schreibens ließ der Präsident den Brief in seinem Schreibtisch liegen und handelte nicht so, wie er es vor Mr. Meekins angedeutet hatte. Dieses Verhalten dürfte belegen, daß der Präsident nicht mehr die Meinung vertrat, die er in dem Brief geäußert hat.«[263]

Auf Anraten des Justizministeriums wieß Coolidge den Antrag zurück, und Kutroff & Pickhardt gingen mit ihrer Forderung vor Gericht. Dort erhielt der Brief Hardings entscheidende Bedeutung und das Gericht verurteilte den Treuhänder zur Herausgabe des Besitzes.

Die Episoden um Merton und Kutroff & Pickhardt waren für Schmitz nicht bedeutungslos. Er gewann aus ihnen wertvolle Einsichten in die dunkleren Bereiche der Politik und des Geschäftslebens in den Vereinigten Staaten. Die Zukunft sollte beweisen, daß er sehr gut gelernt hatte.

Es dauerte bis Frühling des Jahres 1929, als Schmitz sich entschloß, den Trick mit der ausländischen Holdinggesellschaft auch zugunsten der I. G. anzuwenden. Der direkte Grund für diesen Schritt war das Abkommen über den Verkauf der Weltrechte am Hydrierverfahren an die Standard Oil für 35 Millionen Dollar. Schmitz hatte nicht vor, die Steuern für diesen Batzen zu zahlen. Er griff zur selben Maßnahme, die er auch für Merton ergriffen hatte, als er die Société Suisse einrichtete. Um die Zahlung der Standard den deutschen Steuerbehörden vorenthalten zu können, gründete Schmitz zwei Holdings – eine in der Schweiz und eine in den USA. Schmitz fand soviel Gefallen an der Methode, daß er beschloß, sie auch zur Hinterziehung der Steuern für andere ertragreiche Auslandsunternehmungen der I. G. zu benutzen. Hierbei ging es ihm vor allem um die General Aniline Works (die hauptsächlich aus den Fabriken bestand, die Bayer vor dem Krieg gegründet hatte) und die Agfa Ansco Company, Hersteller Photographischer Artikel, der in den USA nur von Eastman Kodak übertroffen wurde. Nach Schmitz' Meinung waren die Einkünfte dieser Unternehmen hoch genug, um die Hinterziehung der für sie in Deutschland zu zahlenden Steuern zu einem interessanten Unterfangen zu gestalten.

Die Tarnung der ausländischen Unternehmen der I. G. war jedoch nicht das einzige Ziel, daß Schmitz verfolgte, als er die Holding-Gesellschaften gründete. Boschs ambitioniertes Programm zur Umwandlung von Kohle in Öl wurde immer teurer. Um das Projekt am Leben zu erhalten, plante Schmitz über die

Holdings Kapital auf den expandierenden Geldmärkten der Schweiz und der Vereinigten Staaten aufzutreiben. Auf einer außerordentlichen Aktionärsversammlung der I. G. am 20. Februar 1929 teilte Schmitz den Aktionären mit, daß man eine neue Schweizer Verwaltungsgesellschaft mit Namen *Internationale Gesellschaft für Chemische Unternehmungen* (I. G. Chemie) gründen werde. Gleichzeitig teilte er den I. G.-Aktionären mit, daß die neue Firma 19 Millionen Dollar durch Ausgabe von Anteilen an Schweizer Geldgeber aufbringen solle. Schmitz schlug vor, daß die I. G. das Unternehmen unterstützen solle, indem sie die Ertragsgarantie für die I. G. Chemie-Anteile übernähme. Im Austausch dafür sollte die I. G. die Kontrolle über I. G. Chemie durch eine alte erfolgreiche Methode behalten: Eine Option auf den Kauf des gesamten I. G. Chemie-Besitzes zu jeder Zeit zum Tageskurs. Als Lockmittel für die I. G.-Aktionäre wurde noch angekündigt, daß man als Gegenleistung für die Ertragsgarantie ihnen die I. G. Chemie-Anteile zum halben Preis anbieten werde. Die Aktionäre ließen sich durch dieses Sonderangebot einwickeln und gaben Schmitz ihre Zustimmung.

Um seinen persönlichen Einfluß in der Schweizer Gesellschaft sicherzustellen, ernannte Schmitz sich selbst zum Geschäftsführer und besetzte die Vorstandsposten mit alten Bekannten wie Eduard Greutert und Felix Iselin – die er noch aus dem Merton-Imperium kannte. Schmitz betrachtete die Erfahrung bei den Mertons offensichtlich als gute Voraussetzung für eine Mitarbeit bei der neuen Unternehmung der I. G. Farben. Außerdem hatte er die Ausbildung dieser Männer selbst überwacht und war sich ihrer persönlichen Loyalität sicher. Daß Iselin und Greutert in die Skandale um den amerikanischen Treuhänder für Feindbesitz verwickelt gewesen waren, stellte offensichtlich keinen Hintergrund dar. Für das, was Schmitz vorhatte, waren solche Erfahrungen eher nützlich.

Als die Anteile der I. G. Chemie der Öffentlichkeit angeboten wurden, hatte die Ertragsgarantie der I. G. Farben die erwartete Wirkung, die gesamte Auflage war kurz nach Erscheinen bereits verkauft. Nachdem er der I. G. Chemie zu einem guten Start verholfen hatte, bahnte Schmitz sein nächstes Projekt an: den Aufbau des amerikanischen Pendants, die *American I. G. Chemical-Company*. Am 26. April 1929 erschien in den Wirtschaftsteilen der amerikanischen Zeitungen eine Anzeige, die die Ausgabe eines Blocks von 5,5%igen konvertiblen Schuldverschreibungen der American I. G. Chemical & Co. im Gesamtwert von 30 Millionen Dollar ankündigte. Die Unterstützung durch die I. G. war dick gedruckt angegeben. »*Nennwert, Zinsen und Prämie, sofern gegeben, werden durch die I. G. Farbenindustrie Aktiengesellschaft, Frankfurt am Main, Deutschland garantiert.*« (*New York Times* 26. 4. 1929, Financial Section) Um das Vertrauen der amerikanischen Finanzwelt zu sichern, besetzte man den Vorstand mit prominenten Vertretern der amerikanischen Industrie: Walter Teagle, Präsident der Standard Oil, Edsel Ford, Präsident der Ford Motor Company, Charles E. Mitchell, Vorstandsvorsitzender der National City Bank, und Paul

M. Warburg aus der Bankiersfamilie Warburg. Die I. G. Farben war durch Bosch und Schmitz vertreten, die hierbei als Chairman und Präsident fungierten.

Der Verkauf der Schuldverschreibungen war ein voller Erfolg. Schon am ersten Morgen war die gesamte Ausgabe verkauft.

Als er der amerikanischen Öffentlichkeit die Schuldverschreibungen im Wert von 30 Millionen anbot, hatte Schmitz nicht die Absicht, auch nur ein Gran an Kontrolle aufzugeben. Die Papiere, die man der Öffentlichkeit anbot, konnten nur in nichtstimmberechtigte »A«-Anteile umgewandelt werden. Mit der National City Company in New York, die die Ausgabe gegengezeichnet hatte, war vereinbart worden, daß man drei Millionen »B«-Anteile, auf die alle Entscheidungsrechte entfielen, für die I. G. zurückhalten sollte, »oder eine andere Gesellschaft oder Person, die mit uns verbunden ist«.[264] Die Amerikaner, die die Schuldverschreibungen gekauft hatten, sollten keine einzige stimmberechtigte Aktie erhalten. Sobald es ihm möglich war, entschied Schmitz, daß Greutert die »B«-Aktien halten sollte.

Greutert verteilte diese stimmberechtigten Aktien dann auf eine Gruppe nicht-deutscher Unternehmen: Standard Oil, I. G. Chemie, Chemo Maatschappij voor Chemische Ondernemingen, sich selbst und eine Reihe von amerikanischen Banken, die ihm temporär als Strohmänner dienten. Eine kleine Zahl von Aktien befand sich auch in den Händen der I. G.-Prominenz, z. B. Bosch und Schmitz. Zu bestimmten Zeiten wurden auch noch andere Deckmäntel benutzt, so zum Beispiel die niederländische Firma N. V. Maatschappij voor Industrie und Handelsbelangen und der Schweizer Konzern »Osman Werke«.

Innerhalb des Standard Oil Konzerns betrachtete man die Angelegenheit mit Nervosität und Mißtrauen. Als Stimmen gegen die Hilfestellung für die I. G. laut wurden, übernahm Teagle die Aktien persönlich. Er war nach Abschluß des Vertrages über das Hydrierverfahren immer noch in einem euphorischen Zustand. Für ihn gab es keine Argumente gegen einen kleinen Gefallen für die I. G., die ja jetzt immerhin zwei Prozent der Standard Oil besaß und damit nach den Rockefellers zweitgrößter Einzelaktionär war. 1933 wurden die Aktien, die Teagle, Bosch, Schmitz, Greutert, I. G. Chemie und andere gehalten hatten, der Mithras AG in Zürich übergeben. Diese war ein zwielichtiges Unternehmen mit verdächtig engen Bindungen an Greutert. Die American I. G. »B«-Aktien waren ihr einziger Besitz und sie wurde von einem einzelnen Rechtsanwalt und einer Sekretärin in einem winzigen Büro betrieben. Die Mithras war offensichtlich ein Briefkastenunternehmen der I. G., das von Greutert kontrolliert wurde. Obwohl er jetzt kein eingetragener Aktionär mehr war, behielt Teagle seinen Posten als Direktor der American I. G.

Als Schmitz sein System zur Tarnung der Besitzverhältnisse bei der American I. G. entwickelte, konnte er nicht ahnen, daß ihm sehr bald von so unterschiedlichen Systemen wie von Hitlers Drittem Reich und Roosevelts New

Deal Probleme erwachsen könnten. Diese zweifachen Gefahren für Schmitz zeigten sich 1933.

Der Ärger mit den Nazis begann sofort. Bald nach Hitlers Machtergreifung am 12. 6. 1933 verabschiedeten die Nazis ein »Gesetz gegen Verrat der deutschen Volkswirtschaft«, das jedem die Todesstrafe androhte, der gegen Devisenbestimmungen verstieß. Die I. G. wollte die Konsequenzen eines solchen Gesetzes nicht herausfordern und meldete der deutschen Regierung daher den Verkauf der Weltrechte am Hydrierverfahren außerhalb Deutschlands. Sie meldete auch, daß sie dafür Aktien im Werte von 35 Millionen Dollar erhalten hatte. Daraufhin starteten die Finanzbehörden eine eingehende Untersuchung der getarnten ausländischen Unternehmen der I. G. Die speziellen Ziele der Untersuchung waren die I. G. Chemie und die American I. G., da die Kontrolle über die I. G. Chemie, American I. G. und I. G. Farben »in der Person von Hermann Schmitz konzentriert zu sein scheint«, der in allen drei Unternehmen den Posten des Geschäftsführers bekleidete. Als die Finanzbehörden jedoch die Geschäftsberichte von Greutert & Company und I. G. Chemie einsehen wollten, behinderten die schweizerischen Gesetze über Finanzgeheimnisse die Untersuchung. Schmitz war nicht ohne Einfluß auf die Nazibürokratie und überzeugte sie offensichtlich davon, daß eine zu intensive Untersuchung eine Schwächung der ausländischen Aktivitäten der I. G. bedeuten würde, die sich auch auf die Situation der deutschen Außenpolitik auswirken könnte. Man einigte sich schließlich auf einen Kompromiß: die I. G. zahlte 5 Millionen Dollar als Steuern für die Standard-Anteile und die Nachforschungen wurden eingestellt.[265] Von da an achtete die I. G. jedoch peinlich auf die Entrichtung ihrer Steuern für Einkommen aus dem Ausland, auch wenn es in getarnten Unternehmen erwirtschaftet worden war.

In den USA wurde die I. G. mit einem ähnlichen Problem konfrontiert. Die Wertpapier- und Börsengesetze von 1934 verlangten von der American I. G. einen beeidigten Antrag auf Registrierung ihrer Anteile. Auf dem entsprechenden Antragsformular wurde auch die Frage nach der Mutterfirma gestellt. Wenn man versäumte, anzugeben, daß die I. G. hinter allen Entscheidungen der American I. G. stand, mußte man mit einem Verfahren wegen Meineid und Falschaussage rechnen. Die leitenden Angestellten der American I. G. gingen dieses Risiko jedoch ein, und beantworteten die Frage nach dem Mutterunternehmen wiederholt mit: »Keins.«

Es war ein gefährliches Spiel. 1936 unternahm man einen Versuch, die Gefahr für die Direktoren der American I. G. zu mindern. Man ernannte D. A. Schmitz, den Bruder Hermanns, zum neuen Präsidenten der Firma. D. A. Schmitz war seit 1909 eingebürgerter Amerikaner. Hermann Schmitz zog sich auf die weniger aktive Position des Aufsichtsratsvorsitzenden zurück. D. A. Schmitz würde jetzt als neuer Präsident die Aussagen im Namen der Gesellschaft beeiden müssen, konnte aber als Neuling vorgeben, die Zusammenhänge nicht ganz zu erkennen.

Während des nächsten Jahres wurde die Richtigkeit dieses Schritts unter Beweis gestellt. 1937 verlor die Behörde die Geduld mit der American I.G. und stellte ganz direkt die Frage, ob die deutsche I.G. Farbenindustrie die Mutterfirma sei. Falls dies nicht der Fall sei, sollte die American I.G. angeben, ob sie die Tochter eines anderen Unternehmens sei. Besaß die I.G. Farben oder irgendein anderes Unternehmen das Recht, Direktoren zu ernennen oder die Geschäftspolitik festzulegen, weil sie über die Aktienmehrheit verfügte oder durch andere Verträge oder Abmachungen dazu berechtigt war? Man kann sich vorstellen, daß eine ziemlich nervöse Gruppe von leitenden Angestellten der American I.G. alle diese Fragen mit »Nein« beantwortete.

Da die amerikanischen Beamten das Gefühl hatten, daß diese Antworten nicht die ganze Wahrheit waren, starteten sie eine eingehende Untersuchung der Angelegenheit. Sie »erbaten« sich die Teilnahme von D. A. Schmitz und Walter Duisberg an einer Konferenz in Washington, wo man die Sache etwas eingehender diskutieren wollte. Die Untersuchungsbeamten der Regierung hatten nicht übersehen, daß Schmitz zwar amerikanischer Staatsbürger, aber auch der Bruder von Hermann Schmitz war, und daß Walter Duisberg zwar auch amerikanischer Staatsbürger, aber eben auch der Sohn des Gründers der I.G., Carl Duisberg, war. Auf der Konferenz erkundigten sie sich nach den Großaktionären der American I.G. Sie stellten fest, daß Chemo, Voorindu und Mithras zwar als Inhaber großer Blöcke von American I.G.-Anteilen eingetragen waren, Untersuchungen aber ergeben hatten, daß sie in keinem der einschlägigen Nachschlagewerke zu finden waren, in denen Firmen mit solch bedeutenden Beteiligungen sonst zu finden waren. Handelten sie im Auftrag der I.G. Farben? Man stellte außerdem noch sehr peinliche Fragen über den Verkauf von Greutert & Company und I.G. Chemie. Schmitz und Duisberg stellten sich jedoch unwissend. Sie behaupteten frei heraus, daß sie nicht wüßten, wem American I.G. gehöre.

Man traute den Antworten nicht und richtete schriftliche Anfragen an die I.G. Farben, Greutert und I.G. Chemie. Die I.G. machte keine Umschweife bei ihrer Antwort: »Wir möchten zur Kenntnis geben, daß wir weder an der American I.G. Company noch an den anderen in ihrem Schreiben erwähnten Firmen (Greutert und I.G. Chemie) beteiligt sind.«[266] Dies war ganz klar eine Falschaussage. Greutert & Company waren vorsichtiger und verweigerten die Aussage unter Hinweis auf die Schweizer Gesetze über Bankgeheimnisse. Die I.G. Chemie schrieb zurück, daß sie »aus Prinzip« keine Auskünfte erteile.

Die Untersuchungsbehörde war nicht zufriedengestellt und setzte ihre Nachforschungen fort. Am 4. Februar 1938 erschienen D. A. Schmitz, Walter Duisberg und Walter Teagle als Zeugen zu einem Anhörungsverfahren. Ihre Aussagen enthüllten einen außerordentlichen Mangel an Wissen über die Besitzverhältnisse der Firma, deren leitende Positionen sie innehatten. Auf entsprechende Fragen des Untersuchungsbeamten David Schenker antwortete Schmitz, daß er nicht die geringste Ahnung hätte, wer die Anteilseigner der

American I. G. seien. Duisberg tat nämliches, ja er ging sogar soweit, seine Verwandtschaft zu irgendjemandem innerhalb der I. G. zu leugnen, obwohl sein Bruder Carl im Aufsichtsrat der I. G. saß und sein Bruder Curt in der pharmazeutischen Abteilung in Leverkusen arbeitete. Seinen Vater erwähnte er mit keinem Wort. Teagle erregte jedoch die meiste Aufmerksamkeit mit der Behauptung, trotz seiner Mitarbeit in der Firma seit ihrer Gründung habe er nie gewußt, wer die Hauptanteilseigner waren. Der Untersuchungsbeamte hakte an dieser Stelle nach

Schenker: »Und Sie wissen nicht, wer zur Zeit dieses Unternehmen kontrolliert. Ist das nicht so?«
Teagle: »Ja, das ist richtig.«
Schenker: »Haben Sie jemals versucht, herauszufinden, wer die Besitzer der »A«- und »B«-Aktien waren?«
Teagle: »Nein.«
Kommissionsmitglied Healy: »Wenn Sie sagen, daß Sie nicht wissen, wem die Firma gehört, dann kann man wohl annehmen, daß sie von europäischen Interessen kontrolliert wird.«
Teagle: »Man kann das, glaube ich, mit Sicherheit annehmen.«
Healy: »Das ist so ziemlich die einzige Annahme, zu der man kommen kann, wenn man die Liste der Aktionäre durchgelesen hat.«
Teagle: »Das ist zweifelsohne richtig.«
Schenker: »Wer jetzt aber genau hinter diesen ausländischen Interessen steht, wissen Sie auch nicht?«
Teagle: »Das ist richtig.«
Wenig später wurde Teagle nach Edsel Ford befragt, der auch im Vorstand der American I. G. tätig war.
Schenker: »Gehört er noch dem Vorstand an?«
Teagle: »Ich glaube, ja.«
Schenker: Glauben sie, daß er die Besitzverhältnisse besser kennt als Sie?«
Teagle: »Nein, ich glaube nicht, daß er mehr darüber weiß als ich.«[267]

Bei der Standard war man entsetzt, als die Zeitungen am nächsten Tag von Teagles außergewöhnlichem Unwissen berichteten. Ein firmeninternes Memorandum befaßte sich mit Teagles Situation:

»Während der Anhörung und in den folgenden Presseveröffentlichungen wurde Mr. Teagle in eine unangenehme Situation gebracht, da er als Direktor nicht angeben konnte, wer die Eigner der großen Anteilsblöcke sind. Der Öffentlichkeit im besonderen wird es unerklärlich sein, daß ein Mann in seiner Position nicht weiß, wem die Firma gehört . . . Wir glauben, daß es das Beste wäre, wenn Mr. Teagle seinen Vorstandsposten bei der American I. G. zur Verfügung stellt, denn obwohl die derzeitige Untersuchung abgeschlossen ist, haben wir bestimmt nicht das letztemal davon gehört.«[268]

Frank Howard war jedenfalls entschlossen, etwas zu unternehmen, und er wußte auch, mit wem er verhandeln mußte, auch wenn Teagle das nicht zu wissen schien. In einem Brief an einen Vertreter der Standard in Europa schrieb er: »Ich glaube, daß einer von uns oder wir beide zusammen ein ernstes Wort mit Schmitz reden müssen . . . über die American I. G.-Angelegenheit.«[269] Das Gespräch zwischen Howard und Schmitz fand einige Wochen später am

11. März 1938 in Berlin statt. Am selben Tag marschierten die deutschen Truppen in Österreich ein.

Howard beschrieb Teagle die Einstellung, die Schmitz zur Untersuchung hatte:

»Er weiß, was in Washington passiert ist, und glaubt trotzdem, daß sein Weg der einzige richtige war. Er wünscht, daß er weiter verfolgt wird. Er hat mir allerdings Hinweise gegeben, aus denen hervorgeht, daß die Schwierigkeiten der Vergangenheit sich nicht wiederholen werden. Leider kann ich diese Dinge nur in einem persönlichen Gespräch weitergeben – darum hat Dr. Schmitz gesondert gebeten.«[270]

Es ist nie herausgekommen, was Schmitz Howard mitteilte. Es ist jedoch bekannt, daß Hermann Schmitz drei Wochen später nach Basel fuhr, um an einem Treffen der Geschäftsleitung von I. G. Farben und I. G. Chemie teilzunehmen, wo über die Angelegenheit in den USA gesprochen werden sollte. Die Lösung bestand in der Entfernung aller Spuren einer Verbindung zwischen I. G. Farben und I. G. Chemie, damit American I. G. die I. G. Chemie als Mutterfirma angeben konnte. Solange die I. G. ihre Option auf die Aktien der I. G. Chemie aufrechterhielt, war es unmöglich, ihren Einfluß auf die I. G. Chemie, und damit die American I. G., zu verleugnen. Im Falle eines Krieges wäre die American I. G. im Höchstmaß verwundbar. Jede Lösung, auf die man sich einigte, mußte natürlich noch von der deutschen Regierung abgesegnet werden, da man auf die strengen Devisenbestimmungen Rücksicht zu nehmen hatte. Max Ilgners Stellvertreter, Kurt Krüger, erhielt die Aufgabe einen Plan auszuarbeiten.[271]

Krüger mußte bald feststellen, daß es nicht einfach war, die Zustimmung zur Auflösung der Option der I. G. Farben auf die Anteile der I. G. Chemie zu bekommen. Gustav Schlotterer, der im Reichswirtschaftsministerium an zuständiger Stelle saß, äußerte keine Bedenken, er nahm sogar eher positiv Stellung zu den Plänen der I. G. Die Schwierigkeiten kamen aus einer anderen Ecke, nämlich der Auslandsorganisation (AO) der NSDAP. Sie hatte einen Kontaktmann im Wirtschaftsministerium, der über alle Entwicklungen informiert werden mußte, die deutsche Firmen im Ausland betrafen. Dies erwies sich als höchste Hürde auf dem Weg zur Erfüllung der Hoffnungen der I. G. Die AO hatte sich schon immer der Verschleierung deutscher Interessen im Ausland widersetzt. Sie vertrat den Standpunkt, daß die Tarnung deutscher Unternehmen im Ausland ein Mittel der Großindustrie sei, um deutsche Firmen ihres deutschen Charakters zu berauben. Solche Aktionen hatten den Ruch von »Internationalismus«, eine häßliche Vokabel aus dem Nazi-Wörterbuch, die an die frühen Auseinandersetzungen zwischen I. G. und Nazis erinnerte. Außerdem waren Tarnmaßnahmen ein Ausdruck mangelnden Glaubens an den Sieg. Ein siegreiches Deutschland mußte sich nicht verstecken, das war nur im Falle einer Niederlage nötig. Nach Ansicht der AO sollten die Auslandsniederlassungen deutscher Firmen ihre Bindungen nicht verschleiern, sondern hervorheben. Die Tatsache, daß die I. G. jetzt Vorbereitungen traf, um ihre ausländischen Beteiligungen zu tarnen, erregte erneut das Mißtrauen der AO hinsichtlich des jüdischen Charakters der I. G. Hinzu kam, daß leitende Beamte des Reichswirtschaftsministeriums schon lange den Verdacht hegten, die I. G. benutze ihre Besitzungen im Ausland um Devisen zu horten.

Der Ausbruch des Krieges am 1. September 1939 unterstrich die Notwendigkeit schnellen Handelns zur erfolgreichen Tarnung des Auslandsbesitzes der I. G. Eine Woche später wurde die Angelegenheit noch weiter kompliziert. Eduard Greutert, der Hauptvertrauensmann der I. G. in der Schweiz, war plötzlich verstorben. Die Führer der I. G. waren so mit ihren Tarnungsproblemen befaßt, daß sie sogar bei seiner Beerdigung von kaum etwas anderem reden konnten.

Innerhalb der American I. G. unternahm man einige oberflächliche Korrekturen. Die American I. G. änderte ihren Firmennamen in General Anilin and Film Corporation (G. A. F.) und entledigte sich damit der verräterischen I. G.-Initialien. Hermann Schmitz und Carl Bosch traten aus dem Vorstand aus. Der deutsche Anstrich des Vorstands blieb jedoch erhalten: D. A. Schmitz, Rudolf Hutz und Wilhelm H. vom Rath waren alle Personen mit Verbindungen zur I. G. Die Schönheitskorrektur der G. A. F. war jedoch erst komplett, wenn die verräterische I. G.-Option auf die Aktien der I. G. Chemie erloschen war. Solange diese Bindung noch bestand, konnte sich die G. A. F. nicht als Tochter der I. G. Chemie ausgeben. Solange würden die holländischen Unternehmen Chemo und Voorindu, die als Strohmänner der I. G. bekannt waren, offiziell als Besitzer G. A. F. fungieren müssen.

Kurz bevor Hitler seinen Angriff auf den Westen startete, fuhren mehrere »amerikanische Freunde« der I. G. nach Basel um mit Vertretern von I. G.-Farben und I. G. Chemie über die »besten und erfolgreichsten Maßnahmen zur Abwendung der Gefahr (einer Beschlagnahmung der G. A. F. durch die US-Regierung) im Falle eines Krieges mit den USA« zu beraten. Man war sich einig, daß man keine Fortschritte erzielen konnte, bevor nicht die Option auf die I. G. Chemie Aktien gelöscht war. Während diese Gespräche stattfanden, wurde das Problem noch weiter kompliziert. Deutschland besetzte Holland und alle holländischen Unternehmen in den USA wurden von den Finanzbehörden eingefroren. Hierzu gehörte auch die G. A. F., da die offiziellen Hauptaktionäre Chemo und Voorindu holländische Gesellschaften waren. Von jetzt an mußten alle Transaktionen durch die Finanzbehörde genehmigt werden. Um die G. A. F. aus der Umklammerung der US-Regierung zu befreien, galt es möglichst schnell zu beweisen, daß die G. A. F. eine Tochter der I. G. Chemie und nicht holländischer Deckfirmen war. Solange die verräterische Option jedoch noch in Kraft war, konnte die I. G. Chemie nicht angeben, keinerlei Beziehungen zur I. G. zu haben.

Innerhalb weniger Tage tauchte Krüger wieder in Schlotterers Büro auf, um dringend das Einverständnis zu »einer Reorganisation unserer Beziehungen zur ... I. G. Chemie« zu erbitten. Er bettelte um die Erlaubnis, die I. G. Chemie aus allen Bindungen entlassen zu dürfen, die man als »unter deutschem Einfluß« interpretieren konnte. Dazu mußte man die Option löschen und Hermann Schmitz vom Posten des Geschäftsführers der I. G. Chemie zurücktreten. Krüger erklärte, daß die I. G. sich erst nach langen Überlegungen zu diesen Schritten entschlossen habe. Die amerikanischen Geschäftsfreunde seien in ihren Aktionen behindert, solange die bisherigen Bindungen bestünden, und hätten darum gebeten, daß man sie durch die oben beschriebenen Aktionen unterstütze. Die Schwierigkeit bestehe in der Abhängigkeit der G. A. F. von der Schweizer Firma, die wiederum starke Verpflichtungen gegenüber der I. G. habe. Es könne daher der Eindruck entstehen, die G. A. F. stünde unter deutschem Einfluß.[272]

Das Problem war echt und bedurfte einer dringenden Lösung. Die »amerikanischen Freunde« der I. G. waren unter zunehmenden Druck der US-Untersuchungskommission wegen der Enthüllung der Muttergesellschaft der G. A. F. Die Kommission hatte einen letzten Termin auf den 30. Mai 1940 angesetzt. Angesichts der weltpolitischen Entwicklung war es klar, daß man keinen weiteren Aufschub gewähren würde. Die G. A. F. konnte nicht länger behaupten, nicht zu wissen, wer das Unternehmen kontrollierte. Sie konnte aber auch nicht die I. G. Chemie angeben, bevor diese nicht die Verbindungen zur I. G. Farben unterbrochen hatte. Solange sich an diesem Zustand nichts änderte, war die G. A. F. als Besitz der holländischen Unternehmen Chemo und Voorindu blokkiert.

Krüger beschrieb dem Wirtschaftsministerium die schwierige Lage. Die Frist für den Bericht an die SEC sei schon mehrfach verlängert worden und laufe jetzt endgültig am 30. Mai 1940 ab. D. A. Schmitz würde am 18. Mai in die Staaten zurückreisen und sei bereit, sofort nach seiner Ankunft die nötigen Schritte einzuleiten, falls die entsprechenden Behörden die schon versprochene Zustimmung erteilten.

Bei persönlichen Gesprächen mit Schlotterer ließ Krüger durchblicken, daß die Verbindungen mit der I. G. Chemie nicht ganz unterbrochen würden, sondern in anderer Form weiterbestehen würden. Die I. G. würde auch einen Einfluß auf die General Aniline and Film ausüben. In der Tat habe man alle Maßnahmen getroffen, um dies sicherzustellen.[273] Die I. G. hätte die Konsequenzen einer Ablehnung ihres Antrages nicht deutlicher machen können als durch den Hinweis auf den drohenden Verlust der G. A. F. Diesmal ließ sich Schlotterer von den Argumenten und Versicherungen der I. G. überzeugen und gab seine Zustimmung.

Ende Juni fand die Jahreshauptversammlung der I. G. Chemie statt. Die vom Reichswirtschaftsministerium genehmigten Reorganisationsmaßnahmen wurden von der Aktionärsversammlung mit großer Mehrheit gebilligt. Offizielle juristische Bindungen zur I. G. Farben wurden formell unterbunden. Um deutlich unter Beweis zu stellen, daß durch die Entscheidung der Aktionäre die I. G. Chemie eine Schweizer Firma geworden war, trat Hermann Schmitz vom Posten des Präsidenten zurück. An seine Stelle trat der Schweizer Felix Iselin. Für Leute mit einem Sinn für Geschichte war es eine seltsame Wahl, war Iselin doch derselbe, der im Auftrag Mertons die ungültigen Eide zur Beglaubigung der Société Suisse Unterlagen abgegeben hatte, mit denen Merton seine Forderungen in der American Metal-Angelegenheit untermauert hatte.

Der Rücktritt von Hermann Schmitz hatte allerdings nicht ganz den Geruch des Einflusses der I. G. Farben beseitigt. Im Vorstand der I. G. Chemie saßen noch immer folgende Personen mit verdächtig engen Bindungen zur I. G.: August Germann, der Schwager von Eduard Greutert, Albert Gadow, der Schwager von Hermann Schmitz, und Hans Sturzenegger, Protégé und Nachfolger Eduard Greuters. Sturzenegger gründete die Sturzenegger & Company, um die Nachfolge von Greutert & Co. anzutreten.

Nachdem die I. G. Chemie-Option gelöscht war, beantwortete die G. A. F. schließlich die Frage der Untersuchungskommission (SEC) und identifizierte die I. G. Chemie als Inhaberin von 91,05% der kontrollierenden Anteile. Bezüglich der Kontrolle über die I. G. Chemie gab die G. A. F. an: »Es wurde uns von der I. G. Chemie außerdem mitgeteilt, daß sie keine Tochtergesellschaft eines anderen Unternehmens ist, daß die Mehrheit ihrer stimmberechtigten Anteile von Schweizer Bürgern gehalten werden und daß niemand eine Option besitzt, die die I. G. Chemie zum Verkauf irgendwelcher Anteile an unserem Unternehmen zwingen würde.«[274] Die SEC war jedoch noch immer nicht zufrieden. In ihrem Bericht an den Kongreß stellte sie fest: »Alle Versuche, die Identität der Eigner der stimmberechtigten Anteile festzustellen, waren erfolglos.«

Nicht weniger bedeutend war es, daß Justizministerium und Finanzbehörde öffentlich durchblicken ließen, sie hielten die G. A. F. für ein getarntes Nazi-Unternehmen. Angesichts der täglichen Berichte über die Ausschreitungen der Nazis wurde dieser Zustand immer unerträglicher für die amerikanischen Direktoren der G. A. F. Hugh Williamson, einer der gebürtigen Amerikaner im Vorstand, war fiebernd auf der Suche nach einem besseren öffentlichen Ansehen der G. A. F. Zusammen mit der Anwaltsfirma Breed, Abbot & Morgan, sah er die einzige Möglichkeit zur Lösung dieses Problems und zur Verhinderung rechtlicher Schritte der Regierung im Verkauf der Firma an einen Käufer mit lupenreinem amerikanischem Hintergrund. Er wußte genau wie auch die anderen Direktoren, daß es nicht einfach sein würde, die Zustimmung der I. G. Chemie zu diesem Vorhaben einzuholen. Welche Rolle würde außerdem die I. G. Farben bei dieser Entscheidung spielen?

Wie sich herausstellte, hatte die I. G. Chemie andere Pläne, in denen ein Verkauf der G. A. F. nicht vorkam. Auf Empfehlung des Schweizer Botschafters in den Vereinigten Staaten ernannte die I. G. Chemie den jungen Werner Gabler zu ihrem Repräsentanten in Amerika. Gabler war gebürtiger Schweizer und eingebürgerter Amerikaner. Die Tatsache, daß Gabler Jude und sein Mentor, Botschafter Bruggeman, der Schwager des Vizepräsidenten Henry Wallace war, waren natürlich gute Empfehlungen. Sein erster und wohl brillantester Schritt war die Bestellung John J. Wilsons zum Rechtsberater der I. G. Chemie in den Vereinigten Staaten.

Als nächstes mußte Gabler die interessierten Ministerien davon überzeugen, daß I. G. Chemie ein unabhängiger Schweizer Konzern war, ohne Bindungen zur I. G. Farben. Zu diesem Zweck machte Gabler dem Finanzministerium den Vorschlag, die Kontrolle über die G. A. F. in die Hände zweier gleichberechtigter Treuhänder zu legen, von denen die I. G. Chemie und das Finanzministerium jeweils einen bestimmen sollten. Das Finanzministerium lehnte den Vorschlag ab. Zuviele Hinweise gab es dafür, daß Gablers Arbeitgeber, die I. G. Chemie, ein Produkt der I. G. Farben war.

Auch die Briten drängten die Vereinigten Staaten zu Aktivitäten im Zusammenhang mit der G. A. F. Der britische Minister für ökonomische Kriegsführung, Hugh Dalton, veröffentlichte am 1. Mai 1940 eine detaillierte Erklärung, in der er die Vereinigten Staaten dazu aufforderte, allen Besitz der Achsenmächte einzufrieren. Er gab zu bedenken, daß die Deutschen in Erwartung solcher Aktivitäten ihre Interessen bereits in Hände neutraler Strohmänner gelegt hätten, und schlug vor, systematisch die wahren Besitzer aus den Achsenländern zu enttarnen. Dalton stellte fest, daß es sich bei der General Aniline um die bedeutendste Investition deutscher Unternehmen handele, die sich hinter einer Schweizer Maske verbarg und er drang darauf, in diesem Fall etwas zu unternehmen. Schon kurz nach seiner Erklärung befahl Präsident Roosevelt die Blockierung des Besitzes aller kontinentaleuropäischen Unternehmen und er betraute den Finanzminister Henry Morgenthau Jr. mit dieser Aufgabe. Die Anordnung verlangte die Registrierung sämtlichen Besitzes innerhalb der Vereinigten Staaten, an dem ausländische Interessen beteiligt waren, bis zum 14. Juli 1940. Daraufhin begann, was die *New York Times* »als die größte detektivische Schnüffelei, die je von einer Regierung durchgeführt wurde« bezeichnete, »da es seit langem bekannt ist, daß die Achsenmächte in Erwartung einer Maßnahme dieser Art alles getan haben, um ihren Besitz in den USA zu verschleiern«. (14. 5. 1941)

Durch die Ausdehnung seiner Anordnung auf jedes kontinentaleuropäische Land hatte Roosevelt auch die Schweiz in seinem Netz. Der schweizerische Besitz in den Vereinigten Staaten belief sich auf 1,5 Milliarden Dollar und stellte damit eine Konzentration dar, die man nicht übersehen konnte. General Aniline war bereits nach Hitlers Einmarsch in Holland blockiert worden. Die Angabe einer rein schweizerischen Mutterfirma würde jetzt nicht mehr zur Aufhebung der Blockierung führen.

Zur gleichen Zeit wurde auch die General Dyestuff Corporation blockiert. Dieser Konzern setzte sich aus den Verkaufsagenturen der I. G. Farben zusammen, die während des ersten Weltkrieges beschlagnahmt worden waren. Sie hatten alle zur I. G. zurückgefunden und wurden in der General Dyestuff C. zusammengeschlossen. Um die endgültige Kontrolle zu sichern, hatte die I. G.

sich auch hier wieder auf die Optionsmethode verlassen und dabei mit den alten Vertrauensmännern Adolf Kutroff und hauptsächlich Ernst K. Halbach zusammengearbeitet. Mit Halbach gab es mindestens sieben Abkommen über eine »Kontrolle durch Vorkaufsrecht«. Im August 1939, kurz vor der Invasion Polens, verkaufte die I. G. die Mehrheitsbeteiligung an der General Dyestuff an Halbach. Da das Finanzministerium einen starken Verdacht gegen Halbach hegte, wurde auch die General Dyestuff blockiert. Nach diesem Zeitpunkt bedurften alle Transaktionen der Zustimmung des Finanzministeriums.

Williamson, der die sogenannte amerikanische Mehrheit im Vorstand der G. A. F. anführte, sah sich durch diese Entwicklungen nur in seinem Vorhaben bestärkt, die G. A. F. von all ihren derzeitigen häßlichen Problemen zu erlösen. Er bot das Unternehmen unter anderem der Standard Oil, der Ford Motor Co. und International Telephone and Telegraph an. Standard und Ford leckten noch ihre Wunden aus der SEC-Untersuchung und zeigten nur ein kurzlebiges Interesse. Das Interesse der I. T. T. aber war echt.

Der Präsident der I. T. T., Oberst Sosthenes Behn, ging direkt zur deutschen Regierung, die er in diesem Fall als oberste Autorität erachtete. Offensichtlich betrachtete er die I. G. Farben als eigentlichen Besitzer der G. A. F. und deshalb wäre die Zusage der deutschen Regierung notwendig gewesen, bevor man überhaupt verhandeln konnte. Behn kam tatsächlich zu einem vorläufigen Abkommen mit der deutschen Regierung und schickte daraufhin seinen Vizepräsidenten, Frank Page, zum Außenministerium der Vereinigten Staaten, um dieses zu informieren. In einem entsprechenden Memorandum des Außenministeriums heißt es dazu:

»Oberst Behn berichtet, daß die deutsche Regierung bereit sei die amerikanische (sic) Firma General Aniline and Film gegen die deutsche Firma im Besitz der I. T. T. zu tauschen, die dort Telefonleitungen und andere Ausrüstungsgegenstände produziert. Mr. Page gab an, daß der Wert beider Unternehmen sich in etwa entspreche und daß der Austausch zu Gunsten der I. T. T. sei, da sie dadurch ihr Kapital in einen amerikanischen Besitz transferieren könne.«[275]

Die I. T. T. nahm daraufhin Verhandlungen mit der I.G. Chemie auf, und Oberst Behn glaubte, daß die Angelegenheit erledigt sei. Er verabredete für den Juli ein Treffen in Basel. Er glaubte offensichtlich, daß dann die letzten Schritte zum Abschluß der Geschäfte getan würden. Auch Williamson und die anderen Vorstandsmitglieder der G. A. F. dachten so. D. A. Schmitz, der Präsident der G. A. F., zeigte sich allerdings pessimistischer als seine Kollegen. Am 3. Juli wurde der Grund für Schmitz Haltung auch für Williamson erkennbar. Der Vertreter der G. A. F. in Basel hatte gerade gemeldet, daß die I. G. Chemie das Interesse an einem Handel mit der I. T. T. verloren hätte. Williamson telefonierte mit Hans Sturzenegger, der Greuters Position als Hauptaktionär der I. G. Chemie übernommen hatte, um zu erfahren, was den Zusammenbruch der Verhandlungen bewirkt hatte.

Die Unterhaltung hatte kaum begonnen, da bestätigte Sturzenegger auch schon Williamsons Befürchtungen, daß das Geschäft mit der I. T. T. nicht zustande kommen würde. Die Verhandlungen wären auf Grund »irriger Annahmen« aufgenommen worden. Dann machte er Williamson eine Eröffnung, die diesen wie eine Bombe treffen mußte. Die I. G. Chemie sei dabei, mit Ernest Halbach zu verhandeln. Da er offensichtlich Williamsons ablehnende Haltung spürte, fügte er hinzu, daß er aus verläßlicher Quelle erfahren habe, Halbach sei der amerikanischen Regierung als Käufer genehm. An dieser Stelle explodierte Williamson: »Ach du liebe Zeit, das ist lächerlich, Halbach ist jetzt schon blockiert.« Als Sturzenegger ihn fragte, warum Halbach denn der amerikanischen Regierung nicht genehm sei, schrie Williamson fast: »Sein Hintergrund, Hans, in den Büchern, alles schriftlich, ist schlimmer als unserer.« Halbachs Unterschrift, als Vertrauensmann der I. G. auf sieben Optionsabkommen, genügte, um ihn abzusägen. Sturzenegger wollte mehr über Halbachs Ruf wissen und Williamson erklärte ihm: »Es wäre, als wenn man an D. A. Schmitz verkaufte . . . Es ist einfach unvorstellbar.« Am Ende der Unterhaltung stellte Williamson dann noch fest, daß Halbach nicht die finanziellen Mittel besaß, um die G. A. F. zu kaufen.« Er hat auch nicht annähernd das Geld dazu . . . der Zustand seiner Finanzen läßt es einfach nicht zu.«[276] Da er überzeugt war, daß die I. G. Chemie wirklich an Halbach verkaufen wollte, rief Williamson am selben Tag noch einmal bei Sturzenegger an. Er gab zu, daß man unter normalen Umständen keine bessere Wahl treffen konnte als Halbach. Man könne sich keinen besseren Treuhänder wünschen . . ., es wäre, als ob man Geld von einer Hosentasche in die andere stecke und Halbach sei »unser Angestellter«. Das Problem bestünde darin, daß auch das Finanzministerium diese Meinung vertrete.

Williamsons Anstrengungen waren vergebens. Die I. G. Chemie hatte sich darauf festgelegt, an Halbach zu verkaufen. Am 14. Juli erhielt die General Dyestuff Co. ein Telegramm in verschlüsselter Sprache, das ihr eine Option auf den Kauf der Mehrheitsanteile an der G.A.F. gab. Der Preis war mit 5812500 Dollar angegeben. Sofort nach Erhalt der Option bewarb sich die G.D.C. beim Finanzministerium um die Erlaubnis zum Kauf der G. A. F.-Anteile.[277]

Williamson setzte seine Opposition gegen Halbach fort und bezeichnete das ganze Unternehmen als unnötigen Zeitverlust, da die amerikanische Regierung dem Verkauf niemals zustimmen würde. Es sei viel effektiver, den Verkauf der G.A.F. an ein Unternehmen mit unzweifelhaft amerikanischem Leumund zu betreiben. Die Rechtsberater der G.A.F., Breed, Abbott & Morgan, erstellten sogar ein Rechtsgutachten, in dem sie darlegten, warum die amerikanische Regierung dem Verkauf an Halbach nicht zustimmen würde. Die I. G. Chemie verhielt sich ungerührt und unterstützte weiterhin den Verkauf an Halbach. Sie ignorierte Williamsons Warnung und das Gutachten und wartete auf die Einverständniserklärung des Finanzministeriums. Ein tiefer Riß zog sich durch den Vorstand der G. A. F. Felix Iselin verlangte, daß das Geschäft mit Halbach vorangetrieben wurde. D. A. Schmitz verließ seinen bisherigen unentschlossenen

Standpunkt und schlug sich auf die Seite Iselins. Auch Ernst Schwarz schloß sich Iselin an. Schwarz, vorher in leitender Position bei der I. G. in Deutschland tätig, war jetzt als jüdischer Flüchtling in den USA. Er war ein treuer Anhänger von Hermann Schmitz, der ihm diesen Posten bei der G.A.F. besorgt hatte. Dieses Trio stand der Mehrheit der Direktoren gegenüber, die ihre Meinung nicht teilten: den gebürtigen Amerikanern Hugh Williamson, William Breed und Walter Bennett sowie den eingebürgerten Amerikanern deutscher Abstammung Wilhelm von Rath, Hans Aikelin und Rudolf Hutz.

Bis zum September hatte sich die Atmosphäre im Vorstand der G.A.F. soweit verschlechtert, daß die Mehrheit den Rücktritt des Präsidenten D. A. Schmitz forderte. Breed schrieb ihm am 14. September einen Brief, in dem er darauf verwies, seine Vergangenheit und besonders die Tatsache, daß er der Bruder von Hermann Schmitz sei, mache ihn für die Position ungeeignet und er schlage ihm vor, sofort seinen Rücktritt zu erklären. Als Schmitz ablehnte, wählte ihn der Vorstand ab, beließ ihn jedoch als Vorstandsmitglied. Als er von dieser Aktion hörte, schlug Felix Iselin sofort zurück. In einem Telegramm aus Basel forderte er den sofortigen Rücktritt aller amerikanischen Direktoren. Man ignorierte das Telegramm.

Etwa eine Woche später lehnte das Finanzministerium Halbachs Antrag ab, wie Williamson es vorausgesagt hatte. Die Ablehnung wurde nicht begründet. Die Gründe waren offensichtlich.

Nachdem Halbach aus dem Weg war, richtete die Mehrheit der Direktoren ihre Angriffe gegen die I. G. Chemie. Am 31. Oktober wählten sie John Mack zum Nachfolger von D. A. Schmitz als Präsidenten. Es war sehr deutlich, welche Vorteile der neue Präsident mitbrachte. Er war ein Freund und Nachbar Präsident Roosevelts und hatte vor dem Konvent der Demokraten 1932 die Nominierungsrede für Roosevelt gehalten. Auch zur Verbesserung der Beziehungen zur SEC und zum Justiz- und Finanzministerium trug die Wahl entscheidend bei.

Am 30. November setzte die Mehrheitsfraktion im Vorstand ihren Angriff fort und verlangte den Rücktritt aller anderen Direktoren. D. A. Schmitz, Felix Iselin und Ernst Schwarz lehnten ab. Am 5. Dezember setzte die Mehrheitsfraktion ihre Politik der Einstellung politisch bedeutender Personen fort und ernannte William C. Bullitt zum Direktor. Wie auch Mack war Bullitt ein enger Freund Roosevelts. Er hatte Roosevelt zur diplomatischen Anerkennung der Sowjetunion bewegt und war Botschafter in Moskau geworden. Als der Krieg in Europa unvermeidlich schien, war Bullitt auf den schwierigen Posten des Botschafters in Frankreich gesetzt worden. In einer öffentlichen Erklärung bezeichneten die Vertreter der Mehrheit Bullitts Ernennung als einen weiteren Schritt auf dem Weg, die Kontrolle ». . . unmißverständlich in die Hände amerikanischer Interessen zu legen.« (*New York Times* 6. 12. 1941, 25)

Am 7. Dezember griffen die Japaner Pearl Harbour an. Am 10. Dezember erklärte Deutschland den USA den Krieg.

Innerhalb weniger Tage führte Justizminister Francis Biddle seinen Schlag gegen die Kontrolle der I. G. Chemie über die G. A. F. Er entwickelte einen Zusatz zum »Gesetz über den Handel mit dem Feind«, der dem Präsidenten das Recht gab, jeglichen ausländischen Besitz zu beschlagnahmen, nicht nur den feindlicher Ausländer. Vor einem hastig zusammengerufenen Rechtsausschuß des Senats erläuterte Biddle: »Das Gesetz über den Handel mit dem Feind ... gibt den Vereinigten Staaten keine Möglichkeit, bestimmte Unternehmen von ausländischen Firmen und sogar Firmen des feindlichen Auslandes zu beschlagnahmen – wenn diese Firmen zum Beispiel mehrheitlich von einem Schweizer Unternehmen kontrolliert werden und wir dieses Schweizer Unternehmen nicht daran hindern können, für die Nazis zu arbeiten.«[278] Er ließ keinen Zweifel daran, daß er sich auf die G. A. F. bezog. Am 18. Dezember wurde Biddles Vorlage vom Kongreß verabschiedet und durch Präsident Roosevelt unterzeichnet. Nun konnten auch Schweizer Beteiligungen beschlagnahmt werden. Die G. A. F. wurde am 24. April 1924 beschlagnahmt, die G. D. C. zwei Monate später.

Mit der Übernahme durch den Treuhänder nahmen auch die Versuche einer Amerikanisierung des Unternehmens ein Ende. Der Treuhänder Leo Crowley ersetzte alle Direktoren durch Leute seiner Wahl, die den Geschäftsbetrieb der Firma bis zum Kriegsende führten.

Als die Nazis durch Zeitungsberichte davon erfuhren, daß die amerikanische Regierung beabsichtige, konfiszierten Feindbesitz zu liquidieren, drohten sie mit der Liquidation amerikanischen Besitzes innerhalb Deutschlands. Die Reichsbank und das Außenministerium widersetzten sich jedoch den Vergeltungsplänen. Durch diese Art von Maßnahmen würde man nur zugeben, was man bisher zu verschleiern versucht hatte, nämlich den nicht unerheblichen deutschen Einfluß auf die betroffene Firma.[279] Es war ein deutliches Eingeständnis, das auch sofort nach dem Krieg aus den beschlagnahmten Akten auftauchte.

Kapitel 11 Der seltsame Fall der General Aniline and Film

Als der Krieg dem Ende zuging, stellte sich dringlich die Frage nach möglichen Aktivitäten der I. G. Chemie zur Wiedererlangung der beschlagnahmten Anteile an der G. A. F. Der Rechtsanwalt der I. G. Chemie, John J. Wilson, riet zur Zurückhaltung. Er schätzte richtig ein, daß die Erfolgsaussichten stiegen, je länger Zeit zur Heilung der Kriegswunden war. Wie recht er hatte, sollte sich schon bald erweisen.

Standard Oil meinte, sich das Warten auf bessere Bedingungen nicht leisten zu können. Sie hatte guten Grund zu der Annahme, daß Crowley sehr bald unter dem Druck der Antikartellbehörde mit der Gewährung von Lizenzen auf die beschlagnahmten Jasco und Standard-I. G.-Patente beginnen würde. Sie beschloß, »den Stier bei den Hörnern zu packen« und reichte am 13. Juli 1944 zusammen mit ihren Tochtergesellschaften Standard Oil Development Co., Standard Catalytic und Jasco bei einem Bezirksgericht in New York eine Beschwerde gegen den Treuhänder nach Paragraph 9a des Gesetzes über den Handel mit dem Feind ein. Die Firmen erklärten, die Patente der Jasco und Standard-I. G. Co. seien zu Unrecht eingezogen worden, und verlangten ihre Rückgabe. Der Prozeß begann am 21. Mai 1945, zwei Wochen nach der bedingungslosen Kapitulation Deutschlands. Es gab einige Stimmen innerhalb der Standard, die zur Zurückhaltung mahnten, bis das emotionale Klima etwas abgekühlt war. Es war kaum die richtige Zeit, um Beziehungen zu einer feindlichen Firma zu rechtfertigen. Diejenigen die meinten, die Zeit arbeite gegen die Standard, setzten sich aber durch.

Standard wurde durch John W. Davis,, der 1924 demokratischer Präsidentschaftskandidat war, vertreten. Die Vertretung des Treuhänders übernahm Philip Amram, den der Justizminister speziell ausgesucht hatte. Auch der Richter war eigens ausgewählt worden. Es war Richter Charles E. Wyzanski vom Distriktgericht in Boston. Man hätte die Qualität der Besetzung von Anklage, Verteidigung und Gericht kaum verbessern können.

Die Anwälte der Standard stützten ihre Position hauptsächlich auf die Behauptung, daß die Patente und Aktien, die am 25. März 1942 beschlagnahmt wurden, damals rechtmäßiger Besitz der Standard waren, da alle Rechte der I. G. mit dem Abkommen von Den Haag erloschen waren. Die Verteidigung der Regierung meinte demgegenüber, der Transfer der Aktien und Patente sei nur eine Tarnmaßnahme der I. G. gewesen.

Während der Vorbereitung auf den Prozeß erhielt Amram vom Verteidigungsministerium die Nachricht, daß die Dritte Armee General Pattons den Rechtsberater der I. G., August von Knieriem, gefangengenommen hatte. Amram ahnte, daß die bevorstehende Niederlage Hitlers Knieriem zu einem gefügigen Zeugen machen würde. Er nahm das erste verfügbare Militärflugzeug nach Paris, wohin man Knieriem zum Verhör brachte. Der I. G.-Anwalt erklärte sich nicht nur bereit, als Zeuge für die amerikanische Regierung auszusagen, er bot sich auch an, Unterlagen zu beschaffen, die Amrams Sache unterstützen würden. Es drehte sich dabei hauptsächlich um Unterlagen im Zusammenhang mit dem Abkommen von Den Haag und den entsprechenden Schriftwechsel mit dem Oberkommando der Wehrmacht. Dieses Material hatte die Bombardierung Frankfurts überstanden, weil Knieriem es schon zu Beginn der Angriffe auf einen Bauernhof in der Nähe von Heidelberg gebracht hatte, das als Universitätsstadt von der Bombardierung ausgenommen war. Amram sorgte dafür, daß Knieriem diese Papiere mit nach New York bringen konnte.

Als der Prozeß in die zweite Woche ging, kam Knieriem in Ellis Island mit den Dokumenten an. Vor seiner Aussage bat er Amram noch um einen Gefallen – er möge ihm neue Kleidung beschaffen, damit er nicht in der schäbigen Kriegsgefangenenuniform seinen alten Geschäftskollegen von der Standard gegenübertreten müsse. Amram erfüllte ihm diesen Wunsch gerne und ließ dann seinen mysteriösen Zeugen vorführen. Mit neuem Hemd und Krawatte betrat Knieriem den Gerichtssaal, schlug die Hacken zusammen und verbeugte sich vor dem Gericht und den Anwälten: »Ich werde die Gesichter der Standard-Leute nie vergessen«, erinnerte sich Amram später.

Richter Wyzanski fragte Knieriem, ob dieser einen Übersetzer wolle. aber der Rechtsanwalt lehnte voller Stolz ab. In gepflegtem, fast akzentfreiem Englisch identifizierte er dann die Dokumente, die er aus Deutschland mitgebracht hatte. Amram konnte damit der Standard einen vernichtenden Schlag zufügen. Er führte als Beweismittel Knieriems eigene Kopie des Haager Abkommens mit dessen handschriftlichen Notizen an. Einige waren in Deutsch, andere in Englisch. Neben die Präambel hatte er an der Stelle, wo die Rechte der Jasco aus dem ersten Abkommen von 1930 behandelt wurden, geschrieben: »Nachkrieg Camouflage«. Amram führte dann noch die Korrespondenz zwischen der I. G. und dem Oberkommando der Wehrmacht an, die Knieriem auch zur Verfügung gestellt hatte. In einem dieser Schreiben erklärte die I. G., warum sie es für richtig hielt, die Patente an die amerikanische Firma zu überschreiben. Durch diese Maßnahme seien die Patente vor einem feindlichen Zugriff geschützt. Außerdem könne man davon ausgehen, daß das amerikanische Unternehmen auch in Zukunft freundliche Beziehungen zur I.G. unterhalten werde.[280]

Trotz heftiger Proteste der Anwälte der Standard ließ Richter Wyzanski Knieriems Dokument als Beweismittel zu, das nach Amrams Ansicht die Falschheit des Haager Memorandums belegte . . . und umfassend zeigte, daß das ganze Unternehmen nur dazu dienen solle, den Besitz vor dem Zugriff des Treuhänders zu schützen, falls die USA am Krieg teilnehmen sollten.

Am 7. November 1945 sprach Richter Wyzanski sein Urteil. Er ging davon aus, daß alle Besitzverschiebungen zwischen der I.G. und Standard nach dem Haager Abkommen nur dazu dienten, den Anschein zu erwecken, die Standard sei Besitzer von Anteilen, die beide Seiten weiterhin als Eigentum der I.G. betrachteten. Wyzanski schrieb: »Das Gericht sieht es als ausreichend bewiesen, daß das eigentliche Abkommen zwischen den Parteien darin bestand, sämtliche Eigentumsüberschreibungen nach Lust und Laune der I.G. rückgängig machen zu können und nach dem Krieg zu einer den neuen Umständen entsprechenden Regelung zu kommen.« In Kürze, so Richter Wyzanski, könne man feststellen, daß das Haager Abkommen und die entsprechenden Transaktionen der I.G. stets die rechtlichen Besitztitel und Ansprüche beließen und somit der Treuhänder für feindliches Vermögen rechtmäßig handelte, als er am 25. März 1942 den fraglichen Besitz beschlagnahmte. Die Aktien und Patente der Jasco sollten daher in den Händen des Treuhänders bleiben.[281]

Die Regierung erfocht allerdings keinen vollständigen Sieg. Wyzanski fand, daß die Transaktionen zwischen I.G. und Standard vor dem Haager Abkommen in gutem Glauben geschehen waren und keine späteren Anpassungen vorgesehen hatten. Da es sich bei diesen Werten nicht um feindlichen Besitz handelte, mußten die entsprechenden Aktien und Patente der Standard wieder ausgehändigt werden.

Am 22. September wurde Richter Wyzanskis Urteil in der nächsthöheren Instanz bestätigt. Richter Charles Clark, der das Urteil ausfertigte, präzisierte die Erkenntnisse der vorherigen Instanz. Er schrieb z. B. über den Transfer der I.G.-Anteile an Jasco auf Walter Duisberg: »Es kann einem nicht entgehen, daß Duisberg nur ein weiterer Strohmann war, der dazu benutzt wurde, die wahren Besitzverhältnisse zu verschleiern.« In einer Fußnote zu seinem Urteil entwikkelte Clark noch einen interessanten Gedanken: »Standard hätte auf Grund der Art ihrer Beziehungen mit der I.G. als Vertreter des Feindes betrachtet werden können, nachdem Deutschland und die USA sich den Krieg erklärt hatten.« Obwohl die Beklagte nicht in dieser Richtung argumentierte, kann man annehmen, daß nach dieser erweiterten Definition die beschwerdeführende Partei Feindstatus hätte bekommen können, da sie auch nach Ausbruch der Kriegshandlungen ihre Tarnunternehmungen für die I.G. fortsetzte.«[282]

Clarks Entscheidung wurde erst endgültig, als der Oberste Gerichtshof am 19. April 1948 die Revision verwarf. Mit diesem Datum endete die verhängnisvolle Ehe zwischen der I. G. und der Standard. Im Einklang mit dem Urteil übergab der Treuhändler der Standard die vor dem Krieg transferierten Anteile der I. G. an der Standard-I. G., aber er behielt die I. G.-Anteile an der Jasco und auch alle Patente, die die I. G. nach Ausbruch des Krieges an die Jasco überschrieben hatte.

Die schlechten Ahnungen der Standard von 1939, daß die I. G.-Anteile in »unfreundliche Hände fallen könnten«, bewahrheiteten sich nicht. Im April bot der Treuhänder die Jasco-Anteile zur Versteigerung an. Nachdem er sechs versiegelte Angebote eingesehen hatte, gab er bekannt, daß die Standard Oil Development Co. mit 1,2 Millionen Dollar am meisten bot.

Die Entwicklungen in der Standard Oil-Angelegenheit wirkten nicht sehr beruhigend auf die I. G. Chemie und ihren amerikanischen Anwalt, John J. Wilson. Zur weiteren Beunruhigung trug auch eine Direktive der Wiedergutmachungskonferenz in Paris im Dezember 1945 bei, die verlangte, daß die alliierten Nationen innerhalb ihrer Grenzen nach konfisziertem deutschem Besitz suchen sollten, der zu Reparationszahlungen genutzt werden könnte. Auch neutrale Staaten wurden dazu aufgefordert, deutschen Besitz innerhalb ihrer Grenzen zu liquidieren und den Erlös für Wiedergutmachungszwecke zur Verfügung zu stellen. Dieses Geld wurde nach einem Verteilungsschlüssel an die einzelnen Alliierten ausgegeben: Die Vereinigten Staaten und Großbritannien erhielten jeweils achtundzwanzig Prozent, die restlichen vierundvierzig Prozent wurden auf die anderen Länder aufgeteilt. Besorgniserregend war für die I. G. Chemie die Tatsache, daß auch getarnter deutscher Besitz in neutralen Ländern herangezogen werden sollte: »Der deutsche Besitz, der zur Wiedergutmachung herangezogen werden soll, wird auch solchen Einzelbesitz enthalten, der zwar auf den Namen eines nichtdeutschen Besitzers eingetragen, aber in Wirklichkeit deutscher Besitz ist.«[283] Niemand zweifelte daran, daß die I. G. Chemie und ihre angebliche Tochter, die General Aniline, die Hauptziele dieser Regelung waren. Während die Wiedergutmachungskonferenz noch tagte, versammelten sich die Aktionäre der I. G. Chemie in Basel, um über Abwehrmaßnahmen gegen die Pariser Resolution zu beraten. Die Atmosphäre war von der deutschen Niederlage geprägt und es wurde fieberhaft daran gearbeitet, die letzten Spuren der I. G. Farben zu beseitigen. Die bekannten I. G.-Initialien wurden aufgegeben, und die Firma nannte sich offiziell in Internationale Industrie und Handelsbeteiligungen AG um. Von nun an wurde die I. G. Chemie unter dem Namen Interhandel geführt. Man änderte die Geschäftsbedingungen, um anonyme Beteiligungen abzuschaffen und somit das Instrument, das der I. G. jahrelang zur Kontrolle verholfen hatte, aus dem Weg zu räumen. Schließlich trat Albert Gadow vom Posten des Geschäftsführers zurück, den er seit 1935 bekleidet hatte. Der Schwager von Hermann Schmitz wurde durch den Schweizer Neffen Eduard Greuterts, Walter Germann, abgelöst.

Während die I. G. sich von ihren deutschen Elementen reinigte, unternahm die Schweizer Wiedergutmachungsbehörde eine Untersuchung der Besitzverhältnisse bei Interhandel. Die Behörde untersuchte jedes Papierschnipsel in den Archiven der Interhandel, der eine Information über die Besitzer enthalten konnte. Ebenso gründlich wurden die Bücher von Greuterts Rechtsnachfolger Sturzenegger durchforstet.

Nach Abschluß ihrer Nachforschungen gab die Schweizer Wiedergutmachungsbehörde bekannt, daß die I. G. Chemie (Interhandel) nicht der I. G. Farben gehöre und auch nicht von ihr kontrolliert werde, sondern ganz und gar eine Schweizer Firma sei, die auch von Schweizer Interessen kontrolliert würde. In alliierten Kreisen wurde diese Entscheidung mit Skepsis aufgenommen und die amerikanische Regierung lehnte sie ab. Auf der Grundlage tausender von erbeuteten I. G.-Akten bestand die USA auf ihrer Behauptung, die Interhandel sei ein von deutschen Interessen kontrolliertes Unternehmen. Unter den amerikanischen Beamten, die die Sache bearbeiteten, verbreitete sich die Annahme, daß die Schweizer Regierung mehr und mehr auf Druck von innen reagierte, als auf die Notwendigkeit, eine rechtlich tragbare Entscheidung zu treffen.

Die entschiedene Haltung der Vereinigten Staaten brachte einige Ergebnisse. Auf einer Konferenz in Washington im Mai 1946 trat die Schweiz einem Abkommen mit England, Frankreich und den USA bei, das der Lösung des Problems getarnten Nazibesitzes in der Schweiz dienen sollte. Das Abkommen sah vor, daß die Schweizer Wiedergutmachungsbehörde in Zusammenarbeit mit einer Kommission von Vertretern der vier Vertragspartner alle Fälle zweifelhafter Besitzverhältnisse untersuchen und im Falle deutscher Beteiligung die Liquidation einleiten solle. Im Falle eines Streites sollte die Schweizer Bankenaufsicht vermitteln.

Interhandel wurde sofort zum Anlaß für eine größere Auseinandersetzung. Die Wiedergutmachungsbehörde bestand auf ihrem Untersuchungsergebnis, daß Interhandel eine Schweizer Firma sei und nicht von der I. G. Farben kontrolliert würde. Die Gemeinsame Kommission widersprach diesem Beschluß mit Entschiedenheit und wandte sich an die Bankenaufsicht, die jedoch der Wiedergutmachungsbehörde beipflichtete. Nach der vorgeschriebenen Frist von dreißig Tagen erklärte die Schweizer Regierung die Entscheidung der Bankenaufsicht für rechtskräftig, gab den Schweizer Besitz der Interhandel wieder frei und stellte an die amerikanische Regierung die Forderung nach Freigabe der G.A.F.-Anteile. Die Amerikaner antworteten, das Abkommen von Washington bezöge sich nur auf Besitz innerhalb der Schweiz und nicht-feindliche Ausländer, wie z. B., Schweizer hätten ihre Forderungen nach Freigabe von in den USA beschlagnahmten Besitz über den dort üblichen Rechtsweg einzuleiten. Aus praktischen Gründen sei die Behandlung des General Aniline-Besitzes dem amerikanischen Recht unterworfen. Im Juli 1948 wurde dieser Standpunkt noch durch einen Zusatz zum Gesetz über Handel mit dem Feind verstärkt, der vorsah, daß kein Feindbesitz an seinen alten Eigentümer, sondern in einen besonderen Fond gegeben werden solle, der der Abgeltung von Kriegsforderungen diente.

Mit dieser Gesetzänderung schien die Frage beantwortet, ob der Kongreß wie 1928 ein Gesetz verabschieden würde, daß die Rückgabe beschlagnahmten Besitzes an seine Eigentümer erlaubte. Nachdem diese Möglichkeit offensichtlich nicht mehr bestand, reichte John J. Wilson im Namen von Interhandel eine Beschwerde nach Paragraph 9 des Gesetzes über Handel mit dem Feind ein, um die G.A.F.-Anteile vom Treuhänder einzuklagen. Da die Treuhänderbehörde etwa zwei Jahre zuvor dem Jusitzministerium unterstellt worden war, wurde Justizminister Tom C. Clark als Beklagter aufgeführt. Es ist von historischem Interesse, daß die Klage nicht unter dem deutschen Namen der Interhandel eingereicht wurde, den sie bei ihren Geschäften im deutschsprachigen Basel benutzte, sondern unter dem selten benutzten französischen Namen Société Internationale pour Participations Industrielles et Commerciales S.A.

Die Klage der Interhandel erhob den Anspruch, daß die Beschlagnahme der Anteile unrechtmäßig war, da die Interhandel nie ein Feind oder der Verbündete eines Feindes der Vereinigten Staaten gewesen wäre, und die Interhandel die rechtmäßige Besitzerin der beschlagnahmten Aktien war. Bezeichnenderweise wandte sich die Interhandel nicht gegen die amerikanische Behauptung, die I. G. Chemie sei vor 1940 von der I. G. Farben kontrolliert worden. Sie führte jedoch an, daß nach diesem Datum weitläufige Reorganisationsmaßnahmen stattgefunden hätten, durch die alle Bindungen zur I. G. Farben unterbrochen worden wären. Sie bezog sich dabei auf die Aktionen, die kurz vor ihrer Identifizierung als Mutterfirma der G.A.F. stattgefunden hatten: die Löschung der Option der I. G. Farben, den Rücktritt von Hermann Schmitz und den Kauf der eigenen Aktien, die sich in deutscher Hand befanden.

In ihrer Antwort behaupteten die Vereinigten Staaten, all diese Maßnahmen hätten nur der weiteren Verschleierung gedient, und die Interhandel sei seit ihrer Gründung im Jahre 1921 bis zu Deutschlands Kapitulation 1945 der Komplize der I. G. Farben, Eduard Greutert und dessen Nachfolger, Hans Sturzenegger, bei betrügerischen Unternehmungen gewesen, »um die Beherrschung, Kontrolle und den Besitz der I. G. in vielen Ländern der Erde einschließlich der Vereinigten Staaten zu tarnen«. Die Regierung erhob sogar die Beschuldigung, daß die wahren Nutznießer der G.A.F. die I. G. Farben seien.

So begann ein Rechtsstreit, der sich fünfzehn Jahre durch die Instanzen der amerikanischen Gerichte hoch und runter bewegen sollte, um dann schließlich mit einem überraschenden Beschluß zu enden. Während dieser stürmischen fünfzehn Jahre gab es ungezählte Versuche, zu einem Einverständnis zu kommen. Oft wurden diese Versuche durch politische Einflüsse oder freiwillige Zwischenhändler von oft zweifelhaftem Ruf erschwert. Trotzdem schien eine Einigung manchmal greifbar nahe. 1950 z. B. erklärte die Interhandel ihre Bereitschaft, gegen eine Zahlung von 14 Millionen Dollar ihre Forderungen als erledigt zu betrachten.

Der stellvertretende Justizminister, der mit der Verwaltung der Treuhandangelegenheit betraut war, riet zur Annahme des Kompromisses. Justizminister

Tom Clark lehnte jedoch die Summe von 14 Millionen ab und antwortete mit einem Gegenvorschlag von 12 Millionen Dollar. Der Stab des Justizministeriums war gegen jegliche Einigung, da er eine rechtliche haltbare gerichtliche Lösung anstrebte und gegen den Austausch von Prinzipien durch Geld war. Da man die erbeuteten Akten der Nazis und der I. G. Farben besaß, würde man vor Gericht beweisen können, daß Interhandel und G.A.F. nur getarnte Unternehmen der I. G. Farben waren.

Mitten in diese Verhandlungen platzte eine Aktion von zwei jüdischen Flüchtlingen, die Anteile an der Interhandel besaßen. Es waren Eric G. Kaufman und Aenni C. Kaufman, die eine Petition im Namen aller Aktionäre nicht-feindlicher Nationalität einreichten, um eine Intervention in das schwebende Verfahren zu erreichen. Sie behaupteten, daß Interhandel von Führungskräften, Vertretern und Aktionären geleitet würde, die an einer Absprache mit Deutschen und der deutschen Regierung beteiligt gewesen waren, die dazu diente, die Geschäfte der Interhandel im Interesse der Deutschen während des Krieges zu führen. Hinter der derzeitigen Interhandel-Klage stünden dieselben Aktionäre, deren zweifelhafter Hintergrund den Treuhänder damals zur Einziehung des Vermögens der G.A.F. bewogen habe. Die Kaufmans behaupteten weiter, das Interhandel-Management würde aus Angst vor einer dauerhaften Konfiszierung des feindlich eingefärbten Besitzes einer Regelung zustimmen, die noch nicht einmal dem Wert des nicht-feindlichen Anteils entspräche, und außerdem könne man von dieser »Feindfraktion« unter den Leitern der Interhandel kaum erwarten, daß sie die Interessen der nicht-feindlichen Teilhaber angemessen vertrete. Ihre Absicht, das finanzielle Ergebnis der Einigung zu gleichen Teilen zwischen feindlichen und nicht-feindlichen Aktionären zu verteilen, würde die nicht-feindlichen Anteilseigner um ihren rechtmäßigen Ertrag bringen. Zudem würde einem ehemaligen Feind ein nicht unerheblicher Gewinn zufließen.

Interhandel und U.S.-Regierung wandten sich beide gegen die Intervention der Kaufmans und bestanden darauf, daß alle Aktionäre gleich behandelt würden. Das Interhandel-Management wandte sich gegen die Implikationen einer Klassifizierung in feindliche und nicht-feindliche Aktionäre, mit der die anrüchige Klassifizierung Nazi und Antinazi einherging. Die Vereinigten Staaten wollten ganz einfach nur, daß alle Forderungen auf einmal erledigt würden, damit man die G.A.F.-Anteile en bloc verkaufen konnte.

Die Intervention der Kaufmans wurde zwei Wochen nach Einreichung vom Distriktgericht abgelehnt, und das Appellationsgericht bestätigte die Ablehnung. Die Kaufmans ließen sich jedoch nicht abbringen und im Oktober gewährte ihnen der Oberste Gerichtshof das Revisionsrecht.[284] In der letzten Woche des Jahres 1951 stieg der Wert der Interhandel-Aktien erheblich, da sich ein Gerücht verbreitete, daß eine Regelung mit der amerikanischen Regierung bevorstand.

Am 2. Januar 1952 hörte der Oberste Gerichtshof die Stellungnahmen über das Interventionsrecht der Kaufmans – es war das erste Mal, daß der Oberste Gerichtshof sich mit den Rechten von Minderheitsaktionären in Firmen, die als feindlich kontrolliert galten, auseinandersetzte. Im Verlauf des Verfahrens wurde der Anwalt des Justizministeriums gefragt, wie hoch denn die Summe sei, über die bei den Kompromißversuchen zwischen Interhandel und den Vereinigten Staaten verhandelt wurde. Der Anwalt antwortete, daß man sich noch nicht auf eine Summe festgelegt habe. Dies war die erste Andeutung in der Öffentlichkeit, daß man ernsthaft an einem Kompromiß arbeitete.

Kurze Zeit später erhöhte die Interhandel ihre Forderungen von 14 auf 35 Millionen Dollar. Diese Summe entsprach dem Nettowert der G.A.F. zur Zeit der Beschlagnahmung. Die Vertreter des Justizministeriums, die einige Monate vorher nicht bereit waren, 14 Millionen zu zahlen, waren an der neuen Forderung erst recht nicht interessiert. Die 35 Millionen-Forderung bedeutete das Ende der Verhandlungen und vernichtete vorerst alle Hoffnungen auf einen Kompromiß. Am 7. April 1952 entschied der Oberste Gerichtshof zugunsten der Kaufmans und ihres Interventionsrechts im Namen der Minderheitsaktionäre[285] und begrub damit alle Hoffnungen auf eine direkte Einigung zwischen der Interhandel und den Vereinigten Staaten. Es blieb nur noch der Rechtsweg.

Anfang des nächsten Jahres erhielt die Interhandel einen noch härteren Schlag. Das Distriktgericht von Columbia hob die Klage der Interhandel auf, weil die Interhandel einer Aufforderung des Gerichts zur Vorlage der Akten von Sturzenegger & Company, die das Gericht als Beweismaterial wollte, nicht nachgekommen war.[286] Das amerikanische Gericht erkannte die Schweizer Gesetze über Finanzgeheimnisse nicht als Verteidigungsgrundlage an. Der Anwalt der Interhandel, John J. Wilson, legte Berufung gegen diese Entscheidung ein und verbrachte die nächsten fünf Jahre mit Verfahren um die Verfahrensfrage, ob die Angelegenheit ohne die Vorlage der Sturzenegger-Papiere verhandelt werden konnte.

In der Zwischenzeit tat sich eine andere Möglichkeit zur Rückgewinnung der G.A.F. auf. 1954 brachte Senator Everett M. Dirksen im Senat eine Gesetzesvorlage ein, die vorsah, daß man das beschlagnahmte Eigentum an seine früheren Besitzer zurückgeben solle. Das Justizministerium unter Minister Herbert Brownell widersetzte sich dieser Vorlage mit allen Mitteln. Doch da machte der Außenminister Eisenhowers, John Foster Dulles, auf sich aufmerksam. Zur Überraschung des Justizministeriums und der Verbündeten Amerikas plädierte er vor dem Rechtsausschuß des Senats für die Vorlage (*New York Times* 10. 8. 1954). Dulles gab zu, daß die Vorlage nicht mit den Wiedergutmachungsabkommen von 1945 übereinstimme, doch diese Abkommen seien von der Regierung getroffen worden und würden keineswegs die gesetzgeberischen Möglichkeiten des Kongresses beschneiden. Offensichtlich machte es Dulles nichts aus, daß die Glaubwürdigkeit des Außenministeriums auf dem Spiel stand.

Die Aussage des Außenministers verursachte einige Aufregung in den Hauptstädten der Alliierten. Falls die Vereinigten Staaten ihre Reparationsforderungen zurückschraubten, würden die Deutschen bestimmt ähnliche Konzessionen auch von den anderen Alliierten verlangen. Die Holländer waren besonders aufgebracht. Sie hatten als Wiedergutmachung deutschen Besitz im Wert von ca. 100 Millionen Dollar übernommen – nur ein Bruchteil dessen, was die Deutschen zerstört hatten. In einem Interview mit der *New York Times* (3. 8. 1954) sagte ein hochgestellter holländischer Vertreter: »Wir halten Verträge ein«, und fügte dann hinzu, daß die Niederlande in Zukunft vorsichtiger verfahren würden, wenn sie Verträge mit Amerika eingingen. Doch die Unterstützung durch Dulles genügte nicht, der Standpunkt des Justizministeriums setzte sich durch und die Gesetzesvorlage wurde abgelehnt.

Im Juni 1958 wurde die Interhandel-Klage wiedereingesetzt, nachdem der Oberste Gerichtshof die Entscheidung der unteren Instanz aufgehoben hatte. Er entschied, daß die Interhandel auch ohne Vorlage der besagten Dokumente ein Recht auf eine Anhörung zur Feststellung ihres Anspruchs habe. Wieder begab man sich auf einen langen Weg durch die Gerichte.

Einige Tage nach dem Wiedereinsetzungsbeschluß des Obersten Gerichtshofes fanden innerhalb der Interhandel dramatische Veränderungen statt. Auf der Jahreshauptversammlung am 25. Juni traten Iselin und drei weitere Direktoren zurück. Eine Maßnahme, die eine weitere Ablösung von der I. G. Farben ausdrücken sollte. Iselin und seine Kollegen wurden durch prominente Vertreter aus dem schweizerischen Bankwesen ersetzt, die einen lupenreinen Leumund und garantiert keine Beziehungen zur I. G. Farben hatten. Sie waren die Direktoren der drei wichtigsten Schweizer Banken – Schweizer Bank, Crédit Suisse und Union Bank – und einer war der Präsident des Schweizer Bankenvereins. Die Union Bank hatte laut Presseberichten in den vorgehenden Monaten große Mengen von Interhandel-Anteilen eingekauft. Diese Aktienkäufe waren von besonderer Bedeutung. Es waren nämlich in der Hauptsache die Aktien, die Sturzenegger gehört hatten und die letzte Verbindung zur I. G. Farben darstellten. Sturzenegger war schon vorher aus dem Vorstand ausgeschieden, als die Schweizer Banken »dem Druck konservativer Schweizer Kreise nachgaben, die darauf bestanden, daß der letzte Zweifel an den Besitzverhältnissen bei Interhandel ausgeräumt wird.« (*New York Times* 10. 2. 1958, 34)

Bis Sturzenegger seine Anteile an Interhandel verkaufte, bestanden noch Verdachtsmomente eines I. G. Farben-Einflusses auf die Interhandel.

Die Union Bank wurde somit zum bestimmenden Faktor innerhalb der Interhandel. Auf der nächsten Aktionärsversammlung im Juni 1959 wurde der Vertreter der Union Bank, Alfred Schäfer, zum Vorstandsvorsitzenden ernannt. Er war jetzt die dominierende Figur innerhalb des Unternehmens.

Im Herbst 1959 kam Robert A. Schmitz – Sohn von D. A. Schmitz – zu Schäfer, um ihm einen Plan zur Rückgewinnung der G.A.F. vorzulegen. Robert Schmitz hatte den größten Teil seiner Jahre als Erwachsener damit verbracht, eine Lösung für das G.A.F.-Problem zu finden. Er wollte den Namen seines Vaters gereinigt sehen und etwas Geld dabei verdienen. Nach seiner Entlassung aus der amerikanischen Marine war er mit seinem Vater zu Sturzenegger in die Schweiz gefahren, um über Möglichkeiten zur Befreiung der G.A.F. aus den Händen des Treuhänders zu beraten. Die Schmitz' empfahlen den Verkauf der G.A.F. an einen Käufer, der der amerikanischen Regierung genehm war, als einzige Möglichkeit, um wenigstens den Wert des Unternehmens zurückzuerhalten. Sturzenegger stimmte dem Vorschlag zu und die beiden Schmitz' begannen die Suche nach einem Käufer. Nach dem Tod von D. A. Schmitz verfolgte Robert die Angelegenheit mit dem Eifer eines Kreuzritters. In den folgenden Jahren arbeitete Schmitz bei mehreren Firmen, die Interesse an der G.A.F. zeigten, z. B. Remington Rand, Shields and Co., W. R. Grace & Co., Food Machinery, und Chemical Corporation. Remington erhielt 1947 sogar eine Zusage der Interhandel, daß sie das gesamte Unternehmen für 25 Millionen Dollar kaufen könnten, falls die Interhandel es vom Treuhänder zurückerhielt.

Als Schmitz in den frühen fünfziger Jahren bei W. R. Grace & Co. angestellt war, lernte er Charles E. Wilson kennen. Wilson hatte seinen Präsidentenposten bei der General Electric aufgegeben und war zu Grace gekommen, um diesem Unternehmen beim Aufbau einer gemischten Konzernstruktur zu helfen. Schmitz überzeugte Wilson, daß die G.A.F. genau die richtige Erwerbung wäre. Obwohl Schmitz nach einem Streit mit Peter Grace die Grace-Gruppe verließ, unterhielt er weiter freundschaftliche Beziehungen zu Wilson, der ihn an einige Gesellschaften empfahl, die auch an der G.A.F. interessiert waren. Ende 1958 war Schmitz im Auftrag einer dieser Firmen in Basel und besuchte seinen alten Freund Sturzenegger.

Er wußte, daß die Schweizer Banken die Interhandel übernommen hatten und daß Sturzenegger nicht mehr im Vorstand saß. Er wußte aber auch, daß Sturzenegger noch immer den größten Aktienblock besaß und daß seine Stimme innerhalb der Interhandel noch immer Gewicht hatte.

Sturzenegger teilte Schmitz mit, daß die Schweizer Banken die Anstrengungen zum Verkauf an einen amerikanischen Käufer aufgeben und sich statt dessen darauf konzentrieren wollten, die G.A.F. für die Interhandel selbst zurückzuerlangen. Schmitz meinte für diesen Fall einen Vorschlag machen zu können. Die Interhandel hätte bis dato keinen Erfolg gehabt, weil es ihr nicht gelungen war, »das Interesse derer zu wecken, die auf der höchsten Ebene der amerikanischen Regierung gehört wurden.«[287] Er riet zu einer neuen Methode. Interhandel sollte einem herausragenden Amerikaner, der über aller Politik stand, aber trotzdem Zutritt zu allen Ebenen der Regierung hatte, eine unwiderrufliche Generalvollmacht geben. Schmitz empfahl Charles E. Wilson und verwies darauf, daß Wilson unter zwei demokratischen Präsidenten Positionen von entscheidener Bedeutung für die nationale Sicherheit bekleidet hatte. Seine Verbindungen zu den Republikanern waren sogar noch eindrucksvoller: er war ein persönlicher Freund von Präsident Eisenhower und Vizepräsident Nixon. Sturzenegger berücksichtigte diese Empfehlung und nahm Verbindung zu Wilson auf. Als

Sturzenegger jedoch seine Aktien verkaufte und aus der Interhandel-Szene verschwand, brachen die Verhandlungen mit Wilson zusammen.

Schmitz mußte von neuem beginnen. Im Herbst 1959 war er wieder in Basel, um Schäfer seinen Plan zu unterbreiten. Schäfer zeigte sofort Interesse und beauftragte Schmitz mit der Fortführung seiner Bemühungen um eine Zusage Wilsons. Ende April 1960 trafen sich Wilson und Schäfer in Paris. Die Konferenz wurde geheimgehalten, da Schäfer fürchtete, eine Ablehnung Wilsons könne den Kurs der G.A.F. negativ beeinflussen. Kurz nach dem Treffen nahm Wilson die Treuhänderschaft an.

Charles Wilson erhielt, was auf den ersten Blick wie eine unwiderrufliche Vollmacht aussah. Wilson und Schäfer schlossen jedoch private Nebenvereinbarungen, die die Vollmacht etwas einschränkten. Man einigte sich mündlich darauf, daß die Interhandel die Vollmacht jederzeit formlos zurücknehmen könne und daß Wilson keine Vereinbarungen treffen solle, ohne vorher die Interhandel konsultiert zu haben. Diese Abmachung wurde schriftlich fixiert. Wilson lehnte eine Honorierung seiner Tätigkeit ab und bat nur um Erstattung seiner Auslagen. Sein Anwalt, Charles Spofford, sollte jedoch eine Vergütung für Rechtsberatungen erhalten. Als am 6. Juni 1960 bekanntgegeben wurde, daß Wilson die Treuhänderschaft angenommen hatte, machte der Wert der Interhandel-Aktien einen Sprung um 50 Millionen Dollar.

Als erstes Ziel hatte sich Wilson gesetzt, Justizminister William Rogers von der Rechtmäßigkeit der Interhandel-Forderung zu überzeugen. Der weigerte sich jedoch mehrmals, Wilson zu empfangen, nachdem dieser die Vertretung der Interhandel übernommen hatte. Man verwies Wilson statt dessen an seinen Stellvertreter Dallas Townsend, der die beschlagnahmten Werte verwaltete. Bei seinen zahlreichen Besuchen wurde Wilson von Townsend und seinen Mitarbeitern nicht gerade herzlich behandelt und bekam mitgeteilt, daß sie nicht an die Unabhängigkeit der Interhandel von deutschen Interessen glaubten.

Wilson und Schmitz rechneten damit, daß Nixon im November zum Präsidenten gewählt würde und trafen Vorbereitungen, dem neuen Präsidenten ihre Ansichten zu unterbreiten. Als dann John F. Kennedy gewählt wurde, änderte Wilson seinen Plan und ließ sich durch den kommenden Finanzminister Kennedys, Douglas Dillon, ein Treffen mit Vertretern des Präsidenten arrangieren. Dieses Treffen fand Ende 1960 im Hause von Joseph P. Kennedy – des Vaters des gewählten Präsidenten – in Palm Beach, Florida, statt. Es brachte keine Ergebnisse. Schäfer bekam Zweifel über Wilsons Einfluß auf die neue Regierung. In einem Brief an Robert Schmitz brachte er seine Enttäuschung zum Ausdruck: »Es ist sehr zweifelhaft, daß Mr. Charles E. Wilson bei der neuen Regierung ebenso offene Ohren vorfinden wird wie bei der alten.«[288]

Als Kennedy Anfang 1961 sein Amt antrat, wurde William H. Orrick zum stellvertretenden Justizminister mit Verantwortung für den beschlagnahmten Feindbesitz ernannt. Wilsons Anwalt, Charles Spofford, machte sofort einen Besuch bei Orrick, um mit ihm über die G.A.F.-Sache zu sprechen und Wilsons

Status zu diskutieren. Orrick bat Spofford um eine schriftliche Darstellung dieser Angelegenheiten und Spofford sagte dies auch zu.

Während Spofford in Zürich weilte, um die letzten Feinheiten des Memorandums für Orrick auszuarbeiten, teilte Schäfer ihm mit, daß er mit dem Fortschritt der Angelegenheit nicht zufrieden sei und selbst nach Washington fahren wolle, um zu sehen, was sich tat. Schäfer kam dort im Mai 1961 an und Spofford brachte ihn mit einigen Senatoren und Regierungsbeamten zusammen – jedoch mit niemandem, der höhergestellt war als Orrick. Das Treffen mit Orrick verlief besonders stürmisch. Orrick war von Schäfers Angriffen gegen die Verfahrensweise der Regierung in der Interhandel-Sache so aufgebracht, daß er Schäfer die Tür wies. Orrick sagte dazu später aus: »Ich erinnere mich, daß er in meinem Büro auf und ab lief und unhöfliche Bemerkungen über die Regierung der Vereinigten Staaten machte, was mich aufregte, und ich erinnere mich, ihn zum Verlassen meines Büros aufgefordert zu haben.«[289]

Einen Monat nach Schäfers ergebnisloser Reise in die USA machte der Rechtsanwalt Dr. Gutstein ihm einen Vorschlag. Einer seiner Klienten war ein persönlicher Bekannter des Präsidenten. Warum sollte man diesen Klienten nicht darum bitten, ein Treffen zwischen Schäfer und dem neuen Justizminister Robert Kennedy zu arrangieren? Schäfer stimmte ohne Umschweife zu. Nachdem er sich mit Gutstein und dessen »einflußreichen Klienten« getroffen hatte, schrieb Schäfer an Spofford und teilte ihm unter der Hand mit, daß sich etwas Bedeutendes anbahne.

> »Es ist mir eine Freude, Ihnen mitteilen zu können, daß es uns gelungen ist, durch Vermittlung Dritter Kontakt zu höchsten Stellen aufzunehmen. Ich möchte Sie darum bitten, diese Information vertraulich zu behandeln, und hoffe, daß ich ihnen in den nächsten Tagen von weiteren Entwicklungen berichten kann. Meine Mitteilung wird jedoch wahrscheinlich wieder vertraulich und persönlich sein.«[290]

Schäfer verriet die Identität des »Dritten« nicht, der die Kontakte zu »höchsten Stellen« hergestellt habe. Am 24. August schrieb er an Spofford und Wilson und forderte sie auf, ihre Aktivitäten beim Justizministerium einzustellen. Er gab keine Begründung für seine Anweisung und teilte ihnen nur mit, daß er selbst nach Washington kommen werde, um einen neuen Vorschlag vorzubringen. Dann werde er die Angelegenheit auch mit ihnen diskutieren. Es war deutlich, daß Schäfer die Angelegenheit selbst in die Hand genommen hatte.

Spofford machte Urlaub in Frankreich, bekam den Brief aber nachgeschickt. Kurz nach seiner Rückkehr erhielt er einen Anruf von Orrick. Orrick fragte ihn, ob er wisse, daß eine neue Person im Namen der Interhandel beim Jusitzministerium aufgetaucht sei. Spofford gab zu, daß er es nicht wisse. Orrick brachte daraufhin die Bombe zu platzen: *Prinz Radziwill vertrat die Interhandel!*[291] Spofford wurde von der Nachricht hart getroffen. Radziwill war noch nicht einmal ein Anwalt. Aber er war der Schwager Präsident Kennedys.

Nach diesem Anruf fuhr Spofford sofort nach Zürich, um mit Schäfer zu sprechen. Er wollte wissen, ob Orricks Informationen der Wahrheit entsprachen. Schäfer gab zu, daß man sich der Dienste Radziwills versichert habe. Spofford gab deutlich zu verstehen, wie sehr er den Einsatz des Kennedy-Schwagers ablehnte. Er war der Überzeugung, daß alle Schritte professionell zwischen Anwälten vollzogen werden sollten. Er mußte jedoch auch erkennen, daß Radziwills verwandtschaftliche Beziehung zu Kennedy recht brauchbar war. Deshalb gab er widerstrebend zu, daß man diese neue Entwicklung weiterverfolgen solle. Schäfer erzählte Spofford dann vom neuen Verhandlungsvorschlag der Interhandel: Das Justizministerium würde der Interhandel die G.A.F. zurückgeben, diese würde sie verkaufen und vom Erlös eine Entwicklungshilfebank gründen, die Kredit an unterentwickelte Länder vergeben solle. Prinz Radziwill solle nun erkunden, wie der Justizminister zu diesem Vorschlag stünde. Die Quintessenz des Vorschlags war, daß das Wohl der Armen zuerst und das Wohl der Interhandel danach kam, falls der Justizminister oder irgendjemand anders das glauben würde.

Nach seiner Rückkehr in die Vereinigten Staaten berichtete Spofford Charles Wilson von diesen Entwicklungen. Wilson und sein Anwalt einigten sich darauf, die Ergebnisse der »Initiativen« abzuwarten, die Schäfer »durch andere Kanäle« eingeleitet hatte.

Am 13. September erhielt Charles Wilson ein Telex von der Union Bank, mit der Bitte, ein Treffen zwischen Schäfer und Robert Kennedy zum frühestmöglichen Termin zu arrangieren. Spofford begab sich sofort nach Washington und traf sich mit Orrick, der ihm mitteilte, daß der Justizminister noch nicht einmal über das Projekt einer europäischen Entwicklungshilfebank reden wolle. Nach Kennedys Meinung sei dieser Vorschlag nicht die richtige Lösung für das G.A.F.-Problem.

Spofford telegrafierte die enttäuschende Nachricht in die Schweiz: »Bekam mitgeteilt, daß Justizminister nicht an Nutzen einer Konferenz zu diesem Zeitpunkt glaubt und kann auch kein späteres Datum festmachen.«[292] Schäfer schrieb in seiner Antwort: »*Mein Freund in London* hat mir schon mitgeteilt, daß das Justizministerium nicht mit unserem Vorschlag arbeiten zu können glaubt.« Er habe deshalb die »besagte Person gebeten, für die nächste oder übernächste Woche ein Treffen in Washington zu arrangieren.«[293] In der umfangreichen Korrespondenz zwischen Schäfer und Spofford wurde nie der Name Radziwill erwähnt. Statt dessen benutzte man vage Bezeichnungen wie »Vermittler«, »Freund in London«, »besagte Person« oder »Dritte«.

Etwa eine Woche nachdem Schäfer den »Vermittler« um Arrangierung eines Termins gebeten hatte, rief Orrick bei Spofford an, um ihm mitzuteilen, daß Robert Kennedy sich am 30. oder 31. Oktober mit Schäfer treffen wolle – »als Geste an den Vermittler«. Spofford gab diese Information an Schäfer weiter. Er schrieb, daß seiner Meinung nach der Hauptanlaß des Treffens die Diskussion über die europäische Entwicklungshilfebank sei. Spofford glaubte, daß man diesen Vorschlag jetzt im Gegensatz zu den Aussagen Orricks über die Einstellung des Justizministers weiterverfolgen sollte, auch wegen des Tips, den er von dem Vermittler erhalten habe. Schäfer antwortete, er wolle bei seinem Besuch herausfinden, warum man seinen Vorschlag abgelehnt hatte und welche Voraussetzungen es für ein Abkommen mit dem Justizministerium gebe. Schäfer bestand darauf, daß Spofford, John Wilson, Charles Wilson und Radziwill der Unterredung mit Kennedy fernblieben.

Wie Schäfer weiterhin angab, war er von »unserem gemeinsamen Freund« darauf hingewiesen worden, daß der Justizminister den Schweizer Bankier unter vier Augen sprechen wolle.

Prinz Radziwill hatte das Treffen durch einen Brief an Robert Kennedy ermöglicht, in dem er um einen Termin für Alfred Schäfer bat. Nach Aussage des Mitarbeiters, der anwesend war, als der Brief ankam, sah dieser aus wie eine königliche Einladung zur Hochzeit – in zwei reichgeschmückte Umschläge verpackt und mit dem Wappen der Radziwills verziert.

Nach Schäfers Bericht sagte Kennedy bei ihrem Treffen, er habe soviel von Einmischungen, Vermittlern und allen möglichen Leuten gehört, die Transaktionen vornehmen wollten, daß er glücklich darüber sei, endlich direkt mit ihm über die Dinge reden zu können. Kennedy verwarf sofort die Idee einer europäischen Entwicklungshilfebank. Er verwarf allerdings nicht die Möglichkeit einer Einigung. Er teilte Schäfer mit, daß eine Einigung ein gut Teil Courage von ihm verlange, da seine Mitarbeiter einstimmig dagegen eingestellt seien. Falls man trotzdem zu einer Einigung kommen wolle, müsse diese eine gleichmäßige Aufteilung des Gewinns beinhalten. Fünfzig Prozent für die Interhandel und fünfzig Prozent für die Vereinigten Staaten. Er gab seine vorläufige Zustimmung und die beiden Männer einigten sich darauf, daß die Einzelheiten des Abkommens zwischen der Interhandel und dem Justizministerium ausgehandelt werden sollten.[294]

Einige Tage nach seinem Treffen traf sich Schäfer mit Spofford und Wilson in New York. Es war ein stürmisches Treffen. Wilson beschwerte sich, daß die Einmischung Radziwills seine Autorität untergrabe. Spofford stimmte ihm zu und beklagte sich, daß Radziwills Aktivitäten »sehr ungewöhnlich, wenn nicht sogar unsauber« seien. Selbst wenn Schäfer Radziwill nur als seinen Laufburschen oder zum Öffnen bestimmter Türen benutzte, sei dies politisch nicht unbedenklich und, soweit es sie angehe, auch unprofessionell. Er glaube, daß, wenn die Presse davon erfahren hätte oder es im Kongreß zur Sprache gekommen wäre, ein Aufruhr ausgebrochen wäre.«[295]

Eine Woche später, nach seiner Rückkehr nach Zürich, rief Schäfer bei Orrick an und teilte ihm mit, der Vorstand der Interhandel habe Kennedys Vorschlag zugestimmt. Darauf folgte ein Austausch von Telegrammen zwischen dem Justizministerium und Schäfer. Mitte Dezember war Orrick in Zürich, um mit Schäfer über Einzelheiten des Abkommens zu sprechen. Im Januar besprachen Schäfer und Kennedy die Klauseln des Abkommens bei einer Telefonkonferenz. Kurz danach erhielt Schäfer ein Telegramm von Kennedy, in dem ihre Unterhaltung bestätigt wurde:

»Nehme an, daß die Vereinigten Staaten zuerst elf Prozent des Erlöses erhalten, als Kompensation für Anteile, die Interhandel nicht beansprucht, und Rest wird zu gleichen Teilen zwischen Interhandel und Vereinigten Staaten aufgeteilt. Wenn diese Annahme richtig ist, dann sind wir bereit, diesen und weitere Aspekte eines Abkommens mit Ihnen zu besprechen. Robert F. Kennedy.«[296]

Die herzlichen Beziehungen zum Justizministerium veranlaßten nun Schäfer, Charles Wilson seiner Aufgaben zu entheben. Am 12. Februar 1962 schrieb er an Wilson und hob dessen Vollmacht auf. Zur Erklärung seiner Entscheidung erinnerte Schäfer Wilson daran, daß das Treffen mit dem Justizminister durch die »Vermittlung eines gemeinsamen Freundes« zustandegekommen war. Die Treffen und darauffolgende »wiederholte Telefongespräche« deuten daraufhin, »daß unsere Verhandlungen sich auf einer guten Ebene bewegen, und wir haben Hoffnung, bald zu einer Einigung zu kommen, wenn wir weiter auf diesem Weg fortschreiten, der für uns direkt geöffnet wurde.« Damit keine Zweifel über »das Recht der Interhandel zur Führung . . . direkter Verhandlungen mit Washington« bestünden, bat Schäfer Wilson, »die Treuhand-Vollmacht die Sie freundlicherweise vor zwei Jahren angenommen haben, als nicht mehr gültig anzusehen.«[297]

Sechs Wochen später schrieb Wilson zurück, er wolle seine Vollmacht zurückgeben, sobald die notwendigen Formalitäten erledigt seien. Die Radziwill-Geschichte war noch nicht vergessen.

»Ich möchte rundheraus sagen, daß Sie mit mir nicht in der offenen Art verfahren sind, die eine befriedigende Geschäftsbeziehung verlangt und daß ihre Methoden nicht so waren, wie ich mir sie vorgestellt hatte, als ich die Vollmacht annahm. Ich beziehe mich besonders auf die außergewöhnlichen Schritte, die Sie unternahmen, um ohne mein Wissen an den Justizminister heranzukommen . . .«[298]

Im April trafen sich Schäfer und Orrick in München für einige grundlegende Vereinbarungen. Die Bedingungen des Abkommens sollten mehr oder weniger denen entsprechen, die Kennedy in seinem Telegramm angeführt hatte. Die Einzelheiten sollten dann zwischen den Anwälten beider Seiten ausgehandelt werden. Schäfers Hoffnungen auf eine sofortige Lösung des Problems waren allerdings verfrüht. Man brauchte beinahe ein Jahr, um zu einer Übereinkunft zu kommen. Trotzdem hatte sich für Schäfer das Klima deutlich verbessert und es schien lange her, daß Orrick ihn aus seinem Büro geworfen hatte.

Mitte 1962 verließ Orrick das Justizministerium und der neue stellvertretende Justizminister Nicholas Katzenbach erhielt die Verantwortung für die G.A.F.-Verhandlungen. Katzenbachs erster Schritt bestand darin, eine Möglichkeit für den Verkauf zu finden, die einen angemessenen Preis ergeben würde. Offensichtlich hatte er die Gefahr erkannt, die in jeder Übereinkunft lag, die in diesem Fall getroffen werden konnte. Er entschied, daß eine Versteigerung wenigstens einen Teil der Kritiker besänftigen würde. Um die Versteigerung zu ermöglichen, brauchte man allerdings eine Änderung des Gesetzes über Handel mit dem Feind. In der Tat wurde im Kongreß gerade über eine Vorlage gesprochen, die Senator Kenneth Keating aus New York eingebracht hatte, gegen den Robert Kennedy bei den Senatswahlen 1964 antreten wollte. Fast zehn Jahre lang hatte das Justizministerium versucht, diese Gesetzesänderung durch den Kongreß zu schleusen, aber jedesmal standen die Interhandel-Interessen im Weg.

Obwohl die Übereinkunft zwischen der Interhandel und dem Justizministerium noch nicht in allen Einzelheiten ausgehandelt war, bat Katzenbach John Wilson, den Anwalt der Interhandel, in einem Akt guten Willens die Opposition gegen Keatings Vorlage aufzugeben. Er solle die Vorlage durchgehen lassen, riet Katzenbach Wilson, sonst sei Keatings Ablehnung gegen das Abkommen zu groß. Wilson akzeptierte widerwillig die Versicherung, daß man sich an das Gentleman Agreement von München halten werde und gab den Widerstand der Interhandel gegen die Maßnahmen des Kongresses auf. Die Vorlage, die den Verkauf der G.A.F. ohne Gerichtsbeschluß ermöglichte, passierte den Kongreß. Präsident Kennedy unterschrieb das Gesetz am 22. Oktober 1962. Durch diesen Federstrich wurde auch die letzte Firma, die noch vom Treuhänder für Feindvermögen verwaltet wurde, zum öffentlichen Verkauf freigegeben. Die *New York Times* (23. 10. 1962, 14) kommentierte dies: »Man kann erwarten, daß mit diesem Gesetz ein weiteres Kapitel in der langen und verwickelten Prozeßgeschichte der General Aniline eröffnet wird.«

Die *New York Times* hatte recht. Es gab noch ein weiteres Kapitel. John Wilson war davon ausgegangen, daß vor der Aufteilung des Nettoertrages zwischen der Interhandel und der Regierung 24 Millionen an Steuern und anderen Abgaben abgezogen würden. Katzenbach lehnte diese Formel ab. Die Interhandel sollte die ganzen 24 Millionen zahlen. Nach kurzer Überlegung entschloß sich die Interhandel jedoch zur Annahme. Ihr Anteil am Erlös würde immer noch erklecklich sein. Am 4. März hielt Justizminister Kennedy eine Pressekonferenz, um den Abschluß der Interhandel-Klage bekanntzugeben. Da er offensichtlich mit Kritik rechnete, begann er: »Unser hauptsächliches Anliegen während der Verhandlungen war die Ablösung der Regierung aus ihrer unnatürlichen Rolle als Verwalter eines privaten Unternehmens und die Beendigung der ausufernden Prozesse in dieser Angelegenheit.« Kennedy argumentierte, daß die Regierung mit Prozessen über zwei bis drei Jahre rechnen müsse, wenn sie die G.A.F. verkaufe, ohne vorher die Klage der Interhandel zu klären.

Auch der stellvertretende Justizminister Katzenbach fühlte sich zu einer Erklärung vor der Presse veranlaßt. Wenn man einen Verkauf ohne vorherige Einigung durchgeführt hätte, wäre die Interhandel wegen Prüfung der Verfassungskonformität der Gesetzesänderung von 1962 vor Gericht gezogen; wenn sie vor den amerikanischen Gerichten verloren hätte, wäre sie vor den Internationalen Gerichtshof in Den Haag gegangen. (*New York Times* 4. 3. 1963, 8).

Das ungute Gefühl Kennedys und Katzenbachs war nicht unbegründet. Die Bekanntgabe der Einigung über die G.A.F.-Angelegenheit führte zu dem erwarteten Sturm der Entrüstung. Auf seiner nächsten Pressekonferenz zwei Tage später wurde Präsident Kenndy über die Angelegenheit befragt.

»Mr. President, zwanzig Jahre lang hat das Justizministerium dem Kongreß versichert, daß es Beweise in der Hand habe, die eindeutig belegten, daß die Interhandel ein Tarnunternehmen der deutschen I. G. Farben sei und die Beschlagnahmung der G.A.F. daher berechtigt war. In den letzten zwei Tagen nun trafen die Interhandel und das Justizministerium ein Abkommen über die Aufteilung des Ertrages vom Verkauf der G.A.F. Hat das Justizministerium erkannt, daß seine Daten falsch sind . . . oder ist es das Ergebnis von Druck seitens der Schweizer Regierung?«

Präsident Kennedy antwortete:

»Nein, ich glaube, daß das Abkommen ein ausgeglichenes Abkommen ist. Der Rechtsstreit darum hätte sich noch über zehn Jahre und länger hinziehen können und er hat schon fünfzehn oder zwanzig Jahre gedauert und die Anwälte haben es genossen, aber ich glaube nicht, daß es sonst etwas einbrachte. Ich glaube nicht, daß wir zu einer besseren Einigung kommen, wenn wir den Rechtsstreit noch zehn Jahre ausdehnen. Wir glauben, daß die Übereinkunft geeignet ist, den Besitz an die zurückzugeben, die ein Recht darauf haben, und ich glaube, die Aufteilung des Erlöses ist fair.« (*New York Times* 7. 3. 1963, 4)

Die Erklärungen der Kennedys und Katzenbachs konnten nur wenig gegen den Sturm der Kritik ausrichten, der im Kongreß ausbrach, und dort besonders bei einigen Mitgliedern des Unterausschusses für zwischenstaatlichen und ausländischen Handel, die sich mit Kriegsforderungen und feindlichem Besitz befaßten. Man gab der Enttäuschung Ausdruck, daß der Justizminister es nicht für nötig befunden habe, den Unterausschuß hierüber zu unterrichten.

Ohne sich von der Kritik in Kongreß, Presse und innerhalb des Stabes des Justizministerium beeindrucken zu lassen, arbeiteten die Regierung und die Interhandel an den Einzelheiten für die Vorlage bei Gericht. Am 20. Dezember 1963 unterschrieben das Justizministerium und die Interhandel eine Bereitschaftserklärung zum Abschluß eines Abkommens über den Verkauf der G.A.F. und die Aufteilung des Erlöses zwischen Interhandel und Regierung nach dem beschlossenen Modus.[299] Dieser Entwurf einer Einigung wurde dem Distriktgericht vorgelegt. Im April 1964 stimmte das Gericht der Einigung zu und erlaubte den Verkauf.

Im Verlaufe des nächsten Jahres, während das Justizministerium die Versteigerung vorbereitete, dauerte die Pressekritik an. Im Mai 1964 erschienen Enthüllungen zum Fall G.A.F. in der Kolumme von Drew Pearson. Er verwies auf die lange Reihe von Justizministern – demokratisch und republikanisch – die alle eine Einigung mit der Interhandel abgelehnt hatten. Aber letztes Jahr hätte der Justizminister Robert F. Kennedy seltsamerweise einen entgegengesetzten Standpunkt bezogen, . . . trotz der einstimmigen Opposition der Mitarbeiter seines Ministeriums. Die große Frage lautet daher: Warum der Wechsel?

Pearson beantwortete die Frage mit zwei Hinweisen. Der erste beschäftigte sich mit Joseph P. Kennedy und seinem Interesse an der G.A.F. Seit die Beamten des Justizministeriums von Charles Wilsons Besuch im Haus der Kennedys gehört hatten, fürchteten sie die Einmischung von »Amerikas Vater«. Sie wußten, daß die Höhe des finanziellen Einsatzes genügte, um Joseph Kennedy zu interessieren. Ihre Befürchtung verstärkte sich noch, als Robert Kennedy William Payton Marin zum stellvertretenden Aufsichtsratsvorsitzenden der G.A.F. ernannte. Marin war der führende Rechtsberater Joseph Kennedys und galt allgemein als einer seiner engsten Vertrauten. Schon bald wurde Marin zur dominierenden Figur im Vorstand der G.A.F. Auch hinter der Berufung Harold E. Clancys in den Vorstand der G.A.F. sah man die Hand des alten Kennedy. Clancy war sein PR-Mann und früherer Redakteur des *Boston Traveler.* Pearson beendete seine Kolumne mit dem zweiten Hinweis – ein mögliches Knallbonbon, das, wie er sagte, aus dem Justizministerium nach außen gedrungen war: »Schließlich«, schrieb Pearson, »tauchte in den Archiven des Justizministeriums eine Notiz auf, die von Dr. Alfred Schäfer von der Interhandel unterzeichnet war. Die Notiz lautete: ›Wir wollen weiter über Radziwill verhandeln‹.« (*Washington Post* 25. 5. 1964)

Es war das einzige Mal, daß Schäfer es riskiert hatte, den Namen Radziwill* schriftlich zu erwähnen. Überraschenderweise wurde diese Enthüllung von keiner Zeitung aufgegriffen, auch nicht von den politischen Gegnern der Kennedys, wie Senator Keating.

Innerhalb des Justizministeriums führte es jedoch zu einiger Unruhe, da man herauszufinden suchte, wie die Information nach draußen gelangt war. Pearsons Beschreibung von Radziwills Rolle war die erste öffentliche Identifizierung des »königlichen Vermittlers.«

Es wurden auch noch einige peinliche Fragen zu dem Abkommen gestellt, die man nicht übergehen konnte – besonders, da Robert Kennedy sich in New York für die Senatswahlen stellen wollte. Im Juli fragte ein Vertreter der jüdischen Kriegsveteranen bei Katzenbach nach, ob von dem Erlös des Verkaufs der G.A.F. irgendetwas an ehemalige Nazis fließen würde. Die Antwort des stellvertretenden Justizministers erschien in der Juli/August Ausgabe des Magazins *Jewhish Veteran:*

»Nach allen vorliegenden Unterlagen wird kein Geld aus dem Verkauf der G.A.F. an frühere Nazis gehen. Der Großteil des Erlöses wird an die Regierung gehen und zur

* Alle Beteiligten an der Angelegenheit vermieden peinlichst die Erwähnung des Namens Radziwill, und selbst vier Jahre später, als die Sache keine aktuelle Bedeutung mehr hatte, bemühte man sich, diese Tatsache zu vertuschen. 1968 mußte Spofford in einem Prozeß um eine Abfindung unter Eid aussagen und er tat sich selbst da schwer, den Namen auszusprechen. Während er unter Eid stand, fragte man ihn nach dem Gespräch, in dem Orrick ihn darüber informiert hatte, daß ein neuer Unterhändler für die Interhandel aufgetaucht war. Während des Kreuzverhörs fragte ihn der Anwalt der Interhandel, John J. Wilson: »Wer war der Mann?« Spofford: »Ich zögere, Mr. Wilson, denn es ist ein prominenter Name und ich möchte nicht – dies soll nicht an die Öffentlichkeit gelangen?«

Wilson: »Doch.«

Spofford: »Nun gut, ich sage unter Eid aus und möchte in dieser Sache auch behilflich sein. Ich werde ihnen den Namen der Person nennen. Es ist Prinz Radziwill, der Schwager Bob Kennedys.«

Kompensierung von Forderungen von Amerikanern benutzt werden, die im Krieg verletzt wurden oder materielle Verluste hinnehmen mußten. Der Rest des Erlöses geht an die Interhandel, eine Verwaltungsgesellschaft, die vollständig in Schweizer Besitz ist.«

Katzenbach sagte noch, daß es »sehr schwer« sein würde, nachzuweisen, daß die Interhandel ein Tarnunternehmen deutscher Interessen sei.

Am 9. März 1965 wurden die General Aniline and Film-Anteile auf der größten Auktion in der Geschichte der Wall Street verkauft. Im Büro Katzenbachs warteten die Vertreter der beiden konkurrierenden Syndikate – eins unter der Führung von Kuhn Loeb, Lehman Brothers, Glore Forgan & Company und Merril Lynch, Pierce, Fenner und Smith, das andere unter der Führung von Blyth & Co. und der First Boston Corporation – auf die Öffnung der versiegelten Gebote. Anwesend waren viele Prominente, unter anderem Senator Robert F. Kennedy. Das Syndikat unter Führung von Blyth & Co. erhielt den Zuschlag für 329 141 926,49 Dollar.

Das Blyth Syndikat hatte keine Schwierigkeiten beim Verkauf der Anteile. Schon am ersten Tag wurden alle 11 166 438 Anteile verkauft. Der Erlös belief sich auf 341 Millionen. Die Papiere eröffneten bei 30,60 Dollar, stiegen bis auf 36 Dollar und schlossen bei 32 Dollar, immer noch fünf Punkte über dem Eröffnungspreis. Der Anteil der Interhandel belief sich auf etwa 122 Millionen Dollar – eine eindrucksvolle Summe, besonders wenn man bedenkt, daß die Interhandel 1950 für 14 Millionen abschließen wollte. Die General Aniline and Film-Geschichte war allerdings noch nicht ganz ausgestanden. Im Januar 1967 klagte Robert Schmitz vor dem Distriktgericht Columbia auf eine Abfindung in Höhe von 11 250 000 Dollar, plus Zinsen. Aus der Klage und seinen öffentlichen Erklärungen ging hervor, daß Schmitz der festen Überzeugung war, daß die Zahlung der Regierung von 124 Millionen Dollar an die Interhandel das Ergebnis seiner Bemühungen war. Diese seien mindestens so wertvoll wie der Einfluß Prinz Radziwills gewesen. Auf diese Grundlage stellte er seine nicht unbedeutende Forderung. Da der Prozeß ihn zu ruinieren drohte, ließ Schmitz sich auf einen für ihn unbefriedigenden Vergleich ein. Was er erhalten habe, wäre nichts im Vergleich zu der Summe, die Radziwill für die Vermittlung eines einzigen Gesprächstermins erhalten habe.

Die seltsame Angelegenheit kommt nicht zum Ende. Nach der Zahlung von 124 Millionen Dollar an die Interhandel gingen einige Augenbrauen in die Höhe, als Alfred Schäfer in den Vorstand der BASF gewählt wurde. Am 13. Dezember 1974 wurde die mittlerweile amerikanisch kontrollierte G.A.F. zusammen mit fünf anderen Firmen sowie Bayer, BASF und DuPont wegen Preisabsprachen angeklagt. Mit Ausnahme eines kleinen Unternehmens bekannten sich alle Angeklagten schuldig und wurden zu schweren Strafen verurteilt.

Am 1. April 1978 wurde bekannt, daß die G.A.F. der BASF ihre Farbenfabrik in Rensselaer, New York, verkauft hatte, die von Carl Duisberg gebaut worden war und in beiden Kriegen vom Treuhänder beschlagnahmt wurde.

Offensichtlich erwarteten die beiden Parteien keine Intervention der amerikanischen Regierung nach dem Gesetz über Handel mit dem Feind.[300] Wieder einmal hat sich der Kreis der Beschlagnahmung in Kriegszeiten und Rückgewinnung in Friedenszeiten für das Eigentum der I. G. Farben geschlossen. Hermann Schmitz kann jetzt in seinem Grab zur Ruhe kommen – Auftrag ausgeführt.

»Wer die Vergangenheit vergißt,
ist dazu verdammt, sie zu wiederholen.«
George Santayana

Anmerkungen

Verwendete Abkürzungen

Veröffentlichte Prozeßprotokolle der Nürnberger Kriegsverbrecherprozesse:

NCA: *Nazi Conspiracy and Aggression* [Nazi-Verschwörung und Aggression] (US Government Printing Office, 1946)

TMWC: Trial of the Major War Criminals Before the International Military Tribunal [Verhandlung gegen die führenden Kriegsverbrecher vor dem internationalen Militärtribunal] (Nürnberg 1947–49)

TWC: Trials of War Criminals before the Nürnberg Military Tribunals, Under Control Council No. 10. [Verhandlungen gegen Kriegsverbrecher vor dem Nürnberger Militärtribunal, während der Amtsperiode der 10. Kontrollkommission. (US Government Printing Office, 1953)

Dokumente aus dem Amerikanischen Nationalarchiv (National Archives Collection, World War II Crimes Records). Einige dieser Dokumente tauchen auch in oben erwähnten Prozeßberichten auf, andere sind nur im Archiv erhältlich.

NI: Nürnberg, Industrielle

PS: Paris, Storey (Colonel Robert Storey)

NO: Nürnberg, Organisationen

NG: Nürnberg, Regierung (Government)

1 Anhörung vor dem Unterausschuß des Committee on Military Affairs, US Senat, 79. Kongreß, 1. Sitzungsperiode (1945) *Elimination of German Resources of War*, Teil X, S. 1167.

2 Geschäftsstelle für die Friedensverhandlungen, Berlin, 1919, Drucksache Nr. 28.

3 Ebd., Drucksache Nr. 27.

4 Brief der Compagnie Françaises des Matières Colorantes an Joseph Borkin, 14. April 1970.

5 National Archives Collection, World War II Crimes Records, Krauch Document Book I, S. 9–10.

6 Anhörung vor einem Sonderausschuß zur Untersuchung der Munitionsindustrie, US Senat, 73. Kongreß, Teil XXXIX, S. 13438.

7 Ebd., Teil XI, S. 2572.

8 Ebd., Teil XXXIX, S. 1346.

9 Privatpapiere des Capt. Herman E. Osann, S. 1–2.

10 Anhörung vor dem Unterausschuß des Committee on Military Affairs, US Senat, 79. Kongreß, 1. Sitzungsperiode (1945) in Ausführung der Senatsentscheidungen Nr. 107 und 146, *Elimination of German Ressources of War,* Teil X, S. 1391.

11 NI-5187, S. 5, beeidigte Erklärung des Fritz ter Meer.

[12] Bericht des »Federal Oil Conservation Board«, 6. September 1926, S. 5.
[13] Ebd., S. 6.
[14] Anhörung vor dem »Committee on Patents«, US Senat, 77. Kongreß, 2. Sitzungsperiode (1942), *Patents,* Teil VI, S. 3433–3436.
[15] Anhörung vor dem »Special Committee Investigating the National Defense Program« US Senat, 77. Kongreß«, Sitzungsperiode (1942) *Investigation on the National Defense Program,* Teil II, S. 4312.
[16] NI-5186, S. 7, beeidigte Erklärung des Fritz ter Meer.
[17] NI-8637, S. 15, beeidigte Erklärung des Dr. Heinrich Bütefisch.
[18] NI-6765, beeidigte Erklärung des Friedrich Jähne.
[19] NI-8788, beeidigte Erklärung des Heinrich Gattineau.
[20] National Archives Collection, World War II Crimes Records, Brief des Heinrich Gattineau an Dr. Karl Haushofer vom 6. Juni 1931.
[21] NI-4833, S. 1–2, beeidigte Erklärung des Heinrich Gattineau.
[22] TWC, VII, S. 539, Auszüge aus NI-14303.
[23] NI-8637, S. 15, beeidigte Erklärung des Heinrich Bütefisch.
[24] TWC, VII, S. 563, NI-406, Auszüge aus der Vernehmung des Hjalmar Schacht.
[25] TWC, VII, S. 565–568, NI-391.
[26] NI-6787, S. 3, beeidigte Erklärung des Heinrich Hörlein.
[27] National Archives Collection, WI/IF 5.2507, *Geschichte der deutschen Wehr- und Rüstungswirtschaft, 1918/1943–44,* Dokument Nr. 1, 11/22/28, S. 494.
[28] NG-4142, TWC, XII, S. 421.
[29] TWC-VII, S. 571–572. NI-4718.
[30] TWC, VII, S. 573, NI-7123, von Böckelberg Memorandum, 9/15/33; außerdem National Archives, NI-6544, S. 14, beeidigte Erklärung des Max Ilgner.
[31] NI-9784, S. 4, Brief von Homer H. Ewing an Wendell R. Swint vom 17. Juni 1933.
[32] NI-881, Benzin Contract, 14. Dezember 1933.
[33] TWC, VII, S. 752–753, NI-6930, Briefwechsel zwischen I. G. Farben, Armee und Wirtschaftsministerium.
[34] NI-7241, S. 4, beeidigte Erklärung des Ernst Struss.
[35] NI-5187, S. 10, beeidigte Erklärung des Fritz ter Meer.
[36] NI-7241, S. 5, beeidigte Erklärung des Ernst Struss.
[37] TWC, VII, S. 782, NI-4713.
[38] NI-7241, S. 4.
[39] TMWC, IX, S. 448.
[40] vgl. *Das Urteil im I. G.-Farbenprozeß,* S. 35.
[41] NCA, III, S. 881, 1301-PS.
[42] NCA, III, S. 886, 1301-PS.
[43] NI-7241, S. 7–8, beeidigte Erklärung des Ernst Struss.
[44] NI-8833, S. 3, beeidigte Erklärung des Johannes Eckell.
[45] Abgedruckt bei Treue 1955.
[46] NCA, III, S. 892, 1301-PS.
[47] TWC, XII, S. 447, NG-1221.
[48] NI-9767, S. 2, beeidigte Erklärung des Erich Gritzbach.
[49] NI-7241, S. 9–10, beeidigte Erklärung des Ernst Struss.
[50] NI-10.035, S. 38, beeidigte Erklärung Hagert.
[51] NI-9945, S. 1, beeidigte Erklärung des Max Kügler.
[52] Ebd.
[53] NI-7241, S. 10, beeidigte Erklärung des Ernst Struss.
[54] NI-12.042, Grafik: Mitgliedschaft der I. G.-Vertreter in verschiedenen Verbänden.
[55] NI-7957, Grafik: Mitgliedschaft im Aufsichtsrat der IG.

[56] NI–6768, S. 7, Beeidigte Erklärung des Carl Krauch, TWC, VII, S. 1001, Aussage des Carl Krauch.
[57] NI–10.386, S. 1, beeidigte Erklärung des Paul Körner.
[58] NI–6768, S. 7, beeidigte Erklärung des Carl Krauch.
[59] Ebd., S. 8, NI–10.386, S. 2, beeidigte Erklärung des Paul Körner.
[60] NI–10386, S. 2.
[61] TWC, VII, S. 890–893, NI–8800.
[62] NI–10386, S. 2.
[63] TWC, VII, S. 902–908, NI–8840.
[64] TWC, VII, S. 911–912, NI–8797.
[65] TWC, VII, S. 1309, NI–10551, Memorandum vom 6. Juni 1944 von Knieriem an Schmitz, Ambros, Bütefisch u. a.
[66] TWC, VII, S. 204, Aussage des August von Knieriem.
[67] TWC, VII, S. 1189.
[68] Anhörung vor einem Unterausschuß des Committee on Military Affairs, US Senat, 78. Kongreß, 1. Sitzungsperiode, *Scientific and Technical Mobilization*, Teil VI, S. 939, Brief der Geschäftsleitung der Du Pont an den Direktor der Ethyl Gasoline Corp. E. W. Webb, 15. Dezember 1934.
[69] TWC, VII, S. 135.
[70] TWC, VII, S. 1274.
[71] TWC, VII, S. 1309, NI–10, 551.
[72] TWC, VII, S. 1280, EC–223, Rundschreiben über Spionageabwehr der VW vom 12. März 1937.
[73] TWC, VII, S. 1275, NI–10,437, Bericht über ein Treffen mit der Wehrmacht, bei dem Geheimhaltungsmaßnahmen besprochen wurden.
[74] Anhörung vor dem Committee on Patents, US Senat, 77. Kongreß, 2. Sitzungsperiode (1942), *Patents*, Teil 6, S. 2906, Brief von F. A. Howard an R. P. Russell bei der Standard Oil Development Co. 15. März 1938.
[75] TWC, VII, S. 1281–1284, NI–10455, Aktennotiz von Fritz ter Meer über ein Treffen mit General Löb, Dr. Mülert und Dr. Eckell über den Fortschritt des amerikanischen Gummi-Programmes.
[76] Anhörung vor dem Committee on Patents, US Senat, 77. Kongreß, 2. Sitzungsperiode (1942), *Patents*, Teil VI, S. 2907, Brief von Fritz ter Meer an F. A. Howard, 9. April 1938.
[77] Ebd., S. 2912, Brief von F. A. Howard an F.ter Meer, 20. April 1938.
[78] Ebd., S. 2910, Brief von F. A. Howard an F. H. Bedford jr., 14. April 1938.
[79] Ebd., S. 2912–2913, Brief von F. A. Howard an F. H. Bedford jr., 20. April 1938.
[80] *J. Robert Bonnar u. a. gegen die Vereinigten Staaten* (Ct. Cl. 1971, Nr. 293–63) Beweisstück der Verteidigung Nr. 286, Brief vom 11. Okt. 1938, Von Fritz ter Meer an W. H. Duisberg.
[81] Anhörung vor dem Committee on Patents, US Senat, 77. Kongreß, 2. Sitzungsperiode (1942), *Patents*, Teil VI, S. 2916, Vorstandsmemorandum vom 28. November 1938.
[82] J. Robert Bonnar u. a. gegen die Vereinigten Staaten u. a. (Ct. Cl. 1971, Nr. 293–63) Beweisstück der klagenden Partei Nr. 155, Bericht des Büros des Treuhänders über Walter Duisberg, S. 26, Auszüge aus dem Protokoll der Vorstandssitzung der Standard Oil vom 30. August 1939.
[83] *Standard Oil Co. (New Jersey) u. a. gegen Justizminister Tom C. Clark als Nachfolger des Treuhänders für feindliches Vermögen* (2. Cir., Civ. Action Nr. 26–414) Nachtrag zur Beweisaufnahme S. 993, Beweisstück der Klägerin Nr. 85, Brief vom 30. August 1939 von W. C. Teagle an E. J. Sadler und F. H. Bedford jr.

[84] Ebd., S. 1380–1383, Beweisstück der Verteidigung Nr. 392, Brief vom 8. September 1937 von W. Schaefer an F. H. Bedford jr.
[85] Ebd., S. 994, Beweisstück der Klägerin Nr. 86, Telegramm der Standard Oil Co. (New Jersey) an I. G. Farben vom 1. September 1939.
[86] Ebd., S. 529, Aussage des August von Knieriem.
[87] Ebd., S. 1543–46, Beweisstück der Verteidigung Nr. 572, Brief der I. G. Farben an das Oberkommando der Wehrmacht vom 16. September 1939.
[88] Ebd., S. 1560, Beweisstück der Verteidigung Nr. 578, Memorandum von Ringer über eine Konferenz in Den Haag mit Mr. Howard.
[89] Ebd., S. 1292, Beweisstück der Verteidigung Nr. 330, Telegramm vom 15. September 1939, Stadard Oil Development Co. an I. G. Farben.
[90] Ebd., S. 946, Beweisstück der Klägerin Nr. 67, Memorandum vom 25. Sept. 1939 über die Reorganisation der Jasco (»Haager Memorandum«).
[91] Ebd., S. 1560, Beweisstück der Verteidigung Nr. 578, Memorandum Ringers vom 8. Oktober 1939 »über eine Konferenz mit Mr. Howard in Den Haag«.
[92] *J. Robert Bonnar u. a. gegen die Vereinigten Staaten*, Nr. 293–63 (Ct. Cl. 1971) Beweisstück der Verteidigung Nr. 399 »Bericht über den Transfer von I. G.-Patenten auf Dritte.«
[93] *Standard Oil u. a. gegen Clark*, Nachtrag zur Beweisaufnahme, S. 952, Beweisstück der Klägerin Nr. 70, Telegramm der I. G. an Standard Oil Development Co. vom 16. Oktober 1939.
[94] Ebd., S. 1296, Beweisstück der Verteidigung Nr. 333, Telegramm der I. G. an Standard Oil Development Co. vom 16. Oktober 1939.
[95] Ebd., S. 948, Beweisstück der Klägerin Nr. 68, Brief vom 1. Oktober 1939 F. A. Howard an A. C. Minton.
[96] Ebd., S. 1059–61, Beweisstück der Klägerin Nr. 142, Notiz mit Unterschrift Ringers »über das neue Jasco Abkommen«, 12. Januar 1940.
[97] *Vereinigte Staaten gegen Standard Oil Co.* (New Jersey) Strafverfahren des Justizministeriums Nr. 682 und Zivilverfahren Nr. 2091.
[98] Presseveröffentlichung des Justizministeriums über *US gegen Standard* vom 25. März 1942.
[99] Presseveröffentlichung der Standard Oil (N. J.) vom gleichen Tag über o. e. Verfahren.
[100] Anhörung vor dem Committee on Patents, US Senat, 77. Kongreß, 2. Sitzungsperiode (1942) Teil I, *Patents*, S. 11, Aussage des William S. Farish.
[101] *PM*, 5. April 1942, S. 10, Spalte 1.
[102] TWC, VII, S. 1404–06, NI–4024.
[103] TWC, VII, S. 1393, NI–9289.
[104] TWC, VII, S. 1406, NI–4024.
[105] TWC, VII, S. 1399–1400, NI–3982; und S. 1401–1403, NI–3981.
[106] TWC, VII, S. 1414–15, NI–9289.
[107] TWC, VII, S. 1408, NI–9289.
[108] TWC, VII, S. 153.
[109] TWC, VII, S. 42.
[110] TWC, VII, S. 591, NI–2795.
[111] TWC, VII, S. 43.
[112] TWC, VII, S. 4–6, NI–9151, –9154, –9155.
[113] TWC, VII, S. 181.
[114] *Das Urteil im I. G.-Farben-Prozeß*, S. 74f.
[115] TWC, VII, S. 7–10, NI–2749.
[116] TWC, VII, S. 11, NI–1093.

[117] TWC, VII, S. 21, NI–8380.
[118] TWC, VIII, S. 1143 und TWC, VII, S. 20–23, NI–8380.
[119] TWC, V, S. 154–55, Aussage Greifelt.
[120] TWC, VIII, S. 1143.
[121] NI–6525, S. 1, beeidigte Erklärung des Carl Krauch.
[122] TWC, VII, S. 1452.
[123] TWC, VII, S. 1439, NI–14897.
[124] TWC, VII, S. 1461.
[125] Anhörung vor einem Unterausschuß des Committee on Military Affairs, US Senat, 79. Kongreß, 1. Sitzungsperiode (1945) in Ausführung der Senatsresolutionen Nr. 107 und 146, *Elimination of German Resources of War*, Teil X, S. 1387, beeidigte Erklärung des Georg von Schnitzler.
[126] TWC, VIII, 120.
[127] TWC, VII, 1447.
[128] TWC, VIII, 105–06, NI–6839.
[129] TWC, VIII, 104, NI–6839.
[130] TWC, VIII, S. 109, NI–795.
[131] Anhörung vor einem Unterausschuß des Committee on Military Affairs, US Senat, 79. Kongreß, 1. Sitzungsperiode (1945) in Ausführung der Senatsresolutionen 107 und 146, *Elimination of German Resources for War*, Teil X, S. 1388–89, Beweisstück Nr. 37 Bericht des Dr. Kramer über eine Konferenz mit Frossard.
[132] Ebd., Beweisstück Nr. 39, Verhör des Georg von Schnitzler.
[133] TWC, VIII, S. 113, NI–14224, Aktennotiz von Kügler über Konferenz in Paris.
[134] TWC, VII, S. 47, Klageschrift, Punkt zwei der Anklage.
[135] TWC, VIII, S. 110, NI–15228.
[136] TWC, VII, S. 118–26, NI–6727, Memorandum über Verhandlungen in Wiesbaden am 21. November 1940.
[137] TWC, VIII, S. 113, NI–14224, Aktennotiz Kügler über Konferenz in Paris.
[138] TWC, VIII, S. 119, NI–6727.
[139] TWC, VIII, S. 120–21, NI–6727.
[140] Ebd., S. 121.
[141] Ebd., S. 123–24.
[142] Ebd., S. 126.
[143] TWC, VIII, S. 111, NI–790, Brief von Schnitzler an Schmitz vom 21. November 1941 über Konferenz in Wiesbaden.
[144] TWC, VII, Seite 47, Klageschrift, Punkt zwei der Anklage.
[145] TWC, VIII, S. 114, NI–14224.
[146] TWC, VIII, S. 116–17, NI–14224.
[147] Ebd., S. 117.
[148] Anhörung vor einem Unterausschuß des Committee on Military Affairs, US Senat, 79. Kongreß, 1. Sitzungsperiode (1945), in Ausführung der Senatsresolutionen Nr. 107 und 146, *Elimination of German Resources for War*, Teil X, S. 1399, Beweisstück Nr. 42.
[149] TWC, VIII, S. 1149, Punkt zwei der Anklage.
[150] TWC, VII, S. 47, Klageschrift, Punkt zwei der Anklage.
[151] NI–4889, S. 12, beeidigte Erklärung des René Duchemin.
[152] TWC, VIII, S. 1149, Punkt zwei der Anklage.
[153] Ebd., S. 1150.
[154] TWC., VIII, S. 141, NI–6845.
[155] TWC, VIII, S. 130–31, NI–15220.
[156] Anhörung vor einem Unterausschuß des Committee on Military Affairs, US Senat,

79. Kongreß, 1. Sitzungsperiode (1945) in Ausführung der Senatsresolutionen 107 und 146, *Elimination of German Resources of War,* Teil X, S. 1402, Beweisstück Nr. 47.

157 Ebd., Teil X, S. 1394, Beweisstück Nr. 39.

158 TWC, VIII, S. 142, NI–6845, Auszüge aus dem Gründungsvertrag der Francolor.

159 TWC, VIII, S. 136, NI–15219.

160 Ebd., S. 137.

161 TWC, VIII, S. 141, NI–6845, Auszüge aus dem Gründungsvertrag der Francolor.

162 TWC, VIII, S. 163, Aussage des Fritz ter Meer.

163 TWC, VIII, S. 145, NI–6845, Auszüge aus dem Gründungsvertrag der Francolor vom 18. November 1941.

164 Anhörung vor einem Unterausschuß des Committee on Military Affairs, US Senat, 79. Kongreß, 1. Sitzungsperiode (1945) in Ausführung der Senatsresolutionen 107 und 146, *Elimination of German Resources of War,* Teil X, S. 1393, Beweisstück Nr. 39.

165 Vgl. *Das Urteil im I. G.-Farben-Prozeß,* S. 81ff.

166 TWC, VIII, S. 1150.

167 TWC, VII, S. 52.

168 TWC, VI, »Declaration on German Atrocities«.

169 TWC, Band XXXVII, S. 433, Dokument Nr. 022–L, Auszug aus dem Bericht des War Refugee Board, Washington D. C. im November 1944.

170 *History of the War Refugee Board with Selected Documents, January 22, 1944 – September 15, 1945.* Sekretariat des Präsidenten des War Refugee Board. (3 Bände mimeographiert).

171 TWC, VIII, S. 330–331, NI–11781, Brief des Wirtschaftsministeriums an die I. G. Farben vom 8. November 1940.

172 TWC, VIII, S. 336–338, NI–11784, Bericht über eine Konferenz zwischen den Vertretern der I. G. Farben und der Schlesien-Benzin-Gesellschaft am 18. Januar 1941.

173 TWC, VIII, S. 349–351, Aktennotiz über eine Konferenz zwischen Ter Meer, Krauch und Ambros am 6. Februar 1941.

174 TWC, Darlegung der Anklage, Teil IV, S. 54.

175 TWC, VIII, S. 358–360, Brief von Krauch an Ambros vom 25. 2. 1941.

176 TWC, VIII, S. 354–355, NI–1240, Brief von Göring an Himmler vom 18. Februar 1941.

177 TWC, VIII, S. 356–357, NI–11086, Brief von Krauch an Ambros, unterzeichnet von Wirth, 4. März 1941.

178 TWC, VIII, S. 373–376, NI–15148, Bericht über eine Konferenz zwischen Vertretern der I. G. und der Lagerleitung des Konzentrationslagers Auschwitz am 27. März 1941, S. 374.

179 TWC, VIII, S. 377–381, NI–11115, Auszüge aus einem Sitzungsprotokoll der ersten Konferenz über den Bau von I. G. Auschwitz, Ludwigshafen, 24. März 1941.

180 TWC, VIII, S. 374–375, NI–15148, Bericht über eine Konferenz zwischen Vertretern der I. G. und der Lagerleitung des KZ Auschwitz am 27. März 1941.

181 NI–034, S. 4, beeidigte Erklärung des Rudolf Franz Ferdinand Höss.

182 TWC, VIII, S. 388–389, NI–11115, Brief von Ambros an Ter Meer und Struss vom 12. April 1941.

183 TWC, VIII, S. 392–393, NI–14543, Auszug aus dem Wochenbericht der I. G. Auschwitz für die Zeit vom 3.–9. August 1941.

184 TWC, VIII, S. 404–405, NI–14556, Auszug aus dem Wochenbericht der I. G. Auschwitz für die Zeit vom 15.–21. Dezember 1941, S. 405.

[185] TWC, VIII, S. 406–409, NI–11130, Auszüge aus dem Bericht über die vierzehnte Konferenz über den Bau der I. G. Auschwitz am 16. Dez. 1941.
[186] TWC, VIII, S. 410, Auszüge aus den Wochenberichten der I. G. Auschwitz für die Wochen vom 22.–28. Dez. 1941 und 29. Dez. 1941–4. Januar 1942.
[187] TWC, VIII, S. 425, NI–15256, Auszüge aus dem Wochenbericht der I. G. Auschwitz für die Zeit vom 9.–15. März 1942.
[188] TWC, VII, S. 197.
[189] *Das Urteil im I. G.-Farben-Prozeß*, S. 114.
[190] Richter Wladyslaw Bednarz (Lodz), »Das Vernichtungslager in Chelmno« in *Central Commission for the Investigation of German Crimes in Poland*, German Crimes in Poland, Warschau, 1946 S. 107–117.
[191] TMWC, XI, S. 398, Aussage des R. F. F. Höss.
[192] Ebd., S. 416–417, dto.
[193] NI–034, beeidigte Aussage des R. F. F. Höss, S. 2.
[194] TWC, Prozeßvorbereitung, Teil III, S. 35, NI–9098, NI–9150, NI–12073, NI–6393, außerdem NI–9540 (IG »Liste der Beteiligungen«).
[195] Vgl. den im Anhang abgedruckten Auszug aus der Urteilsbegründung, S. 207–224.
[196] Hilberg, Raul, S. 264; NG–2586–E.
[197] Ebd., S. 266; NG–2586–E.
[198] Ebd., S. 568; NI–9093.
[199] Ebd., S. 571; NI–9908.
[200] NI–12110, Memorandum von Dr. Heinrich an Amend vom 12. Juni 1944.
[201] Hilberg, Raul, S. 587, *Dokumenty i Materialy*, Teil I, S. 115–117. Brief von Sommer an den Kommandanten von Auschwitz vom 27. 1. 43 und Brief von Schwarz an WVHA D-11 vom 20. 2. 43.
[202] Ebd., S. 108–110 und 117, Briefe von Schwarz an WVHA D-11 vom 5. und 8. 3. 1943 und an WVHA-D vom 15. 3. 43.
[203] NI–7967, beeidigte Erklärung des Ervin Schulhof vom 21. 6. 1947, S. 2.
[204] TWC, VII, S. 199.
[205] TWC, Prozeßvorbereitungen, Teil III, S. 97, NI–4830, beeidigte Erklärung von Vitek über die Ernährung in Auschwitz.
[206] TWC, VIII, S. 603–616, NI–11696, beeidigte Erklärung und Aussage des Charles J. Coward vom 24. 7. 1947, S. 604.
[207] NI–11003–11017; NI–11019, NI–11027, NI–11029, NI–11031–11033, typische Berichte der SS über Bestrafungen von Häftlingen.
[208] NI–7967, beeidigte Erklärung des Ervin Schulhof vom 21. 6. 1947, S. 1.
[209] NI–5847, Beeidigte Erklärung des Berthold Epstein vom 3. 3. 1947, S. 2.
[210] TWC, VIII, S. 532–535, NI–10040, Brief von Krauch an Himmler vom 27. 7. 1943.
[211] TWC, VIII, S. 558–559, NI–13512, Aktennotiz von Ritter und Dürrfeld vom 3. 2. 1944, S. 558.
[212] DuBois, »The Devil's Chemists«, S. 220; NI–7967, beeidigte Erklärung des Ervin Schulhof vom 21. 6. 1947, S. 2.
[213] TWC, Prosecutions Final Brief, Teil IV, S. 54.
[214] NI–3767, »US Strategic Bombing Survey«, 30. 9. 1945, S. 42.
[215] TWC, VII, S. 1109.
[216] NI–3767, S. 41–42.
[217] Brief von Harteck an J. Borkin, 1974; Irving, David: *The German Atomic Bomb*, Simon and Schuster, New York 1967, S. 240.
[218] TWC, VII, S. 1318.
[219] TWC, VII, 1319.
[220] TWC, VII, S. 1045, Aussage des Otto Ambros.

221 TWC, VII, S. 605, NI–4043, Briefwechsel zwischen Speer und Himmler.
222 TWC, VII, S. 1045.
223 TWC, VII, S. 10–80, Klageschrift zu *US gegen Carl Krauch u. a.*, eingereicht am 3. 5. 1947.
224 *Congressional Record*, 28. 11. 1947, S. 10938.
225 *Congressional Record*, 9. 7. 1947, S. 8564.
226 TWC, VII, S. 99–101.
227 National Archives Collection, World War II Crimes Records *US v. Krauch et al.*, Beweisstück der Anklage Nr. 2059, S. 43–44.
228 Ebd., Beweisstück der Anklage Nr. 1871, Verfahrensprotokoll S. 13566–13615.
229 NI–12373.
230 NI–4830.
231 NI–7967.
232 NI–12388, beeidigte Erklärung des Eric J. Doyle.
233 TWC, VIII, S. 621, Aussage des Eric J. Doyle.
234 NI–11696, beeidigte Erklärung des Charles J. Coward.
235 National Archives Collection, World War II Crimes, Document Book XI, Schnitzler, Nr. 214, S. 64–66; beeidigte Erklärung des Richard von Szilvinyi.
236 TWC, VII, S. 628–629.
237 Ebd., S. 416–417, Aussage des Zeugen der Verteidigung, Feldmarschall Erhard Milch.
238 Ebd., S. 417–421, Aussage des Zeugen der Verteidigung Friedrich Flick, Leiter des Flick-Konzerns.
239 TWC, VIII, S. 914, Plädoyer für Carl Krauch.
240 Ebd., S. 1081.
241 Ebd., S. 1114.
242 Ebd., S. 1134–36, Punkt zwei der Anklage.
243 *Das Urteil im I. G.-Farbenprozeß*, S. 116.
244 Ebd., S. 121. Vgl. den entsprechenden Auszug aus der Urteilsbegründung im Anhang dieses Buches.
245 *Das Urteil im I. G.-Farbenprozeß*, S. 126f.
246 Ebd., S. 130 (vgl. Anhang, S. 220).
247 Ebd., S. 130ff., (vgl. Anhang S. 221).
248 Ebd., S. 133ff. (vgl. Anhang, S. 221ff.).
249 Ebd., S. XV (vgl. Anhang, S. 207ff.).
250 Vgl. dazu ebd., S. 151f. (Anhang, S. 223ff.).
251 TWC, VIII, S. 1311ff., Abweichende Stellungnahme einzelner Richter zu Punkt drei der Anklage.
252 US-Group Control Council, Finance Division, Germany, *Report on Investigation of I. G. Farbenindustrie,* 12. 9. 1945, Geheimhaltung aufgehoben durch die Befehlshaber der Streitkräfte (Joint Chiefs of Staff), auf Mikrofilm in der Library of Congress.
253 Official Gazette of the Control Council for Germany (Alliierter Kontrollrat), Sekretariat des Kontrollrates, Berlin 30. 11. 1945, S. 34, Gesetz Nr. 9.
254 Military Government Gazette, amerikanische Besatzungszone, 1. 4. 1947, S. 2–6.
255 TWC, VII, S. 35.
256 National Archives Collection, World War II Crimes, Doc. Book 5, Schmitz, Doc. Nr. 76, beeidigte Erklärung des Friedrich Liecher.
257 Bericht des Treuhänders für Feindvermögen (Alien Property Custodian Report) für 1919, S. 100.
258 *Société Suisse pour Valeurs de Métaux gegen Cummings, Justizminister,* amerikanisches Aktenzeichen: 99 F.2d 387 at 390.

[259] Ebd., S. 391.

[260] *J. Robert Bonnar u. a. gegen die Vereinigten Staaten*, vor dem US Court of Claims, Nr. 293–63, Beweisstück der Verteidigung Nr. 381.

[261] Anhörung vor dem Special Committee Investigating the Munitions Industry, US Senat, 73. Kongreß, Teil XI, S. 2397, *Alleged Dye Monopoly* (Verdacht einer Monopolisierung des Farbstoffmarktes) S. 252.

[262] *Adolf Kutroff gegen Thomas Miller als Treuhänder für Feindvermögen*, Aktenzeichen E-30-251, Distriktgericht für den südlichen Distrikt New York, 7. 11. 1924, S. 4.

[263] Ebd., Memorandum of Facts in Answer to Bill of Complaint eingereicht am 18. 11. 1924.

[264] *J. Robert Bonnar u. a. gegen die Vereinigten Staaten*, vor dem US Court of Claims, Nr. 293–63, Beweisstück DSR 164.

[265] NI-7319, beeidigte Erklärung des August von Knieriem; und *Bonnar gegen Vereinigte Staaten*, Aktenzeichen wie oben, Beweisstück der Verteidigung Nr. 377, Brief von Rospatt an die Central Finance Administration vom 16. 8. 1939.

[266] *SEC Report on Investment Trusts and Investment Companies* (Bericht der amerikanischen Aufsichtsbehörde für den Wertpapierhandel), Teil IV, S. 146, 1942.

[267] Ebd., S. 21538–9, Offizielle Untersuchung der American I. G. Chemical Corporation.

[268] Anhörung vor dem Special Committee Investigating the National Defense Program (Sonderausschuß zur Untersuchung des Verteidigungsprogrammes) US Senat, 77. Kongreß, 1. Sitzungsperiode (1941). *Investigation of the National Defense Program*, Teil II, Memorandum zu: American I. G., SEC Untersuchung der Investmentgesellschaften, 10. Februar 1938.

[269] Ebd., S. 4896, Brief von Frank Howard an H. von Reidemann vom 19. 2. 1938.

[270] Ebd., S. 4903, Brief von Frank Howard an Walter Teagle vom 11. 3. 1938.

[271] *Bonnar gegen Vereinigte Staaten*, Aktenzeichen wie oben, Bericht des Commissioner Fletcher, S. 58.

[272] NI-5768, beeidigte Erklärung des Fritz ter Meer.

[273] *Bonnar gegen Vereinigte Staaten*, Aktenzeichen wie oben, Aussage Krueger, S. 1493.

[274] General Aniline and Film Corporation, Zwischenbericht an die SEC für die Zeit vom 1. 4.–31. 12. 1939.

[275] *Bonnar gegen Vereinigte Staaten*, Aktenzeichen wie oben, DSR 437, S. 3.

[276] Ebd., DSR 437, S. 4–5.

[277] Ebd.

[278] Anhörung vor dem Senate Judiciary Committee (Rechtsausschuß) US Senat, 77. Kongreß, 1. Sitzungsperiode, 15. Dezember 1941.

[279] *Bonnar gegen Vereinigte Staaten*, Beweisstück der Verteidigung 162.

[280] Standard Oil (N. J.) gegen Clark, Nachtrag zur Beweisaufnahme, S. 547–557.

[281] Ebd., 64, F. Supp. 656ff.

[282] Ebd., 163 F.2d 917ff.

[283] Treaties and Other International Acts Series 1655, »Germany: Distribution of Reparation, Establishment of Inter-Allied Reparation Agency, Restitution of Monetary Gold«, Veröffentlichung des Department of State (Außenministerium der Vereinigten Staaten) 2966.

[284] Kaufmann gegen Société Internationale pour Participations Industrielles et Commerciales SA, u. a., 342 US 847 (1951).

[285] Kaufman gegen Société Internationale u. a. 343 US 156 (1952).

[286] Société Internationale pour Participations Industrielles et Commerciales SA, gegen McGrannery u. a. 111 F. Supp. 435 (DDC 1953).

[287] Schmitz gegen Société Internationale u. a. 249 F. Supp. 757 (DDC 1966), ohne Be-

gründung bestätigt in Schmitz gegen Société Internationale u. a., Nr. 24, 600, 15. 2. 1972 (DC Cir.) Zusammenfassung für Robert A. Schmitz, S. 10.

288 Ebd., Anhang: Beweisstücke, Beweisstück des Klägers Nr. 80, S. 167. Brief von Alfred Schäfer an Robert Schmitz, 14. 11. 1960.

289 Ebd., Anhang Band I, S. 470, Aussage des William Orrick.

290 Ebd., Anhang: Beweisstücke, Beweisstück der Verteidigung Nr. 58, S. 489, Brief Alfred Schäfers an Charles Spofford vom 21. 7. 1961.

291 Ebd., Schriftliche Aussage des Charles Spofford vom 27. 2. 1968.

292 Ebd., Anhang: Beweisstücke, Beweisstück der Verteidigung Nr. 62 Spoffords Brief an Schäfer vom 18. 9. 1961.

293 Ebd., Beweisstück des Klägers, Schäfers Antwort an Spofford vom 26. 9. 1961.

294 Ebd., Anhang Band II, S. 1126–1129, Aussage des Alfred Schäfer.

295 Ebd., S. 1299, Schriftliche Aussage des Charles Spofford vom 28. 1. 1970.

296 Ebd., Anhang: Beweisstücke, Beweisstück des Klägers Nr. 204, S. 373, Telegramm von Robert Kennedy an Alfred Schäfer vom 18. Januar 1962.

297 Ebd., Beweisstück des Klägers Nr. 172, S. 313f. Brief Alfred Schäfers an Charles Wilson vom 12. 2. 1962.

298 Ebd., Beweisstück der Verteidigung Nr. 7, S. 406, Antwort von Charles Wilson auf Alfred Schäfers Brief, 26. 3. 1962.

299 Société Internationale Pour Participations Industrielles et Commerciales gegen McGrath u. a. 9 FRD (DDC 1948) Vereinbarung über ein Abkommen (Stipulation of Settlement) CA. 4360–48, unterzeichnet von Justizminister Robert Kennedy und John J. Wilson am 20. 12. 1963.

300 Verfassung der Vereinigten Staaten, App. 12: Wer vom Treuhänder für feindliches Vermögen Besitz erwirbt, ohne seinen wahren Auftraggeber bekanntzugeben, oder um diesen Besitz an eine Person weiterzuverkaufen, die nicht die Staatsbürgerschaft der Vereinigten Staaten besitzt, macht sich vor dem Gesetz schuldig und wird im Falle einer Verurteilung mit einer Geldstrafe von nicht mehr als 10000 Dollar oder Freiheitsentzug von nicht mehr als zehn Jahren oder beidem bestraft, und der Besitz geht in das Eigentum der Vereinigten Staaten über.

Anhang

Auszug aus der Urteilsbegründung im Nürnberger I. G. Farben-Prozeß vom 29./30. Juli 1948
(vollständig abgedruckt in: *Das Urteil im I. G.-Farbenprozeß,* Offenbach 1948)

Die Urteilsbegründung folgt der Anklageschrift, die insgesamt fünf Anklagepunkte enthielt:
Anklagepunkt Eins und Fünf betraf
Planung, Vorbereitung und Führung von Angriffskriegen und Einfällen in andere Länder, Verschwörung
Anklagepunkt Zwei betraf
Raub und Plünderung
Anklagepunkt Drei betraf
Versklavung und Tötung der Zivilbevölkerung, Kriegsgefangenen und Konzentrationslagerinsassen
Anklagepunkt Vier betraf
Mitgliedschaft in der SS

Im Anschluß an die Verlesung der Urteilsgründe gab das Gericht folgende Strafen bekannt:

Carl Krauch:	6 Jahre Gefängnis
Hermann Schmitz	4 Jahre Gefängnis
Georg von Schnitzler:	5 Jahre Gefängnis
Fritz ter Meer:	7 Jahre Gefängnis
Otto Ambros:	8 Jahre Gefängnis
Ernst Bürgin:	2 Jahre Gefängnis
Heinrich Bütefisch:	6 Jahre Gefängnis
Paul Häfliger:	2 Jahre Gefängnis
Max Ilgner:	3 Jahre Gefängnis
Friedrich Jähne:	1½ Jahre Gefängnis
Heinrich Oster:	2 Jahre Gefängnis
Walter Dürrfeld:	8 Jahre Gefängnis
Hans Kugler:	1½ Jahre Gefängnis

Allen Verurteilten wurde die erlittene Untersuchungshaft auf die Strafen angerechnet.

Folgende Angeklagten wurden freigesprochen:

Fritz Gajewski	Heinrich Hörlein
August von Knieriem	Christian Schneider
Hans Kühne	Carl Lautenschläger
Wilhelm Mann	Karl Wurster
Heinrich Gattineau	Erich von der Heyde

Auszüge aus der Urteilsbegründung zu Anklagepunkt Drei

In Anklagepunkt DREI werden die Angeklagten beschuldigt, einzeln, gemeinsam, und unter Benutzung der I. G. als Werkzeug Kriegsverbrechen und Verbrechen gegen die Menschlichkeit im Sinne des Artikels II des Kontrollratgesetzes Nr. 10 begangen zu haben. Es wird behauptet, daß sie teilgenommen haben: An der Versklavung der Zivilbevölkerung von Gebieten, die während des Krieges unter der Besetzung oder sonst unter deutscher Herrschaft standen, an der Verschleppung dieser Menschen zur Sklavenarbeit, an der Versklavung von Konzentrationslagerinsassen, unter denen sich auch Deutsche befanden, und schließlich an der Verwendung von Kriegsgefangenen zu Kriegsoperationen und zu Arbeiten, die in unmittelbarer Beziehung zu solchen Kriegshandlungen standen. Weiterhin wird behauptet, daß die versklavten Personen terrorisiert, gefoltert und ermordet wurden.

Auf diese allgemeine Beschuldigung folgt eine Aufzählung der Einzelheiten, die ergibt, daß die Anklagebehörden diesen Anklagepunkt auf vier Tatsachengruppen stützt, die folgendermaßen zusammengefaßt sind: a) die Rolle der I. G. bei dem Sklavenarbeitsprogramm des Dritten Reiches, b) die Verwendung von Giftgas, das von der I. G. geliefert war, bei der Ausrottung von Konzentrationslagerinsassen, c) die Lieferung von giftigen Chemikalien der I. G. für verbrecherische medizinische Versuche an versklavten Personen, und d) die gesetzwidrige und unmenschliche Handlungsweise der Angeklagten in Zusammenhang mit dem Werk Auschwitz der I. G. . . .

Giftgas:

Die Anklageschrift behauptet in Ziffer 131: »Giftgase . . ., die die I. G. herstellte und an Dienststellen der SS lieferte, wurden . . . zur Ausrottung von versklavten Personen in Konzentrationslagern in ganz Europa verwendet.« Zur Begründung dieser Behauptung hat die Anklagebehörde bewiesen, daß Cyclon-B-Gas in sehr erheblichen Mengen von der DEUTSCHEN GESELLSCHAFT FÜR SCHÄDLINGSBEKÄMPFUNG (DEGESCH), an der die I. G. mit 42,5% beteiligt war, an Konzentrationslager für Ausrottungszwecke geliefert worden ist, und daß die DEGESCH einen Verwaltungsrat oder Aufsichtsrat von elf Mitgliedern hatte, zu denen die Angeklagten Mann, Hörlein und Wurster gehört haben.* . . .

Die Herstellungsrechte an Cyclon-B gehörten der DEUTSCHEN GOLD- UND SILBERSCHEIDEANSTALT (DEGUSSA), aber die Herstellung selbst erfolgte für diese Firma durch zwei unabhängige Konzerne. Die DEGUSSA war ein Konkurrent der

* Mann, Hörlein und Wurster waren Mitglieder des Vorstands der I. G. Farben (d. Verlag).

I. G. und der Th. GOLDSCHMIDT A. G. auf dem Gebiete der Herstellung und des Vertriebes von Mitteln zur Schädlingsbekämpfung. Die DEGUSSA hatte lange Zeit hindurch Cyclon-B durch die DEGESCH vertrieben, die vollständig von ihr kontrolliert wurde. Die DEGUSSA, GOLDSCHMIDT und die I. G. schlossen daher einen Vertrag mit der DEGESCH ab, in dem die DEGESCH zum Vertriebsorgan aller drei Gesellschaften für Mittel zur Schädlingsbekämpfung und verwandter Erzeugnisse bestimmt wurde. Wie bereits erwähnt, war die I. G. mit 42,5% an der DEGESCH beteiligt. Der Rest des Kapitals gehörte zu 42,5% der DEGUSSA und zu 15% GOLDSCHMIDT.

Das Beweisergebnis rechtfertigt nicht den Schluß, daß der Aufsichtsrat oder die Angeklagten Mann, Hörlein oder Wurster als dessen Mitglieder bestimmenden Einfluß auf die Geschäftspolitik der DEGESCH oder strafrechtlich erhebliche Kenntnis von dem Verwendungszweck ihrer Erzeugnisse hatten. Aufsichtsratssitzungen fanden selten statt und die Berichte, die den Aufsichtsratsmitgliedern zugingen, enthielten nicht viel sachliche Information. Daher scheint die Annahme gerechtfertigt, daß die Hauptaufgabe des Aufsichtsrats darin bestand, sich um die Kapitalseinlagen der Aktionäre zu kümmern, und daß die Festlegung von Richtlinien für die Geschäftsführung im wesentlichen Dr. Peters* überlassen blieb und nur der allgemeinen Überwachung der mit ihm in ständiger Verbindung stehenden Vorstandsmitglieder der DEGUSSA unterlag.

Der Beweis dafür, daß große Mengen Cyclon-B von der DEGESCH an die SS geliefert worden sind, und daß das Gas bei der Massenausrottung der Insassen von Konzentrationslagern, unter anderem in Auschwitz, Verwendung gefunden hat, ist durchaus überzeugend. Aber weder das Ausmaß der Erzeugung noch die Tatsache, daß große Mengen an Konzentrationslager versandt wurden, sind, für sich allein betrachtet, ausreichend für die Schlußfolgerung, daß die Personen, die von diesen Tatsachen Kenntnis hatten, auch um den verbrecherischen Zweck gewußt haben müssen, dem das Gas zugeführt wurde. Eine derartige Schlußfolgerung wird ausgeschlossen durch die allgemein bekannte Tatsache, daß überall da ein großer Bedarf für Schädlingsbekämpfungsmittel besteht, wo zahlreiche verschleppte und vertriebene Personen aus den verschiedensten Ländern und Gebieten auf engem Raum ohne ausreichende sanitäre Einrichtungen zusammengepfercht sind.

Die Aussage von Dr. Peters ist zur Frage der strafbaren Kenntnis der Angeklagten von großer Bedeutung. Er hat die Einzelheiten einer Besprechung bekundet, die er im Sommer 1943 mit einem gewissen Gerstein hatte, mit dem ihn der Leiter des Gesundheitsamtes der berüchtigten Waffen-SS, Professor Mrugowsky, bekanntgemacht hatte. Gerstein verpflichtete Dr. Peters unter Androhung der Todesstrafe zu strengster Geheimhaltung und enthüllte dann das nationalsozialistische Ausrottungsprogramm, das nach seiner Angabe von Hitler herrührte und von Himmler ausgeführt wurde. Es folgte dann eine lange Besprechung über die Wirksamkeit der verschiedenen Ausrottungsmethoden, und dabei wurde auch die Verwendung von Cyclon-B für diesen Zweck erörtert. Dr. Peters hat entschieden betont, daß er in der Folgezeit besonders sorgfältig darauf bedacht gewesen sei, die Anweisung, die erwähnte Besprechung als Staatsgeheimnis zu betrachten, genauestens zu befolgen; dadurch wird die Annahme ausgeschlossen, daß einer der Angeklagten Kenntnis von der bestimmungswidrigen Verwendung des Cyclon-B hatte.

Nach unserer Überzeugung reicht das Beweismaterial zu diesem Abschnitt des Anklagepunktes DREI zur Feststellung einer strafbaren Handlung der Angeklagten nicht aus.

* Geschäftsführer der DEGESCH (d. Verlag).

Im Anklagepunkt DREI, Unterabschnitt B, Ziffer 131, der Anklageschrift wird weiterhin die Beschuldigung erhoben, daß ». . . verschiedene tödliche pharmazeutische Produkte, die die I. G. herstellte und an Dienststellen der SS lieferte, für Experimente . . . an versklavten Personen in Konzentrationslagern in ganz Europa verwendet« worden seien. »Experimente an Menschen, darunter Insassen von Konzentrationslagern, sind ohne deren Zustimmung von der I. G. durchgeführt worden, um die Wirkung . . . von Giftstoffen und ähnlichen Erzeugnissen festzustellen.«

Die Anklagebhörde hat die Behauptung aufgestellt und die Feststellung beantragt, daß die Angeklagten Lautenschläger*, Mann und Hörlein an der Übersendung von pharmazeutischen Erzeugnissen und Vaccinen an die SS zum Zwecke der Erprobung teilgenommen haben in Kenntnis des Umstandes, daß die Versuche im Wege medizinischer Experimente an Konzentrationslagerinsassen ohne deren Zustimmung vorgenommen werden würden; ferner, daß jeder der erwähnten Angeklagten von sich aus Schritte unternommen hat, um Erzeugnisse der I. G. durch die SS im Wege rechtswidriger medizinischer Versuche erproben zu lassen; schließlich, daß diese rechtswidrigen medizinischen Versuche bei einer Anzahl von Personen körperliche Schädigungen oder den Tod zur Folge hatten.

Wie keiner ausführlichen Begründung bedarf, hat die Beweisaufnahme zur Überzeugung des Gerichts ergeben, daß körperlich gesunde Konzentrationslagerinsassen vorsätzlich gegen ihren Willen mit Typhus infiziert und daß an ihnen Medikamente, die von der I. G. hergestellt und als Heilmittel zur Bekämpfung dieser Krankheit gedacht waren, im Wege medizinischer Versuche ausprobiert worden sind, die den Tod zahlreicher Versuchspersonen zur Folge hatten. Daß derartige Handlungen strafbar sind und eine Verletzung des Völkerrechts darstellen, ist von dem Militärgericht I der Vereinigten Staaten im Falle der Vereinigten Staaten gegen Brandt und Genossen überzeugend dargelegt worden. Uns obliegt daher die Entscheidung der Frage, ob die Beweisaufnahme mit einer an Sicherheit grenzenden Wahrscheinlichkeit ergeben hat, daß die Angeklagten, wie es in der Anklageschrift heißt, »als Täter, Gehilfen, Anstifter, Begünstiger bei der Begehung der erwähnten Verbrechen mitgewirkt oder durch ihre Zustimmung an ihnen teilgenommen haben, oder ob sie mit Plänen und Unternehmen in Zusammenhang gestanden haben oder Mitglieder von Organisationen oder Gruppen, unter ihnen der I. G., gewesen sind, die mit der Begehung dieser Verbrechen in Verbindung standen«.

Wir ersehen aus dem Beweismaterial, daß Flecktyphus durch den Biß einer Laus auf den Menschen übertragen wird. Die Gefahr einer Epidemie dieser Krankheit besteht überall da, wo eine große Anzahl von Personen unter ungünstigen sanitären Bedingungen zusammengepfercht wird, wie sie häufig an der Front und in Konzentrationslagern bestehen. Flecktyphus trat während des Krieges zuerst an der Ostfront auf, und die zuständigen deutschen Beamten hatten die ernste Befürchtung, daß die Krankheit auf die Zivilbevölkerung übergreifen werde. Deshalb wurden verzweifelte Anstrengungen gemacht, ein Mittel zu finden, das die Krankheit heilen oder wenigstens Immunität geben könnte. Zu der Zeit, als dieses Problem dringend wurde, war die allgemein anerkannte Methode zur Herstellung eines wirksamen Impfstoffes zur Immunisierung gegen Flecktyphus das sogenannte Weigl-Verfahren. Dieser Impfstoff wurde aus den Eingeweiden der infizierten Läuse hergestellt, und ein erfahrener Wissenschaftler konnte an einem Tage nur eine zur Behandlung von zehn Personen ausreichende Menge herstellen. Daher bestand ein dringendes Bedürfnis für eine Methode, die die Herstellung dieses Impfstoffes in bedeutend größerem Maßstabe ermöglichte.

* Ordentliches Vorstandsmitglied der I. G. (d. Verlag)

Schon vorher hatten die zur I. G. gehörenden Behring-Werke und andere Firmen jahrelang mit der Möglichkeit experimentiert, Flecktyphusbazillen in Hühnereiern zu züchten, und ein auf diesem Gedanken beruhendes Verfahren war entwickelt worden, nachdem ein fachlich geschulter Laboratoriumsassistent an einem einzigen Tage genügend Impfstoff zur Behandlung von 15000 Personen herstellen konnte. Dieser Impfstoff war aber von der Ärzteschaft noch nicht in seiner Wirksamkeit erprobt und anerkannt, und die I. G. war aufs äußerste darauf bedacht, eine solche Anerkennung für ihr Erzeugnis zu erhalten. Zu diesem Zweck hatte die I. G. Besprechungen mit staatlichen Gesundheitsbehörden und drängte auf die Erprobung und Anerkennung ihres Erzeugnisses.

Im Laufe der Jahre hatte die I. G. eine Methode zur Erprobung der Wirksamkeit ihrer pharmazeutischen Entdeckungen ausgearbeitet, die einigermaßen regelmäßig zur Anwendung kam, wenn die Medikamente über das Laboratoriumsstadium hinaus gediehen waren. Wenn angenommen wurde, daß ein neues Medikament wahrscheinlich medizinischen Wert haben würde und in seiner Anwendung unschädlich war, wurden Muster an die Fachärzte zur Erprobung an Kranken gesandt, die an der Krankheit litten, die das Mittel zu heilen bestimmt war. Diese Ärzte erstatteten dann ihrerseits genaue Berichte über ihre Erfahrung mit dem Medikament, und dann stellten die wissenschaftlichen Mitarbeiter der I. G. die Ergebnisse zusammen, prüften sie und entschieden sich dann, ob die Firma das betreffende Erzeugnis in ihr Herstellungsprogramm aufnehmen und auf den Markt bringen sollte. Daß dies das bei der I. G. allgemein übliche Verfahren war, bestreitet die Anklagebehörde nicht. Sie behauptet aber, daß die Erprobung sowohl des Impfstoffes der I. G. als auch des Acridin, Rutenol und Methylenblau als Mittel zur Bekämpfung des Flecktyphus unter Umständen stattgefunden hat, aus denen zu folgern sei, daß die Angeklagten Hörlein, Lautenschläger und Mann genau wußten, daß Konzentrationslagerinsassen rechtswidrig von SS-Ärzten mit dem Flecktyphus-Bazillus in der Absicht infiziert wurden, Experimente mit diesen Erzeugnissen der I. G. durchzuführen.

Die Tatsachen und Umstände, auf die die Anklagebehörde sich hauptsächlich stützt, um den erwähnten Angeklagten eine strafrechtlich erhebliche Kenntnis nachzuweisen, können folgendermaßen zusammengefaßt werden: (1) unstreitig sind verbrecherische Experimente von SS-Ärzten an Konzentrationslagerinsassen vorgenommen worden, (2) diese Experimente sind zu dem ausdrücklichen Zweck erfolgt, die Erzeugnisse der I. G. zu erproben, (3) manche dieser Experimente sind von den Ärzten durchgeführt worden, die die I. G. mit der Aufgabe betraut hatte, die Wirksamkeit ihrer Medikamente zu erproben, (4) aus den von diesen Ärzten erstatteten Berichten konnte entnommen werden, daß rechtswidrige Experimente vorgenommen worden waren, (5) Medikamente sind von der I. G. unmitttelbar an Konzentrationslager in solchen Mengen versandt worden, daß schon hieraus die Verwendung dieser Medikamente zu unzulässigen Zwecken hätte gefolgert werden müssen.

Ohne in die Einzelheiten einzugehen, die uns zu einer Verneinung der Tatfrage veranlaßt haben, sei hier gesagt, daß das Beweismaterial das Militärgericht nicht davon überzeugt hat, daß die genannten Angeklagten sich in diesem Punkt strafbar gemacht haben. Die Annahme, daß die Angeklagten mit den SS-Ärzten, die diese verbrecherischen Handlungen begingen, unter einer Decke gesteckt haben, wird durch die Tatsache widerlegt, daß die I. G. die Versendung der Medikamente an diese Ärzte eingestellt hat, sobald der Verdacht eines gesetz- und standeswidrigen Verhalten der Ärzte auftauchte. Wir finden in den Umständen, unter denen die Impfstoffe durch die I. G. an Konzentrationslager versandt wurden, nichts, was zur Annahme eines Verschuldens führen könnte, weil berechtigterweise angenommen werden konnte, daß in diesen Lagern ein rechtmäßiges Bedürfnis für diese Medikamente bestehe. Die Frage, ob aus den der I. G. erstatteten Berichten der Ärzte, die an den Versuchen beteiligt waren, tatsächlich entnommen werden kann, daß die erwähnten Medikamente für rechtswidrige Zwecke benützt wurden, hängt mit einem Streit über die richtige Übersetzung des deutschen Wortes »Versuch« zusammen, das sich in den Berichten und andern hierher gehörigen Urkunden befindet. Die Anklagebehörde sagt, daß »Versuch« durch das englische Wort »experiment« übersetzt werden müsse, und daß der Gebrauch dieses Wortes in den erwähnten Berichten die Angeklagten davon unterrichtete, daß die mit der Erprobung beschäftigten Ärzte die Medikamente zu rechtswidrigen Eingriffen benutzten.

Demgegenüber behaupten die Angeklagten, daß »Versuch« in dem Zusammenhange, in dem dieses Wort gebraucht wird, gleichbedeutend mit dem englischen Wort »test« sei und daß die Erprobung von neuen Medikamenten an Kranken unter Beachtung der angenommenen Vorsichtsmaßnahmen, die die I. G. anwandte, nicht nur erlaubt, sondern sogar zweckdienlich gewesen sei. Unter Anwendung der Regel, daß überall da, wo aus glaubhaftem Beweismaterial zwei logische Folgerungen gezogen werden können, von denen die eine zur Annahme der Schuld und die andere zur Annahme der Unschuld führt, die letztere Folgerung den Vorzug verdient, müssen wir zu dem Schluß kommen, daß die Anklagebehörde in bezug auf diesen Teil der hier erörterten Beschuldigungen ihrer Beweispflicht nicht genügt hat.

Die I. G. und das Sklavenarbeitsprogramm:

Die Anklagebehörde behauptet nicht, daß die I. G. ein eigenes Sklavenarbeitsprogramm eingeführt habe. Im Gegenteil, nach Ansicht der Anklagebehörde haben die Angeklagten sich der I. G. und anderer Mittel bedient, um das Zwangsarbeitsprogramm des Dritten Reiches als richtig anzuerkennen, sich zu eigen zu machen und auszuführen.

. . .

Aus dem Urteil des IMG* kann entnommen werden, daß Deutschland Ende 1941 im Besitz der tatsächlichen Herrschaft über Gebiete mit einer Gesamtbevölkerung von 350000000 Menschen war. In den Anfangsstadien des Krieges hatte man sich bemüht, eine ausreichende Anzahl von ausländischen Arbeitern als Freiwillige für die deutsche Industrie und Landwirtschaft zu erhalten, um die zum Militärdienst Eingezogenen zu ersetzen, aber im Jahre 1940 konnten mit diesen Maßnahmen nicht mehr genügend Arbeiter zur Aufrechterhaltung des für die Fortsetzung des Krieges erforderlichen Umfanges der Produktion beschafft werden. Darauf begann die zwangsweise Verschleppung von Arbeitern nach Deutschland, und am 21. März 1942 wurde Fritz Sauckel zum Generalbevollmächtigten für den Arbeitseinsatz ernannt; seine Zuständigkeit umfaßte »alle verfügbaren Arbeitskräfte, einschließlich der im Auslande angeworbenen Arbeiter und der Kriegsgefangenen«. Von da an wurde das nationalsozialistische Sklavenarbeitsprogramm mitleidlos, grausam und hartnäckig durchgesetzt. Das IMG stellt fest, daß in den besetzten Gebieten »Menschenjagden in den Straßen, in Kinos, ja sogar in Kirchen und bei Nacht in Privathäusern stattgefunden haben«, um den ständig wachsenden Bedarf des Reiches an menschlichen Arbeitskräften zu befriedigen. Wenigstens 5000000 Menschen sind zwangsweise aus den besetzten Gebieten nach Deutschland zur Förderung des Kriegeseinsatzes deportiert worden.

. . .

Im Verlauf des Krieges mußten die Hauptbetriebe der I. G., genau so wie die deutsche Industrie im allgemeinen, eine große Anzahl ihrer Arbeiter auf Grund der Forderungen der Wehrmacht zum Dienst bei der Truppe abgeben. Unter der Last der Verantwortung für die Erfüllung der festgesetzten Fertigungsziele hat die I. G. dem Druck des Reichsar-

* (Internationales Militärgericht)

beitsamtes nachgegeben und ausländische Zwangsarbeiter in vielen ihrer Betriebe beschäftigt. Hier genügt die Feststellung, daß die Verwendung von Zwangsarbeitern, wenn sie nicht unter Umständen erfolgt, die den Arbeitgeber von eigener Verantwortung entbinden, eine Verletzung des Teiles des Artikels II des Kontrollgesetzes Nr. 10 darstellt, der die Versklavung, Verschleppung oder Entziehung der Freiheit von Zivilpersonen anderer Länder als Kriegsverbrechen und Verbrechen gegen die Menschlichkeit unter Strafe stellt.

Die vorstehenden Ausführungen über die Verwendung von ausländischen Zwangsarbeitern gelten auch für Kriegsgefangene und Insassen von Konzentrationslagern.

Notstand als Entschuldigungsgrund:

Die hier vor Gericht stehenden Angeklagten haben sich zur Entschuldigung auf Notstand berufen. Sie machen geltend, daß die Verwendung von Sklavenarbeitern in Werken der I. G. das zwangsläufige Ergebnis der ihnen von Regierungsstellen auferlegten Fertigungsziele auf der einen Seite und den ebenso zwingenden Maßnahmen auf der anderen Seite war, denen zufolge sie Sklavenarbeiter verwenden mußten, um die verlangten Fertigungsziffern zu erreichen. Zahlreiche Verordnungen, Erlasse und Anweisungen der Arbeitsämter sind dem Militärgericht vorgelegt worden, aus denen sich ergibt, daß diese Dienststellen die diktatorische Kontrolle über den Einsatz, die Zuteilung und die Überwachung aller verfügbaren Arbeitskräfte im Reich übernommen hatten; strenge Vorschriften regelten fast jede Einzelheit der Beziehungen zwischen Arbeitgebern und Arbeitnehmern. Der Industrie war verboten, ohne Genehmigung des Arbeitsamtes Arbeitskräfte einzustellen oder zu entlassen. Schwere Strafen, darunter Überstellung in ein Konzentrationslager und sogar Todesstrafe waren für die Verletzung dieser Bestimmungen angedroht. Die an der Verwendung von Sklavenarbeitern beteiligten Angeklagten haben ausgesagt, sie hätten unter einem so überwältigenden Druck und Zwang gestanden, daß nicht davon die Rede sein könne, daß sie mit dem Vorsatz gehandelt hätten, dessen Vorhandensein ein unentbehrliches Tatbestandsmerkmal jeder Straftat ist. . . .

Es kann kaum einem Zweifel unterliegen, daß die Weigerung eines leitenden Angestellten der I. G., die vom Reich festgesetzten Produktionsprogramme zu erfüllen oder für die Erfüllung Sklavenarbeiter zu verwenden, eine Herausforderung bedeutet hätte, die als hochverräterische Sabotage behandelt worden wäre und sofort harte Vergeltungsmaßnahmen im Gefolge gehabt hätte. Es ist sogar glaubhaft bewiesen, daß Hitler die Gelegenheit, an einer führenden Persönlichkeit der I. G. ein Exempel zu statuieren, freudig begrüßt hätte.

Es ist noch zu prüfen, ob der Entschuldigungsgrund des Notstandes in einem Falle der vorliegenden Art zulässig ist. Der IMG hat sich mit einer Seite des Problems beschäftigt, u. zw. bei der Prüfung der Auswirkungen des Artikels 8 des Status, der bestimmt:

> »Die Tatsache, daß ein Angeklagter auf Befehl seiner Regierung oder eines Vorgesetzten gehandelt hat, gilt nicht als Strafausschließungsgrund, kann aber als Strafmilderungsgrund berücksichtigt werden . . .« (Seite 12)

Zu dieser Bestimmung hat das IMG ausgeführt:

> »Daß ein Soldat den Befehl erhalten hat, unter Verletzung des Völkerrechts zu töten oder zu martern, ist niemals als ein Entschuldigungsgrund für solche Handlungen der Brutalität anerkannt worden, wenn auch, wie es das Statut hier vorsieht, ein solcher Befehl als Milderungsgrund bei der Bestrafung berücksichtigt

werden kann. *Das wirklich entscheidende Moment, das sich in verschiedenen Abstufungen im Strafrecht der meisten Nationen findet, ist nicht das Bestehen eines solchen Befehls, sondern die Frage, ob eine dem Sittengesetz entsprechende Wahl tatsächlich möglich war.«* (Unterstreichungen durch das erkennende Gericht.)

Mit diesen Worten hat das IMG anerkannt, daß ein solcher Befehl von einem Vorgesetzten oder von der Regierung zwar nicht an sich schon eine Rechtfertigung für die Verletzung eines völkerrechtlichen Grundsatzes darstellt (wenn der Befehl auch als Milderungsgrund berücksichtigt werden kann), daß er aber dann als Verteidigung durchgreift, wenn er unter Umständen gegeben ist, die dem Befehlsempfänger keine andere dem Sittengesetz entsprechende Wahl ließen als zu gehorchen . . .

Der Fall der Vereinigten Staaten gegen Flick und Genossen (Fall 5), der vom Tribunal IV abgeurteilt worden ist, betraf die bedeutendste Persönlichkeit der deutschen Stahl- und Kohlenindustrie und fünf seiner Mitarbeiter. Ihnen war unter anderem zur Last gelegt, sich tätig an dem Sklavenarbeitsprogramm des Dritten Reiches beteiligt zu haben. In dem Urteil des Militärgerichts wird der Tatbestand untersucht und der Schluß gezogen, daß vier der Angeklagten sich mit Erfolg auf Notstand berufen könnten . . .

. . .

Das Militärgericht IV hat jedoch zwei Angeklagte (WEISS und FLICK) gemäß der Anklage der Verwendung von Sklavenarbeit verurteilt. Die Verurteilung beruht darauf, daß WEISS mit Kenntnis und Billigung von FLICK um Erhöhung der Quote für Güterwagenerzeugung der Firma über die von der Regierung festgesetzten Fertigungsziele hinaus nachgesucht hat, und darauf, daß WEISS von sich aus Schritte unternommen hat, um russische Kriegsgefangene zum Einsatz bei der Herstellung der erhöhten Produktionsquoten zugeteilt zu erhalten. In diesen Fällen, so sagt das Militärgericht, haben Weiß und Flick sich selbst die Berufung auf Notstand abgeschnitten.

. . .

Auf Grund unserer Prüfung der in den Urteilen des IMG . . . enthaltenen Feststellungen kommen wir zu der Schlußfolgerung, daß der Befehl eines Vorgesetzten oder das Bestehen eines Gesetzes oder Regierungserlasses die Entschuldigung des Notstands nur dann rechtfertigt, wenn den von solchen Befehlen oder Gesetzen oder Erlassen Betroffenen keine dem Sittengesetz entsprechende Wahl des einzuschlagenden Weges verblieb. Daraus folgt, daß die Entschuldigung des Notstands nicht durchgreift, wenn derjenige, der sie für sich in Anspruch nimmt, selbst für das Bestehen oder die Ausführung solcher Befehle oder Erlasse verantwortlich gewesen ist, oder wenn seine Beteiligung das von diesen Anordnungen geforderte Maß überstiegen hat oder auf eigenes Betreiben erfolgt ist.

Auschwitz und Fürstengrube:

Schon im Jahre 1938 wurde die Errichtung eines Betriebes für die Erzeugung von Buna im Osten Deutschlands zwischen TER MEER* und dem Reichswirtschaftsministerium besprochen. Ein Gelände in Oberschlesien und ein anderes im nördlichen Teil des Sudetenlandes kamen in Betracht. Späterhin, zu der Zeit, als das Baugelände in Auschwitz gewählt wurde, ist auch Norwegen erwogen worden.

Bei einer Konferenz im Reichswirtschaftsministerium am 6. Februar 1941 wurde die Planung eines Ausbaues der Buna-Erzeugung besprochen. Ambros** und ter Meer waren

* Chemiker, Vorstandsmitglied der I. G. seit 1926 bis Kriegsende (der Verlag).

** Vorstandsmitglied der I. G. seit 1938; Betriebsführer von 8 der wichtigsten Betriebe, darunter Buna-Auschwitz (d. Verlag).

anwesend. Es wurde berichtet, daß bei einer früheren, am 2. November 1940 abgehaltenen Sitzung das Reichswirtschaftsministerium einen solchen Ausbau gebilligt habe, und die I. G. wurde angewiesen, in Schlesien ein geeignetes Gelände für eine vierte Buna-Fabrik auszuwählen. Es ist klargestellt, daß auf Grund dieser Anordnung und der Empfehlung des Angeklagten Ambros das Gelände in Auschwitz ausgewählt worden ist.

Man schätzte, daß die neue Buna-Fabrik eine Kapazität von 30000 Jahrestonnen haben würde. Es wurde geplant, die Buna-Fabrik mit einer neuen, auf demselben Gelände zu errichtenden Fabrik für die Erzeugung von Brennstoffen zu verbinden, wobei die Buna-Erzeugung den Vorrang haben sollte. Eine Reihe verschiedener Erwägungen waren bei der Auswahl von Auschwitz maßgebend; dazu gehörten seine ideale, vor Luftangriffen vom Westen geschützte topographische Lage, die leichte Zugänglichkeit wichtiger Rohstoffe, das reichliche Vorhandensein von Kohle und Wasser und die zur Verfügung stehenden Arbeitskräfte. Die zukünftige Arbeitsbeschaffung war durch zwei Faktoren bedingt: die verhältnismäßig dichte Bevölkerung des Gebietes und das nahegelegene Konzentrationslager Auschwitz, von dem man Zwangsarbeiter erhalten konnte. Die Beweisaufnahme hat unvereinbare Widersprüche in bezug auf die Frage ergeben, inwieweit das Bestehen des Konzentrationslagers bei der Entscheidung über die Baustelle von Bedeutung gewesen ist. Wir sind nach einer gründlichen Würdigung des Beweismaterials zu der Überzeugung gekommen, daß das Bestehen des Lagers ein wichtiger, wenn auch vielleicht nicht der entscheidende Faktor bei der Auswahl der Baustelle gewesen ist, und daß von Anfang an der Plan bestanden hat, die Deckung des Arbeiterbedarfs mit Konzentrationslagerhäftlingen zu ergänzen.

Die Vertreter der I. G., die für die Errichtung des Auschwitzer Betriebes in erster Linie unmittelbar verantwortlich waren, sind AMBROS, BÜTEFISCH und DÜRRFELD.

AMBROS war der technische Sachverständige für die Buna-Erzeugung. Er war Mitglied des Planungsausschusses, an dessen Sitzungen er regelmäßig teilnahm. BÜTEFISCH war der Sachverständige für die Brennstofferzeugung und bearbeitete die Planung und Errichtung der Brennstoff-Fabrik. Sein Hauptquartier war in Leuna, einem Werk der I. G., das in der Hauptsache für die wichtige Brennstoff-Erzeugung arbeitete. Nach seiner eigenen Aussage hat er Auschwitz ungefähr zweimal jährlich besucht und sich über den Fortschritt des Bauprojekts unterrichtet. Er hat die Baustelle und die verschiedenen Fabrikhallen besichtigt und die Konzentrationslagerhäftlinge bei der Arbeit beobachtet. Im Winter 1941/42 hat er in Begleitung von ungefähr 30 anderen Persönlichkeiten in hohen Stellungen, unter denen sich Dr. AMBROS befand, das Hauptkonzentrationslager in Auschwitz besucht. Bei diesem Besuch sind ihm keine Mißhandlungen von Häftlingen aufgefallen, und er war der Meinung, daß das Lager gut geführt sei. Er hat niemals das Arbeitslager bei Monowitz besichtigt. Der Angeklagte DÜRRFELD führte in seiner Eigenschaft als Chefingenieur und späterhin als Bauleiter in Auschwitz die allgemeine Oberaufsicht über die Arbeit. Zahlreiche Zeugen haben bestätigt, daß er bei verschiedenen Gelegenheiten auf der Baustelle anwesend war. Er machte häufige Besichtigungsreisen, während derer er die Leute bei der Arbeit beobachtete. Er stattete auch dem nahegelegenen Arbeitslager in Monowitz einen Besuch ab, das unter der Oberaufsicht der SS stand.

DÜRRFELD berichtete, daß HÖSS, der Kommandant des Konzentrationslagers, gerne bereit sei, die Bauleitung mit allen ihm zur Verfügung stehenden Mitteln zu unterstützen, und für das Jahr 1941 ungefähr 1000 ungelernte Arbeiter zur Verfügung stellen werde. Im Jahre 1942 könnte diese Zahl auf 3000 oder 4000 erhöht werden. Die I. G. sollte den Plan durch die Errichtung von Baracken und Bereitstellung von Holz und gewisser Mengen von Eisen unterstützen. Die Häftlinge sollten in Gruppen von ungefähr 20 Mann unter der Oberaufsicht von Kapos eingesetzt werden.

Am 4. März 1941 wurde von der Berliner Dienststelle des Bevollmächtigten für den

Vierjahres-Plan ein Rundschreiben versandt, das an AMBROS gerichtet war und gewisse Informationen über Auschwitz enthielt. In diesem Brief ist erwähnt, daß der Inspekteur der Konzentrationslager und der Leiter des Wirtschafts- und Verwaltungs-Hauptamtes den Befehl erhalten hätten, sich mit dem Bauleiter der Buna-Fabrik in Verbindung zu setzen und das Bauprojekt durch den Einsatz von Konzentrationslager-Häftlingen zu unterstützen. Der Chef von Himmlers persönlichen Stab, Gruppenführer WOLF, sollte zum Verbindungsoffizier zwischen der SS und den Auschwitz-Werken ernannt werden. Abschriften dieses Briefes wurden an TER MEER, BÜTEFISCH und DÜRRFELD verteilt. Kurz darauf hatten DÜRRFELD und BÜTEFISCH mit WOLF eine Besprechung in Berlin, bei der der Einsatz von Konzentrationslagerhäftlingen besprochen wurde. Die Teilnehmer waren im allgemeinen über den Einsatz von Konzentrationslagerhäftlingen zur Unterstützung des Projekts einig. WOLF machte keine bestimmten Versprechungen; die Einzelheiten sollten durch Verhandlungen zwischen DÜRRFELD und HÖSS, dem Kommandanten des Konzentrationslagers Auschwitz, geregelt werden.

Die erste Baubesprechung über das Auschwitzer Bauprojekt fand am 24. März 1941 in Ludwigshafen statt. 9 Personen waren anwesend. Es waren Beamte und Ingenieure der I. G. Die beiden einzigen Teilnehmer, die in diesem Verfahren unter Anklage stehen, sind AMBROS und DÜRRFELD. In dieser Sitzung wurde beschlossen, die Baubesprechungen zunächst allwöchentlich abzuhalten. Der Zweck der Besprechungen war, den einzelnen Konferenzteilnehmern Arbeitsgebiete zuzuweisen und auf diese Weise ein Überschneiden ihrer Tätigkeit zu vermeiden. Die Teilnehmer an den Besprechungen erstatteten über die Fortschritte auf ihren Arbeitsgebieten Bericht. AMBROS berichtete, daß die allgemeine Planung des Auschwitzer Betriebes gegenwärtig von den Ingenieuren SANTO, DÜRRFELD und MACH ausgearbeitet werde. DÜRRFELD berichtete über eine Besprechung mit WOLF vom Stabe des Reichsführers SS und sagte, er habe von dieser Dienststelle das Versprechen erhalten, daß 700 Häftlinge des Konzentrationslagers Auschwitz als ungelernte Arbeiter zum Einsatz auf der Baustelle zur Verfügung gestellt werden würden, und daß der Versuch gemacht werde, einen Austausch von Häftlingen mit anderen Konzentrationslagern vorzunehmen und insbesondere Facharbeiter nach Auschwitz zu verlegen. Alle freien Arbeitskräfte in Auschwitz sollten ebenfalls eingesetzt werden.

Am 7. April 1941 fand eine Zusammenkunft in Kattowitz statt, bei der die Gründung des Auschwitzer Betriebes gefeiert wurde. Reichsbeamte vom Amt für Industrieplanung und vom Amt für Wirtschaftsplanung scheinen die Sitzung geleitet zu haben. Sie ersuchten um Vorlegung von Bauplänen und Berichten über Auschwitz. Ambros war anwesend und gab Informationen über die Buna-Fabrik. Bütefisch, der das Gebiet der Kraftstofferzeugung einschließlich der Benzinproduktion in Auschwitz bearbeitete, gab bekannt, daß die Fürstengrube Kohle für Auschwitz liefern werde. In dem Bericht heißt es dann: »Für die Bauzeit ist eine weitgehende Unterstützung durch das KZ-Lager Auschwitz auf Grund eines Befehles des Reichsführers SS in Auschwitz in Aussicht gestellt. Der Lagerkommandant, Sturmbannführer Höss, hat bereits die Vorbereitungen für den Einsatz seiner Kräfte getroffen. Das KZ-Lager stellt Häftlinge für die Aufbauarbeiten, Handwerker für Schreiner- und Schlosserarbeiten, unterstützt das Werk in der Verpflegung der Baubelegschaft und wird die Belieferung der Baustelle mit Kies und sonstigen Baumaterialien durchführen.«

Der Bau der Auschwitzer Betriebes wurde im Jahre 1941 begonnen. Die jüdische Bevölkerung des Gebietes wurde evakuiert, ebenso wie viele ansässige Polen. Ihre Häuser wurden zur Unterbringung von Bauarbeitern verwendet. Die I. G. führte die Bauarbeiten nicht selbst aus, sondern vergab Aufträge an Baufirmen. In Fragen der Arbeiterbeschaffung jedoch wandten sich die Firmen an die I. G. um Hilfe. Die I. G. war für die

Beschaffung von Arbeitern verantwortlich. Freie Arbeiter standen nicht in genügender Anzahl zur Verfügung, um die Anforderungen der Baufirmen zu decken.

Bei einer am 23. Oktober 1941 abgehaltenen Sitzung des Ausschusses für Werkstoffe und Gummi, der Ter Meer und Ambros beiwohnten, berichtete der Schriftführer des Ausschusses über den Stand der Bauarbeiten in Auschwitz. Über den Arbeitseinsatz sagte er das folgende: »Gegenwärtig sind auf der Baustelle 2700 Mann tätig. Wertvoll ist die Unterstützung durch das Konzentrationslager Auschwitz, das 1300 Mann und seine gesamten Werkstätten zur Verfügung gestellt hat.«

Ende 1941 war der Fortschritt der Bauarbeiten in Auschwitz nicht zufriedenstellend. Bei der 14. Baubesprechung, die am 16. November 1941 stattfand, wurden die auf der Baustelle vorhandenen Engpässe erörtert. Unter anderem wurde berichtet, daß das Konzentrationslager nicht die erwartete Unterstützung geben könne, da der Befehl ergangen sei, so schnell wie möglich Unterkünfte für 120000 gefangene Russen zu errichten. Die Möglichkeiten anderer Quellen für die Beschaffung von Arbeitern wurden in Betracht gezogen. Bei diesen Erwägungen scheint man weder an fremde Zwangsarbeiter noch an Kriegsgefangene gedacht zu haben.

In dem Bericht über die 19. Baubesprechung vom 30. Juni 1942 wird zum erstenmal erwähnt, daß neben den Konzentrationslagerhäftlingen auch andere Zwangsarbeiter verwendet würden. Dort heißt es, daß 680 polnische Zwangsarbeiter erst kürzlich eingesetzt worden seien und daß man deshalb noch nicht sagen könne, ob ihre Leistung zufriedenstellend sei oder nicht. In dem Bericht wird auch gesagt, daß die Frauen aus der Ukraine für Erdarbeiten gut brauchbar seien; man kann aber aus dem Bericht nicht ersehen, ob diese Arbeiterinnen Freiwillige waren oder nicht. Bei der am 8. November 1942 abgehaltenen 20. Baubesprechung waren AMBROS, DÜRRFELD und BÜTEFISCH anwesend. DÜRRFELD berichtete, daß auf Grund des zu erwartenden starken Ansteigens des Arbeiterbedarfs die Arbeiterbeschaffung weiterhin vor schwere Aufgaben gestellt sein werde, und daß gewisse Hilfsquellen für die Beschaffung von Arbeitskräften zur Verfügung ständen; eine von diesen bestände in der Anwerbung von Polen, eine Maßnahme, durch die 1000 Arbeiter beschafft werden könnten. 2000 russische Arbeiter sollten auf Befehl von SAUCKEL nach Auschwitz geschickt werden, es lägen jedoch noch keine bestimmten Zusagen vor. Diese Erklärung scheint darauf hinzudeuten, daß die Bauleitung Auschwitz diese Arbeiter angefordert hatte. In dem Bericht heißt es auch, daß SAUCKEL 5000 Kriegsgefangene für die Baustellen in Oberschlesien versprochen habe, und daß 2000 von ihnen für Auschwitz bereitgestellt seien, während die übrigen an andere Firmen überwiesen werden sollten.

Berichte über spätere Baubesprechungen ergeben, daß Zwangsarbeiter und Kriegsgefangene weiterhin bei den Bauarbeiten in Auschwitz verwendet wurden. Auschwitz war Eigentum der I. G. und wurde von dieser Gesellschaft finanziert. Zwar war der Zweck dieses Projektes die Erzeugung von Buna und Kraftstoffen, die der deutschen Wehrmacht unmittelbar zugute kommen würden, aber die Fabrik wurde mit der Absicht eines dauernden Betriebes errichtet, und es war geplant, sie schließlich im Frieden für den zivilen Bedarf arbeiten zu lassen. Die Verwendung von Kriegsgefangenen bei solchen Bauarbeiten, wie sie in diesen Berichten beschrieben sind, verstößt nach unserer Auffassung nicht gegen die Bestimmungen der Genfer Konvention; nur insoweit, als ihre Behandlung nicht im Einklang mit den Bestimmungen des Völkerrechts gestanden haben sollte, ist ihre Verwendung nach unserer Meinung als Straftat anzusehen. Die Kriegsgefangenen sind in jeder Hinsicht besser als die anderen Arbeiterklassen behandelt worden. Ihre Unterbringung, ihr Essen und die Art der Arbeit, die von ihnen verlangt wurde, scheinen darauf hinzudeuten, daß sie die am meisten begünstigten Arbeiter auf der Baustelle waren. Einzelfälle von Mißhandlungen mögen vorgekommen sein, aber sie können nicht auf allgemeine von der I. G. festgelegte Richtlinien oder auf Handlungen zurückgeführt werden, die den Angeklagten mittelbar oder unmittelbar zur Last gelegt werden können. Nach unserer Auffassung ist deshalb eine weitere Erörterung der Verwendung von Kriegsgefangenen in Auschwitz unnötig.

Die von dem Konzentrationslager zur Verfügung gestellten Bauarbeiter waren Gefangene der SS. Sie wurden von der SS untergebracht, ernährt, bewacht und standen in jeder Hinsicht unter der Befehlsgewalt der SS. Im Sommer 1942 wurde die Baustelle eingezäunt. Den SS-Wachen wurde danach nicht mehr erlaubt, die eingezäunte Fläche zu betreten, aber sie hatten weiterhin die Aufsicht über die Gefangenen immer dann, wenn diese nicht tatsächlich auf der eingezäunten Baustelle beschäftigt waren. Das Konzentrationslager Auschwitz war ungefähr 7 km von der Baustelle entfernt. Die Gefangenen legten den Hin- und Rückmarsch unter SS-Bewachung zurück.

Im Winter 1941/42 hatten die Lagerarbeiter unter furchtbaren Unbilden zu leiden. Infolge der unzureichenden Ernährung und Bekleidung war eine große Anzahl von ihnen den schweren Anstrengungen der Bauarbeit nicht gewachsen. Viele von denen, die zu krank oder zu schwach zur Arbeit waren, wurden von der SS nach Birkenau überführt und dort in den Gaskammern liquidiert.

Im Jahre 1942 wurde auf die Veranlassung der I. G. neben und gegenüber der Baustelle ein besonderes Arbeitslager namens Monowitz errichtet. Dieses Lager war als solches in seiner Einrichtung etwas besser als das Konzentrationslager Auschwitz. Immerhin verblieben die Arbeiter weiterhin während all der Stunden, in denen sie nicht auf der Baustelle beschäftigt waren, unter dem Befehl und der Oberaufsicht der SS. Die Arbeitsunfähigen oder diejenigen, die sich der Disziplin nicht unterwarfen, wurden in das Konzentrationslager Auschwitz zurückgeschickt oder, was weit öfter der Fall war, nach Birkenau, um in den dortigen Gaskammern liquidiert zu werden. Selbst in Monowitz waren die Unterkünfte zu gewissen Zeiten unzureichend, um die große Zahl der in den barackenartigen Gebäuden zusammengepreßten Arbeiter angemessen unterzubringen. Die Ernährung war ungenügend und das gleiche galt für die Bekleidung, besonders im Winter.

Fälle von menschenunwürdiger Behandlung kamen auch auf der Baustelle vor. Hin und wieder wurden die Arbeiter vom Werkschutz und den Vorarbeitern geschlagen, die die Gefangenen während der Arbeitszeit zu beaufsichtigen hatten. Manchmal kam es vor, daß Arbeiter zusammenbrachen. Zweifellos war ihre Unterernährung und die durch lange und schwere Arbeitsstunden hervorgerufene Erschöpfung der Hauptgrund für diese Vorfälle. Gerüchte über die Aussonderung aus der Zahl der Arbeitsunfähigen für den Gastod liefen um. Es steht außer Zweifel, daß die Furcht vor diesem Schicksal viele Arbeiter und insbesondere Juden dazu gebracht hat, die Arbeit bis zur völligen Erschöpfung fortzusetzen. Im Lager Monowitz unterhielt die SS ein Krankenhaus und einen Sanitätsdienst. Darüber, ob dieser Sanitätsdienst ausreichend war oder nicht, finden sich im Beweismaterial starke Widersprüche. Ob die Behauptungen der einen oder der anderen Seite mehr Glauben verdienen, kann dahingestellt bleiben; es steht jedenfalls fest, daß viele Arbeiter nicht gewagt haben, sich in ärztliche Behandlung zu begeben, weil sie fürchteten, daß sie dann von der SS nach Birkenau gebracht werden würden. Die von dem Konzentrationslager Auschwitz zur Verfügung gestellten Arbeiter lebten und arbeiteten unter dem Schatten der Liquidierung.

Die Verteidigung hat nicht ganz ohne Grund betont, daß die Konzentrationslagerhäftlinge unter dem Befehl der SS gelebt und unter der unmittelbaren Aufsicht und Leitung der mit der Ausschlachtung der Baustelle und dem Bau des Betriebes beauftragten Firmen (es waren mindestens 200) gearbeitet hätten. Es ist klar erwiesen, daß die I. G. eine menschenunwürdige Behandlung der Arbeiter nicht beabsichtigt oder vorsätzlich gefördert hat. Tatsächlich hat die I. G. sogar Schritte unternommen, um die Lage der Arbeiter zu erleichtern. Freiwillig und auf eigene Kosten hat die I. G. den Arbeitern auf der Baustelle eine heiße Mittagssuppe verabreicht. Diese war ein Zusatz zu den üblichen Rationen. Auch die Bekleidung ist durch Sonderlieferungen der I. G. ergänzt worden. Aber nichtsdestoweniger sind die an dem Auschwitzer Bauvorhaben am nächsten beteiligten Angeklagten offensichtlich für die Arbeiter in hohem Maße verantwortlich gewesen. Sie haben die Arbeiter von den Reichsstellen für Arbeitseinsatz angefordert. Sie haben die ihnen zugewiesenen Konzentrationslagerhäftlinge angenommen und sie dann den für die I. G. arbeitenden Baufirmen zur Verfügung gestellt. Die festumrissene Aufgabe des Chefingenieurs DÜRRFELD bestand darin, mit Hilfe von anderen Angeklagten das Bauvorhaben allgemein zu überwachen; er hatte die Befehlsgewalt bei den Bauarbeiten. Diesen Männern fällt die Verantwortung für die auf ihr eigenes Betreiben durchgeführte rechtswidrige Beschäftigung zur Last und sie müssen, mindestens bis zu einem gewissen Grade, die Verantwortung für die schlechte Behandlung der Arbeiter mit der SS und den beauftragten Baufirmen teilen.

Die Konzentrationslagerinsassen waren durchaus nicht die einzigen auf dem Baugelände beschäftigten Arbeiter. Freie Arbeiter wurden in großer Zahl beschäftigt. Im Jahre 1941 erschienen Fremdarbeiter in Auschwitz. Anfangs waren viele, wenn auch nicht alle Arbeiter Freiwillige, das heißt, sie waren Fremde, die sich verpflichtet hatten, gegen festgesetzte Löhne in Deutschland zu arbeiten. Es waren hauptsächlich Polen, Ukrainer, Italiener, Slaven, Franzosen und Belgier. Einige Sachverständige und Techniker waren unter denselben Bedingungen angeworben worden. Nachdem Sauckels Zwangsarbeiterprogramm in Kraft getreten war, kamen mehr und mehr Arbeiter dieser Art nach Auschwitz. Die Angeklagten machen geltend, daß die Anwerbung der Arbeiter unmittelbar vom Reich geleitet worden sei, und daß sie deshalb über die Umstände der Anwerbung nicht unterrichtet gewesen seien; da die Fremdarbeiter sich anfangs freiwillig verpflichtet hatten, hätten die Angeklagten nicht gewußt, daß später andere Maßnahmen eingeführt und daß viele der dann angeworbenen Arbeiter unter einem System der zwangsweisen Einziehung zur Arbeit beschafft wurden. Diese Behauptung kann nicht aufrecht erhalten werden. Die Arbeitskräfte für Auschwitz wurden von den staatlichen Arbeitsämtern auf Antrag der I. G. beschafft. Zwangsarbeiter wurden während einer Zeitdauer von ungefähr drei Jahren verwendet, nämlich von 1942 bis zum Ende des Krieges. Zweifellos hat die I. G. keine besondere Vorliebe für die Verwendung von Konzentrationslagerhäftlingen oder von Ausländern gehabt, die gegen ihren Willen zum Arbeitsdienst in Deutschland gezwungen worden waren. Auf der anderen Seite ist es ebenso sicher, daß die I. G. sich mit der für sie von den staatlichen Arbeitsämtern geschaffenen Lage abgefunden und, wenn weder deutsche noch ausländische freie Arbeiter zur Verfügung standen, zu der Einstellung und Verwendung von Leuten Zuflucht nahm, die ihr vom Konzentrationslager Auschwitz und durch Sauckels Zwangsarbeiterprogramm zugewiesen wurden.

Im engen Zusammenhang mit Auschwitz stand ein Plan, der eine Kontrolle der Kohlenförderung in gewissen Kohlengruben durch die I. G. zum Ziele hatte. Bei einer am Jahrestag der Gründung abgehaltenen Sitzung berichtete der Angeklagte BÜTEFISCH, daß eine neue Gesellschaft ins Leben gerufen worden sei, um die Kohlenförderung der Fürstengrube für den Betrieb Auschwitz zu erwerben. In dieser neuen Gesellschaft kontrollierte die I. G. 51% des Aktienkapitals und war somit in der Lage, über die Verwendung der Förderung der Grube zu bestimmen. Späterhin erwarb die I. G. durch dieselbe Gesellschaft eine Majoritätsbeteiligung an einem anderen Bergwerk namens Janina. BÜTEFISCH wurde Vorsitzender des Aufsichtsrates der neuen Gesellschaft, die den Namen Fürstengrube G.m.b.H. trug. In dieser Eigenschaft ergänzte er als Sachverständiger für Brennstoffe den Organisationsplan für Auschwitz. Er und der Angeklagte AMBROS spielten bei dem im Jahre 1942 erfolgten Erwerb der Majorität an der Janina-Grube eine wichtige Rolle. Diese Gruben waren für die Pläne der I. G. von Bedeutung, da die Absicht bestand, ihre Förderung für die Benzinerzeugung aus Kohle zu verwenden, die in der Brennstoff-Fabrik in Auschwitz durchgeführt werden sollte.

Aus den uns vorliegenden Akten ergibt sich, daß im Jahre 1943 polnische Arbeiter von der Fürstengrube für Grubenarbeiten verwendet worden sind. Dies war lange nach der Eroberung Polens und nach der Einziehung von polnischen Staatsbürgern zum Arbeitsdienst in Deutschland. Auch britische Kriegsgefangene wurden von der Fürstengrube verwendet, besonders in der Janina-Grube. Diese Gefangenen setzten ihren Arbeitsherren erheblichen Widerstand entgegen mit dem Ergebnis, daß sie gegen Ende 1943 von der Arbeit in den Bergwerken zurückgezogen wurden. Sie wurden durch Konzentrationslagerhäftlinge ersetzt. Wie sich aus einer Aktennotiz ergibt, besichtigten HÖSS und DÜRRFELD am 16. Juni 1943 die Bergwerke der Janina- und Fürstengrube. Bei dieser Gelegenheit wurde vereinbart, daß die britischen Kriegsgefangenen durch Konzentrationslagerhäftlinge ersetzt werden sollten. Die SS schätzte, daß in Janina, wo vorher 150 britische Kriegsgefangene Unterkunft gefunden hatten, 300 Konzentrationslagerhäftlinge untergebracht werden könnten. Im Betrieb Fürstengrube sollten 600 Häftlinge untergebracht und mit der Umzäunung des Lagers sollte sofort begonnen werden. Außerdem sollte noch ein weiteres Lager übernommen werden, und man schätzte, daß man im Ganzen 1200 der 1300 Häftlinge bei der Fürstengrube G.m.b.H. werde einsetzen können.

Die Geschichte des Werkes Auschwitz und der Fürstengrube ergibt, daß beides vollkommen private Unternehmen waren, die von der I. G. betrieben wurden, und zwar in einer Weise, die den dort tätigen Organen der I. G. weitgehende Handlungsfreiheit und Gelegenheit für eigene Initiative gab. Die Beweisaufnahme hat nicht ergeben, daß die Auswahl des Geländes in Auschwitz und die Errichtung der Buna- und Brennstoff-Fabrik auf diesem Gelände unter Zwang erfolgte, wenn sie auch von den Reichsbehörden begünstigt wurde, die die Inbetriebnahme einer vierten Buna-Fabrik dringend wünschten. Das Baugelände ist ausgewählt worden, darunter auch die Verwendungsmöglichkeit von Arbeitern aus Konzentrationslagern für die Bauarbeiten. Die ausschlaggebende Beteiligung an der Fürstengrube und an den Janina-Bergwerken, die als Nebenbetriebe für Auschwitz dienen sollten, ist unter Umständen erworben worden, aus denen die Kenntnis der Tatsache gefolgert werden muß, daß die Schächte durch freiwillige Arbeitskräfte nicht mit Erfolg betrieben werden konnten. Zwangsarbeiter sind verwendet worden: zuerst Polen und Kriegsgefangene und später Konzentrationslagerhäftlinge. In der Verwendung von Kriegsgefangenen in Kohlenbergwerken unter den Bedingungen und in der Art und Weise, wie sie sich aus den Akten ergeben, erblicken wir eine Verletzung der Bestimmungen der Genfer Konvention und demgemäß ein Kriegsverbrechen. Die Verwendung von Konzentrationslagerhäftlingen und ausländischen Zwangsarbeitern in Auschwitz stellt, wenn man berücksichtigt, daß die leitenden Beamten der I. G. aus eigenem Antrieb Maßnahmen zur Beschaffung und Verwendung dieser Arbeitkräfte getroffen haben, ein Verbrechen gegen die Menschlichkeit dar und gleichzeitig, sofern es sich um Angehörige fremder Staaten handelt, auch ein Kriegsverbrechen, und insoweit greift die Berufung auf einen angeblich durch das Sklavenarbeiterprogramm des Reiches geschaffenen Notstand nicht durch. Es ist ferner erwiesen, daß die Verwendung der Konzentrationslagerhäftlinge in Kenntnis der schlechten, ja unmenschlichen Behandlung erfolgt ist, die den Häftlingen durch die SS zuteil wurde, und daß die Arbeit auf dem Baugelände in Auschwitz das bedauernswerte Schicksal dieser unglücklichen Häftlinge noch verschlimmert und zu ihrer verzweifelten Lage beigetragen hat.

Die Prüfung der Fälle Auschwitz und Fürstengrube hat uns von der direkten strafrechtlichen Verantwortlichkeit der Angeklagten DÜRRFELD, AMBROS und BÜTEFISCH überzeugt . . .

Krauch:

Wir fahren nunmehr mit der Untersuchung der Verantwortlichkeit der einzelnen Angeklagten fort. Wir sehen, daß KRAUCH in seiner Eigenschaft als Generalbevollmächtigter für Sonderfragen der Chemischen Produktion mit der Verteilung der von Sauckel für den chemischen Sektor zur Verfügung gestellten Arbeitskräfte betraut war. KRAUCHs Aufgabe war es, die von den einzelnen Betrieben der chemischen Industrie eingereichten Anträge auf Zuweisung von Arbeitern zu überprüfen; hierbei hatte er die Ansprüche, die die Militärpflicht an die Betriebe gestellt hatte, ebenso zu berücksichtigen wie den Arbeiterbedarf, der auf Betriebserweiterungen beruhte. Wir sind der Auffassung, daß KRAUCH am Einsatz von Arbeitskräften in Auschwitz so weitgehend beteiligt gewesen ist, daß seine Mitwirkung ihn unmöglich in Unkenntnis darüber gelassen haben kann, daß Konzentrationslagerhäftlinge und ausländische Zwangsarbeiter bei dem Auschwitzer Bauprojekt verwendet wurden. Am 25. Februar 1941 berief sich KRAUCH in einem Brief an AMBROS auf den von Göring erlassenen Befehl und die dort betonte Notwendigkeit der beschleunigten Durchführung des Projektes und teilte AMBROS mit, daß Auschwitz bei der Arbeiterbeschaffung den Vorrang haben sollte. Späterhin hat KRAUCH selbst die Baustelle besucht.

. . .

Nach alledem kommen wir zu der Entscheidung, daß KRAUCH wegen seiner Tätigkeit bei dem Einsatz von Konzentrationslagerhäftlingen und ausländischen Fremdarbeitern sich im Sinne des Anklagepunktes DREI schuldig gemacht hat.

Ter Meer:

Der Angeklagte TER MEER hatte in seiner Eigenschaft als Technischer Leiter der I. G. und zugleich als Leiter der Sparte II und Vorsitzer des Technischen Ausschusses die allgemeine Oberleitung in Angelegenheiten Fertigung und der Neuerrichtung von Anlagen. Er hat die Erweiterung der Buna-Produktion mehrfach mit dem Reichswirtschaftsministerium besprochen. Am 2. November 1940 bewilligte das Ministerium die Erweiterung und wies TER MEER und AMBROS als Vertreter der I. G. an, ein für die Errichtung der Fabrik geeignetes Gelände in Schlesien zu suchen. TER MEER war der unmittelbare Vorgesetzte von AMBROS, und dieser hat in zahlreichen Fällen seinem Vorgesetzten Bericht erstattet. TER MEER hat erklärt: »Ich glaube, daß der größte Teil der Information, die ich über die Errichtung der Fabrik in Auschwitz hatte, aus dem Schriftwechsel oder den Unterhaltungen stammte, die ich mit AMBROS hatte, und AMBROS hat mir in sehr langen Besprechungen alle die Dinge gezeigt, die ich als gute industrielle Bedingungen bezeichne. Ich weiß, daß er mir eine Landkarte gebracht und alles gezeigt hat, er hat aber nach meiner Erinnerung nicht besonders auf das Vorhandensein des Konzentrationslagers hingewiesen. AMBROS selbst entwickelte im Technischen Ausschuß anhand einer Karte des Auschwitzer Geländes seine Ansichten über die allgemeinen Bedingungen, die Größe und auch die Art, in der die Fabrik erbaut werden sollte. Ich erinnere mich nicht, daß er bei dieser Gelegenheit erwähnt hat, daß ein Teil der Belegschaft aus dem nahegelegenen Konzentrationslager entnommen werden sollte; ich möchte aber sagen, daß AMBROS, der in seinen Berichten dieser Art sehr genau war, diesen Punkt wahrscheinlich erwähnt hat, ich bin aber nicht sicher.«

Daß das Konzentrationslager bei den ersten Auschwitz betreffenden Plänen eine Rolle gespielt hat, ergibt sich aus den Urkunden, die in dem allgemeinen Teil unserer Erörterung dieses Vorhabens erwähnt sind. Es liegen noch weitere Urkunden und Berichte ähnlichen Inhalts vor. Zum Beispiel wurde am 16. Januar 1941 bei einer Besprechung, die in Ludwigshafen zwischen Vertretern der I. G. und der Schlesien-Benzin in Anwesenheit von Ambros stattfand, von einem Direktor der letztgenannten Firma ein Bericht über die Vorteile des Auschwitzer Geländes erstattet. Es wurde gesagt, daß die Einwohnerschaft von Auschwitz aus 2000 Deutschen, 4000 Juden und 7000 Polen bestehe. Die Juden und Polen sollten vertrieben werden, so daß in der Stadt genügend Raum für die Belegschaft der Fabrik vorhanden sein werde. Dann heißt es in der Niederschrift: »In der nächsten Umgebung von Auschwitz wird ein Konzentrationslager für die Juden und Polen errichtet werden.«

Bei einer örtlichen Planbesprechung am 31. Januar 1941, an der Chefingenieur SANTO vom Werk Ludwigshafen, später Mitglied des Planungsausschusses Auschwitz, teilnahm, wurden die Fragen der Arbeiterbeschaffung für Auschwitz erneut besprochen; es heißt in der Niederschrift: »Das bereits bestehende, mit ungefähr 7000 Häftlingen belegte Konzentrationslager soll erweitert werden, Einsatz von Häftlingen für das Bauvorhaben ist möglich nach Verhandlungen mit dem Reichsführer SS.«

Wir haben bereits die Sitzung des Ausschusses für Werkstoffe und Gummi vom 23. Oktober 1941 erwähnt, an der TER MEER und AMBROS teilnahmen und in der die wertvolle Unterstützung erwähnt wurde, die das Konzentrationslager Auschwitz gewährt hatte.

TER MEER selbst hat das Gelände in Auschwitz im Oktober 1941 besichtigt. Bei seiner Besichtigung wurde er von dem Lagerkommandanten HÖSS begleitet. Er erklärt: »HÖSS war keineswegs für die Entsendung von Konzentrationslagerhäftlingen nach dem Werk Auschwitz. Er wollte, daß sie für die im Lager selbst befindliche Fabrik arbeiten sollten.«

Im November 1942 hat TER MEER das Gelände in Auschwitz wiederum besucht und bei dieser Gelegenheit auch das Lager Monowitz besichtigt, in dem die auf der Baustelle arbeitenden Konzentrationslagerhäftlinge untergebracht waren.

Die Beweisaufnahme hat einwandfrei ergeben, daß eines der Hauptprobleme der I. G. beim Bau des Werkes Auschwitz in der Beschaffung von Arbeitskräften für die Bauarbeiten bestanden hat. Tausende von ungelernten Arbeitern wurden gebraucht, und ihre Arbeit war selbstverständlich nur vorübergehender Art und konnte nicht zu ihrer dauernden Einstellung führen. Gerade das war der Arbeitertyp, der durch das Konzentrationslager und das SAUCKEL-Programm beschafft werden konnte. Die von uns erwähnten Beutedokumente ergeben eindeutig, daß die Verfügbarkeit von Arbeitskräften aus einem Konzentrationslager bei den Bauplänen für Auschwitz eine Rolle gespielt hat. AMBROS ist an diesen Plänen maßgebend beteiligt gewesen. Sein unmittelbarer Vorgesetzter, mit dem er häufig in persönliche Berührung kam und dem er genau ausgearbeitete Berichte erstattete, war TER MEER. Auf dem Gebiet der bei der Neuerrichtung von Werken auftauchenden Grundfragen war TER MEER an höchster Stelle tätig. Daher wäre die Annahme nicht zu rechtfertigen, daß AMBROS die Besprechungen, in deren Verlauf er TER MEER seine genauen Berichte erstattete und ihn um Ratschläge bat, auf Fragen des Transports, der Wasserversorgung und der Erhältlichkeit von Baumaterialien beschränkt und die für ein Bauvorhaben so wichtige Frage der Arbeiterbeschaffung nicht erwähnt haben soll, bei der das Konzentrationslager eine so hervorragende Rolle spielte. TER MEERs Besichtigungsreisen nach Auschwitz haben ihm zweifellos mindestens so viel Aufklärung verschafft wie dem erkennenden Gericht. Höss wollte seine Häftlinge nicht gern auf dem Fabrikbauplatz arbeiten lassen. Er wollte sie lieber im Lager behalten. Diese Arbeiter sind der I. G. nicht aufgezwungen worden. Daher ist die Annahme gerechtfertigt, daß Angestellte der I. G., die TER MEER unterstellt waren, aus eigenem Antriebe diese Häftlinge für Arbeiten auf dem Baugelände angefordert haben. Diese Annahme wird weiterhin durch die Tatsache gestützt, daß die I. G. auf eigene Kosten und mit Mitteln, die vom Technischen Ausschuß unter TER MEERs Vorsitz bereitgestellt waren, das Lager Monowitz nur zu dem Zweck erbaut hat, die für die I. G. arbeitenden Konzentrationslagerhäftlinge unterzubringen. Wir haben keinen Zweifel daran, daß die in der Bauleitung tätigen Angestellten der I. G. über das hinausgegangen sind, was wegen des von Regierungsbeamten ausgeübten Drucks getan werden mußte, und daher mit Recht beschuldigt werden können, aus eigenem Antriebe die Verwendung von Arbeitskräften aus dem Konzentrationslager geplant und durchgeführt zu haben. Unter diesen Angestellten hatte TER MEER die höchste Stellung inne. Wir können nicht feststellen, daß er die Mißhandlung der Arbeiter gebilligt oder an solchen Handlungen selbst teilgenommen hat. Hierdurch allein aber entfällt nicht seine im übrigen bewiesene Strafbarkeit unter Anklagepunkt DREI.

. . .

Abweichende Stellungnahme (dissenting opinion)
von Richter HEBERT:

. . . Was Punkt 3 der Anklageschrift betrifft, erlaube ich mir eine abweichende Meinung bezüglich jenes Teiles des Urteils zu vertreten, welche die Schutzbehauptung des Notstandes als für den erwiesenen Tatbestand in diesem Falle anwendbar anerkennt. Meiner Ansicht nach geht aus dem Beweismaterial hervor, daß die Angeklagten den Tatbestand, der für die Schutzbehauptung des Notstandes ausreichen würde, nicht erwiesen haben. Aus dem Verhandlungsprotokoll schließe ich, daß die I. G. in Verfolg einer grundsätzlichen Politik mit Genehmigung des TEA und den Vorstandsmitgliedern freiwillig am Sklavenarbeitsprogramm mitwirkte, einschließlich des Einsatzes ausländischer Zwangsarbeiter, Kriegsgefangener und Konzentrationslager-Insassen, da das Arbeitskraftproblem nicht anders zu lösen war. Wie einer der Angeklagten aussagte, hat die I. G. keinen Widerspruch erhoben, da »wir einfach nicht mehr genug Arbeiter hatten«. Es war den Angeklagten allgemein bekannt, daß Sklavenarbeit in erheblichem Ausmaß in den I. G. Farben-Betrieben eingesetzt wurde, und diese Politik erfuhr stillschweigende Zustimmung. Es war bekannt, daß KZ-Insassen beim Bau des Auschwitzer Buna-Betriebes eingesetzt wurden, wogegen kein Widerspruch erhoben wurde. Eingestandenermaßen hätte die I. G. wohl deutsche Arbeiter vorgezogen, anstatt die Politik des Einsatzes von Sklavenarbeit zu verfolgen. Nichtsdestoweniger und trotz des Bestehens eines Schreckensregimes im Reich bin ich dennoch überzeugt, daß ein Zwang bis zu dem Ausmaße, der die Angeklagten einer moralischen Wahl beraubt hätte, in Wahrheit bei Erfüllung des Tatbestandes seitens der Angeklagten nicht bestand, da ihr Wille mit der von der Regierung gefundenen Lösung der Situation gleichlief, und da diese Arbeitskräfte angenommen wurden aus dem Wunsche heraus und als das einzige Mittel, die Kriegsfertigung aufrecht zu erhalten.

Nachdem die I. G. eine erhebliche Beteiligung an dem Programm auf sich genommen und in zahlreichen Fällen Initiative bei der Beschaffung von Arbeitskräften bewiesen hatte, wurde sie zwangsläufig mit der Durchführung des Programms verbunden mit all den Benachteiligungen und dem menschlichen Elend, welche das System der Sklavenhaltung von Arbeitskräften mit sich brachte. Die grausamen und unmenschlichen Bestimmungen des Systems mußten erzwungen und bei der Durchführung der Sklavenarbeit angewandt werden. Das System erforderte dies. Bemühungen, die Lage der Arbeiter zu verbessern, könnten als Milderungsgründe in Betracht gezogen werden, ich kann jedoch der Auffassung nicht beipflichten, daß Personen von Macht und Einfluß, wie diese Angeklagten es waren, bei dem Sklavenarbeiterprogramm hätten mitmachen sollen.

Diejenigen, die wissentlich und zustimmend am Einsatz von Sklavenarbeit innerhalb der I. G.-Organisation teilgenommen haben, sollten eine schwere Verantwortung dafür tragen, daß sie mit Kriegsverbrechen und Verbrechen gegen die Menschlichkeit in Verbindung gestanden und daran zustimmend teilgenommen haben, gemäß den Bestimmungen des Kontrollratgesetzes Nr. 10. Ich stimme der Verurteilung jener Angeklagten zu, die unter Anklagepunkt 3 schuldig befunden wurden, aber die Verantwortung für den Einsatz von Sklavenarbeit und alle damit verbundene Duldung der Mißhandlung von Arbeitern sollte viel weiter gehen und meines Erachtens zu dem Schlusse führen, daß alle Angeklagten in diesem Verfahren – mit Ausnahme der Angeklagten von der Heyde, Gattineau und Kugler, die nicht Mitglieder des Vorstandes waren, – laut Anklagepunkt 3 schuldig sind.

. . .

Literatur

(Bei den mit einem * gekennzeichneten Titeln handelt es sich um in der amerikanischen Originalausgabe nicht aufgeführte Literaturhinweise.)

*Arbeitsgemeinschaft der chemischen Industrie, *Das Nürnberger Urteil gegen die I. G.-Farbenindustrie, eine Stellungnahme,* Frankfurt/M. 1948

*Arbeitsgruppe der ehemaligen Häftlinge des Konzentrationslagers Auschwitz beim Komitee der Antifaschistischen Widerstandskämpfer in der DDR (Hrsg.), *I. G.-Farben, Auschwitz, Massenmord-Dokumente I zum Auschwitz-Prozeß,* Berlin/DDR 1965

– (Hrsg.), *I. G.-Farben, Auschwitz, Experimente – Dokumente III zum Auschwitz-Prozeß,* Berlin/DDR 1965

*ASTA Uni Stuttgart/AK Geschichte der I. G.-Farben, *Die I. G.-Farben – die unschuldigen Kriegsplaner,* Stuttgart o. J.

Bauer, Max, *Der Große Krieg in Feld und Heimat,* Tübingen 1921

Berge, Wendell, *Cartels: Challenge to a Free World,* Washington, D.C. 1944

*Birkenfeld, Wolfgang, *Der synthetische Treibstoff 1933–1945, Studien und Dokumente zur Geschichte des Zweiten Weltkrieges,* Bd. 8, Göttingen 1964

Bosch, Carl, *Erdöl und synthetisches Benzin,* in »Petroleum«, XXIX (1933)

Das Urteil im I. G.-Farben-Prozeß. Der vollständige Wortlauf mit Dokumentenanhang, Offenbach 1948

Douglas, William O., *An Almanac of Liberty,* Garden City, N.Y. 1951

Du Bois, Josiah, *The Devil's Chemists. 24 Conspirators of the International Farben Cartel Who Manufacture Wars,* Boston 1952

Feldman, Gerald D., *Army, Industry, and Labor in Germany, 1914 1918,* Princeton N.J. 1966

*Früholz, Karl, *Das System der Zwangsarbeit in den Betrieben der I. G.-Farbenindustrie Aktiengesellschaft unter den Bedingungen des staatsmonopolistischen Kapitalismus während der Vorbereitung und Durchführung des Zweiten Weltkrieges,* Berlin/DDR 1964

Gibb, George Sweet/Knowlton, Evelyn H., *The Resurgent Years, History of Standard Oil Company* (N.J.) 1911–1927, N.Y. 1956

Goran, Morris, *The Story of Fritz Haber,* Oklahoma 1967

Halsey, Francis Whitnig, *The Literary Digest History of the World War,* Bd. 1, New York/London 1919

Hilberg, Raul, *The Destruction of the European Jews,* Chicago 1961

Holdermann, Karl, *Im Banne der Chemie: Carl Bosch. Leben und Werk,* 1954

Hoopes, Townsend, *The Devil and John Foster Dulles*, Boston 1973
Howard, Frank A., *Buna Rubber*, N.Y. 1947
Irving, David, *The German Atomic Bomb*, N.Y. 1967
*Kahl, Gisela, *Zu den Kriegsvorbereitungen und der Kriegsdurchführung des I. G.-Farben-Konzerns in zwei Weltkriegen*, Jena 1960
*Kannapin, H.-E., *Wirtschaft unter Zwang*, Köln 1966
Kessler, Harry Graf, *Walter Rathenau. Sein Leben und sein Werk*, Berlin 1928 (Neuaufl. Wiesbaden 1962)
*Knieriem, August v., *Nürnberg – rechtliche und menschliche* Probleme, Stuttgart 1953
Langer, William, *Our Vichy Gamble*, N.Y. 1947
Lefebure, Victor, *The Riddle of the Rhine*, London 1921
*Liesbach, I., *Der Wandel der politischen Führungsschicht der deutschen Industrie 1918–45*, Hannover 1957
Luckau, Alma, *The German Delegation at The Paris Peace Conference*, New York 1941
Manchester, William, *The Arms of Krupp, 1587–1968*, Boston 1968
Manvell, Roger, Fraenkel, H., *The Incomparable Crime*, N.Y. 1960
Marson, Henrietta M./Knowlton, E. H./Toptle, Charles S., *New Horizons: History of Standard Oil Company (N.) – 1927–1950*, N.Y. 1971.
Martin James S., *All Honorable Men*, Boston 1950
Mason, Alpheus T., *Harland Fiske Stone: Pillar of the Law*, N.Y. 1956
McConnel, Lt. Robert E., *The Production of Nitrogenous Compounds Synthetically in the U.S. and Germany*, in Journ. of Industrial and Engineering Chemistry, Sept. 1919
*Milward, Alan S., *Die deutsche Kriegswirtschaft 1939–1945*, Stuttgart 1966
Norris, Lt. Col. James F., *The Manufacture of War Gases in Germany*, in Journal of Industrial and Engineering Chemistry, Sept. 1919
*Puchert, Berthold, *Fragen der Wirtschaftspolitik des deutschen Faschismus im okkupierten Polen von 1939 bis 1945, mit besonderer Berücksichtigung der I. G.-Farbenindustrie AG*, Berlin/DDR 1968 (Diss.)
*Radandt, Hans (Hrsg.), *Fall 6 – Ausgewählte Dokumente und Urteil des I. G.-Farben-Prozesses*, Berlin/DDR 1970
Rathenau, Walther, *Schriften*, Berlin 1965
*Reichelt, W. O., *Das Erbe der I. G.-Farben*, Düsseldorf 1956
*Sasuly, Richard, *I. G.-Farben*, New York 1947 (dt. unter dem gleichen Titel Berlin 1952)
*Sator, Klaus, *Großkapital im Faschismus*. Dargestellt am Beispeil I. G.-Farben, Frankfurt/M. 1978
Schacht, H., *76 Jahre meines Lebens*, Wörishofen 1953
*Schwarz, Goldschmidt & Co. (Hrsg.), *Die I. G.-Farbenindustrie AG und ihre Bedeutung*, Berlin 1927
*Schmelzer, Janis, *Dies war ein Staatsgeheimnis – ein Blick in die Handakten des ehemaligen Direktors der I. G.-Farben Agfa-Betriebe, Dr. Fritz Gajewski*, Wolfen 1963
Shirer, William L., *The Rise and Fall of the Third Reich*, N.Y. 1960
Speer, Albert, *Erinnerungen*, Frankfurt/M./Berlin 1969
*Ter Meer, Fritz, *Die I. G. Farben. Ihre Entstehung, Entwicklung und Bedeutung*, Düsseldorf 1953
*Treue, W. (Hg.), *Hitlers Denkschrift zum Vierjahresplan*, in: Vierteljahrshefte für Zeitgeschichte, Heft 3/1955, S. 184–210
Wagenführ, Rolf, *Die deutsche Industrie im Kriege 1939–1945*, Berlin/W. 1955 (^{2}1963)
*Weyres v. Levetzow, H. J., *Die deutsche Rüstungswirtschaft von 1942 bis zum Ende des Krieges*, Diss. München 1975
*Wickel, Helmut, *I. G.-Deutschland – ein Staat im Staate*, Berlin 1932

Sachregister

Personenregister